Die

Besitzklage und der Besitz.

Ein Beitrag

zur

Revision der Theorie

vom subjektiven Recht

von

Dr. Heinrich Duncker,

Amtsrichter in Bernburg.

Berlin und Leipzig.

Verlag von J. Guttentag

(D. Collin).

1884.

Herrn

Landgerichtspräsidenten

August Pietscher

in Dessau

als Zeichen dankbarer Verehrung

gewidmet.

Vorwort.

Nicht um die allgemeinen Gesichtspunkte anzudeuten, die mich bei meiner Untersuchung über den Besitz geleitet haben, mache ich von der guten Sitte Gebrauch, sie mit einem kurzen Begleitschreiben zu versehen; der Zweck und das Ziel meiner Arbeit sind in der Einleitung zur zweiten Abtheilung und am Schluss des Ganzen hervorgehoben und dort eingehend erörtert.

Nur dem möchte ich hier gleich Ausdruck geben, dass ich keineswegs von der Unanfechtbarkeit der von mir gewonnenen Resultate überzeugt bin, es vielmehr als ein ungewandter Neuling auf dem Gebiet wissenschaftlicher Untersuchungen erwarten muss, von Solchen mancher Irrthümer geziehen zu werden, die in stetem lebendigsten Contact mit der Fülle wissenschaftlichen Lebens stehen und mit dem nothwendigen Rüstzeug für derartige Arbeiten besser versehen sind, als ich es sein konnte.

Wenn ich mich trotzdem nicht gescheut habe, dem, was ich als wahr erkannt zu haben glaube, in einer gewiss in vielen Punkten der Verbesserung bedürftigen Form Ausdruck zu geben, so darf ich vielleicht zu meiner Rechtfertigung anführen, dass das Lied von dem „freien Wort“ und der „kühnen That“ aus den akademischen Jahren noch kräftig in meinen Ohren nachhallt, und dass durch diesen Klang manches Bedenken übertönt ist. So gebe ich mich denn auch der Hoffnung hin, bei denen eine wohlwollende Aufnahme für mein Unternehmen zu finden, die, von der Aufrichtigkeit meines Strebens, der Wahrheit zu dienen, überzeugt, es überhaupt der Mühe werth halten, den Gang der Untersuchung bis zum Ende zu verfolgen.

Gleichzeitig benutze ich gern die Gelegenheit, der Verwaltung der Göttinger Universitätsbibliothek für die Bereitwilligkeit, mit der sie mich durch ihre Hülfsmittel bei der Arbeit unterstützt hat, meinen Dank auszusprechen.

Bernburg, den 10. October 1883.

Der Verfasser.

Inhalt.

Erste Abtheilung.

Das interdictum uti possidetis.

Erstes Capitel.

Die Klage im Lichte der Quellen.

Das Quellenmaterial, aus dem sich eine Anschauung über die Bedeutung und processualische Behandlung des *interdictum uti possidetis* im römischen Rechtsleben gewinnen lässt, unterscheidet sich in den beiden uns bekannten Perioden der Entwicklung dieser Klage wesentlich. Für die ältere Periode findet sich im 4. Buch der Institutionen des Gajus eine Besprechung unsrer Klage in dem Rahmen einer systematischen und historischen Darstellung derjenigen Theile des Processes, die der Systematiker heutzutage als das materielle Actionenrecht zu bezeichnen pflegt. Für die neuere, die Justinianische Periode sind wir dagegen, abgesehen von geringfügigen Zusätzen zu der Gajanischen Darstellung in dem 6. und 15. Titel des 4. Buches der Institutionen und einer kurzen systematischen Erörterung in den Digesten[1]), die aus dem Werke Ulpians zum Edict in die Codification aufgenommen ist, fast nur auf die Entscheidung einzelner praktischer Fälle angewiesen, die sich in grösserer Zahl in der l. 3 desselben Titels und ferner einzeln in der Codification zerstreut finden. Indem ich mich anschicke, jenes Interdict als Gebilde des römischen Processes einer erneuten Betrachtung zu unterziehen, erblicke ich, wie bei jeder historischen Untersuchung[2]), zunächst darin meine Aufgabe, wenn möglich für jede Periode aus einer einzigen Quelle, die mir als die lauterste erscheint, das Bild, welches dem Verfasser dieser Quelle in Betreff des Interdicts vorschwebte, zu entwerfen.

Für die ältere Periode ist diese Quelle zweifellos die Darstellung des Gajus, die ich deshalb zunächst und zwar im Zusammenhang

---

1) L. 1 D. 43. 17.

2) Vergl. v. Ranke, Weltgeschichte Bd. III Abth. 2 S. 46 f.

des von Gajus aufgestellten Systems, und indem ich die geringen Abweichungen der Institutionen passend gleich im Anschluss daran erwähne, nachstehend in Kürze wiederzugeben suche.

Die *actiones in rem*, die Gajus (§ 1)[1]) den *actiones in personam* gegenüber stellt, enthalten nach ihm entweder die *intentio*, *„corporalem rem nostram esse"*[2]), oder die *intentio*, *„jus aliquod (sc. utendi etc.) nobis conpetere"* (§ 3), und werden *vindicationes* genannt (§ 5).

Aus der Darstellung der verschiedenen *actiones*, wie sie früher unter der Bezeichnung *legis actiones* in Gebrauch waren, interessirt hier nur das, was Gajus über das Sacramentsverfahren bei *vindicationes* mittheilt (§ 16). Bei Mobilien und Moventien, die leicht ins Gericht *(jus)* gebracht werden konnten, hielt der, welcher vindicirte, einen Halm, ergriff dann die Sache, z. B. den Sklaven, und sagte: *hunc ego hominem ex jure Quiritium meum esse ajo secundum suam causam; sicut dixi, ecce tibi, vindictam imposui*, und legte ihm gleichzeitig den Halm auf; und dieselbe Handlung und Erklärung erfolgte Seitens des Gegners. Auf den Ruf des Praetors: *mittite ambo hominem*, liessen dann beide von dem vindicirten Gegenstande ab, und es fragte der Erste den Zweiten: *postulo, anne dicas, qua ex causa vindicaveris?* worauf Jener entgegnete: *jus peregi, sicut vindictam imposui.* Und daran schloss sich die Erklärung des Ersten: *quando tu injuria vindicavisti, D aeris sacramento te provoco,* worauf der Zweite entgegnete: *similiter ego te.*

Was das weitere Verfahren betrifft, so nimmt Gajus Bezug auf die Verhandlung der *actiones in personam* im Sacramentsverfahren. Leider zeigt die Ueberlieferung hier (§ 15) eine Lücke, die Huschke[3]) dahin zu ergänzen sucht, dass die Partheien nun Zeugen dafür, dass ein gegenseitiger Streit stattfinde, aufgerufen, sich einen Richter gefordert und einen Tag bestimmt hätten, wann sie sich vor ihm einfinden wollten. Gajus hebt dann hervor, dass ihnen ein Richter gegeben sei, und sie ihm in kurzer Form die Sache vorgetragen hätten, und nach dieser Berücksichtigung der den *actiones in personam* und den *actiones in rem* gemeinschaftlichen Formen des Sacramentsverfahrens heisst es in Betreff der Besonderheiten des Sacramentsverfahrens wörtlich (§ 16): *postea praetor secundum alterum eorum*

1) Conf. § 1 J. 4. 6.

2) In § 1 J. loc. cit. ist das so ausgedrückt: *si rem corporalem possideat quis quam Titius suam esse affirmat et possessor dominum se esse dicat: nam si Titius suam esse intendat, in rem actio est.*

3) Conf. *Jurisprudentiae antejustinianae, quae supersunt.* 1867. S. 267.

vindicias dicebat, id est interim aliquem possessorem constituebat, eumque jubebat praedes adversario dare litis et vindiciarum, id est rei et fructuum. Und für das *sacramentum*, welches der öffentlichen Kasse zufloss, wurden dem Praetor von beiden Partheien Bürgen bestellt. Bei schwer zu transportirenden Gegenständen, wie z. B. einer Säule oder Heerde, und ferner bei einem Grundstück oder einer Erbschaft genügte es dagegen (§ 17), wenn nur ein Theil davon ins Gericht gebracht wurde, der dann für das Ganze angesehen ward.

Das geschilderte Verfahren ist mit dem Legisactionsverfahren überhaupt bis auf geringe Ausnahmen, wohin auch die Anwendung desselben im Process vor dem Centumviralgericht noch zu den Zeiten des Gajus zu rechnen ist, durch die *lex Aebutia* und zwei Julische Gesetze beseitigt (§ 30 und 31), und das an seine Stelle getretene Formularverfahren bringt Gajus sodann als das zu seiner Zeit geltende eingehender zur Darstellung.

Hier interessirt davon zunächst die Aufzählung der Theile der Formeln (§ 39): *demonstratio, intentio, adjudicatio, condemnatio*, die Definition der *intentio* als des Theiles der Formel, in dem der Kläger *(actor)* seinen Antrag zum Ausdruck bringt, *(desiderium suum concludit)*, z. B. *si paret, hominem ex jure Quiritium Auli Agerii esse* (§ 41), und die Angabe, dass dieser Theil der Formel manchmal allein vorkomme, nämlich bei den Praejudicialformeln, wo sich beispielsweise die Untersuchung darum dreht, ob Jemand frei ist (§ 44). Als Besonderheiten des Verfahrens, falls *actiones in rem* im Formularprocess verhandelt wurden, führt Gajus (§ 89) nur an, dass hier der Eine, weil ihm gestattet wird, während des Processes die Sache zu besitzen, von der es doch zweifelhaft ist, ob sie ihm zukommt, dem Andern eine Sicherheit bestellen muss, damit, wenn er besiegt ist, aber weder die Sache selbst herausgiebt, noch deren Werth ersetzt, der Andere in der Lage ist, mit ihm oder seinem Bürgen weiter zu processiren *(agere)*.

Gajus unterscheidet in diesem Zusammenhang (§ 91) eine zwiefache *actio in rem*, je nachdem *per formulam petitoriam* oder *per sponsionem* verhandelt wird. Bei der ersteren greift die *stipulatio „judicatum solvi,"* bei der letzteren die *stipulatio „pro praede litis et vindiciarum"* Platz, und während bei der petitorischen Formel der Kläger behauptet, *rem suam esse* (§ 92), provocirt bei dem Verfahren *per sponsionem* Jeder den Andern in der Weise, *(provocamus adversarium tali sponsione): si homo, quo de agitur, ex jure Quiritium meus est, sestertios XXV nummos dare spondes* (§ 93)? Gegenstand des

Streites ist dann die Sponsionssumme; Jeder behauptet, der Gegner müsse sie ihm geben; und als Sieger geht derjenige aus dem Process hervor, der beweist, dass die Sache sein sei. In Wahrheit dreht sich indess der Streit nicht um die Sponsionssumme (§ 94), da die *sponsio* keine Strafsponsion sondern lediglich eine praejudicielle ist, die nur vorgenommen wird, um in der Entscheidung über sie über die Sache selbst zu urtheilen. Und um deswillen erfolgt auch keine Restipulation des Beklagten. Die Stipulation wird aber *pro praede litis vindiciarum* genannt, weil sie an Stelle derjenigen Bürgen getreten ist, die früher im Legisactionsverfahren *pro lite et vindiciis*, d. h. für Sache und Früchte, vom *possessor* dem *petitor* bestellt wurden. Im Process vor den Centumvirn werden aber noch zu Gajus Zeit (§ 95) die Sponsionssummen nicht *per formulam* sondern *per legis actionem (sacramento — provocato)* eingeklagt.

Bei Besprechung der Interdicte hebt Gajus sodann (§ 139) zunächst hervor, dass der Praetor oder Proconsul aus gewissen Gründen und zwar hauptsächlich, wenn über den Besitz oder Quasibesitz zwischen Zweien gestritten wurde, gleich Anfangs *(principaliter)*[1]) seine Auctorität einsetzt, um den Streit zu beendigen. Der Praetor befiehlt entweder, es soll etwas geschehen, oder er verhindert, dass etwas geschieht, z. B. durch den Befehl, dass dem, der fehlerlos besitzt, nicht Gewalt angethan werden soll. Doch ist mit diesem Befehl die Sache nicht erledigt (§ 141), sondern, nachdem man mit den vom Praetor ertheilten Formeln[2]) zum *judex* oder den *recuperatores* gegangen ist, wird dort untersucht, ob etwas gegen das Edict geschehen ist, bezw. ob das Befohlene nicht geschehen ist, und bei den prohibitorischen Interdicten pflegte dann *per sponsionem* und zwar unter Androhung einer Strafe *(cum poena)* verhandelt zu werden. Je nachdem nun die Interdicte gegeben wurden, um Besitz zu erlangen oder zu behaupten oder wieder zu erlangen, werden sie, wie Gajus (§ 144 ff.) hervorhebt, *interdicta adipiscendae possessionis*, wie das *interdictum quorum bonorum*, oder *interdicta retinendae possessionis*, wie die *interdicta uti possidetis* und *utrubi*, oder *interdicta recuperandae possessionis*, wie das *interdictum unde vi*, genannt.

Um den Besitz zu behaupten, pflegt ein Interdict gegeben zu

---

1) Conf. Witte, das *interdictum uti possidetis* 1863 S. 1, und Schmidt, das Interdictenverfahren der Römer S. 6 Anm. 8.

2) Conf. v. Bethmann-Hollweg, der Civilprocess des gemeinen Rechts Bd. II S. 360.

werden, falls in Betreff des Eigenthums *(proprietas)* an einer Sache Streit unter Zweien herrscht, und zuvor untersucht werden soll, wer von den Partheien die Rolle des *possessor*, wer die des *petitor* übernehmen muss, *(possidere et petere debeat)*, wozu das *interdictum uti possidetis* und *utrubi* bereit sind *(comparata sunt)*[1]) (§ 148).

Die Institutionen (§ 4 J. 4. 15) heben in diesem Zusammenhang noch hervor, dass die *petitoria actio* garnicht angestellt werden könne, wenn nicht vorher klargestellt sei, wer von Beiden Besitzer sei *(utrius eorum possessio sit)*, weil sowohl nach römischer als auch nach allgemeiner Anschauungsweise *(civilis et naturalis ratio facit ut)* der Eine besitzt und der Andere vom Besitzer fordert; und da die Rolle des *possessor* weit bequemer sei, als die des *petitor*, so erhebe sich meist ein heftiger Streit über den Besitz. Den Vortheil des Besitzers erblickt Justinian aber darin, dass, auch wenn die Sache dem Besitzer nicht zusteht, seine Lage dennoch keine Aenderung erfährt *(remanet suo loco possessio)*, wenn nur der Kläger nicht beweisen kann, dass die Sache ihm gehört *(suam esse)*, und hebt ferner hervor, dass aus diesem Grunde, falls die Rechtslage Beider *(utriusque jura)* dunkel ist, regelmässig gegen den *petitor* erkannt wird. Es ist das derselbe Gedanke, der sich auch § 2 J. 4. 6 ausgesprochen findet, nämlich, dass bei Streitigkeiten über körperliche Sachen nur der Nichtbesitzer klagt, der Besitzer aber keine Klage hat, mit der er etwa bestreiten könnte, dass die Sache dem Andern *(actor)* gehöre, ausser in e i n e m nicht näher bestimmten Falle, wo der Besitzer nichtsdestoweniger die Rolle des Klägers erhielt. Was sodann das *interdictum uti possidetis* betrifft, welches nur ertheilt wird, falls der Besitz eines Grundstücks oder Gebäudes in Frage kommt (§ 149), so hebt Gajus weiter hervor (§ 150), der Befehl des Praetors gehe dahin, dass der in der glücklicheren Lage *(potior)* sein solle, oder, wie die Institutionen (§ 4a J. 4. 15) einfacher sagen, siege, der zur Zeit des Erlasses des Interdicts weder gewaltsam noch heimlich noch bittweise vom Gegner besitzt, oder, wie die Institutionen sich ausdrücken, wenn er nur nicht den Besitz auf einem der drei bezeichneten Wege vom Gegner erlangt hat, einerlei ob er einen dritten *(alium)* mit Gewalt vertrieben, oder den Besitz einem Dritten heimlich entzogen, oder ihn bittweise von ihm erlangt hat. Die Institutionen fügen auch hinzu, dass in Betreff des massgebenden

---

1) Contr. Witte, loc. cit. S. 29, der darin einen Hinweis auf den Entstehungsgrund des Interdicts erblickt.

Zeitpunktes insofern später eine Aenderung eingetreten sei, als der siege, der den Besitz zur Zeit der Litiscontestation inne hat *(detinet)*, ohne ihn in oben angedeuteter Weise vom Gegner erlangt zu haben. Für unsere Klage ist dann weiter die Eintheilung der Interdicte in *simplicia* und *duplicia* von Interesse (§ 156). Gajus bezeichnet die sämmtlichen restitutorischen und exhibitorischen Interdicte als einfache, weil bei ihnen stets die eine Parthei Kläger, die andere Beklagter sei (§ 157). Die prohibitorischen Interdicte sieht er dagegen theils als einfache theils als doppelte an (§ 158), und unter den doppelten erwähnt er namentlich das *interdictum uti possidetis* und *utrubi* (§ 160), die er um deswillen *duplicia* nennt, weil die Lage beider Processpartheien bei ihnen die gleiche sei, keiner etwa in erster Linie *(praecipue)* als Kläger oder Beklagter angesehen wird, sondern beide sowohl die Rolle des Klägers als die des Beklagten erhalten[1]). Und er illustrirt das weiter in folgender Weise: Der Praetor spricht in gleicher Weise *(sermo)* mit Jedem, denn die .allgemeine Fassung *(summa conceptio)* des *interdictum uti possidetis* lautet so: *uti nunc possidetis, quominus ita possideatis, vim fieri veto.* Die dann folgende Auseinandersetzung über *ordo* und *exitus* der Interdicte beschäftigt sich zunächst mit den restitutorischen und exhibitorischen Interdicten, dann aber findet sich wieder eine grosse Lücke im Text, und es kann nicht unsere Aufgabe sein, die verdienstvollen Versuche Huschkes, diese Lücke auszufüllen, hier heranzuziehen. Es mag sein, dass hier der Gang der Deduction Gajus auf die einfachen Fälle der prohibitorischen Interdicte *(simplicia interdicta prohibitoria)* und dann weiter zu den doppelseitigen Fällen dieser Interdicte geführt hat, und dass hier diejenige Stelle der Institutionen[2]), die ich oben als Zusatz der Justinianischen Codification bezeichnet habe, bereits ihren Platz gefunden hat, wie Huschke[3]) annimmt, aber es bleibt das doch nur Vermuthung. Auch in § 166, wo Gajus das Verfahren nach Erlass des Interdicts zur Darstellung bringt, haben wir es zunächst noch mit einem höchst unsicheren Text zu thun. Nur das darf man wohl als wahrscheinlich annehmen, dass hier von einer Versteigerung der Früchte durch den Praetor, einer *fructus licitatio*, die Rede ist. Auf diesem Wege wurde der Besitz interimistisch dem eingeräumt, der an seinem Genuss in der Zwischenzeit das

---

1) Idem § 7 J. 4. 15.

2) § 4 J. 4. 15.

3) Conf. loc. cit. S. 317.

grösste Interesse zu haben erklärte und das auch glaubhaft machte, indem er ein höheres Gebot abgab. Der interimistische Besitzer aber leistete dabei durch *stipulatio* dem Gegner Gewähr für den Ersatz des ihn etwa dadurch treffenden Schadens. Es werden dann gegenseitige Sponsionen gefolgt sein, die nach Studemunds Lesung dahin lauteten: *Quod adversus edictum praetoris possidenti sibi vis facta est*, und gegenseitige Restipulationen, die vielleicht, wie Huschke annimmt, zu einer *sponsio* und einer *restipulatio* zusammengezogen werden konnten.

Festen Boden gewinnen wir indess erst wieder in § 166a, wo die Darstellung in folgender Weise ihren Fortgang nimmt:

Und nun, nachdem sich beide Partheien die den sämmtlichen Stipulationen und Restipulationen entsprechenden Klagformeln gegenseitig schriftlich ausgehändigt haben *(formulis editis)*[1]), untersucht der Richter *(judex)* dasjenige Verhältniss, welches der Praetor zum Gegenstand des Interdicts gemacht hat, nämlich, wer von Beiden das Grundstück oder Gebäude zur Zeit des Erlasses des Interdicts weder *vi* noch *clam* noch *precario* besass. Wenn er das aufgeklärt hat, und das Urtheil etwa zu Gunsten des Einen ausgefallen ist, so verurtheilt er den Andern zur Zahlung der von ihm gelobten Sponsions- und Restipulationssumme, spricht dagegen den Gegner von der Zahlung der von ihm gelobten Summe frei. Und ausserdem wird, falls der Verurtheilte in Folge der *fructus licitatio* im Besitz ist, derselbe, falls er nicht restituirt, im Wege des Cascellianischen oder nachträglichen Processes *(secutorio judicio)* verurtheilt. In diesem letzteren Falle ist also, falls Jemand nicht beweist, dass ihm der Besitz zusteht *(ad se pertinere possessionem)*, dies das Resultat: dass ihm befohlen wird, dem Gegner die Sponsions- und Restipulationssumme sowie die Versteigerungssumme als Strafe zu zahlen und ausserdem den Besitz zu restituiren, auch muss er ferner *(amplius)* die Früchte, die er inzwischen geerntet hat, zurückgeben, da die Versteigerungssumme nicht der Preis für die Früchte, sondern die Strafe dafür ist, dass er den Besitz des Andern während dieser Zeit zu behaupten und die Früchte davon zu ziehen unternommen hat *(facultatem fruendi nancisci conatus est)* (§ 167). Falls indess der bei der *fructus licitatio* Unterliegende den eben erwähnten Beweis nicht führt, schuldet er nur die Sponsions- und Restipulationssumme als Strafe (§ 168). Und endlich für den Fall, dass bei der *fructus*

---

1) Conf. v. Bethmann-Hollweg loc. cit. S. 369.

licitatio eine besondere Stipulation wegen der Früchte nicht erfolgt war, verweist Gajus (§ 169) den bei der *fructus licitatio* Unterlegenen, falls er jetzt siegte, nicht nur auf den Cascellianischen Process, durch den er den Besitz wiedererlangt, sondern er räumt ihm noch eine besondere Klage in Betreff der Früchte ein. Und den sich daranschliessenden Process bezeichnet Gajus auf doppelte Weise, als *judicium fructuarium*, insofern der Kläger dadurch das ihm bereits Zugesprochene wirklich erhält *(judicatum solvi satis accipit)*, und ferner als *judicium secutorium*, insofern dieser Process dem Siege in Betreff der Sponsion folgt.

Den Schluss der Darstellung des Gajus, soweit sie hier interessirt, bildet endlich der durch Studemund neuerdings gelesene § 170, welcher dahin lautet[1]):

„Aber weil Einige, nachdem ein Interdict erlassen war, die sonstigen Formen des Interdictenprocesses nicht erfüllen wollten, und deswegen die Sache nicht verhandelt werden konnte, so hat der Praetor dafür gesorgt, und Interdicte gegeben, die wir *secundaria* nennen, weil sie an zweiter Stelle gegeben werden. Durch sie wird erreicht, dass der, welcher den Formen des Interdictenprocesses nicht gerecht wird, z. B. *qui vim non faciat*, oder wer an der *fructus licitatio* nicht theilnimmt, oder wer als Sieger bei der *fructus licitatio* nicht Sicherheit leistet, oder überhaupt keine Sponsion vornimmt, oder die Entscheidung in Betreff der Sponsionen nicht entgegennimmt, falls er besitzt, den Besitz dem Gegner restituiren muss, falls er nicht besitzt, dem Besitzer nicht Gewalt anthun darf. Obgleich er also sonst mit dem *interdictum uti possidetis* hätte siegen können, wenn er sich nur den Formen des Prozesses gefügt hätte, so wird doch durch das zweite Interdict der Besitz auf den Gegner übertragen."

Das sind im Wesentlichen die Mittheilungen des Gajus, aus denen sich mir nachstehendes Bild über das Wesen und Verhältniss der von ihm besprochenen Klagen ergiebt.

---

1) Ich setze den nicht immer zugänglichen Text darunter: *Sed quia nonnulli interdicto reddito cetera ex interdicto facere nolebant, atque ob id non poterat res expediri, praetor in eam rem prospexit et comparavit interdicta, quae secundaria appellamus, quod secundo loco redduntur: quorum vis et potestas haec est, ut, qui cetera ex interdicto non faciat, velut qui vim non faciat, ant fructus non liceatur, aut, qui fructus licitationis satis non det, aut si sponsiones non faciat sponsionumve judicia non accipiat, sive possideat, restituat adversario possessionem, sive non possideat, vim illi possidenti ne faciat. Itaque si alias potuerit interdicto uti possidetis vincere, si cetera ex interdicto paratus sit facere, tamen per interdictum secundarium possessio in adversario transfertur.*

Das Resultat der *vindicatio* des Sacramentsverfahrens ist nicht etwa die Herstellung eines thatsächlichen Verhältnisses der Partheien zur Sache, sondern sie endigt mit der Zahlung einer Busse an die Staatskasse, die der zu entrichten hat, dessen Behauptung: *Hominem ex jure Quiritium meum esse ajo*, d. h. ich behaupte, dass ich derjenige bin, der nach Civilrecht im Verhältniss zur Sache zu schützen ist, sich als unrichtig erweist. Es bildet demnach die Entscheidung über die Richtigkeit dieser Behauptung auf Seite der einen oder der andern Parthei nur ein *praejudicium* für die eigentliche Entscheidung im Process, die durchaus keinen directen Einfluss auf das thatsächliche Verhältniss der Partheien zur Sache hatte. Dasselbe findet sich im Formularverfahren bei derjenigen *actio in rem* wieder, die *per sponsionem* verhandelt wurde. Auch hier geloben beide Partheien sich gegenseitig Summen für den Fall, dass sich herausstellen sollte, dass es der Gegner ist, der nach Civilrecht Schutz in seinem Verhältniss zur Sache verdient, und für die Entscheidung über die Sponsionssummen, die auch hier den eigentlichen Streitgegenstand bilden, ist die Entscheidung darüber, wer von Beiden in Betreff seines Verhältnisses zur Sache nach Civilrecht zu schützen ist, nichts als ein *praejudicium*. Das thatsächliche Verhältniss der Partheien zur Sache selbst aber wird hier wie dort durch die Entscheidung im Process nicht berührt[1]). Dagegen ist in beiden Fällen in dem Rahmen des Verfahrens auf anderem Wege dafür Sorge getragen, dass wenigstens für die Dauer des Processes der offene Streit um die Sache[2]) einem friedlichen Provisorium weicht.

Im Sacramentsverfahren geschieht das, indem sich der Praetor durch seinen Befehl, „*mittite ambo hominem*," in das alleinige Verhältniss zur Sache setzt und dann von sich aus Einem von Beiden für die Dauer des Processes die Sache überlässt, der dann dem Andern für Sache und Früchte durch Bürgen Sicherheit geben muss.

Im Formularverfahren einigen sich die Partheien darüber, wie es scheint, ohne Mitwirkung des Praetors, und derjenige, welcher nicht in den Besitz der Sache gelangt ist und demnach die Früchte nicht ziehen kann, erhält dann von dem Andern Sicherheit durch die sog. *sponsio pro praede litis vindiciarum*, die also an Stelle der Sicherheit durch Bürgen tritt. Und wie nahe diese *actio in rem per spon-*

---

1) Conf. v. Bethmann-Hollweg, loc. cit. Bd. I S. 189 ff.

2) *vindiciae* = *vindicta* d. h. das, worüber die Herrschaft in Anspruch genommen ist.

sionem jener *actio in rem* des Sacramentsverfahrens steht, ersehen wir auch daraus, dass Gajus ausdrücklich hervorhebt, dass im Centumviralgericht noch zu seiner Zeit die Sponsionssumme *per legis actionem* statt *per sponsionem* eingefordert sei. Das Formularverfahren hat indess noch eine zweite *actio in rem* ausgebildet. Hier wird *per petitoriam formulam* geklagt, die *intentio* des Klägers geht dahin, dass die Sache sein sei, und der Gegner bestellt Sicherheit dafür, dass die Entscheidung zur Ausführung gebracht werde *(judicatum solvi)*. Das ist Alles, was uns Gajus über dieses Verfahren berichtet. Danach scheint es, als dürfe bei diesem Verfahren ein Zweifel darüber, wer *possessor* wer *petitor* in Betreff des Sache ist, überall nicht mehr bestehen, denn darauf deutet nicht bloss der Name der Klage hin, sondern auch die Einseitigkeit des Verfahrens, insofern hier der *petitor* stets der Kläger war, und es war sonach eine provisorische Regelung in dieser Richtung, sei es nun, dass sie vom Praetor ausging, oder sei es, dass sich die Partheien darüber einigten, für dieses Verfahren überall nicht mehr erforderlich, wie sich denn auch bei Gajus keine Spuren davon finden.

Aber auch das Resultat dieses Processes war offenbar ein anderes, als das Resultat der beiden oben besprochenen Processarten. Hier handelt es sich nicht um ein *praejudicium*, um eine Entscheidung über die Frage, wer nach Civilrecht im Verhältniss zur Sache zu schützen sei, sondern, wie der Kläger allein den Schutz der Rechtsordnung erbittet, so ist auch die Klage lediglich auf die thatsächliche Wiederherstellung des Verhältnisses auf Seiten des Klägers, darauf, dass die Sache wieder unter der Herrschaft des Klägers steht *(rem suam esse)*, gerichtet. Er erreicht das im Formularverfahren zwar nur wieder im Wege der Stipulation, aber einer direct auf die Wiederherstellung der thatsächlichen Herrschaft über die Sache gerichteten *stipulatio judicatum solvi*. Und dieser Zweck der Klage war auch der Grund, weshalb die *petitoria actio*, wie die Institutionen hervorheben, garnicht mit Erfolg angestellt werden konnte, wenn nicht vorher klar gestellt war, wer *possessor* und wer *petitor* war, und hier allein können die Vortheile hervorgetreten sein, die die Institutionen in der Rolle des Besitzers erblicken. Denn eine Entscheidung im Process lediglich über die Frage, ob Kläger in einem Verhältniss zur Sache zu schützen sei, hat in der That doch nur dann einen Sinn, und dürfte namentlich der praktische Römer doch nur dann für angemessen erachtet haben, wenn es klar war, dass der Kläger dieses Schutzes zur Zeit bedürftig war, m. a. W. wenn der Gegner sich bereits thatsächlich der Herrschaft über die Sache bemächtigt hatte. Und dem Kläger, der hier allein den Schutz der Rechtsordnung anrief, fiel auch selbstverständlich die Aufgabe zu, die Rechtsordnung von seiner Schutzbedürftigkeit zu überzeugen, er war es, der zu beweisen hatte, dass die Sache nach Civilrecht ihm zustehe.

Hier ist sonach der Punkt gewonnen, wo nicht nur die Frage, wer nach *jus Quiritium* im Verhältniss zur Sache zu schützen ist, sondern auch die Frage, wer sich thatsächlich im Verhältniss zur Sache befindet, und zwar ganz abgesehen von einem bereits eingeleiteten Process, Bedeutung erlangt hat. Und mit dem Interesse für diese Frage entstand auch für die Rechtsordnung die Aufgabe, sie zu lösen, entstand das *interdictum uti possidetis*.

Während bis dahin die beliebige, vielleicht sogar die gewaltsame Aenderung des thatsächlichen Verhältnisses zur Sache, soweit dieses Verhältniss nicht Seitens des Staates *(ex jure Quiritium)* unter besonderen Schutz gestellt war, ein Einschreiten der Rechtsordnung nicht veranlasste, erkannte der Praetor nunmehr auf besonderen Antrag an, es existire ein thatsächliches Verhältniss zweier Personen, des Antragstellers und des von ihm Benannten, zu einer bestimmten Sache, dem er in der augenblicklichen Beschaffenheit seinen Schutz angedeihen lassen wolle.

Er constituirte damit keineswegs schon einen Schutz für j e d e s thatsächliche Verhältniss zwischen Person und Sache, sondern gewährte lediglich einem einzelnen concreten Verhältniss, wie es augenblicklich bestand, diesen Schutz, und auch nur für den Fall, dass es nicht *vi, clam* oder *precario ab adversario* begründet war.

In dem nun folgenden Verfahren wurde sodann festgestellt, wer sich in diesem thatsächlichen Verhältniss zur Zeit der Edition des Interdicts befand, d. h. wer damals Besitzer war, aber festgestellt wiederum nur in der Form eines *praejudicium*, während das Verfahren selbst analog der *actio in rem per sponsionem* verlief, also doppelseitig war, und die Sponsions- und Restipulationssumme den eigentlichen Gegenstand des Streites und der Entscheidung bildeten. Und diesem Verfahren entsprechend wurde auch hier durch eine *fructus licitatio* der zeitweilige Genuss des Besitzes[1]) für die Dauer des Processes provisorisch geordnet.

---

1) Conf. Huschke, Gajus. Zur Kritik und zum Verständniss seiner Institutionen S. 191.

Ein weiteres Resultat hatte dieses Interdictenverfahren nicht, und auch darin zeigt sich dessen Aehnlichkeit mit der *actio in rem per sponsionem* und mit der Vindication im Sacramentsverfahren.

Damit das Verhältniss des A, welches durch das *praejudicium* in diesem Verfahren als dasjenige anerkannt war, dem die Rechtsordnung eventuell ihren Schutz gegen B werde angedeihen lassen, auch wirklich dem entsprechend sich thatsächlich gestaltete, bedurfte es für den Fall, dass das Interdictenverfahren ordnungsmässig durchgeführt war, noch der Durchführung eines zweiten Processes, des sog. *judicium Cascellianum*. Für den Fall aber, dass der Eine von Beiden sich der Durchführung des Verfahrens auf irgend eine Weise entzogen hatte, konnte der Andere dieses Resultat nur durch ein zweites Interdict erreichen. Die vorstehende Skizze wird gewiss manchen Zweifel erregen, da sie in vielen Punkten von der herrschenden Ansicht abweicht. Wie sie sich mir einfach aus der Betrachtung des Gajus ergeben hat, so hielt ich es auch für angemessen, sie hier zunächst ohne jede Discussion der streitigen Punkte zu entwickeln.

Ich gehe jetzt zur Justinianischen Periode unserer Klage über. Auch hier ist es eigentlich nur ein einziger Gewährsmann, Ulpian, dessen Anschauung in dem der Besprechung unsrer Klage gewidmeten Titel der Digesten Ausdruck gefunden hat. Ich halte es deshalb für angemessen hier zunächst den wesentlichen Inhalt dieses 17. Titels des 43. Buches der Digesten in Kürze wiederzugeben. Dabei trenne ich in der Darstellung des Inhalts die l. 1, 2 und 3 § 1 und 11 von der l. 3 pr. und § 2—10, da in jenen Stellen die Klage systematisch und historisch, in diesen praktisch beleuchtet wird[1].

Auch Ulpian und die Codification im Anschluss an ihn erblickt die Veranlassung für das Interdict in der Nothwendigkeit, eine Scheidung zwischen Besitz und Eigenthum *(proprietas)* zu machen, da Besitzer und Eigenthümer nicht identisch zu sein brauchen (§ 2). Zur näheren Ausführung dieses Satzes wird dann hervorgehoben, dass sich die Partheien bei jedem Streit in Betreff des Eigenthums über die Frage, wer *petitor* uud wer *possessor* sei, entweder einigen oder nicht einigen. Ist Ersteres der Fall, dann ist die Sache damit abgethan *(absolutum est)*. Der Besitzer geniesst den ihm zufallenden Vortheil, und der Andere muss die Nachtheile des *petitor* auf sich

1) Die l. 4 dieses Titels berücksichtige ich an dieser Stelle nicht, weil sie sich nicht auf unsere Klage, sondern auf ein ihr nachgebildetes *interdictum uti possidetis utile* bezieht.

nehmen. Einigen sie sich dagegen nicht über die Frage, weil Jeder Besitz in Anspruch nimmt, dann werden Beide, falls über ein Grundstück gestritten wird, auf dieses Interdict verwiesen (§ 3). Dasselbe wird zu dem Ende ertheilt, damit der Besitzer keine Gewalt erfährt, und erhält in der Titelfolge der Digesten angemessen seine Stelle hier nach dem *interdictum unde vi.* Denn, wie man mit diesem Interdict für die Zurückgabe des durch Gewalt verlorenen Besitzes eintritt und gegen den Besitzer kämpft, so schützt jenes gegen den Verlust des Besitzes, insofern der Praetor die Anwendung von Gewalt gegen den Besitzer verbietet (§ 4).

Der Jurist fährt dann fort, indem er Pedius als seinen Gewährsmann anführt, dass sich jeder Besitzstreit entweder darauf beziehe, dass wir die Rückgabe dessen verlangen, was wir nicht besitzen, oder darauf, dass wir zu behalten wünschen, was wir besitzen, und dass die Herausgabe des Besitzes durch ein doppeltes Verfahren erzielt werde, nämlich entweder durch ein Interdict oder im Wege der Klage, und dass ebenso zur Erhaltung des Besitzes ein doppelter Weg eingeschlagen werde, der der Einrede *(exceptio)* und der des Interdicts. Eine Einrede werde dem Besitzer zwar aus vielen Gründen gegeben, unser Interdict aber enthalte in jedem Falle *(perpetuo)*[1]) die Einrede *quod nec vi nec clam nec precario ab illo possides* (§ 5). Durch das Interdict werde der Grundbesitzer geschützt, dem die *actio*, d. h. die *vindicatio*, niemals gegeben werde, da es genüge, dass er besitzt (§ 6). Das Interdict finde Anwendung, mag Jemand nun behaupten, dass er das Grundstück in seiner ganzen Ausdehnung oder nur zu einem bestimmten Theil oder ungetheilt mit einem Andern besitzt (§ 7), und zwar zweifellos bei jedem Besitz von Grundstücken, so lange nur ein Besitz möglich ist (§ 8). In Bezug auf die oben erwähnte Einrede hebt die l. 1 schliesslich in § 9 noch hervor, dass Jemand, auch falls er *vi*, *clam* oder *precario*, indess von einem Dritten, den Besitz erlangt hat, als Besitzer angesehen werde *(possessio ei prosit)*, dass er dagegen, falls er unter den erwähnten Umständen den Besitz gerade von seinem Gegner erlangt habe, nicht als Sieger aus dem Streit hervorgehen solle, da es klar sei, dass der so erworbene Besitz keinen Vortheil verschaffen dürfe. Und dieser letzte Gedanke wird in l. 2, einer Stelle des Paulus, im Wesentlichen nur wiederholt, doch

[1]) Aehnlich ist das „*perpetuo*" bei v. Savigny, das Recht des Besitzes. 7. Aufl. Anhang Nr. 142 mit „durchgängig" wiedergegeben. Ich halte indess die dort folgende Erklärung dieses Wortes „d. h. ohne Unterscheidung zwischen einfacher und Waffengewalt" wiederum für zu enge.

knüpft Paulus daran noch die Reflexion, dass das thatsächliche Verhältniss als solches im Rechtsleben eine Bedeutung habe, eine Anschauung, die wir schon aus der Darstellung des Gajus gewannen.

In l. 3 § 1 ist sodann die Duplicität des Interdicts hervorgehoben, wonach der, dem es zusteht, Kläger und Beklagter in einer Person ist, während der § 11 dieser *lex* nur eine Notiz über die Berechnung der Condemnationssumme bei unserm Interdict enthält, die unten näher zu besprechen ist.

Danach soll unser Interdict offenbar auch in der Justinianischen Periode dazu dienen, den *status quo* bei Grundstücken, insoweit er sich als Besitz charakterisirt, einem Andern gegenüber zu schützen, indessen nur dann, wenn dieser Zustand weder mit Gewalt noch heimlich noch in Folge eines Precariums diesem Andern gegenüber begründet ist. Und für das Resultat ist es gleichgültig, wer von Beiden zunächst den Schutz der Rechtsordnung angerufen hat. Und der weitere Zweck des Interdicts besteht darin, sich durch den Sieg im Interdictenverfahren die Beklagtenrolle für den Fall des Eigenthumsprocesses zu sichern. Wie es ferner zu erklären ist, dass die *exceptio*, von der der Jurist in l. 1 § 5 spricht, in jedem Falle in unserm Interdictenprocess Berücksichtigung findet, werde ich unten näher erörtern, dass es aber geschieht, ist eben der Grund, weshalb der Besitz, mag er schon thatsächlich in der Hand des Andern sein oder nicht, stets auf diesem doppelten Wege wiedererlangt bezw. behauptet werden kann. Und die einzige Aenderung, die unsere Klage in dieser Periode erfahren hat, besteht nach § 8 J. 4. 15 darin, dass nicht mehr vom Praetor ein bestimmtes Interdict für das concrete Verhältnisss im einzelnen Falle erlassen wurde, sondern dass eine allgemeine *utilis actio ex causa interdicti* eingeführt ist. Daraus ergeben sich zwar Abänderungen im Gange des Processes und für den Erfolg desselben, die übrigens bereits eine Folge der Beseitigung des Formularverfahrens waren, die Veranlassung, der Grund unserer Klage ist indess derselbe geblieben, wie sich schon daraus ergiebt, dass § 8 nur Abweichungen in Betreff des *ordo* und *exitus* der Klage constatirt. Und die Beantwortung jener Frage, wann die Klage begründet erscheint, ergiebt sich aus den Entscheidungen praktischer Fälle, die, wie erwähnt, den wesentlichen Inhalt der l. 3 unseres Digestentitels bilden und im Folgenden kurz wiedergegeben werden:

1. Der Eingang der *lex* behandelt den Fall, wenn zwei Leute ein und denselben Gegenstand gleichzeitig (*in solidum*) besitzen, und zwar, wenn die Sache so liegt, dass der Grund, auf den der Eine den

Besitz zurückführt, ein gerechter, der, auf den der Andere ihn zurückführt, ein ungerechter ist. Dann soll der Eine dem Andern gegenüber mit dem Interdict siegen, falls dieser von ihm den Besitz erlangt hat; wenn das aber nicht der Fall ist, so soll Keiner besiegt werden, da Beide besitzen[1]).

2. Nach § 2 ist das Interdict ein geeignetes Mittel *(sufficit)* für den, der gehindert wird, auf seinem Territorium zu bauen; denn, wer den Andern daran hindert, seinen Besitz zu gebrauchen, macht ihm damit den Besitz streitig.

3. Im § 3 wird das Interdict für den Fall gegeben, wenn der Miether den Eigenthümer an der Reparatur des gemietheten Gebäudes hindert, und dabei hervorgehoben, dass der Eigenthümer den Miether dadurch nicht im Wohnen hindert, sondern nur verhindert, dass dieser sich als Besitzer gerirt.

4. Der § 4 prüft nur den Fall, wenn der Vorbesitzer eines Grundstücks aus dem Nachbargrundstück die Reben auf seine Bäume übergeleitet hat. In solchem Fall, entscheiden Pomponius und Labeo, darf der Besitzer des Grundstücks, in dem die Reben wurzeln, nach vorgängiger Anzeige an den Nachbar die Reben abschneiden; und für den Fall, dass der Nachbar ihn am Abschneiden oder Ueberleiten der Reben gewaltsam hindert, muss er sich des Interdicts bedienen. Denn durch solche Handlungsweise hindert der Nachbar den Besitzer ebenso gewaltsam in der Ausübung des Besitzes, wie wenn er ihn hindert, ein Grundstück zu bebauen.

5. Im § 5 wird die Frage aufgeworfen, ob, falls ein Grundstücksbesitzer ohne Rechtsgrund einen Balkon *(projectio)* über dem Grundstück des Nachbarn hat, der Nachbar das Interdict mit Nutzen zur Anwendung bringen kann, und dann mitgetheilt, dass Cassius diese Frage und zwar für Beide verneint hat *(utrique inutile esse)*[2]), weil der Eine den Grund und Boden besitze, und der Andere mit dem Gebäude den Ueberbau *(superficies)*.

6. Der § 6 enthält den andern Fall, dass ein Ueberbau *(projectus)* des einen Hauses auf dem Nachbarhause ruht, und hier

1) Auf die abweichenden Interpretationen dieser Stelle komme ich in anderem Zusammenhang zurück.

2) Die von Cujaz vorgeschlagene und von Mommsen wiederaufgenommene Lesart *id utile* statt *inutile* halte ich mit Bruns, Besitzklagen S. 82, v. Savigny, das Recht des Besitzes 7. Aufl. Anhang Nr. 170, und Randa, der Besitz nach östr. R. 2. Aufl. S. 162 Anm. 61, wenngleich nicht aus den von Letzterem angeführten Gründen, für nicht annehmbar.

entscheidet Labeo, dass der Besitzer des letzterwähnten Hauses sich des Interdicts mit Erfolg bedient, falls der Besitz des Grund und Bodens, der durch den Ueberbau bedeckt wird, von beiden Hausbesitzern gemeinsam in Anspruch genommen wird *(possideamus)*. Er spricht aber zugleich[1]) dem Gegner, von dessen Hause der Ueberbau ausgebaut ist, damit er in leichtester Form den Besitz des Ueberbaus behaupten kann, das Interdict in Betreff des Hauses, in der Form, *uti nunc possidetis eas aedes, ex quibus projectus est*, zu[2]).

7. Der § 7 bespricht einen dritten ähnlichen Fall. Wenn sich auf dem von dem Einen besessenen Hause ein oberes Stockwerk befindet, in dem ein Anderer sich als Herr gerirt *(quasi dominus moretur)*, d. h. im Gegensatz zum vorigen Falle, falls der Gegner keinen Besitz in Betreff des *locus* sondern nur eine *superficies* in Anspruch nimmt, dann soll nur dem Ersteren nicht auch dem Letzteren das Interdict zur Seite stehen, da der Besitz der *superficies* stets in dem Besitz des Grund und Bodens aufgeht *(superficiem solo cedere)*. Doch wird der Besitzstand des Superficiars durch ein besonderes unserm Interdict nachgebildetes *interdictum de superficiebus* geschützt, und zwar in Gemässheit des Vertrages *(lex locationis)* sogar gegen den Herrn des Grund und Bodens *(dominus soli)*. Schliesslich wird in diesem Zusammenhang auch der Fall besprochen, wenn ganz abgesehen von dem Besitz des Grund und Bodens der Besitzer des oberen und der des unteren Stockwerks des Hauses sich in Streit über den Besitz befinden, und Labeo und Pomponius entscheiden beide dahin, dass der Besitzer des oberen Stockwerks dem Besitzer des Souterrains gegenüber dann als Besitzer des Hauses *(aedes)* anzusehen sei, falls das obere Stockwerk einen besonderen Zugang von der Strasse aus habe, dass aber der Herr des Grund und Bodens Beiden gegenüber das Interdict mit Erfolg zur Anwendung bringe.

8. Im § 8 wird die Entscheidung des Pomponius, der es gebilligt haben soll, dass die Gläubiger, die, um die Sache sich zu erhalten, eine *missio in possessionem* erlangt haben, des Interdicts sich nicht bedienen können, auf alle Uebrigen ausgedehnt, die *custodiae causa* eine *missio in possessionem* erlangt haben.

9. Der § 9 endlich behandelt den Fall, wenn Jemand zum

---

1) Ich behalte lieber die Lesart „*an*" statt des von Schmidt. Interdictenverfahren S. 64, vorgeschlagenen „*at*" bei.

2) Ich nehme an, dass die Frage am Schluss dieses Paragraphen stillschweigend bejaht sein soll, conf. Schmidt, Interdictenverfahren S. 181, komme indess unten näher auf diese Stelle zurück.

Theil auf seiner zum Theil auf der Nachbarwand Stuckarbeiten angebracht hat, der dahin entschieden wird, dass der Nachbar mit dem Interdict die Wegnahme der Stuckarbeit erreicht.

Meines Erachtens liegt den sämmtlichen vorstehenden Entscheidungen eine Anschauung zu Grunde. Es handelt sich stets um Fälle, in denen der Besitzstand zweier Personen in Betreff eines Grundstücks unklar geworden und verwischt ist, sei es nun, dass der Eine den Andern geradezu hindert, die thatsächliche Herrschaft über das Grundstück nach allen Richtungen auszuüben, wie in den Beispielen Nr. 2, 3 und 4, sei es, dass wenigstens äusserlich der Besitzstand in Betreff des Grundstücks nicht klar hervortritt, indem sich zwei als Besitzer desselben geriren, wie in den Beispielen Nr. 6 und 9, wo es sich nicht um einfache Besitzhandlungen, sondern um dauernde Vorrichtungen handelt, in denen eine dauernde wenngleich nur partielle thatsächliche Beherrschung des Grundstücks liegt.

Auch Nr. 7 enthält Beispiele eines unklaren Besitzstandes, indess in Betreff einer Superficies nicht eines Grundstücks. Auch hier tritt das Streben hervor, Einen von den Beiden, die sich als Herrn des Hauses geriren, als Besitzer anzuerkennen. Ob das indess im Wege des Interdictenprocesses geschah, lässt die Stelle in Zweifel.

Nur eine Consequenz der im Vorstehenden entwickelten Anschauung ist es, wenn in dem Fall unter Nr. 5 kein Interdict gegeben wird, obwohl der Erker über dem Grundstück des Nachbarn ohne Rechtsgrund errichtet ist. Hier bleiben die Besitzverhältnisse in Betreff des Ueberbaues und in Betreff des *fundus* klar geschieden, da ich die Theorie von der Luftsäule über dem *fundus*, als deren Eigenthümer und Besitzer der Eigenthümer und Besitzer des *fundus* vielfach angesehen wird, in das Gebiet der Mährchen verweisen möchte. Ganz anders liegt aber der Fall, wenn es sich nicht um einen durch Verwischung unklaren Besitzstand, sondern um einen gemeinsamen Besitz Mehrerer handelt, sei es nun, dass diese Mehreren gemeinschaftlich, oder sei es, dass sie gleichzeitig, wenn auch unabhängig von einander, in das thatsächliche Verhältniss zur Sache getreten sind, oder sei es, dass zwar der Eine zunächst im alleinigen Besitz der Sache war, es indess zugegeben hat, dass sich der Andere gleichfalls in ein solches Verhältniss zur Sache setzte. In allen drei Fällen sprechen wir von Mitbesitz, wenn nur das Resultat ein friedliches ungetheiltes Nebeneinanderherrschen in Betreff des Grundstücks ist, und das Interdict erscheint weder für den Einen noch für den Andern begründet[1]). Ich unterlasse es das in Betreff der Klage gewonnene Bild schon hier durch einzelne Züge aus den Quellen zu vervollständigen. Denn das Heranziehen von in andern Titeln der Codification zerstreuten Stellen würde mich sofort zu einer Discussion nöthigen, die ich hier noch vermeiden möchte, um den Gesammteindruck nicht zu stören, den ich kurz dahin fixire: Zweck des Interdicts ist, sich die Beklagtenrolle für den Fall des Eigenthumsprocesses zu sichern; das geschieht, indem man jede Verwischung des Besitzstandes mit dem Interdict zu beseitigen sucht.

---

1) L. 3 pr. D. 43. 17.

Zweites Capitel.

Die Voraussetzungen der Klage.

Der kurzen Inhaltsangabe der wichtigsten Quellenerörterungen lasse ich nunmehr in den folgenden Capiteln eine genaue Besprechung der Voraussetzungen, des Resultates und der processualischen Entwickelung unserer Klage folgen, indem ich die wichtigsten Ansichten, die in Betreff dieser Fragen in der neueren Theorie und Praxis hervorgetreten sind und in zum Theil schroffstem Gegensatz sich noch heute gegenüber stehen, mit Hülfe der Quellen kritisch zu beleuchten suche.

Ich beginne mit dem Klaggrund und bespreche zunächst den Fall der Anwendung der Klage, den Savigny[1]) in zweiter Linie hervorhebt, wenn eine zukünftige Störung des Besitzes zu fürchten ist, gegen welche der Besitzer geschützt sein will. Für diesen Klaggrund sind neuerdings wichtige Vertheidiger in Brinz, Windscheid und Bruns aufgetreten.

Nach Brinz[2]) ist die Gefahr, dass es Besitzes halber zur Gewalt kommen könne, schon eine genügende Veranlassung für unser Interdict. Und diese Gefahr erblickt er schon in der blossen *controversia possessionis*, sei es, dass sie sich noch auf blosse Worte beschränkt, oder sei es, dass sie schon in Handlungen zu Tage tritt, indem der Gegner durch concludente Thatsachen, d. i. durch Handlungen der Apprehension oder des Gebrauchs, oder aber durch Verhinderung, dem Andern erklärt, dass er Besitzer sei. Der

---

1) Conf. das Recht des Besitzes 7. Aufl. S. 396.

2) Conf. Pandecten Bd. I S. 732 (2. Aufl.).

blosse Wortstreit führt also nach Brinz zu unsrer Klage, nicht weil er selbst schon Gewalt ist, sondern weil ihm Gewalt leicht nachfolgt.

Windscheid[1]) genügt eine bloss drohende Störung zur Begründung der Klage.

Und Bruns[2]) geht noch weiter, indem er in der drohenden Störung des Besitzes geradezu den alleinigen Grund für unsere Klage erblickt. Blosse Drohungen und Behauptungen auf der Gegenseite genügen ihm schon zu ihrer Begründung, und nur, weil bei begonnener Störung meist eine Wiederholung zu befürchten ist, schliesst er auch in solchem Fall das Interdict nicht aus; aber jedes Verbot, jeder Protest, Widerspruch, Einsprache etc. gilt ihm schon als Prohibition im Sinne der Quellen.

Sehen wir uns danach um, was etwa die Quellen zur Begründung dieser Anschauung, gegen die sich bereits Schmidt[3]) sowohl in Betreff des Gajanischen als des Justinianischen Verfahrens entschieden ausgesprochen hat, enthalten, so bildet den natürlichen Ausgangspunkt für diese Anschauung, den auch Savigny genommen hat, der Wortlaut der Formel in l. 1 D. 43. 17. Diese Formel hat zunächst, wie aus Gajus IV § 160 hervorgeht, ihre Bedeutung im vorjustinianischen Process gehabt, und damals bildete, abgesehen von dem Inhalt der bereits in das Interdict aufgenommenen Einrede, offenbar nicht das, was vor, sondern das, was nach der Ertheilung des Interdicts geschah, den Klaggrund.

Das sich auf Grund des ertheilten Interdicts entwickelnde Verfahren stützt sich auf die Behauptung beider Theile, dass einem Jeden gegen das Edict des Praetors, also offenbar nach Ertheilung des Interdicts, als Besitzer vom Gegner Gewalt angethan sei[4]). Worin diese Gewalt bestand, wird sich weiter unten zeigen.

Anders stellt sich die Sache allerdings, wenn man mit Bruns abweichend von der herrschenden Ansicht annimmt, dass mit den prohibitorischen Interdicten, namentlich dem *interdictum uti possidetis,* nur auf das im Interdict enthaltene Verbot geklagt werden könne.

---

1) Lehrbuch des Pandectenrechts Bd. I S. 491 (5. Aufl.).
2) Besitzklagen S. 31 und 74.
3) Conf. Interdictenverfahren S. 54 und 328.
4) Conf. Gaj. IV § 166.

Wäre diese Auffassung, bei der das *vim fieri veto* als Mittelpunkt, ja als Resultat, des älteren Interdictenverfahrens angesehen[1]), und daneben eine nirgends in den Quellen erwähnte Klage auf das Interdict angenommen wird, richtig, so würde man auch Savignys Ansicht, dass unsere Klage schon bei drohender Störung des Besitzes begründet sei, beipflichten müssen, denn dann würde es allerdings gleichgültig sein, ob bereits eine Störung des Besitzstandes unter den Partheien vorliegt oder nicht. Aber warum sollte das Interdict dann nur in allen Fällen drohender Störung begründet sein, warum nicht in allen Fällen des Besitzes und für jeden Besitzer und gegen jeden Dritten? Denn wie will man mit Gründen darthun, dass ich als Besitzer einer Sache, zumal so lange der Schutz meines Verhältnisses zur Sache noch von einer ausdrücklichen Erklärung des Praetors in dieser Richtung abhängig war, kein Recht hätte, mich in Betreff dieses Besitzes unsicher zu fühlen, mit andern Worten mich zu fürchten? Ist doch die Furcht im Grunde nichts Anderes als Voraussicht und Vorsicht.

So würde also die consequente Entwicklung der Bruns'schen Anschauung zu einer Allerweltsklage des Besitzers gegen jeden Dritten führen, und auch der ruhigste und friedliebendste Mensch wäre nicht dagegen gesichert, dass er von hundert und tausend Besitzern im Wege des Processes angehalten werden könnte, deren Besitz anzuerkennen.

Bruns hat das selbst gefühlt[2]), und sucht zu helfen, in dem er statt der subjectiven Furcht die objectiv zu fürchtende, also die drohende und darum gefürchtete, Gefahr als Voraussetzung der Klage hinstellt. Er hebt aber selbst hervor, dass es im römischen Recht dem Ermessen des Richters im einzelnen Fall überlassen sei, zu bestimmen, welche Handlungen dazu geeignet erscheinen, eine Gefährdung des Besitzes zu begründen. Wie unpraktisch wäre es aber, wenn die Rechtsordnung dem Richter hätte zumuthen wollen, in jedem Falle erst eine feine Untersuchung in Betreff der Frage anzustellen, ob es wirklich eine drohende Gefahr war, die vom Kläger zur Begründung seiner Klage behauptet wurde. Und nach welchen Grundsätzen sollte er die Antwort finden, und welcher Zweck würde mit solcher Klage erreicht? Jedenfalls erregen die von Bruns selbst

---

1) Conf. Bruns, Besitzklagen S. 51.

2) Conf. Besitzklagen S. 63.

angeführten Fälle der Klage[1]), wie der von einem Balkon über das Firmenschild des darunterwohnenden Kaufmanns gewachsene Epheu, oder der über die Grenze auf das Nachbargrundstück gewehte Sand, oder die in das Nachbargrundstück eingedrungene Flüssigkeit, oder die überhängende Mauer, ja der Fall, wenn der Biergast behauptet, der Wirth dürfe ihm den Besuch seiner Wirthschaft nicht verweigern, aus praktischen Gründen die gerechtesten Bedenken gegen das von Bruns aufgestellte Princip.

Bruns Ansicht findet aber auch in den Quellen überall keine Begründung.

Die *utilis actio ex causa interdicti* im § 8 J. 4. 15, die er hauptsächlich für seine Klage auf das Interdict, d. h. auf das Verbot der Besitzstörung, heranzieht, ist, wie ich bereits oben hervorhob, eine Klage, die lediglich im Verfahren (*ordo* und *exitus*), dagegen durchaus nicht in ihrer Begründung vom Gajanischen Interdict abweicht. War diese Klage also, wie Bruns annimmt, lediglich auf das Interdict als Verbot der Besitzstörung gerichtet, so würden wir, da dieser Klage im alten Verfahren offenbar der Antrag auf Erlass jenes Specialbefehls, den der Praetor dann auf Grund des Schemas für den einzelnen Fall ergehen liess, entsprach, zu der weiteren Annahme gedrängt, dass der Praetor schon zu Gajus Zeiten die unter Umständen äusserst feine und schwierige Prüfung in Betreff des Vorhandenseins der Voraussetzung für unsere Klage bereits vor Erlass des Interdicts hätte vornehmen müssen. Dagegen spricht indess der allgemeine Charakter der Interdicte, die vom Praetor ertheilt wurden, um gleich zu Anfang und offenbar, noch bevor eine grössere Untersuchung stattgefunden hatte, den Streit wenn möglich zu beendigen, und es dürfte dem gegenüber die Ansicht, dass unser Interdict vor Prüfung der in Frage stehenden concreten Verhältnisse ertheilt wurde, und dass sich dann erst nachträglich herausstellte, zu wessen Nachtheil oder Vortheil es ausschlug, auch fast allseitig von der Theorie getheilt werden[2]).

Auch der Interpretation, die Bruns[3]) der l. un. C. 8. 6[4]) zu

---

1) Conf. Besitzklagen S. 72 und 73.

2) Conf. Savigny, das Recht des Besitzes 7. Aufl. S. 378. Puchta, Cursus der Institutionen 6. Aufl. Bd. II S. 453.

3) Conf. Besitzklagen S. 55.

4) *Uti possidetis fundum, de quo agitur, quum ab altero nec vi nec clam nec precario possidetis, rector provinciae vim fieri prohibebit; ac satisdationis vel transferendae possessionis edicti perpetui forma servata, de proprietate cognoscet.*

Theil werden lässt, um seine Ansicht dadurch zu unterstützen, indem er annimmt, dass hier Besitz und Eigenthum zugleich in den Process eingeführt seien, vermag ich nicht zu folgen. Dieses Rescript des Diocletian und Maximian enthält vielmehr m. E. die Erweiterung des Anwendungsgebietes unsers Interdicts auf die Provinzialgrundstücke, bezüglich deren dem *rector provinciae* dieselbe Aufgabe zugewiesen wird, wie sonst dem Praetor, während früher vielleicht um der Stipulation *(spondesne? spondeo)*, des reinen *civile negotium*, willen die Peregrinen von der Wohlthat der prohibitorischen Interdicte noch ausgeschlossen waren[1]).

Und die *satisdatio* sowie die *translatio possessionis* sind offenbar die verschiedenen Folgen des Interdictenverfahrens für den besiegten Theil, die auch Gajus IV § 166[a] und 170 andeutet.

Dass aber diese Folgen Gegenstand eines besonderen Verfahrens waren, heben die Basiliken zu unserer Stelle besonders hervor[2]).

Gegen die vorstehende Auffassung der l. un. spricht auch der Umstand nicht, dass das alte Interdictenverfahren vielleicht durch Diocletian beseitigt ist. Denn was steht dem entgegen, dass derselbe Diocletian noch zuvor diesem alten Verfahren ein weiteres Anwendungsgebiet eröffnete?

Bruns steht denn auch, wie ich sehe, mit seiner Auffassung des Interdicts als einer Klage auf Erlass eines Verbots in der Theorie beinahe völlig allein[3]), und in die Praxis hat sich seine Ansicht ebensowenig Eingang zu verschaffen gewusst.

Es bedarf nur noch einer kurzen Besprechung dessen, was neben der vorstehend zurückgewiesenen Anschauung für Savignys Klage auf Schutz des Besitzes gegen zukünftige drohende Störung vorgebracht ist.

Die l. 2 § 18 D. 43. 8, die Windscheid für sie anführt, spricht

---

1) Conf. Mommsen, die Wiener Fragmente von Ulpians Institutionen, Zeitschr. für geschichtl. Rechtswissenschaft Bd. 15 S. 382; contr. Schmidt, Interdictenverfahren S. 244.

2) Conf. 50, 3. 72. *Quando de possessione movetur actio uti possidetis is vincit, qui nec vi nec clam nec precario possidet, et deinde aut satisdat et succipit rei vindicationem aut non satisdat et possessio ad alterum transfertur.*

3) Conf. Windscheid, Lehrbuch des Pandectenrechts Bd. I S. 488 Anm. 36 und Pernice, Zeitschrift für Handelsrecht Bd. XX S. 636 ff. Nur Randa, der Besitz nach östreichischem Recht mit Berücksichtigung des gem. Rechts 2. Aufl. S. 116 Anm. 10, will sie nicht gerade bestreiten, hebt indess gleichfalls hervor, dass er Bedenken dagegen habe.

offenbar von dem *interdictum ne quid in loco publico fiat* und hat deshalb für unsere Frage keine Bedeutung.

Auch gegen die Interpretation, die Witte[1]) der l. 5 § 10 D. 39 1[2]) zu Theil werden lässt, wenn er als einen Fall solcher drohenden Störung den hinstellt, wenn der Eigenthümer eines Grundstücks bauen will, und sich aus dem bereits festgesetzten Bauplan seine Absicht ergiebt, einen Erker in die Luftsäule des Nachbars hineinzubauen, muss ich entschieden protestiren. Witte nimmt an, dass der Nachbar, wie er in solchem Falle berechtigt sei, die *actio negatoria* anzustellen, um dem Baulustigen das Recht zur Ausführung seines Bauplans streitig zu machen, sich auch auf die thatsächliche Freiheit seines Grundstücks mit dem *int. uti poss.* stützen könne, um das Verbot des Baues bis zur Durchführung der *actio confessoria* zu erwirken, und beruft sich dabei auf jene Stelle.

Der Eingang derselben spricht indess garnicht von unserer Klage[3]), wie denn Witte selbst hervorhebt, dass der Ausdruck *per praetorem* in der Justinianischen Sammlung nur gezwungen auf sie bezogen werden könnte. Auch das *vult* der Stelle wird von Witte irrthümlich dahin ausgelegt, als wäre noch nichts geschehen, während die Worte „*possessorem eum faciemus*" aufs Bestimmteste andeuten, dass bereits Etwas auf unserm Grund und Boden vorgenommen ist, was den Schein des Besitzes auf Seiten des Gegners erweckt. Der Schluss der Stelle endlich deutet aufs Bestimmteste darauf hin, dass eben die bereits vorhandene andauernde Vorkehrung *(si perseverat)* auf unserm Besitzthum eine Voraussetzung für das *int. uti poss.* ist.

Auch die l. 1 § 4 D. 43. 17 kann nicht mit Erfolg für die obige Ansicht herangezogen werden. Denn, wenngleich sie den Blick auf die Zukunft richtet und es als den Zweck des Rechtsmittels bezeichnet, dass dem Besitzer nicht ferner Gewalt angethan werde, geht sie doch keineswegs von der Voraussetzung aus, dass

---

1) Conf. *int. uti poss.* S. 139.

2) *Meminisse autem oportebit, quotiens quis in nostro aedificare vel in nostrum inmittere vel proicere vult, melius esse eum per praetorem vel per manum, id est lapilli ictum prohibere quam operis novi nuntiatione: ceterum operis novi nuntiatione possessorem eum faciemus, cui nuntiaverimus. at si in suo quid faciat, quod nobis noceat, tunc operis novi denuntiatio erit necessaria, et si forte in nostro aliquid facere quis perseverat, aequissimum erit interdicto adversus eum quod vi aut clam aut uti possidetis uti.*

3) Conf. auch Savigny, das Recht des Besitzes 7. Aufl. Anhang Nr. 9 S. 567 Anm. 2.

gegenwärtig eine solche gewaltsame Störung des Besitzes überall noch nicht vorliege.

Wie die von Brinz für seine Ansicht angezogene l. 13 § 3 D. 7. 1 dieselbe stüzen soll, ist mir unverständlich geblieben; sagt sie doch nur, dass um Streit, (d. h. offenen Streit), zu verhüten, der Praetor zur Lösung der Collision zwischen zwei Conusufructuaren eine der *actio communi dividundo* analoge Klage gegeben habe.

Ein Hauptmoment, welches zur vorstehend charakterisirten Ansicht, dass unsere Klage ein Schutzmittel gegen drohende Störung des Besitzes sei, geführt hat, ist der bereits von Savigny [1]) erkannte Parallelismus zwischen dem Interdict und der Negatorienklage, den neuerdings namentlich Witte und Bruns [2]) hervorheben. Dabei war es für unsere Klage verhängnissvoll, dass Theorie und Praxis in Betreff der Negatorienklage gleichfalls von einer nicht quellenmässigen Ansicht beherrscht werden, die abgesehen vom Vorhandensein des Eigenthums so gut wie nichts zur Begründung dieser Klage verlangt. Ich erkenne den Parallelismus an, glaube aber an anderer Stelle nachweisen zu können, dass es nur ganz bestimmte Störungen und Beeinträchtigungen des Eigenthümers sind, die die Negatorienklage begründen, und jedenfalls keine nur drohende und zukünftige, sondern nur bereits effectiv vorhandene. Und ebensowenig lässt sich m. E. die praktisch unhaltbare Ansicht [3]), dass unser Interdict bereits bei drohender zukünftiger Störung des Besitses Anwendung findet, aus den Quellen begründen.

Ich gehe sodann zu demjenigen Fall der Anwendung des Interdicts über, den Savigny [4]) an erster Stelle behandelt, nämlich „wenn der Besitzer durch die Störung des Besitzes Schaden gehabt hat, welchen er ersetzt haben will". Hier soll eine wirklich erfolgte Besitzstörung unsere Klage begründen. Aber auch hier erhebt sich wieder die Frage, wann eine Besitzstörung in Wahrheit als erfolgt anzusehen ist, und die Umschreibungen, die der Begriff „erfolgte Besitzstörung" in der neueren Theorie und Praxis findet, wie beispielsweise die Definition Randas [5]) „der blosse Eingriff in den Kreis der faktischen Herrschaft des Besitzes", dienen m. E. keineswegs zur Klarstellung desselben.

---

1) Conf. das Recht des Besitzes 7. Aufl. S. 401.
2) Conf. Besitzklagen S. 63 ff. und 82.
3) Vergl. Seuff., Arch. Bd. XV Nr. 226.
4) Conf. loc. cit. S. 396.
5) Conf. loc. cit. S. 95.

Ich hebe zunächst hervor, wie sich Windscheid[1]) über diesen Punkt äussert. „Gestört, ohne aufgehoben zu werden", sagt er, „wird der Besitz dadurch, dass sich der Wille eines Nichtbesitzers in einer einzelnen Beziehung im Widerspruch mit dem Willen des Besitzers für die Sache geltend macht. Das kann entweder dadurch geschehen, dass der Andere selbst auf die Sache einwirkt, oder dadurch, dass er dem Besitzer eine Einwirkung auf die Sache unmöglich macht".

Er erkennt dann mit Bruns[2]) zwar an, dass ein Angriff auf die Person als solche, nicht in Beziehung auf die Sache, für die Klage nicht ausreichend ist, meint aber, dass seine Definition des Begriffs „Störung" diese Beziehung zur Sache schon enthalte, und warnt davor, die letztere derartig zu pressen, als müsse auch die Absicht der Verletzung auf die Person in ihrer Beziehung zur Sache nicht auf die Person als solche gerichtet sein. Bei ihm, wie bei vielen Neueren, ist es wieder die schon berührte unrichtige Auffassung in Betreff der Negatorienklage, die sie, offenbar um des Parallelismus beider Klagen willen, dem *int. uti poss.* ein so weites Anwendungsgebiet haben anweisen lassen.

So hält Arndts[3]) das *int. uti poss.* auch für anwendbar, um solche Störungen abzuwehren, die zwar nicht den Bestand des Besitzes schlechthin anfechten, aber doch denselben theilweise durch anmassende Beschränkung der Verfügung über die Sache beeinträchtigen, ähnlich wie durch die *negatoria actio* das Recht zu solcher Beschränkung bekämpft wurde. Und noch neuerdings hat Thon[4]), den Unterschied zwischen der Negatorienklage und unserm Interdict, was die praktische Anwendung betrifft, darin gefunden, dass dem Eigenthümer bei thatsächlicher Verhinderung des Genusses durch das Vorhandensein dauernder Anlagen die Erstere, bei einzelnen Genusshandlungen Seitens des Gegners dem besitzenden Eigenthümer auch das Letztere zustehen soll.

Zu welchen Extravaganzen diese unbestimmten Angaben über den unserm Interdict zu Grunde liegenden Thatbestand geführt haben, das zeigt vor Allem Thibauts[5]) Beispiel eines *int. uti poss.*, falls in

---

1) Conf. Lehrbuch des Pandectenrechts Bd. I S. 491 (5. Aufl.).

2) Conf. Besitzklagen S. 76 ff.

3) Conf. Pandecten S. 263.

4) Rechtsnorm und subjectives Recht S. 169 Anm. 44.

5) Conf. Ueber *possessio civilis*. Archiv für civilistische Praxis Bd. XVIII S. 321.

der Nacht Spectaculanten in das Haus dringen, darin herumschreien und an die Thüren klopfen. Arndts und die meisten Neueren meinen allerdings, das gehe zu weit. Aber ist das denn etwas Anderes, als dass sich der Wille eines Nichtbesitzers in einer einzelnen Beziehung in Widerspruch mit dem Willen des Besitzers für die, das soll doch wohl heissen in Betreff der Sache, geltend macht? Ja es würde in consequenter Entwicklung der herrschenden Ansicht nicht einmal des im obigen Beispiel auch für jeden Dritten noch klar hervortretenden störenden Gebahrens zur Begründung unsrer Klage bedürfen. Nehmen wir an, der Besitzer A hätte seine Hausthür geschlossen, weil er die kalte Luft von draussen nicht ins Haus kommen lassen will, und B öffnet sie; was würde nach der Windscheid'schen Anschauung dem durch Anstellung unserer Klage ausgesprochenen Verlangen des A gegen B, seinen Besitz am Hause anzuerkennen, ernstlich entgegenstehen. Und Schmidt[1]) würde darin auch wirklich wohl nichts Auffallendes finden, da er ja auch die nächtlich in das Haus einbrechenden Spectaculanten für solche hält, von denen der Richter sagt, *vim facietis, quominus ille ita possiderit, uti possedit,* und sie aus den Sponsionen verurtheilen will.

Dass auch die Praxis vor ähnlichen Consequenzen nicht zurückschreckt, dafür liefert eine Lübecker Entscheidung den Beweis[2]), wo geradezu der Satz aufgestellt wird, dass jede eigenmächtige Handlung, sobald sie ohne Wissen des Gegners, von dem ein Widerspruch zu fürchten war, vorgenommen wurde, zur Begründung des Interdicts genügt[3]).

Und doch liefern die Quellen offenbar ein ganz anderes Bild von dem Anwendungsgebiet unserer Klage, und wir dürfen es auch den praktischen Römern kaum zutrauen, dass sie für die Erfüllung solch' unpraktischer Gelüste eines Besitzers die nöthige Handhabe geboten hätten. Befriedigt mich sonach die von Savigny und Windscheid aufgestellte Regel nicht, so könnte sie ja doch möglicherweise nur ein inadäquater Ausdruck eines an und für sich richtigen Gedankens sein, und ich wende mich deshalb zur Prüfung dessen, was die Theorie zu ihrer näheren Erklärung vorgebracht hat. Auch hier gehe ich von Savigny aus. Voraussetzung für die Anwendung des Interdicts ist ihm[4]) eine gewaltsame Verletzung, und er

1) Conf. Interdictenverfahren S. 51.
2) Conf. Seuff., Arch. Bd. V Nr. 23.
3) Vergl. auch Seuff., Arch. Bd. VIII Nr. 49.
4) Conf. das Recht des Besitzes 7. Aufl. S. 400.

hebt hervor, dass der Ausdruck *vis* von jeder Handlung gebraucht werde, die gegen den Willen eines Andern vorgenommen wird, sei es, dass dem Handelnden dieser Wille erklärt wird, oder dass er selbst diese Erklärung verhindert.

Diese Verletzung, die nach Savigny theils als vergangen theils als zukünftig gedacht wird, theils endlich bloss fingirt werden muss, soll ferner eine derartige sein, dass der Besitz dadurch noch nicht aufgehoben ist, sondern dass nur entweder der Besitzer selbst in einzelnen Aeusserungen seiner Willkür in Beziehung auf die Sache gehindert wird, oder sich ein Anderer Handlungen eines Besitzers anmasst, ohne ihn selbst aus dem Besitz zu verdrängen. Für das Gajanische Verfahren bezeichnet auch Schmidt[1]) die *vis* als Verhinderung am freien willkührlichen Besitz, insofern der Impetrant an der Vornahme einer bestimmten Handlung, an der Ausübung einer bestimmten Befugniss gehindert wird, oder der Impetrat zu seinem eigenen Besten etwas vornimmt. Und im Justinianischen Recht sieht er wie Savigny in unserer Klage eine Delictsklage.

Das Irrige der Savigny'schen Anschauung liegt m. E. darin, dass er die subjektive Seite der Handlungen des Störenden, dessen Willen und seine Ausführung des Willens, allzusehr betont, dass er durch die Klage gleichsam eine *obligatio ex maleficio* eingeklagt sieht, wie er denn ein Unrecht, eine „unrechtliche Handlung", als die Voraussetzung aller possessorischen Interdicte ansieht[2]), und dabei übersieht, dass der Praetor nach dem Wortlaut des Interdicts lediglich solche Gewalt verbietet, die zur Folge hat, dass der B e s i t z, d. h. das thatsächliche Verhältniss der Partheien, nicht in statu quo verbleibt *(quominus ita possideatis, uti nunc possidetis)*, dass es also für die Entscheidung, ob das Interdict begründet ist oder nicht, darauf ankommt, welchen Eindruck die Handlung des Störenden auf den Besitz des Gestörten wirklich gemacht hat.

Dadurch erscheint die Anwendbarkeit des Interdicts von einer doppelten Voraussetzung abhängig. Auf Seiten des Gestörten muss der Besitz, die thatsächliche Herrschaft über die Sache, durch die *vis* des Andern bereits ganz oder theilweise beseitigt sein, und sodann muss sich der Störer seinerseits bereits ganz oder theilweise in dasjenige thatsächliche Verhältniss zur Sache gesetzt haben, in dem sich bis dahin der Gegner befand.

---

1) Conf. Interdictenverfahren S. 51.

2) Conf. loc. cit. S. 31 und 56 ff.

Den zweiten Punkt hat Vangerow[1]) besonders betont, wenn er das Interdict nur gegen den für anwendbar hält, der auch wirklich unsern Besitz ganz oder theilweise bestreitet, während er für einfache Turbationen statt der possessorischen Interdicte andere Klagen, wie das *interdictum quod vi aut clam*, die *actio legis Aquiliae* u. a. anwendbar erachtet, und in den älteren Auflagen seiner Pandecten sogar die Behauptung aufstellt, das Interdict könne nur gegen den angestellt werden, der selbst Besitzer sein wolle[2]), eine Ansicht, die er allerdings in der 7. Auflage nicht in voller Schärfe aufrecht erhalten hat.

Dass eine in der Praxis etwa zugelassene Klage gegen Besitzstörung ohne Besitzstreit mit dem *int. uti poss.* nichts zu thun habe, wird auch von Brinz[3]) behauptet[4]).

Und darin liegt m. E. ein Fortschritt, dass man sich gegenüber der Ansicht Savignys und der meisten Neueren, die die Praxis durchaus beherrscht[5]), wieder darauf besinnt, dass wir es mit einem possessorischen Interdict, einer Besitzklage, zu thun haben. Dabei erscheint es indess nicht unbedenklich, dass man, von solchen Erwägungen ausgehend, andrerseits die Bedeutung der *vis* nicht nur abgeschwächt, sondern so völlig beseitigt hat, dass zwischen dem Interdict und einer reinen Präjudicialklage über den Besitz im Sinne des neuesten Processes ein wesentlicher Unterschied nicht mehr bestehen würde[6]).

So soll nach Witte[7]) unsere Klage schon dann begründet sein, falls Jemand mit Entschiedenheit die Behauptung aufstellt, er sei Besitzer unsers Grundstücks, und wenn auch Witte daneben verlangt,

---

1) Conf. Pandecten Bd. 1 S. 674 ff.

2) Conf. Pfeiffer, Was ist und gilt im röm. R. der Besitz? S. 93.

3) Conf. Pandecten Bd. I S. 734 ff. (2. Aufl.).

4) Praktische Entscheidungen, die diesen Standpunkt vertreten, finden sich bei Seuffert, Archiv Bd. I Nr. 60, Bd. VII Nr. 42 (ein epochemachendes Urtheil des Oldenburger Oberappellationsgerichts aus dem Jahre 1851), Bd. XIX Nr. 232 und Bd. XXX Nr. 229.

5) Ich führe hier als Beispiele nur zwei Entscheidungen des Oberappellationsgerichts Celle aus dem Jahre 1857 und 1870 (Seuff. Bd. XII Nr. 33 und Bd. XXIV Nr. 213), eine Entscheidung des Oberappellationsgerichts in Jena aus dem Jahre 1866 (Seuff. Bd. XIX Nr. 232) und eine Entscheidung des Oberappellationsgerichts Berlin vom Jahre 1869 (Seuff. Bd. XXIII Nr. 136) an.

6) Conf. Entscheidungen der Praxis in dieser Richtung bei Seuff., Arch. Bd. VII Nr. 42, Bd. IX Nr. 33 und Bd. XXIV Nr. 34.

7) Conf. *int. uti poss.* S. 127.

dass der Ausübungswille an den Tag gelegt werden müsse, dagegen einen thätlichen Eingriff in die Herrschaft über die Sache nicht für erforderlich hält, so bleibt doch unsere Klage im Wesentlichen nichts Anderes als eine solche Präjudicialklage. Und so bezeichnet sie in Wirklichkeit der bedeutendste und entschiedenste Vertreter dieser voraussetzungslosen Besitzklage, Jhering[1]), indem er ausdrücklich hervorhebt, und darin den unerlässlichen Abschluss seiner Ansicht erblickt, dass nicht eine Willensverletzung sondern lediglich eine Prätension, die sich auch in Worten documentiren könne, unsere Klage begründe, und dass Jeder, der sich genöthigt sehe, das Erforderniss der Gewalt in das *int. uti poss.* hineinzutragen, bekunde, dass seine Theorie dem römischen Recht nicht entspreche[2]). Und dieselbe Voraussetzungslosigkeit unserer Klage wird von Schmidt[3]) für das lebendige praetorische Recht angenommen, indem er behauptet, dass man unser Interdict wie alle *interdicta prohibitoria* gegen Jedermann habe geltend machen können, und dass nicht etwa eine von dem zu Belangenden ausgegangene Drohung als Requisit dafür aufgestellt sei. Für das Justinianische Recht geht Eck[4]) beinahe noch über Jhering hinaus, wenn er behauptet, dass die Besitzklage selbst in der Weise denkbar sei, dass die Partheien in Folge freier Vereinbarung beim Richter gemeinsam eine Entscheidung über ihren Besitzstand beantragen, da sich damit der Eine weigere, den Andern sofort und ohne richterliches Urtheil als Besitzer gelten zu lassen.

Diese Ansicht hat schon aus dem Grunde viel gegen sich, weil unsere Quellen von einer mit dem Interdict ausgefochtenen friedlichen *controversia de possessione*, bei der es an jeder *vis* als Voraussetzung fehlt[5]), nichts enthalten.

Und wie wollte man es auch erklären, dass sich die Juristen der Justinianischen Sammlung, und vor Allem Ulpian in der l. 3 D. 43. 17, so viel Mühe geben, in scharfsinniger Weise Fälle zu construiren, in denen die Handlungsweise des Gegners für den Besitzer das Interdict begründen oder nicht begründen soll, wenn unsere Klage schon ohne jede derartige besondere Voraussetzung zulässig wäre.

---

1) Conf. Ueber den Grund des Besitzesschutzes S. 95 und 96 (2. Aufl.).

2) Conf. loc. cit. S. 92.

3) Conf. Interdictenverfahren der Römer S. 152.

4) Conf. doppelseitige Klagen S. 62.

5) Conf. Jhering loc. cit. S. 19 und 37.

So ist denn auch Bruns[1]), wenngleich er der Jhering'schen Besitzklage im heutigen Recht einen Platz einräumt, für das Justinianische Recht Jherings Ansicht entschieden entgegengetreten. Wäre es doch auch kaum denkbar, dass die Römer gerade in Betreff des Besitzes, den sie ja erst verhältnissmässig spät unter den Schutz der Rechtsordnung gestellt haben, eine Klage allgemeinster Art zugelassen hätten, die nicht einmal an den Nachweis eines auf Seiten des Klägers vorhandenen Interesses als Voraussetzung gebunden wäre, einer Voraussetzung, von der man sich sogar bei der modernen Allerweltsfeststellungsklage[2]) nicht hat freimachen wollen.

Und was nun ferner das praktische Bedürfniss für eine solche Klage betrifft, so deuten weder die von Jhering[3]) angeführten Quellenstellen auf ein solches Bedürfniss hin, noch vermag ich es als praktisch einzusehen, dass, falls zwischen zwei Partheien lediglich Meinungsverschiedenheiten darüber bestehen, wer von Beiden als Besitzer einer Sache von der Rechtsordnung zu schützen ist, während zweifellos der Eine und nicht der Andere die thatsächliche Herrschaft in Betreff der Sache inne hat, wenn also m. a. W. überall keine Verwirrung des Besitzstandes eingetreten ist, die Besitzfrage durch Richterspruch entschieden wird.

Auch die einzelnen Fälle, in denen die Vertreter dieser Ansicht ein solches Bedürfniss zu erkennen glauben, weisen m. E. nicht auf die Anwendung unsrer Klage hin. Denn weshalb sollte gerade unsere Klage, wie Jhering annimmt, das einzige Mittel sein, falls A, wenn er zu Gunsten des B sein thatsächliches Verhältniss zur Sache aufgegeben hat, und sich nachträglich ergiebt, dass die Voraussetzung, von der er beim Aufgeben des Besitzes ausging, nicht vorliegt, sich wieder in das frühere Verhältniss setzen will?

Hat man doch hier sogar die Auswahl zwischen der *condictio possessionis*[4]) und der *restitutio in integrum*, neben denen Bruns[5]) unter Umständen auch noch das *interdictum de vi* für anwendbar hält. Und für den Fall Jherings[6]), wenn zwei Erbprätendenten, die die Absicht haben, den Besitz des erbschaftlichen Grundstücks zu ergreifen, und von verschiedenen Seiten gleichzeitig auf demselben eintreffen und nun zu

---

1) Conf. Besitzklagen S. 6 ff. und S. 28.
2) Conf. § 231 der R.C.P.O.
3) Conf. loc. cit. S. 99.
4) Conf. Seuff., Arch. Bd. XIX Nr. 152.
5) Conf. Besitzklagen S. 1.
6) Conf. loc. cit. S. 94.

wissen wünschen, wer von ihnen den Besitz erworben hat, ob einer allein oder beide gemeinschaftlich, würde ja die *hereditatis petitio* das geeignete Mittel sein, wenn man ihr mit Jhering[1]) die Function eines possessorischen Rechtsmittels beilegen wollte.

Uebrigens liegt m. E. ein Bedürfniss für eine richterliche Entscheidung nur dann vor, wenn sich Beide bereits in ein thatsächliches Verhältniss zum Nachlassgrundstück gesetzt haben, und dann würde, falls durch das Machtverhältniss des Einen das schon bestehende ausschliessliche Machtverhältniss des Andern zur Sache beseitigt ist, das Interdict auch keine voraussetzungslose Praejudicialklage mehr sein, während, wenn das nicht der Fall ist, die Entscheidung nach l. 3 D. 43. 17 dahin ausfallen müsste, dass Keiner siege. Auch die Beispiele, die Eck für die Unentbehrlichkeit dieser Praejudicialklage anführt[2]), sprechen durchaus nicht für die Richtigkeit ihrer Annahme. Denn, wenn ein Besitzer von der ihm vorgesetzten Behörde dienstlich die Anweisung erhält, sich bei Vermeidung einer Strafe gewisser Handlungen zu enthalten, so wird er nach richtigen staatsrechtlichen Grundsätzen nur etwa im Wege der Beschwerde und nicht im Wege des Processes mit Aussicht auf Erfolg dagegen wirken können, keinenfalls dürfte es eine Besitzklage sein, die ihn zum Ziele führt. Und falls bei einem Veräusserungsgeschäft zwischen A und B ein Dritter bestreitet, dass der Veräusserer A Besitzer sei, und B dann fordert, es solle erst diesem Dritten gegenüber der Besitz des A festgestellt werden, bevor er acceptire, so steht das auf einer Linie mit der Forderung des Käufers, es möge erst durch richterliches Urtheil vor Abschluss des Veräusserungsgeschäfts festgestellt werden, dass nicht der Baum auf dem Grundstück des C in Zukunft einmal, oder meinetwegen dann auch, dass nicht einmal der Mond vom Himmel gerade auf das A'sche Grundstück fallen werde.

Und verfolgen wir diese voraussetzungslose Besitzklage, die einem so praktischen Bedürfniss entsprechen soll, weiter und setzen den Fall, dass A klagt, B aber im Process den Besitz des A überall nicht bestreitet. Was dann? Sollen wir nun B nochmals zur ausdrücklichen Anerkennung des Besitses des A verurtheilen und, was dann die Hauptsache sein dürfte, ihm die Kosten des Verfahrens auferlegen[3])?

---

1) Conf. loc. cit. S. 85 ff.

2) Conf. Seuffert, Arch. Bd. XVII Nr. 45 und Bd. IX Nr. 25.

3) Eine Entscheidung, in der die Ausdehnung unserer Klage auf solche Fälle intellectueller Besitzstörung, wie sie dort nicht unpassend bezeichnet sind, eine ausdrückliche Zurückweisung Seitens der Praxis erfährt. findet sich bei Seuff., Arch. Bd. VIII Nr. 221.

Hat eine Verkennung der Bedeutung der *vis* für unsere Klage auf solche Abwege geführt, wie ich sie vorstehend kurz zu skizziren versuchte, so gilt es zunächst, die Bedeutung der *vis* als Voraussetzung unsrer Klage richtiger zu erkennen.

Im Gajanischen Process war es die *vis adversus edictum Praetoris* und zwar nach Erlass des Interdicts, die die Voraussetzung des Interdictenprocesses bildete[1]). Und in dem regelmässigen Verlauf dieses Processes, wenn A und B nach dem Erlass des Interdicts in *jure* den Besitz in Anspruch nahmen[2]), damit also entweder A oder B (von dem Ausnahmefalle, wo keiner von Beiden mit der Klage siegen soll, abgesehen), dem erlassenen Specialbefehl des Praetors entgegentrat, bestand diese *vis* lediglich in dem gerichtlichen Auftreten gegen den Andern.

Das kann nach Studemunds Lesung des § 170 im IV. Buch des Gajus m. E. nicht mehr ernstlich in Zweifel gezogen werden. Hier führt Gajus das *vim non facere* als ein Beispiel an, inwiefern die eine der beiden in Frage kommenden Personen nach Erlass des Interdicts nicht thut, was sie im regelmässigen Verlauf des Processes zu thun hat.

Diesem Fehlen der *vis* auf Seiten des Gegners folgt aber nicht etwa der Sieg des Andern, oder gar eine Bestrafung des Gegners, wie Witte annimmt[3]), sondern lediglich die Ertheilung eines zweiten Interdicts, welches, falls der renitente Gegner nicht im Besitz ist, lediglich in dem Verbot besteht, dem Andern als dem anerkannten Besitzer Gewalt anzuthun *(vim facere)*. Das *vim facere*, welches hier in ein und demselben Satz einmal erwartet und sodann verboten wird, muss beide Male dasselbe bedeuten, und zwar die Anfechtung des Besitzes des Gegners, indem man ihn selbst in Anspruch nimmt[4]).

Und dass die blosse Fortsetzung des aussergerichtlichen Streites vor Gericht, wobei in der *demonstratio* sicherlich auf die aussergerichtlichen Vorgänge zur Erklärung und Begründung der *intentio* Bezug genommen wurde[5]), *vis* genannt wird, darf uns um so

1) Conf. Schmidt, Interdictenverfahren S. 58 ff. auch 284 und 331, Krüger, Kritische Versuche S. 86, Jhering loc. cit. S. 19.

2) Das geschah keineswegs in unmittelbarer Folge nach dem Erlass des Interdicts, conf. Witte *int. uti poss.* S. 54.

3) Conf. *int. uti poss.*

4) Conf. J. Kappeyne *van de Coppello, Over vim facere in het interdictum uti possidetis, Uitgegeven door de Koninklijke Akademie van Wetenschappen te Amsterdam* S. 13.

5) Darauf bezieht sich m. E. auch Cicero, orat. pr. Caecina 16. 45.

weniger befremden, als ja auch die blosse Inanspruchnahme des Eigenthums ohne die Ausübung einer äusseren Gewalt in Betreff des Gegenstandes, wie sie im Legisactionsverfahren noch hervortritt, im Formularverfahren nach wie vor von den Römern unbedenklich als *vim dicere* bezeichnet ist.

Diese *vis* ist keine *vis ex conventu*, keine symbolische Handlung, wie Meischeider[1]), Bruns[2]) und Krüger[3]), behaupten.

Und diese *vis* liegt nicht, wie Keller[4]) annimmt, in der *fructus licitatio*, insofern der Nichtbesitzer es gewagt hat, mitzubieten[5]), ein Act, zu dem der Praetor, nachdem der Besitzprocess bereits begonnen hat, beide Theile geradezu verleitet[6]). Sie bedeutet aber auch keineswegs, wie Schmidt[7]) annimmt, so viel wie nichts. Tritt einer der beiden streitenden Theile *in jure* nicht auf, so wird, gleichwie sonst der erschienenen Parthei dem *indefensus* gegenüber *missio in bona* ertheilt wurde, und entsprechend der sonst für den *missus in bona* eintretenden Folge, *ne ei vis fiat*[8]), auch hier durch ein zweites Interdict das thatsächliche Verhältniss der beiden Partheien zur Sache definitiv geordnet und unter den speciellen Schutz des Praetors gestellt. So ist aus dem *prohibitorium* zu Gunsten Eines von Beiden ein *prohibitorium* zu Gunsten einer bestimmten Person geworden, und die Rolle der Partheien für den Fall eines sich daranschliessenden Eigenthumsprocesses ist damit festgestellt, der Zweck des Interdictenverfahrens zur Zeit des Gajus also erreicht.

Und für den, der sich weder thatsächlich in den Besitz der

1) Conf. Besitz und Besitzesschutz S. 432.

2) Conf. Besitzklagen S. 33. Er will daraus sogar die Strafen, die durch die Sponsionen auf die *vis adversus edictum* gesetzt sind, erklären. Was Bruns weiterhin (S. 34—43) für die reale Natur der *vis* anführt, ist beachtenswerth, spricht indess nicht gegen meine Ansicht.

3) Conf. Kritische Versuche S. 86 und 87. Krüger nimmt an, es genüge, um das *vim fieri veto* in Kraft treten zu lassen, weder eine Fiction der Gewalt, noch eine gegenseitige Anerkennung der Gewalt, sondern es müsse durch Vornahme einer solchen *vis ex conventu* die Möglichkeit herbeigeführt werden, den Besitzstreit, eingewickelt in die Frage, ob gegen das Verbot der Gewalt gefehlt sei, zur Entscheidung zu bringen, übrigens nicht ohne gleichzeitig anzuerkennen, auf wie schwacher Grundlage diese Ansicht von der *vis ex conventu* ruht.

4) Conf. Zeitschr. f. geschichtl. R. Wissenschaft Bd. 11 S. 316 ff.

5) Conf. Huschke, Gajus. Beiträge etc. S. 192.

6) Conf. Schmidt, Interdictenverfahren S. 54 und Witte, *int. uti poss.* S. 53 ff.

7) Conf. loc. cit. S. 53.

8) Conf. l. 4 pr. und § 1 D. 43. 4 und Schmidt, Interdictenverfahren S. 247.

Herrschaft über die Sache gesetzt hatte, noch den Besitz des Andern überall bestreiten wollte, war also das einfachste Mittel, um keine Unzuträglichkeiten dadurch zu haben, dass Jener allzufurchtsam ihm nach erwirkten Interdict den Process machen wollte, dies, sich garnicht auf den Process einzulassen.

Es fragt sich nun, ob das Justinianische Verfahren in Betreff unsrer Klage in diesem Punkte vom Gajanischen Interdictenprocess abweicht.

Es könnte bei wörtlicher Interpretation des § 4 J. 4. 15, der Demjenigen den Sieg zuspricht, welcher zur Zeit der Litiscontestation den Besitz und zwar nicht *vi* oder *clam* oder *precario* vom Gegner inne hat, zwar so scheinen, als komme es für unsere Klage im Justinianischen Verfahren durchaus nicht darauf an, was etwa von Seiten des Gegners geschehen ist. Indess übersieht man bei dieser Auffassung der Stelle, dass sie nur von der *vis* und *potestas*, also dem Resultat, nicht von den Voraussetzungen unsrer Klage sprechen will.

Um zu erkennen, wie sich die Voraussetzungen des Sieges im Justinianischen Besitzprocess von den Voraussetzungen des Sieges im Gajanischen Interdictenverfahren unterscheiden, ist der Sinn der Worte, es werde heutzutage ebenso judicirt, als wenn eine *utilis actio ex causa interdicti* gegeben sei, zu prüfen. An Stelle des bedingten Specialbefehls in Betreff des thatsächlichen Verhältnisses zweier Personen zu einer concreten Sache war die allgemeine Rechtsnorm getreten, dass das *sine vitio* erlangte thatsächliche Verhältniss des Einen zur Sache nicht *vi* Seitens des Andern gestört werden solle. Wie der Spezialbefehl die Grundlage, die *causa* des alten Interdictenverfahrens bildete, so wurde diese allgemeine Rechtsnorm die Grundlage der *actio ex causa interdicti* im Justinianischen Verfahren, und es wurde verhandelt, gleich als wäre bereits ein solcher Spezialbefehl in Betreff der Partheien erlassen.

Im Uebrigen aber waren die Voraussetzungen für die Entscheidung in diesem Verfahren dieselben wie bei Gajus, nur das Verfahren selbst und der Ausgang *(ordo* und *exitus)*, hat sich verändert. Das ist es, was die Institutionen § 8 J. 4. 15 zum Ausdruck bringen, und dasselbe finde ich auch in c. 3 C. 8. 1[1]) hervorgehoben.

Wie sich nun im Gajanischen Interdictenprocess das Verfahren auf Grund der Sponsion, *si adversus edictum praetoris possidenti mihi*

---

1) *Interdicta autem licet in extraordinariis judiciis proprie locum non habent, tamen ad exemplum eorum res agitur.*

vis facta est, entwickelte, so werden wir auch zu Justinians Zeit die Behauptung der *vis* auf der Gegenseite als die nothwendige Voraussetzung unserer *utilis actio ex causa interdicti* ansehen müssen. Mit Recht sagt Witte[1]), jede Handlung, die *post interdictum redditum* vorgenommen als *vis contra edictum* erscheinen würde, galt nunmehr als geeignete Veranlassung für eine Besitzklage. Und es fragt sich also wieder, worin diese *vis* besteht?

Es ist nur natürlich, dass wir auch hier zunächst an den Fall denken, den wir im Gajanischen Process als Hauptfall des Verfahrens kennen lernten, wenn Jemand seinerseits den Besitz in Anspruch nimmt. Aber können wir wirklich schon von einer die Klage begründenden *vis* sprechen, wenn der Beklagte nur aussergerichtlich die Behauptung aufgestellt hat, er sei Besitzer, und ist das etwa schon dasselbe, wie wenn der Eine im Sponsionsverfahren die Provocation des Andern im Process aufnimmt und sich durch Restipulation auf den Kampf um den Besitz in *optima forma*, wenn auch in den durch das Gesetz und die richterliche Gegenwart gemilderten Formen, einlässt? Ich meine nicht. Das Extraordinarverfahren bietet keinen Raum für eine derartige Provocation und für ein *vim facere* des Gegners im Sinne des Gajanischen Processes, und die Besitzklage lässt sich zu Justinians Zeiten nur auf einen Thatbestand stützen, der bereits vorliegt, wenn die Klage angestellt wird. Es würde aber auch dem Zweck der *actio ex causa interdicti* durchaus nicht entsprechen, wenn wir schon in der aussergerichtlichen Behauptung Jemandes, dass er Besitzer sei, eine genügende Begründung für unsere Klage finden wollten. Denn der Besitzer sucht offenbar durch unsere Klage wie durch das Interdict der Gefahr vorzubeugen, dass ihm durch die Handlungsweise des Gegners der Besitz ganz oder theilweise verloren geht. Dass sich das nicht schon behaupten lässt, falls A gegen B klagt, weil dieser sich aussergerichtlich Besitzer genannt und vorübergehend als Besitzer gerirt hat, haben wir oben bereits gesehen. Man würde vielmehr umgekehrt sagen können, dass A in solchem Fall durch seine Klage die Gefahr, den Besitz zu verlieren, geradezu heraufbeschwört, indem er durch sein Gebahren den B vielleicht veranlasst, nunmehr in formellster Weise vor Gericht ausdrücklich den Besitz des A anzufechten, und dadurch den Fortbestand eines Verhältnisses, worin er sich bisher thatsächlich glücklich fühlen konnte, von dem Ausgang eines Processes abhängig macht.

---

1) Conf. *int. uti poss.* S. 127.

Das Resultat der vorstehenden Erörterung geht also dahin, dass es zwar im vorjustinianischen Process nach Erlass des Interdicts ausser der im Verfahren selbst liegenden Anfechtung des Besitzes der Gegenparthei keiner besonderen den Anspruch der einen oder andern Parthei begründenden *vis* bedarf, dass indess im Justinianischen Process mit dem Wegfall des Interdicts und damit des ihm eigenthümlichen Verfahrens *(ordo* und *exitus)*, die *actio ex causa interdicti* wie jede andere Klage eines in dem der Anstellung der Klage vorausgehenden Gebahren der Gegenseite liegenden speciellen Grundes bedarf. Und diese Voraussetzung, dieser Grund der Klage wird offenbar durch das Interesse, welches durch die Klage geschützt werden soll, bestimmt.

Das führt uns zur Betrachtung des Zwecks unserer Klage. Man sollte nach Ansicht der Quellen nicht mehr bestreiten, dass der Besitzprocess hauptsächlich dazu dient, für den Eigenthumsprocess Klarheit über den Besitzstand und damit über die Rollenvertheilung zu schaffen, und ich werde weiter unten noch Gelegenheit haben, näher zu erörtern, wie unsere Klage diese Aufgabe erfüllt. Berücksichtigen wir nun ferner, dass eine Klage nicht schon dann als begründet erscheint, wenn eine Parthei das Vorhandensein eines Interesses, wie es durch die Klage geschützt werden soll, behauptet, sondern erst dann, wenn die Rechtsordnung ein solches Interesse *in concreto* als vorhanden anerkennt, so wird ein Interesse, durch das Interdictenverfahren Klarheit über den Besitzstand zu erlangen, doch am Ende nur dann als wirklich vorhanden anerkannt werden können, wenn der Besitzstand wirklich verwirrt, und damit die Erhaltung des früheren Besitzes thatsächlich in Frage gestellt ist[1]).

Und eine solche Besitzverwirrung haben die Quellen auch stets im Auge, wenn sie unsere Klage für begründet erachten, und die römischen Juristen scheuen kühne Constructionen nicht, um der Sachlage einen derartigen Gesichtspunkt abzugewinnen. Darauf beruhen die Ausführungen in l. 3 § 2, 3 und 4 D. 43. 17, wenn Ulpian im § 2 in der Hinderung des Besitzers am Bau eine Hinderung im Besitz erblickt, im § 3 die Handlungsweise des Miethers, der den Besitzer hindert, geradezu als Besitz bezeichnet, und im § 4, indem er das Verhältniss zu den Reben als Verhältniss zu dem Grund und Boden, aus dem die Reben hervorgewachsen sind, auffasst, in dem Umstand, dass der Nachbar den Besitzer des Grund

1) Conf. Bruns, Besitzklagen S. 27.

und Bodens am Abschneiden der Reben hindert, eine thatsächliche Inanspruchnahme dieses *fundus* erblickt, und um deswillen das Interdict als begründet ansieht[1]). Dieselbe Anschauung findet sich in l. 52 § 1 D. 41. 2, lediglich einer Wiederholung der l. 3 § 2 D. 43. 17. Auch hier sieht Venulejus in der Handlung des Gegners ein Hindern im Besitz, während er im Eingang dieser Stelle im Gegensatz dazu ausdrücklich hervorhebt, dass durch die Nutzniessung der Sache Seitens des Einen der Andere ebensowenig im Besitz gehindert werde, als die Fruchtziehung dem Einen durch den Besitz des Andern entzogen werde. Inwiefern auch die l. 12 D. 10. 3 eine Veränderung der thatsächlichen Herrschaftsverhältnisse in Betreff der Sache, eine Besitzverwirrung im Auge hat, werde ich im andern Zusammenhang zeigen. Hier hebe ich noch die l. 11 D. 43. 16 hervor, bei deren Interpretation ich Savigny[2]) gegen Bruns[3]), der den Versuch macht, einen inneren Gegensatz zwischen dieser Stelle und der l. 3 § 2 und 4 D. 43. 17 nachzuweisen, entschieden beistimme. Obwohl diese Stelle im Titel *unde vi* ihren Platz gefunden hat, bezieht sie sich dennoch auf unser Interdict und dient somit zur Bestätigung der vorstehend gewonnenen Anschauung.

Was endlich die l. 8 § 5 D. 8. 5 betrifft, auf die bereits Savigny in späteren Auflagen seines „Besitzes", namentlich aber die Neueren als Belegstelle für ihre weitgehende Anwendung unserer Klage hinweisen, so hat sich bereits Bruns[4]) gegen Savignys Interpretation dieser Stelle ausgesprochen. Und auch ihr Schlusssatz[5]) räumt unserer Klage kein so weites Anwendungsgebiet ein, wie es wohl den Anschein hat, wenn man übersieht, wie der Jurist durch das „*poterit*" ausdrücklich hervorhebt, dass das Interdict nur möglicherweise Anwendung findet, wenn nämlich die sonstigen Voraussetzungen desselben vorliegen, aber keineswegs in jedem Falle, wenn Jemand auch nur vorübergehend verhindert wird, die von ihm besessene Sache, wie er will, zu benutzen.

Halten wir also fest, dass nach römischem Recht Besitzstörungen oder Gewaltthätigkeiten gegen den Besitz nicht als solche, sondern nur, insofern der bisherige Besitzer Gefahr läuft, seinen Besitz in

---

1) Dies gegen Bruns, Besitzklagen S. 30 und 79.

2) Conf. Besitz S. 401 Anm. 4.

3) Conf. Jahrbuch des gemeinen Rechts Bd. IV S. 50 ff.

4) Conf. Besitzklagen S. 81.

5) *Sed et interdictum uti poss. poterit locum habere, si quis prohibeatur qualiter velit suo uti.*

Folge dessen ganz oder doch theilweise zu verlieren, die Voraussetzung für das Interdict bilden, so ergiebt sich weiter, dass der Gegner bereits in ein dauerndes Gewaltverhältniss zu der bis dahin vom Andern besessenen Sache getreten sein muss, dessen ungestörte Fortdauer diesem Verhältniss Anerkennung und Schutz im Rechtsleben verschaffen würde, sei es nun, dass sich dieses Gewaltverhältniss geradezu als das darstellt, was wir im gewöhnlichen Leben als Besitz bezeichnen, oder sei es, dass dadurch wenigstens der alleinige und freie Besitz der Sache dem bisherigen Besitzer entzogen ist, um unsere Klage als begründet erscheinen zu lassen. Damit ist also in all den Fällen, in denen die sogenannte Besitzstörung unter den Begriff der Injurie oder der Sachbeschädigung oder des *furtum usus* fällt, unsere Klage ausgeschlossen.

Vielleicht gelingt es mir im Verfolg der Untersuchung die unser Interdict begründende Handlungsweise des Gegners noch näher zu praecisiren. In diesem Zusammenhang habe ich mich aber zunächst noch mit der von Bruns[1]) aufgestellten Ansicht, dass unser Interdict gegen dauernde Vorrichtungen nicht anwendbar sei, da stets ein *facere* auf Seiten des Gegners die Voraussetzung für dasselbe bilde, zu beschäftigen. Dieser Ansicht scheint auch Witte[2]) beizupflichten, wenn er die Anwendung des Interdicts dann ausschliesst, falls eine Störung des Besitzes in der Vergangenheit stattgefunden hat, obschon sich die Folgen in die Zukunft hineinerstrecken, weil das *vim fieri veto* des Praetors nur eine positive Handlungsweise untersagt habe, während man durch blosse Unthätigkeit nicht gegen den erhaltenen Befehl verstosse. Er nimmt an, dass, falls sich der Beklagte auf den bestehenden Zustand, den er nur beibehielt, berufen konnte, es dem Kläger nichts genützt habe, wenn sich auch dieser Zustand selbst als ein Eingriff in seine Herrschaft über die Sache darstellt, wie z. B. bauliche Einrichtungen, die bereits vollendet waren, weil die einmal vollendete Anstalt nur mit der Negatorienklage beseitigt werden könne[3]). Wie unsicher sich Witte selbst in dieser Position fühlt, geht schon daraus hervor, dass er nachträglich[4]) die von ihm aufgestellte Regel dahin einschränkt, dass das Interdict nur dann erfolglos sei, wenn die bereits vollendeten Vorkehrungen so mit dem Gebäude des

---

1) Conf. Besitzklagen S. 31 und 74.
2) Conf. *int. uti poss.* S. 98 ff.
3) Conf. loc. cit. S. 102.
4) Conf. loc. cit. S. 105.

Nachbars verbunden sind, dass dasselbe dadurch eine gewisse Eigenschaft erhalten hat, mit der behaftet es von nun an besessen wird. Man sieht, es sind einzelne Quellenstellen und deren Interpretation, auf die sich diese Ansicht gründet, und ich schicke mich an, diese Stellen einer etwas genaueren Betrachtung zu unterziehen, weil m. E. gerade diese Stellen aufs Bestimmteste gegen Bruns und Witte sprechen und die oben von mir entwickelte Ansicht bestätigen.

Die wichtigsten Stellen sind folgende:

1. L. 3 § 5 und 6 D. 43. 17.
2. L. 29 § 1 D. 9. 2.
3. L. 3 § 4 D. 43. 17.

Die l. 3 § 5 und 6[1]) hat schon viel Schwierigkeiten gemacht, und Cujaz[2]) sowie Albert[3]) haben sich sogar zu einer Aenderung des Textes entschlossen, insofern der Erstere *„utrique esse utile“* statt *„inutile“*, der Letztere *„utique“* statt *„utrique“* liest.

Ich finde keine Schwierigkeit in der Lesart der Florentina, wenn man nur festhält, dass der Unterschied beider Paragraphen darin besteht, dass im § 5 von dem Ausbau in den Luftraum über dem nachbarlichen Grundstück die Rede ist, während im § 6 der Ausbau meines Hauses auf dem Hause des Nachbarn ruhend gedacht wird.

Im ersten Fall geht der Besitz des Erkers abseiten des A und der Besitz des Grundstücks unterhalb des Erkers abseiten des B ruhig und ohne gegenseitige Störung nebeneinander her, wie schon Westphal[4]) richtig hervorgehoben hat, und dem steht auch der Einwand, den Albert[5]) erhebt, dass doch der Besitzer der *servitus protegendi* wegen Störungen in seinem Besitz das *int. uti poss.*, (natürlich *utile*), gegen den Besitzer des Grund und Bodens ebenso wie gegen jeden Dritten habe, um deswillen nicht entgegen, weil der Jurist hier überall nur die Frage erörtern will, ob schon der Umstand, dass der Eine den Erker, der Andere den Grund und Boden besitzt, ein

---

1) *Item videamus, si projectio supra vicini solum non jure haberi dicatur, an interdictum uti possidetis sit utile alteri adversus alterum. et est apud Cassium relatum utrique esse inutile, quia alter solum possidet, alter cum aedibus superficiem. Labeo quoque scribit ex aedibus meis in aedes tuas projectum habeo: interdicis mecum, si eum locum possideamus, qui projecto tegetur. An quo facilius possim retinere possessionem ejus projectionis, interdico tecum sic „uti nunc possidetis eas aedes, ex quibus projectus est“?*

2) Conf. *Observationes* l. 17 Cap. 2.

3) Conf. *int. uti poss.* S. 134.

4) Conf. die verschiedenen Arten der Sachen § 240.

5) Conf. loc. cit. S. 133.

Thatbestand ist, der *unser* Interdict zu begründen im Stande ist, und das verneint, damit aber keineswegs behaupten will, dass die Handlungsweise des Gegners nicht unter Umständen für den Besitzer des Erkers ein *int. uti poss. utile* begründen könne.

Noch künstlicher und noch weniger der Sache entsprechend ist es, wenn Witte auf Grund des § 5 nur dem Besitzer des *fundus* das Interdict abspricht.

Bei dem Fall im § 6, wenn wir ihn als neuen und nicht mit Witte als Behandlung desselben Falles vom Standpunkt der Gegenseite ansehen, kann dagegen offenbar in zwei Richtungen eine Störung und daraus resultirende Verwirrung des früheren Besitzstandes eingetreten sein. Danach kann auch unsere Besitzklage hier in einer zwiefachen Richtung begründet erscheinen, nämlich einmal auf Seiten des Besitzers des *fundus*, über dem sich der Ueberbau befindet, insofern sich der Nachbar als Mitbesitzer dieses *fundus* gerirt, und der alleinige Besitz des Andern dadurch in Frage gestellt wird, und sodann auf Seiten des Besitzers des Hauses, dessen Annex der Ueberbau ist, insofern der Besitzer des *fundus* und des Hauses unterhalb des Ueberbaues auch als Besitzer dieses Annexes des Nachbarhauses auftritt und dadurch gleichzeitig den Besitz des Hauses selbst auf Seite des Nachbars thatsächlich in Frage stellt. So erweist also die Stelle keineswegs die Erfolglosigkeit des Interdicts gegen bereits vollendete Vorkehrungen, sondern sie bildet im Gegentheil einen Beleg dafür, dass dauernde Vorkehrungen des Einen an der vom Andern bisher besessenen Sache für diesen geradezu die Voraussetzung der Klage sind, und zwar nur solche dauernde Vorkehrungen, durch die ihm in Wahrheit die thatsächliche Herrschaft über die Sache ganz oder theilweise entzogen wird, dagegen nicht schon solche Vorkehrungen, die lediglich einer luftigen Herrschaft, denn mehr ist das, was man als Herrschaft über die Luftsäule bezeichnet hat, in Wahrheit nicht, entgegentreten[1]).

Die l. 29 § 1 D. 9. 2[2]), gleichfalls von Ulpian, hebt hervor,

1) Conf. die Litteratur über unsere Stelle bei Windscheid, Lehrbuch des Pandectenrechts Bd. I S. 510, wo sich Windscheid selbst für die Witte'sche Anschauung ausspricht.

2) *Si protectum meum, quod supra domum tuam nullo jure habebam, recidisses, posse me tecum damni injuria agere Proculus scribit: debuisti enim mecum jus mihi non esse protectum habere agere; nec esse aequum damnum me pati recisis a te meis tignis aliud est dicendum ex rescripto imperatoris Severi, qui ei, par cujus domum trajectus erat aquae ductus citra servitutem, rescripsit jure suo posse eum intercidere et merito: interest enim, quod hic in suo protexit, ille in alieno fecit.*

dass, falls B das Wetterdach des A, welches dieser ohne Berechtigung an seinem Hause hatte, abgeschlagen hat, dem A die *actio legis Aquiliae* gegen B zustehen soll, da B gegen ihn mit der Negatorienklage hätte klagen müssen. Wenn B dagegen eine Wasserleitung ohne Berechtigung durch das Haus des A geführt hat, so soll A sie mit Recht abschneiden können, weil es ein Unterschied ist, *quod hic in suo protexit, ille in alieno fecit.*

Schon Albert[1]) hat die l. 29 § 1 D. 9. 2, mit der oben besprochenen l. 3 § 5 D. 43. 17 zusammengestellt und hebt hervor, dass, wie der Grundbesitzer gegen ein widerrechtlich angelegtes Wetterdach *(projectum)* das Interdict nicht habe, ihm auch das Recht der Selbstvertheidigung nicht zustehe, weil sein Besitz dadurch nicht verletzt werde. Wir können es dahin gestellt sein lassen, ob das *in suo* in dieser Stelle, wie Stölzel[2]) annimmt, nicht auf das Handeln im Rahmen derjenigen thatsächlichen Herrschaft über die Sache, die wir Eigenthum nennen, sondern im Rahmen derjenigen Herrschaft, die wir als Besitz bezeichnen, aufzufassen ist. Jedenfalls ist soviel klar, dass der erste Passus der l. 29 § 1 D. 9. 2 in gleicher Weise wie die l. 3 § 5 D. 43. 17 einen Fall construirt, in dem zwei Besitzer, deren Besitz an sich durchaus zu keiner Collision führt, einander gegenüberstehend gedacht werden.

Und wie der eine Besitzer nicht etwa ohne weitere Voraussetzung gewaltsam gegen den andern Besitzer vorgehen kann, so liegt auch gar keine Veranlassung vor, in diesem Falle, wo von einer Besitzverwirrung keine Rede sein kann, ihm das *int. uti poss.* zu geben, um damit eine ihm unliebsame Einrichtung, die der andere Besitzer in dem Rahmen seines Besitzes getroffen hat, auf diesem Wege zu beseitigen.

Hat der Andere dagegen Vorkehrungen wie eine Wasserleitung auf meinem Grund und Boden getroffen oder, um die bereits oben näher besprochene l. 3 § 4 D. 43. 17 auch in diesem Zusammenhang gleich zu berücksichtigen, meine Reben auf sein Grundstück hinübergezogen, so soll ich einerseits berechtigt sein, die Wasserleitung bezw. die Reben auf meinem Grundstück abzuschneiden, andrerseits, falls der Nachbar mich daran hindert, das *int. uti poss.* anstellen können.

Aus welchem Grunde?

---

[1]) Conf. *int. uti poss.* S. 138.

[2]) Conf. die Lehre von der *operis novi nuntiatio etc.* S. 427 ff.

Offenbar weil ich trotz Wasserleitung und Ableitung der Reben des auf meinem Grundstück gewachsenen Weinstocks alleiniger Besitzer des *fundus* geblieben bin, und, so lange ich mich noch Manns genug fühle, mich im alleinigen Besitz zu behaupten, indem ich die Reben bezw. die Wasserleitung abschneide, mir das Seitens der Rechtsordnung nicht verwehrt wird. Werde ich dagegen vom Gegner daran verhindert, und bemächtigt sich dieser damit der thatsächlichen Herrschaft über mein Grundstück wenngleich nur theilweise, so gewährt mir die Rechtsordnung dem gegenüber ihren Schutz, wenn ich ihn mit unserer Besitzklage erbitte. Beide Quellenstellen bestätigen demnach, dass das Interdict eine Handlungsweise des Gegners voraussetzt, die sich nicht selbst als Ausfluss eines neben dem Besitz des Einen zulässigen Besitzes des Andern, sondern als eine Störung des Besitzes darstellt. Dagegen enthalten sie nichts von der durch Witte hervorgehobenen Unterscheidung zwischen bereits vollendeten Vorkehrungen, die mit einem Gebäude des Nachbars verbunden sind, und solchen, die nicht in *superficie consistunt*, und deshalb nach Witte allein das Interdict begründen sollen. Sie deuten also ebensowenig als die oben bereits in anderm Zusammenhange besprochene l. 5 § 10 D. 39. 1 auf eine Anwendung unseres Interdicts zum Schutz des anerkannten Besitzers gegen einseitige Störungen hin, für die Witte dann [1]) in der Gajanischen Darstellung m. E. vergeblich nach Andeutungen über Fälle des Abschlusses einseitiger Sponsion und eines einseitigen Interdictenverfahrens sucht.

Vielmehr findet auch bei ihnen unser Interdict in dem Streitigmachen bezw. Streitigwerden des Besitzes unter den Partheien seine Begründung, und daraus ergiebt sich mir als Resultat, dass unsere Klage stets einen Thatbestand voraussetzt, der, falls der bisherige Besitzer die Störung nicht mit dem Interdict zu beseitigen sucht, dahin führt, dass sein bis dahin zweifelloser Besitz entweder ganz verloren geht, oder dass der Besitzer doch seinen alleinigen Besitz verliert [2]), oder endlich, dass sich ein von der Rechtsordnung mit besonderen Schutzmitteln umgebener Quasibesitz des Gegners [3]),

1) Conf. *int. uti poss.* S. 109 ff.

2) Conf. Seuff., Arch. Bd. VIII Nr. 347, wo die Anmassung eines Mitbesitzes mit Recht zu unserer Klage führt.

3) D. h. die thatsächliche Gewalt des Gegners über die Sache in einer einzelnen Beziehung verbunden mit dem Willen, sich die Sache in dieser Beziehung anzueignen, wie Windscheid, Lehrbuch des Pandectenrechts Bd. I S. 457, den Quasibesitz definirt.

der den ursprünglich freien Besitz des Andern nur noch als einen beschränkten erscheinen lässt, bildet[1]).

Es müssen also die Besitzstörungen mindestens derartig sein, dass sie als die thatsächliche Ausübung einer Dienstbarkeit oder eines sonstigen *jus in re*, dem die Rechtsordnung possessorischen Schutz gewährt, erscheint[2]).

Und hier ist der Ort, die schon mehrfach unserer Klage gegenübergestellte Negatorienklage nochmals zum Vergleich heranzuziehen.

Wie die Negatorienklage m. E. nur dann begründet erscheint, wenn der Beklagte sich in ein solches Herrschaftsverhältniss zu einem Grundstück gesetzt hat, dass dadurch das freie als Eigenthum bezeichnete Herrschaftsverhältniss des Klägers in Betreff dieses Grundstücks beschränkt erscheint, und wie sie den Zweck hat, zu verhindern, dass nicht durch die Fortdauer dieses Zustandes aus dem nur relativ geschützten Quasibesitz ein definitiv geschütztes Herrschaftsverhältniss in Betreff der fremden Sache entsteht, so bietet das Interdict auf einfacherem Wege einen relativen Schutz gegen solche Beschränkung durch einen Quasibesitz. Denn dieser Quasibesitz wird als solcher, also auch relativ, von der Rechtsordnung erst dann geschützt, wenn der Schutz des freien Besitzes in Betreff der Sache bereits verwirkt erscheint.

Das ist die eine Aufgabe des Interdicts, und darin dürfte die wahre Bedeutung desselben als Schutzmittel gegen Besitzstörungen liegen, und als solche erscheinen demnach nur Handlungen, die eventuell die Ausübung eines Quasibesitzes darstellen können.

Unsere Klage hat indess noch eine zweite Aufgabe, in der sie mit der der Negatorienklage offenbar correspondirenden *rei vindicatio* zusammengestellt werden muss.

Sie schützt auch den Besitzer in seinem thatsächlichen Herrschaftsverhältniss zur Sache gegen den vollkommenen Verlust dieses Herrschaftsverhältnisses, wie sich der Eigenthümer gegen den vollkommenen Verlust dieses seines Herrschaftsverhältnisses mit der *rei vindicatio* schützen kann.

Dass diese zweite Function des Interdicts den Ausgangspunkt desselben bildet, erklärt sich schon daraus, dass der Quasibesitz erst

---

1) Conf. Seuff., Arch. Bd. V Nr. 172, wo in einem Münchener Urtheil ausgeführt wird, dass es zwar kein eigenes Interdict zum Schutz im Besitz der Freiheit giebt, dass aber die störenden Handlungen, durch die sich der Gegner eine Schafhut anmasst, einer Anmassung des Eigenthums gleichzuachten sind.

2) Conf. Seuff., Arch. Bd. V Nr. 255 und XII Nr. 231.

geraume Zeit nach dem Besitz eine schützende Anerkennung Seitens der Rechtsordnung gefunden hat, wie denn auch die Negatorienklage sich offenbar erst geraume Zeit nach der *rei vindicatio* und im Anschluss an die Entwicklung von sog. Rechten an fremden Sachen (Servituten), die die Rechtsordnung erst in einer späteren Phase des Rechtslebens unter Schutz gestellt hat, ausgebildet hat.

Ich muss es mir hier versagen, auf die Behandlung dieser interessanten Fragen näher einzugehen, und weitere Erörterungen darüber einer Revision der Theorien über die Negatorienklage vorbehalten.

Hier habe ich dieser nur in sofern vorgreifen zu sollen gemeint, als ich die Functionen unseres Interdicts, nachdem ich sie aus den Quellen entwickelt und den abweichenden Theorien gegenüber vertreten habe, auch durch eine vergleichende Betrachtung mit den Functionen eines ihm offenbar in Manchem ähnelnden Rechtsmittels, wie sie sich mir aus einer Untersuchung über dasselbe ergeben haben, in das rechte Licht setzen, und dem Interdict damit bestimmter die Stelle anweisen zu können glaubte, die es m. E. zur Zeit Justinians im Rechtsleben eingenommen hat. Es bleibt indess, was die Begründung unserer Klage betrifft, immer noch ein Punkt zu erörtern.

Ich glaube nachgewiesen zu haben, dass es stets der drohende Verlust des Besitzes oder doch des alleinigen oder endlich des freien Besitzes des Grundstücks ist, der unsere Klage begründet, und dass eine Handlungsweise des Beklagten, die eine solche Wirkung nicht hat und nicht haben kann, stets ungeeignet erscheint, um das Interdict darauf zu stützen.

Dabei entsteht die Frage, wie zu entscheiden ist, wenn die Handlungsweise des Beklagten sich zwar äusserlich durchaus so giebt, dass der fragliche Verlust zu befürchten ist, falls man nicht im Wege des Processes dagegen einschreitet, dem Beklagten aber jede Absicht fern liegt, den Besitz oder Quasibesitz wirklich in Anspruch zu nehmen, er vielleicht lediglich darauf ausging, den Besitzer zu ärgern.

Und im Anschluss an diese Frage ist noch eine Ansicht über die Voraussetzungen unsers Interdicts zur Sprache zu bringen, die, von Wiederhold[1]) aufgestellt, dann namentlich von Sintenis[2]) vertheidigt ist, und die auch Vangerow, wie erwähnt, lange Zeit

---

1) Conf. das *int. uti poss.* S. 2 ff.

2) Das gem. Civilrecht Bd. I S. 465.

vertreten indess in den letzten Auflagen seines Lehrbuchs wieder aufgegeben hat.

Sintenis drückt sie so aus: „Der Beklagte muss in irgend einer Art den Besitz des Klägers gestört oder beunruhigt haben, und zwar so, dass darin ein Bestreiten und eine Anmassung desselben für sich liegt, ohne dass doch der Besitz des Klägers dadurch etwa aufgehoben sein darf", und seine weiteren Ausführungen dieses Gedankens zeigen deutlich, dass er eine wesentliche Voraussetzung des durch unsere Klage zu lösenden Besitzstreites darin findet, dass Beklagter denselben für sich in Anspruch nimmt. Wesentlich dieselbe Anschauung vertritt neuerdings Krüger[1]), vielleicht theilt sie auch Witte[2]).

Inwieweit diese Anschauung mit der meinigen zusammentrifft, braucht hier wohl nicht besonders hervorgehoben zu werden. Auch die Polemik Ecks[3]) gegen sie bedarf keiner besonderen Erörterung, da er diese Ansicht eigentlich gar keiner besonderen Besprechung für werth gehalten hat.

Ich lege nun den Vertretern dieser Ansicht die oben von mir aufgeworfene Frage zur Entscheidung vor und frage, ob sie auch in solchem Fall den Kläger abweisen wollen. In Consequenz ihrer Ansicht müssten sie es m. E. allerdings thun. Und wir haben auch gesehen, dass im Gajanischen Process in solchem Falle, wenn nämlich der *in jus vocatus*, zum Abschluss der Stipulation provocirt, vor Gericht den Anspruch, dass er Besitzer sei, nicht erhebt, das Verfahren nicht etwa mit einem Siege des Einen über den Andern schloss, sondern überhaupt nicht zu Ende geführt werden konnte.

Sollte nun aber das Resultat des Justinianischen Processes in solchem Falle wirklich ein gleiches sein?

Ich meine nicht.

Auch bei Anstellung der Negatorienklage war es der regelmässige Fall, dass der Eigenthümer ein thatsächliches Verhältniss des Gegners zur Sache bekämpfte, welches eventuell als Servitut den Schutz der Rechtsordnung erlangen konnte, aber damit hat man doch dem Kläger gewiss nicht zugemuthet, dass er sich, bevor er die Klage anstellte, erst, so zu sagen, über den inneren Thatbestand, die subjektiven Momente der Handlungsweise seines Gegners vergewissern solle;

---

1) Conf. Kritische Beiträge, Bemerkungen über das *int. uti poss.*

2) Conf. *int. uti poss.* S. 127.

3) Conf. doppelseitige Klagen S. 41.

sondern überall, wo die Handlungsweise des Gegners äusserlich die Anmassung des eben charakterisirten Verhältnisses zur Darstellung bringt, erscheint die Negatorienklage begründet, und zwar darum nicht weniger, weil der Beklagte etwa nachträglich das thatsächliche Verhältniss, welches die Veranlassung zur Klage gab, noch ehe es zur Entscheidung kommt, aufgegeben hat. Und so liegt es auch in Betreff unserer Klage zu Justinians Zeiten.

Man kann es dem Kläger nicht zumuthen, dass er, bevor er die Klage anstellt, erst gleichsam in der Seele des Beklagten lesen soll, um zu erfahren, in welcher Absicht Beklagter ihm gegenüber das fragliche Verhältniss t h a t s ä c h l i c h behauptet. Auch hier genügt es vielmehr, dass die Handlungsweise des Beklagten sich äusserlich als Inanspruchnahme des Besitzes, Mitbesitzes oder Quasibesitzes charakterisirt, um das *int. uti poss.* begründet erscheinen zu lassen [1]. In diesem Punkte haben Sintenis und Krüger sich entweder noch nicht von der Delictsklage Savignys freizumachen gewusst, oder sie haben die Frage wenigstens nicht genügend klar beantwortet. Aber unter Berücksichtigung der vorstehenden Ausführungen dürfte der Polemik Meischeiders [2]) gegen sie die Spitze abgebrochen sein.

Auf den Einwurf, den Meischeider gegen Krügers [3]) Ansicht, dass, wer nicht selbst Besitz anspricht, als *indefensus* in der Weise gelten solle, dass seinem Gegner der Besitz zugesprochen werde, erhebt, kann ich hier nicht weiter eingehen. Wenn er ferner als scheinbar auffällig hervorhebt, dass in Consequenz dieser Ansicht jedes Machtverhältniss der Person zur Sache, welches von der Person für Besitz ausgegeben werde, gegen Störung so, als wäre es Besitz, geschützt werde, wenn der Störende nicht selbst Besitzer zu sein behauptet, und demnach der Nichtbesitzer, damit der Kläger nicht als Besitzer anerkannt wird, sich selbst gegen besseres Wissen für den Besitzer ausgeben und den Kampf aufnehmen müsse, obwohl er den *animus possidendi* nicht habe, so erklärt sich das einfach dadurch, dass, wie ich unten zeigen werde, nur das relative nicht ein absolutes Verhältniss der beiden streitenden Partheien zur Sache in diesem Process zur Entscheidung gebracht wird.

Man könnte fast meinen, dass im Vorstehenden allzu pedantisch

---

1) Conf. Seuff. Arch. Bd. XIX Nr. 232 die allerdings vom Oberappelationsgericht in Jena verworfene indess wohlbegründete Entscheidung der unteren Instanz.

2) Conf. Besitz und Besitzesschutz, Anhang S. 434 ff.

3) Conf. Kritische Beiträge S. 99.

die verschiedenen Nuancen der einzelnen Theorien über den Thatbestand unserer Klage auseinanderzuhalten gesucht und gar zu peinlich die Consequenzen der einzelnen Ansichten verfolgt seien, wenn man sieht, wie, ich möchte sagen, leichtfüssig der neueste Bearbeiter der Besitzlehre, Bekker[1]), über Alles dies hinweggegangen ist.

Er unterscheidet zunächst[2]) zwei Functionen unsers Interdicts, nämlich die präjudicielle zur Regulirung der Partheirollen für eine zu erwartende *controversia de proprietate*[3]) und die Function, in der es zur Beseitigung von Störungen, und zwar eingetretenen und zu erwartenden, eines anerkannten oder geleugneten Besitzes dem als Schutzmittel dient, *qui prohibetur, qualiter velit suo uti (suum* = das im Besitz Befindliche).

Nur beiläufig äussert er sich dann[4]) über die Bedingungen unsers Rechtsmittels dahin: Der Eingriff müsse nach seiner Erscheinung als ein *possessionis controversiam facere* ausgedeutet werden können[5]), und das findet er in dem einmaligen Eindringen ins Haus nur dann, wenn darin die erste Behauptung später weiter zu verfolgender Ansprüche liegt. Die Absicht des Handelnden brauche nicht auf ein derartiges Bestreiten zu gehen, und trotzdem erscheine das Interdict begründet, da auch das Thun des Ahnungslosen den Besitzer in der berechtigten Verfügung über eine Sache nicht beschränken dürfe, aber es müsse eine dauernde Behinderung des *prout velit uti* zu besorgen sein. Die faktische Störung brauche auch nicht schon begonnen zu haben, aber sie müsse alsdann durch das übrige Thun des Gegners dermassen wahrscheinlich gemacht sein, dass ein Einschreiten des Praetors dawider gerechtfertigt erscheine. Das Interdict gehe zwar auf das *vim fieri veto*, richte sich also vorzugsweise gegen zukünftige Handlungen, aber darin liege kein Grund, mit ängstlicher Pedanterie zu fordern, dass voraufgegangene gleichartige Handlungen und der Ersatz des aus ihnen erwachsenen Schadens, sowie indirect wirkende Handlungen und bleibende Anlagen, die den Besitzer im *uti qualiter velit* stören, unberücksichtigt blieben. Gegen Anlagen, die gar nicht aus dem Thun

---

[1]) Conf. das Recht des Besitzes bei den Römern.

[2]) Conf. loc. cit. S. 253.

[3]) Unmittelbar darauf S. 257 wirft Bekker selbst die Frage auf: Weshalb diese Beschränkung auf den beabsichtigten Eigenthumsstreit? und erklärt keine Klarheit darüber gewonnen zu haben.

[4]) Conf. loc. cit. S. 255.

[5]) Offenbar nur eine Wiedergabe der Quellenbezeichnung.

des Gegners hervorgegangen seien, sei das Interdict allerdings wirkungslos.

Ich kann die Bemerkung nicht unterdrücken, und, wer mir bis hieher gefolgt ist, wird mir beipflichten: Würde die Theorie in ähnlicher Weise, wie Bekker es hier bei unserer Klage gethan hat, den Klaggrund der andern römischen Klagen entwickelt haben und damit die Wissenschaft einen mächtigen Schritt weiter geführt zu haben glauben, dann wären die Practiker zu bedauern, die mit diesen Resultaten der Wissenschaft nachher zu arbeiten hätten. Denn wir erhalten hier kaum e i n positives Moment, auf dessen Vorhandensein wir im concreten Falle unser Augenmerk richten könnten. Beinahe jeder Position tritt sofort eine Negation zur Seite, die sie einschränken soll, und die Bekker'sche Besitzklage stellt sich als ein Gebilde dar, welches, wenn wir es greifen wollen, sich schlangenartig unsern Händen entwindet. Manchem Angriff gegen eine Behauptung Bekkers wird er nicht ohne Grund mit dem Einwurf entgegentreten: Ja, aber an anderer Stelle habe ich selbst bereits das Gegentheil behauptet. In e i n e m Falle ist ihm das sogar, wie ich unten zeigen werde, selbst deutlich zum Bewusstsein gekommen.

Bekkers Darstellung geht recht eigentlich darauf aus, zu zeigen, dass eine Einheitlichkeit in der Behandlung dieser Verhältnisse bei den Römern überall nicht zu finden sei. Ich muss diesen Vorwurf, den er den Römern macht, entschieden zurückweisen, behaupte dagegen, dass Bekker selber, wenn er den verschiedenen Anschauungen, die oben ihre Besprechung gefunden haben, einzelne Momente entnimmt, wie die Gefahr der Störung von Bruns und Brinz, den Hinweis darauf, dass es sich um einen Eingriff in den B e s i t z *(controversia possessionis)* handeln muss, von Brinz und Vangerow, die blosse Behauptung, Besitzer zu sein, insofern sie auf einen weiteren derartigen Anspruch hindeutet, von Jhering und Eck, keineswegs den Brennpunkt gefunden hat, in dem sich alle diese Momente vereinigen. Unvereinigt und anscheinend unvereinbar schillern sie nebeneinander in der Bekker'schen Darstellung fort.

Ich werde mich unten, namentlich da, wo ich die Resultate der Untersuchung über die Besitzklage für die sog. Lehre vom Besitz ziehe, noch eingehend mit dem Bekker'schen Werke zu beschäftigen haben. Hier war es nur meine Absicht zu zeigen, wie auch s e i n e Behandlung der Klage mir nicht geeignet erscheint, Zweifel in Betreff der Richtigkeit der von mir oben aufgestellten Ansicht zu erwecken, und ich hebe in diesem Zusammenhang nur noch gegen die irrige

Ansicht Bekkers, dass die possessorischen Interdicte insofern lediglich im Hinblick auf den etwa folgenden Eigenthumsprocess eingeführt seien, als sowohl des Beklagten als des Richters Interesse dahin gehe, schon vorher festgestellt zu sehen bezw. selbst feststellen zu können, wer in solchem Process zur Uebernahme der Klage verpflichtet sei, eine Ansicht, die schon von Savigny aufs Energischste bekämpft ist[1]), hervor, dass ein weit realeres bereits vorhandenes Interesse, nämlich die Veränderung des thatsächlichen Verhältnisses der Person zur Sache und damit der drohende Verlust des Besitzes, gegen den der Praetor unter gewissen Umständen seinen Schutz verheissen hat, zu unserm Interdict als dem Schutzmittel für den Besitz geführt hat.

1) Conf. Besitz S. 54.

Drittes Capitel.

Das Urtheil.

Ich wende mich nun von dem Ausgangspunkt, den Voraussetzungen unserer Klage zu dem Ziel derselben, und knüpfe dabei an die l. 35 D. 41. 2,

> *Exitus controversiae possessionis hic est tantum ut prius pronuntiet judex uter possideat: ita enim fiet ut is, qui victus est de possessione, petitoris partibus fungetur, et tunc de dominio quaeratur,*

an.

Danach würde keine *condemnatio* oder *absolutio* sondern lediglich eine *pronuntiatio* das Resultat unsrer Klage im Justinianischen Process sein, also abgesehen von der *condemnatio summae stipulationis*, die mit den Stipulationen in Wegfall gekommen war, dasselbe Resultat wie im Gajanischen Process, wo der Richter untersucht, *uter possederit*, und dann entscheidet, ob A oder B als gegenwärtiger Besitzer anzusehen ist [1]).

Ganz andere Resultate unsrer Klage hat dagegen die Theorie und Praxis seit Savigny aufgestellt. Nachdem dieser [2]) den drei von ihm aufgestellten Fällen der Klage entsprechend erstens im Fall vergangener Störung den blossen Schadensersatz, zweitens im Fall drohender zukünftiger Störung die Verhinderung der befürchteten unrechtlichen Handlung durch rechtliches Verbot, thätliche Execution des Befehls oder Sicherung der Ruhe des Besitzes durch Cautionen, drittens in dem Fall, wo die Klage für den Eigenthumsprocess bedeutsam ist, die Entscheidung der Frage, welcher von beiden

---

1) Conf. Gajus IV § 166 *cum judex id exploraverit et forte secundum me judicatum sit*, auch Witte, *int. uti poss.* S. 56.

2) Conf. das Recht des Besitzes S. 402 f.

Theilen den Besitz gegenwärtig hat, als Resultat des Processes hingestellt hat, findet man heutzutage in dem Ersatz des Schadens, der Beseitigung der Störung, der Sicherung gegen eine Wiederholung derselben und in der Anerkennung des Besitzes die Resultate unsrer Klage[1]). So Puchta[2]), der, noch schärfer unterscheidend, falls die Sache geradezu schon beim Unterliegenden sein sollte, auch die Herausgabe oder Aestimation als ein Resultat der Klage ansieht, und ferner Arndts[3]) und Sintenis[4]); ähnlich Eck[5]), auch Vangerow[6]), der nur von einer Verurtheilung auf Schadensersatz neben der Verurtheilung auf den etwa zu zahlenden Besitz werth nichts wissen will.

Nur in Betreff der Anerkennung des Besitzes als Theil des Urtheils sind auch in der neueren Theorie und Praxis wesentliche Meinungsverschiedenheiten hervorgetreten, denn, während Bruns[7]) die Entscheidung über den Besitz nicht eigentlich als Theil des Urtheils sondern nur als Incident-Präjudicialfrage ansieht, und die Anerkennung des Besitzes in der Aufzählung der Folgen unsrer Klage bei Thibaut[8]), Windscheid[9]) und Randa[10]) gänzlich fehlt, nimmt Baron[11]) umgekehrt an, dass der Richter im Urtheil lediglich festzustellen habe, wer der fehlerfreie Besitzer des Grundstücks zur Zeit des erlassenen Interdicts sei, und den Gegner zur Anerkennung dieser Thatsache zu verurtheilen habe.

Bevor ich näher auf die Frage eingehe, wie es sich mit der sog. Anerkennung des Besitzes verhält, gehe ich zu einer kurzen Besprechung der andern Momente, in denen die herrschende Auffassung das Resultat unserer Klage erblickt, über.

Was zunächst die *cautio de non amplius turbando* betrifft, so geben eigentlich Alle zu, dass die c. un. C. 8. 6, die Duarenus für sie angeführt hat, nichts davon enthält[12]). Aber auch die andern

---

1) Conf. Seuff. Arch. Bd. VIII Nr. 49 und Bd. XIX, 233.

2) Conf. Pandecten S. 202 und Cursus der Institutionen Bd. II S. 453.

3) Conf. Pandecten S. 264.

4) Conf. gem. Civilrecht Bd. I S. 464.

5) Conf. doppelseitige Klagen S. 59.

6) Conf. Pandecten Bd. I S. 682.

7) Conf. Besitzklagen S. 49.

8) Conf. Pandecten Bd. I S. 239.

9) Conf. Lehrbuch des Pandektenrechts Bd. I S. 487.

10) Conf. der Besitz nach österreich. Recht etc. 2. Aufl. S. 112.

11) Conf. Pandecten S. 256.

12) Conf. Savigny, Besitz S. 409, der übrigens die Worte *ac — cognoscet* m. E. mit Unrecht auf das Vindicationsverfahren bezieht, wie ich schon Cap. 1 hervorhob; vergl. Vangerow, Pandecten Bd. I S. 682 u. Brinz, Pandecten B. I S. 740.

Stellen, die man heranzieht, beweisen weder direct noch indirect etwas in dieser Richtung. Denn die l. 7 D. 43. 20, die Brinz anführt, bezieht sich nur auf die Cautionsleistung während des Processes[1]), und die gleichfalls von Brinz[2]) angezogene l. 12 D. 8, 5 und l. 13 § 3 D. 7. 1 haben Cautionen im Auge, die für specielle Fälle bestellt werden, ohne dass es sich in diesen Fällen um unsere Besitzklage handelte. Denn in l. 12 ist offenbar mit der Negatorienklage geklagt worden, und in l. 13 dient die Caution zur Vermeidung eines Processes auf Grund einer *quasi communi dividundo actio*.

Ebensowenig hat die *cautio* der l. 2 § 18 D. 43. 8, auf die Windscheid hinweist, mit unserer Klage zu thun[3]).

Die Quellen enthalten sonach nichts von einer *cautio de non amplius turbando* als Resultat unserer Klage, und dasselbe gilt von dem Verbot fernerer Störung. Ich verweise in dieser Beziehung auf das, was ich bereits im vorigen Capitel gegen die Bruns'sche Auffassung unsers Interdicts als Klage auf Erlass eines solchen Verbotes vorgebracht habe, und bemerke hier nur, dass nirgends in den Quellen der Satz ausgesprochen ist, dass unser Interdictenverfahren mit einem solchen Verbot geschlossen hätte, wenn man nicht den bei Gajus IV § 170 besprochenen Fall hierher rechnen will, wo aber ein solches Verbot offenbar als Resultat eines *interdictum secundarium* erscheint. Dass aber im Justinianischen Verfahren ein solches Verbot neu eingeführt sei, wird durch nichts zu erweisen sein, und habe ich auch weder bei Savigny noch sonst einen Beleg dafür gefunden[4]).

Was sodann die Verurtheilung auf Schadensersatz betrifft, die Windscheid[5]) nur bei verschuldeter Störung, Vangerow, wie wir sahen, überall nicht als Folge unserer Klage ansieht, so hat Schmidt[6]) für die Zeit vor Diocletian diesen Erfolg durchaus einer eigenen *actio arbitraria* nicht unserm Interdict zugeschrieben und will auch im Justinianischen Verfahren, soweit er der Klage eine zweiseitige Function einräumt[7]), einen derartigen Erfolg derselben nicht anerkennen.

---

1) Vergl. auch Savigny, Besitz, Anhang Nr. 141 S. 700. Auch Witte hebt loc. cit. S. 118 ff. hervor, wie schwer es ist, der Stelle einen brauchbaren Sinn zu geben.

2) Vergl. auch Witte loc. cit.

3) Was Schmidt, Interdictenverfahren S. 329 gegen die Anwendung dieser Stelle auf unser Interdict anführt, hat mich freilich auch nicht überzeugen können.

4) Vergl. auch Windscheid loc. cit. Bd. I § 159 Anm. 3b.

5) Conf. loc. cit.

6) Conf. Interdictenverfahren S. 56—70 und 253 ff.

7) Conf. loc. cit. S. 78.

In den beiden einzigen Stellen der Justinianischen Codification, die man für dieses Resultat der Klage anführt, l. 1 pr. D. 43. 17 und l. 3 § 11 D. eod., vermisse ich den Hinweis auf einen Schadensersatzanspruch, der mit unserm Interdict einzuklagen wäre, gänzlich, und ein solcher Anspruch würde auch gegenüber den Resultaten des Interdictenverfahrens zu Gajus Zeit[1]) etwas durchaus Neues sein.

Auch die Ansicht Wittes[2]), der Anspruch auf Ersatz des etwa durch Verletzung des Besitzes veranlassten Schadens sei im Justinianischen Verfahren an Stelle der Obligation des auf Grund der *licitatio* Siegenden aber im Sponsionsverfahren Unterliegenden getreten, die er in l. 1 pr. D. 43. 17 ausgesprochen findet, und in der er eine Erklärung für die kurze Verjährung dieses Theils der Klage erblickt, hat für mich nichts Ueberzeugendes.

Ich muss daher diese Folge unserer Klage trotz Savigny[3]) und Windscheid, die sich übrigens beide nur auf die l. 3 § 11 D. 43. 17 für ihre Ansicht berufen, entschieden verwerfen.

Und hier ist der Ort, die Ansicht Puchtas, dass der im Interdictenprocess Besiegte auch eventuell zur Aufhebung der Störung bezw. zur Wiederherstellung des gestörten Verhältnisses verurtheilt werde, zu erörtern. Ich knüpfe dabei angemessen an dasjenige besondere Verfahren an, welches von Gajus als *secutorium sive Cascellianum judicium* bezeichnet wird. Dabei kann es nicht meine Aufgabe sein, an der Hand des schlecht überlieferten Textes den Versuch einer Reconstruction dieses Verfahrens zu machen[4]); nur soviel darf ich als feststehend annehmen, dass dies *judicium secutorium* ebensowenig ein Theil des Interdictenverfahrens war, als das *secundarium interdictum* im § 170 bei Gajus IV nach der Studemund'schen Lesung, welches vielleicht mit dem *interdictum quem fundum* in Endlichers Fragment der Inst. Ulp. Lib. II[5]) identisch ist. Das *secutorium judicium* leitet vielmehr ein besonderes Verfahren ein, in dem die im Interdictenverfahren getroffene Entscheidung zur Durchführung gebracht wird. Und bei der *condemnatio* auf Grund dieses zweiten

---

1) Conf. IV § 166.

2) Conf. *int. uti poss.* S. 128.

3) Conf. Besitz S. 409 Anm. 1.

4) Conf. Rudorff, Bemerkungen über das *int. uti poss.* Zeitschr. für geschichtliche Rechtswissenschaft Bd. XI S. 359 ff.

5) Krüger, Kritische Versuche S. 167 und 168.

Verfahrens musste auch die Berechnung des Geldäquivalents erfolgen[1]), bei der dann nicht etwa der Werth der Sache sondern der Besitzwerth innerhalb des ersten Jahres nach der im eigentlichen Interdictenprocess erfolgten Entscheidung massgebend erschien. Und dasselbe sehe ich in l. 3 § 11 D. 43. 17 sowohl als in l. 1 pr. D. 43. 17 ausgesprochen[2]).

Man könnte mir nun zwar einwenden, dass zu Justinians Zeiten der Satz, dass die Condemnation stets lediglich auf Geld gerichtet war[3]), bereits beseitigt war, indessen hat man es damals doch noch immer für wünschenswerth gehalten, dass die reale Leistung bei der *condemnatio* daneben in Gelde veranschlagt wurde[4]). Es kann übrigens nicht meine Aufgabe sein, bei dieser Gelegenheit auf die viel bestrittene Frage in Betreff der Einführung der sog. Realexecution näher einzugehen[5]). Genug, eine Form, das Verhältniss, welches im Interdictenverfahren Anerkennung gefunden hatte, auch zum thatsächlichen werden zu lassen, gab es im Justinianischen Recht so gut, wie das *Cascellianum judicium* zu Gajus Zeit dies Bedürfniss erfüllt hat, mag nun die Rechtsordnung nur ruhig zugesehen haben, wie der, zu dessen Gunsten die Entscheidung ausfiel, sich auf dem Wege der Selbsthülfe in dies Verhältniss setzte und den Andern aus demselben verdrängte, oder mag sie ihm dabei sogar behülflich gewesen sein[6]). Es mag auch sein, dass sich die darauf gerichteten Anträge zu Justinians Zeit unmittelbarer an das durch die *actio ex causa interdicti* eingeleitete Verfahren anschlossen, aber ein wesentlicher Theil des Interdictenverfahrens kann die Erledigung dieser Anträge schon um deswillen nicht gewesen sein, weil sich häufig erst nach der *pronuntiatio* herausstellte, ob es zu einer Restitution des Besitzes kommen musste, und wer etwa diesen Antrag stellen musste.

Nur eine Quellenstelle, die l. 3 § 9 D. 43. 17[7]), die man in

---

1) Conf. Vangerow, Pandecten Bd. I S. 682.

2) Dass beide Stellen an dies Verfahren erinnern, wird auch von Brinz, Pandecten I, 740, Meischeider, Besitz und Besitzesschutz S. 445, und Bruns hervorgehoben, und Witte, loc. cit. S. 22 und 149 bezieht die l. 3 § 11 direct darauf, indem er geradezu *in hoc judicio* statt *in hoc interdicto* liest.

3) Conf. Gajus IV § 48.

4) Conf. Wetzell, System des ordentlichen Civilprocesses 2. Aufl. S. 499.

5) Conf. Ziebarth, die Realexecution und die Obligation.

6) Conf. Ziebarth loc. cit. S. 57 und S. 62 ff.

7) *Si vicinus meus in parte in pariete meo tectoria habeat et in parte sua, uti possidetis mihi efficax est ut ea tollere compellatur.*

diesem Zusammenhang oft herangezogen hat, um die Behauptung, dass in unserm Process allerdings eine Verurtheilung des Gegners zur Wegnahme der den Besitz störenden Anlage und demnach zur Herstellung des ungestörten Besitzes erfolge, zu stützen, bedarf hier noch der Besprechung. Diese Stelle erklärt sich höchst einfach so. Der Umstand, dass A an der Wand des B Stuckarbeit angebracht hat, erscheint als eine Besitzhandlung in Betreff der Wand des B. Es liegt also eine Besitzverwirrung vor, die durch unser Interdict in der Weise gelöst wird, dass B vom Richter als alleiniger Besitzer anerkannt und ihm der alleinige Schutz zugesagt wird. Wer will dann den B hindern, die Stuckarbeit zu entfernen? Und, damit das nicht geschieht, wird ihm A schon zuvorkommen und sie selbst entfernen. Insofern bildet also das *int. uti poss.* indirect das Compelle für die Wegnahme der Stuckarbeit, und der Fall liegt im Grunde nicht anders wie der in l. 3 § 4 D. 43. 17, nur dass die abgeschnittene Rebe keinen Werth hat, wohl aber die abgenommene Stuckarbeit[1]).

Dass sowohl Krüger[2]) als Witte[3]) über den vorbesprochenen auch von ihnen angenommenen Theil des Urtheils durchaus andere Ansichten entwickeln, erwähne ich hier nur, ohne mich auf eine Besprechung derselben einzulassen, da ich jede Begründung dieser Ansichten, von denen die Witte'sche sogar zum Theil mit vorher mühsam von ihm gewonnenen Resultaten der Untersuchung in Widerspruch tritt, vermisse.

Ich möchte sonach behaupten, dass, wie zu Gajus Zeit das eigentliche Interdictenverfahren mit der *pronuntiatio* und der sich aus dem Stipulationsverfahren ergebenden *condemnatio summae stipulationis* seinen Abschluss fand, und nichts als die Frage, wer von den Partheien das Grundstück in der Zeit des Interdictserlasses weder gewaltsam noch heimlich noch auf Grund eines Precarium besessen hat, damit entschieden wird, auch im Justinianischen Verfahren nach Wegfall der Stipulation lediglich die *pronuntiatio* das Resultat des Verfahrens bildete. Und das ist es, was sich in der bereits Eingangs dieses Capitels citirten l. 35 D. 41. 2 ausdrücklich ausgesprochen findet, wie denn auch das in das Justinianische Recht aufgenommene *interdictum ne vis fiat ei, qui in possessionem missiverit*

---

1) Conf. Witte, *int. uti poss.* S. 106 und 107, der das auch für das ältere nicht aber für das Justinianische Recht für richtig zu halten scheint (S. 142).

2) Conf. Kritische Versuche S. 109 ff.

3) Conf. loc. cit. S. 126 ff.

m. E. einen Hinweis darauf enthält, und sich andrerseits im § 8 J. 4. 15 über eine Veränderung, die im Justinianischen Recht in Beziehung auf diesen Punkt hervorgetreten wäre, nichts findet.

Diese *pronuntiatio* und ihre Bedeutung bedarf einer eingehenden Besprechung.

Die l. 35 wird zwar durch keine andere Quellenstelle direct umschrieben, aber der Ausdruck *pronuntiare* kehrt doch in der Justinianischen Codification so vielfach wieder, dass sich aus einer Vergleichung dieser Fälle vielleicht ein Anhaltspunkt für das Resultat unserer Besitzklage gewinnen lässt.

Zunächst finden wir den Ausdruck, wenn es sich um ein durch in *rem actio* eingeleitetes Verfahren handelt[1]). Es scheint sich hier um einen vorbereitenden Ausspruch zu handeln, darauf deutet das Wort selber hin, und das ergiebt sich vor Allem aus der l. 6 § 2 D. 42. 2. Denn mit dem Zugeständniss des A, dass B Eigenthümer eines Grundstücks sei, dürfte doch der *actio petitoria*, die nach der herrschenden Ansicht auf Wiedererlangen der Sache gerichtet ist, nicht Genüge geschehen sein.

So bezeichnet denn auch Rudorff[2]), gestützt auf Savigny und Andere, die *pronuntiatio* als vorbereitenden Ausspruch über das Recht namentlich in den Vindicationen und Präjudicialklagen. Ich werde auf diese Umschreibung noch zurückkommen.

Zunächst verweise ich auf eine Reihe anderer Quellenstellen, die diesen Ausdruck enthalten[3]). Sie beziehen sich zumeist auf Ent-

---

1) Conf. l. 40 § 2 D. 3. 3, *si in hoc judicio rem meam esse pronuntietur* . . ., l. 31 D. 20. 1, *et propterea pronuntiatum esset fundum secundum legem domini esse*, l. 3 § 3 D. 27. 9, l. 6 § 2 D. 42. 2, *Sed et si fundum vindicem meum esse tuque confessus sis, perinde habeberis atque si dominii mei fundum esse pronuntiatum esset*, l. 30 § 1 D. 44. 2, . . . *si de proprietate fundi litigatur, et secundum actorem pronuntiatum fuisset*, l. 35 D. 19. 1, . . . *quia non est de jure servitutis in rem actione pronuntiatum.*

2) Conf. Puchta, Cursus der Institutionen Bd. II S. 178 Anm. c.

3) Conf. l. 8 D. 34. 9, . . *indigno herede pronuntiato* . . . l. 12 § 3 D. 38. 2, *Si quis cum esset exheredatus pronuntiatus* . . . ., l. 47 § 1 D. 40. 4, *testamentum falsum fuerit pornuntiatum* . . . ., l. 5 § 1 D. 42. 1, *sed et si fideicommissum sine scriptura pronuntiatum* . . ., l. 8 § 16 D. 5. 2 *(titulus de inofficioso testamento)*, . . . *et pronuntiaverit contra testamentum* . . ., l. 22 § 1 eod., . . . *si secundum testamentum pronuntiatum fuisset*, l. 26 eod., . . . *inofficiosum vel injustum testamentum pronuntietur*, l. 29 pr. eod., . . . *si contra testamentum pronuntiatum fuerit*, l. 14 § 1 D. 49. 1, . . . *quod absente possessore nec quoquam nomine ejus respondente pronuntiatum est, non habet rei judicatae auctoritatem nisi adversus eum solum, qui adesse neglexerit.*

scheidungen darüber, ob Jemand als Erbe, oder ob ein Testament als gültig anzusehen sei. Auch hier liegt in der *pronuntiatio* offenbar überall ein *praejudicium*, ein Ausspruch darüber, wen die Rechtsordnung als Erben und um deswillen als in dieser Richtung zu den geeigneten Anträgen legitimirt ansehe, welches Testament sie als ein gültiges ansehe und demnach vorkommenden Falls, soweit Anträge in Betreff der Erbschaft gestellt würden, ihren Entscheidungen zu Grunde legen werde[1]).

Dafür, dass die *pronuntiatio* des Justinianischen Verfahrens bei der *rei vindicatio* und bei den Klagen in Betreff der Erbschaft offenbar nichts ist als die thatsächliche Feststellung desjenigen Verhältnisses, welches der Entscheidung zu Grunde liegt, dient auch die l. 15 D. 44. 2 als Belegstelle. Danach ist die *pronuntiatio* nicht etwa eine definitive Entscheidung in Betreff der Sache, sondern sie enthält nichts als eine Beantwortung der Frage, ob die Rechtsordnung den *petitor hereditatis* als *heres*, die Urkunde als gültiges Testament, den Vindicanten als *dominus secundum legem* ansieht. So führt mich die Untersuchung zurück zu den Erwägungen des ersten Capitels in Betreff der *actio in rem* nach der Gajanischen Darstellung. Ihr wesentliches Ergebniss im Sacramentsverfahren wie im Formularverfahren *per sponsionem* war die Beantwortung der Frage, wessen Behauptung, er sei derjenige, der nach *jus Quiritium* als *dominus* der Sache zu schützen sei, richtig ist; und das thatsächliche Verhältniss der Partheien zur Sache wurde hier wie dort durch die Entscheidung im Process nicht berührt.

Und das Verfahren in Betreff unsers *int. uti poss.* schloss sich, wie wir dort sahen, durchaus diesem Verfahren an.

Tritt doch Huschke[2]) sogar für die Lesart *ut si contra ipsum judex sit postea pronuntiaturus* im § 166 bei Gajus IV ein, und jedenfalls

1) Eine Entscheidung ganz ähnlich solcher *pronuntiatio* findet sich auch in der neuesten Gesetzgebung, wenn im Verfahren auf Grund des § 22 der Concursordnung, wie v. Sarwey, die Concursordnung für das deutsche Reich, S. 126 und 127, m. E. richtig hervorhebt, das Urtheil lediglich dahin geht: „Die Rechtshandlung ist unwirksam". Als weiteres Analogon im heutigen Process bietet sich uns die Feststellung oder die sogenannte thatsächliche Feststellung im Strafurtheil. Auch hier wird das dem Richter durch die Beweisaufnahme vorgeführte Material von ihm zu einem *praejudicium* zusammengefasst, welches dann die Grundlage des eigentlichen Strafurtheils bildet, auch hier sagt der Richter eigentlich nichts Anderes als, ich sehe den Fall als einen Diebstahl, einen Betrug etc. an. Ich komme unten näher darauf zurück.

2) Conf. Jurisprud. antejust. Ed. alt. S. 317.

ist das, was die Worte *cum judex id exploraverit et forte secundum me judicatum sit* umschreiben, nichts Anderes als eine solche *pronuntiatio*.

Ist sonach m. E. zweifellos, dass unter Berücksichtigung der l. 35 D. 41. 2 die Entscheidung unserer Besitzklage nichts ist als die thatsächliche Feststellung eines Verhältnisses zwischen Person und Sache, dem die Rechtsordnung damit ihren Schutz verheisst, so müssen wir uns weiter fragen, welche praktische Bedeutung ein Process haben konnte, der, dass ich so sage, mit einem Monolog des Richters darüber, welche von beiden Partheien er als Besitzer ansehe, schloss. Das führt mich zu der Beziehung, in der unser Interdictenprocess und die *controversia de proprietate*, wie Gajus sowohl als Justinians Codification betonen, zu einander stehen. Und indem ich auf die im ersten Capitel gegebenen Ausführungen in Betreff dieses Punktes, die durch das Vorstehende eine festere Grundlage bekommen haben dürften, hier verweise, möchte ich diese Beziehung nur noch in einzelnen Punkten näher feststellen.

Wenn Gajus IV § 94 bei der *actio in rem per sponsionem* die Rollenvertheilung zwischen *petitor* und *possessor* bereits voraussetzt, so dient zur Vorbereitung dafür m. E. die *deductio quae moribus fit*, sei es nun, dass damit freiwillig, oder sei es, dass mit Gewalt unter den Partheien ein einseitiges thatsächliches Verhältniss zur Sache hergestellt wurde. Ich schliesse mich in dieser Richtung den Ausführungen Kellers[1]) an, der in ihr einerseits die Anmassung des Besitzes und die siegreiche Abwehr des Eindringlings mittels gewaltsamer Abführung durch den Besitzer, und andrerseits die Anerkennung des gegenwärtigen Besitzes in der Person des *deducens* erblickt und hervorhebt, dass das Verfahren

---

1) Conf. Zeitschr. für geschichtl. Rechtswissenschaft Bd. XI S. 287 ff. Ueber die *deductio quae moribus fit* und das *interdictum uti possidetis*. Vergl. auch Huschke, Gajus, Beiträge zur Kritik und zum Verständniss der Institutionen zu IV 166 S. 188 ff., ferner Witte loc. cit. S. 37 und Bethmann-Hollweg, d. Civilprocess des gem. R. Bd. II S. 235 ff., der gegen Keller nur hervorhebt, dass eine Anerkennung des Besitzes in der Person des Gegners nicht darin liegen könne, dass man von demselben hinausgeworfen wird, dabei indess übersieht, dass Keller nur den Fall im Auge hat, wenn die Partheien nicht mehr in der Art über den Besitz streiten, dass beide noch in dem thatsächlichen Verhältniss zur Sache zu stehen behaupten, sondern nur so, dass der Eine behauptet, der Praetor müsse dafür sorgen, dass der Gegner sein thatsächliches Verhältniss zur Sache zu seinen Gunsten wieder aufgiebt, und in diesem Sinne also mit Recht von der gewaltsamen Abführung des Eindringlings durch den Besitzer und gleichzeitig von der Anerkennung des gegenwärtigen Besitzers in der Person des *deducens* sprechen kann.

nur für den Fall passe, wo die Partheien über den Besitz einig seien, während, wo dies nicht zutraf, die Besitzfrage zunächst durch das *int. uti poss.* entschieden sei[1]).

Ganz abweichend hat neuerdings Karlowa[2]) die *deductio* als Vorläuferin nicht der *rei vindicatio* sondern des *interdictum uti possessidetis* hingestellt, indem er sie als den möglichst prägnanten Ausdruck der gegenseitigen Besitzanmassung bezeichnet und eine solenne Handlung darin findet, die den Eingriff in den Besitz symbolisch darstellt und der Auswirkung des Interdicts vorhergehen musste, um die *vis* als Voraussetzung für die Anwendung des Interdicts zu erzielen[3]). Dabei soll durch sie die Partheirolle im zukünftigen Eigenthumsprocess überall nicht bestimmt sein[4]). Ich übergehe, ob Krügers[5]) Bedenken dagegen, weil nur der das *vadimonium* verspricht, der nach dem Hergang der *deductio* Sieger ist, bedeutsam erscheint, jedenfalls aber spricht gegen Karlowa und für Keller der Umstand, dass bei der *deductio* zuerst die Ausdrücke *possessor* und *petitor* einander entgegengestellt werden, denn ich wüsste nicht, wie ein solcher Gegensatz ohne die bekannte Rollenvertheilung im Process sich erklären liesse.

Auf welchem Wege diese Regulirung der Partheirollen für den Eigenthumsprocess geschah, möchte ich ganz dahingestellt sein lassen, hebe nur hervor, dass Karlowas Darstellung, wenn er an der Hand der aus den beiden Reden Ciceros entnommenen Stellen die *deductio* in Form eines processualischen Vorverfahrens mit Ladung des Gegners zur Vornahme derselben schildert, viel Wahrscheinliches hat[6]).

Auch die Frage, ob etwa die *deductio* bereits im Rahmen der alten *legis actio per sacramentum* Anwendung gefunden hat, und sich für den Fall das *vindicias dicere* in diesem Verfahren nach der *deductio* richtete, wie Witte[7]) annimmt, will ich hier nicht erörtern. Genug, dass die Partheirollen für die *actio in rem* dadurch geregelt wurden, wie auch Witte zugiebt. Es mag auch sein, dass die Ladung

---

1) Conf. loc. cit. S. 303 und Keller, *Semestrium ad M. T. Ciceronem libri sex* Vol. I Lib. II. Für Kellers Ansicht spricht auch Cic. *orat. pro Caecina* 32 trotz Bethmann-Hollweg loc. cit. S. 236 Anm. 11. Vergl. über diese Rede Ciceros v. Bethmann-Hollweg, loc. cit. Bd. II S. 827 ff. und Ruhstrat, Ein Besitzprocess. in den Jahrb. f. Dogmatik Bd. XIX S. 131 ff.

2) Conf. Beiträge zur Gesch. des Röm. Civ. Proc. S. 27.

3) Conf. loc. cit. S. 50.

4) Conf. loc. cit. S. 53.

5) Conf. Kritische Versuche S. 76.

6) Conf. loc. cit. S. 28.

7) Conf. loc. cit. S. 32 ff.

zur *deductio*, insofern sie gleich von vornherein beim Nichterscheinen des Geladenen Aufklärung darüber verschafft, dass weder Eigenthum noch Besitz auf der andern Seite behauptet wird, wie Karlowa[1]) hervorhebt, jeden Streit, auch den Besitzstreit gleich im Keime erstickt. Aber deshalb hat die *deductio* doch nichts mit dem *int. uti poss.* zu thun. Denn in diesem Verfahren war kein Raum für sie, wie Krüger[2]) überzeugend nachgewiesen hat. Hat nun aber, wie wir oben bereits sahen, das *int. uti poss.* gleichwie die *deductio* die Aufgabe, für die Klarstellung der Partheirollen Sorge zu tragen, falls die *proprietas alicujus rei controversia est et ante quaeritur, uter ex litigatoribus possidere et uter petere debeat*[3]), so müssen wir weiter schliessen, dass es nicht das Sponsionsverfahren sondern ein anderes Verfahren in Betreff des Eigenthums war, in dem das *int. uti poss.* diese Function hatte. Und wenn wir bereits im ersten Capitel diejenige *in rem actio*, die *per petitoriam formulam* verhandelt wurde, als dies Verfahren bezeichneten, so bedarf es hier nur noch einiger Bemerkungen zur näheren Begründung dieser Behauptung. Inwiefern § 4 J. 4. 15[4]), wo ich statt der Veränderungen des Textes in *petitori, petitoris, petituris* mit Mommsen und der Florentina *petitoria* lese, darauf hinweist, habe ich oben schon erwähnt. Dafür spricht auch die l. 12 § 1 D. 41. 2, wenn hier der Kläger auch nach Anstellung der *rei vindicatio* noch zum *int. uti poss.* übergehen konnte, weil er, wie Ulpian hervorhebt, damit noch nicht auf den Besitz verzichtet hatte[5]). Das würde für das Sponsionsverfahren, wo die Vertheilung der Rollen an *possessor* und *petitor* gleichsam unter den Augen des Praetors vorgenommen war, wo eine formelle Einigung über die Frage, *uter possessor sit uter petitor*, bereits stattgefunden hatte[6]), undenkbar sein.

Ich habe bereits im ersten Capitel gezeigt, inwiefern sich beide Arten der *actio in rem* im Resultat unterscheiden, wie die Entscheidung im Sponsionsverfahren nur eine Entscheidung über die Stipulationssumme vorbereitete, während bei der Verhandlung *per*

---

1) Conf. loc. cit. S. 38.

2) Conf. loc. cit. S. 78.

3) Conf. Gajus IV § 148.

4) *Namque nisi ante exploratum fuerit, utrius eorum possessio sit, non potest petitoria actio institui quia et civilis et naturalis ratio facit, ut alius possideat, alius a possidente petat.*

5) Conf. Witte *int. uti poss.* S. 73.

6) Conf. l. 1 § 3 D. 43. 17.

petitoriam formulam eine bestimmte Parthei als Kläger auftrat, und die Entscheidung darüber, ob diese als *dominus* der Sache anzusehen sei, wie schon der Ausdruck *petere* ergiebt, die Wiederherstellung des gestörten thatsächlichen Verhältnisses des Klägers zur Sache als weiteren Zweck im Auge hatte.

In der Anstellung der Klage in dieser zweiten Form, die sich naturgemäss gegen Alle, *qui tenent et restituendi facultatem habent*[1]), richtete, lag insofern eine Gefahr für den Kläger, als er, der sich als den Schutzbedürftigen hinstellte, damit zugleich die Pflicht übernahm, die Rechtsordnung von seiner Schutzbedürftigkeit zu überzeugen, m. a. W. es übernahm, den Beweis zu führen, dass er es sei, den die Rechtsordnung in dem thatsächlichen Verhältniss zur Sache zu schützen ausdrücklich, dass ich so sage, die Garantie übernommen habe, dass er *ex jure Quiritium* als *dominus* anzuerkennen sei[2]).

Es war selbstverständlich, dass der *dominus* diesen schwierigen Weg nicht einschlug, so lange er noch auf andere Weise zu einer Wiederherstellung des gestörten Verhältnisses zur Sache gelangen konnte, und es gab m. E. eine Zeit im römischen Rechtsleben, wo der *dominus* es Keinem gegenüber zum Process kommen zu lassen brauchte, vielmehr im Wege der Selbsthülfe das gestörte Verhältniss wiederherstellen konnte.

Das war so lange möglich, als lediglich die *ex jure Quiritium* mit besonderen Garantien umgebene thatsächliche Herrschaft über die Sache einen gewissen Schutz Seitens der Rechtsordnung genoss.

Nachdem indess der Praetor die Selbsthülfe des *dominus* in dem Falle ausgeschlossen hatte, wenn sich der Gegner nicht *vi, clam* oder *precario ab adversario* in solchem Verhältniss befand, musste sich der *dominus* schon zur *actio petitoria* entschliessen, wenn er das gestörte thatsächliche Verhältniss wiederherstellen wollte.

Nun ergeben sich aber namentlich bei Grundstücken vielfach Situationen, bei denen es zwar ohne Weiteres klar ist, dass das thatsächliche Verhältniss des *dominus* zur Sache nicht ungestört geblieben ist, während es doch auch noch nicht völlig aufgehoben erscheint, denn der *dominus* und sein Gegner stehen Beide noch thatsächlich in einem Verhältniss zu demselben *fundus*, der Eine in diesem der Andere in jenem, und der Eine behauptet dies Verhältniss thatsächlich noch so gut als der Andere. Würde in solchem Fall der *dominus*

---

1) Conf. l. 9 D. 6. 1.

2) Conf. Bethmann-Hollweg loc. cit. Bd. II S. 244.

A ohne Weiteres zugeben, dass B das ganze Grundstück als *possessor* inne habe, so würde er sich damit eines wichtigen Vorzugs berauben und sich vielleicht unnöthig in eine processualische Gefahr begeben, während der Praetor ihm nach Lage der Sache, vielleicht auch abgesehen vom *jus Quiritium*, im ungestörten thatsächlichen Verhältniss zur Sache Schutz verhiess, wenn er ihn nur durch Antrag auf Erlass eines *int. uti poss.* erbat.

Ja er wird auch noch nach etwa von ihm angestellter *actio in rem per petitoriam formulam*, da darin ja durchaus keine formelle Anerkennung des Gegners als *possessor* liegt, seine Zuflucht zum Interdict nehmen können. So zeigt sich also auch hier der Fall der Besitzverwirrung als Veranlassung unsers Interdictenverfahrens.

Bedenken wir nun, dass die Römer zur Zeit der Ausbildung des Interdictenverfahrens, mag das nun schon zur Zeit des Sacramentsverfahrens oder erst beim Beginn des Formularprocesses gewesen sein, in dem alten Vindicationsprocess bereits ein Verfahren kannten, in dem auch lediglich die Frage untersucht und entschieden wurde, welchen von den Beiden, die in einem thatsächlichen Verhältniss zu ein und derselben Sache zu stehen behaupteten, die Rechtsordnung als schutzbedürftig anerkennen sollte[1]), so war nichts natürlicher, als dass der Praetor dies Verfahren analog hier zur Anwendung brachte, da auch hier thatsächlich beide Partheien, die Hand an die Sache legend, sie so gleichsam kämpfend vor das Tribunal brachten, indem Jeder sagte, die Sache ist mein, wenn auch nicht *ex jure Quiritium* so doch nach dem Willen des Praetors. Ich habe bereits im zweiten Capitel hervorgehoben, wie darin die *vis* im Interdictenverfahren zu erblicken ist[2]). Und im Interdictenverfahren wie

---

1) Der Versuch Lotmars (Zur *legis actio sacramento in rem*), den Nachweis zu führen, dass die Vertheidigung des Beklagten bei der *legis actio sacramenti* keineswegs immer in der Behauptung eigenen Eigenthums bestanden habe und auch nicht zu einem doppelseitigen Verfahren geführt habe, dass sich Beklagter vielmehr auch auf einfaches Bestreiten habe beschränken können, ja dass das alte Vindicationsritual gerade auf eine bloss abweisende Haltung des Beklagten zugeschnitten sei, hat mich ebensowenig überzeugt als Lotmars Recensenten Eisele (conf. Kritische V. J. Schrift Bd. XIX S. 512 ff.). Vergl. auch Bethmann-Hollweg, der Civilprocess des gem. R. Bd. I S. 126 ff.

2) Es mag sein, dass diese *vis ex conventu* noch zu Ciceros Zeit aussergerichtlich auf dem betreffenden Grundstück vorgenommen werden konnte oder musste, wie Bruns, Besitzklagen S. 41 annimmt, es würde das indess nur ein weiterer Hinweis darauf sein, dass das Interdictenverfahren sich in engster Weise den ursprünglichen Formen der zweiseitigen Vindication angeschlossen hat, bei der

im Vindicationsverfahren eignete sich der Praetor zunächst die Sache an, wenngleich er nicht *mittite* ausrief, und constituirte nur vorläufig ein thatsächliches Verhältniss zur Sache durch die *fructus licitatio*, die offenbar an Stelle des *vindicias dicere* getreten ist[1]).

Wenn wir das Interdict im Vorstehenden mit einer Klageformel des Formularverfahrens in den engsten Zusammenhang gebracht sahen, so soll damit keineswegs über die Frage entschieden sein, wann das Verfahren zur Ausbildung gekommen ist. So, wie es uns Gajus überliefert hat, können wir es nur im engsten Zusammenhang mit der *actio in rem per formulam petitoriam* verstehen, und so hat es auch eine bleibende Bedeutung gewonnen. Es ist aber sehr wohl möglich, ja m. E. wahrscheinlich, dass es keine völlige Neubildung dieser Periode des römischen Processes war, sondern dass sich der Formularprocess hier ein älteres vielleicht wenig entwickeltes Processgebilde, welches bereits dazu diente, sich in einem durch das *jus Quiritium* nicht geschützten Verhältniss zu behaupten, zu Nutze gemacht hat. Da indess weder die l. 1 § 2 und 3 D. 43. 17[2]) noch Gajus IV. 148 und § 4 J. 4. 15 Angaben über die Entstehung des Interdicts enthalten[3]), so halte ich es für müssig, weitere Hypothesen darüber aufzustellen. Nur gegen die Ansicht Wittes, der das *int. uti poss.* von der Vindicienertheilung im Eigenthumsprocess ableitet, eine Ansicht, der auch Jhering[4]) nahekommt, wenn er in der Vindicienertheilung das interimistische Eigenthum durch den Praetor auf Grund eines Prima-facie-Beweises anerkannt sieht, und für die

---

das Hingehen des Gerichts zum Grundstück bekanntlich ursprünglich zum Verfahren gehörte. Und wenn Bruns den Brief Ciceros *ad Trebatium* (ep. ad. fam. 7. 13) für seine Ansicht anführt, so ist zu bemerken, dass das Zuziehen von Rechtsgelehrten bei der aussergerichtlichen *vis ex conventu* diesen Act zu einem beinahe gerichtlichen machte, und das erst recht auf eine Nachbildung der Form der zweiseitigen Vindication, bei der der Richter sich früher gleichfalls zum Grundstück begab, hindeuten würde.

1) Auch diese *fructus licitatio*, die von Gajus IV, 166 offenbar als Theil jedes Interdictenverfahrens hingestellt wird, deutet, wie Witte (*int. uti poss.* S. 109) richtig hervorgehoben hat, darauf hin, dass die beiderseitige Behauptung, Besitzer zu sein, die nothwendige Voraussetzung jedes Interdictenverfahrens ist. Denn sie wäre ja, wie Eck (doppelseitige Klagen S. 45 ff.) mit Recht erwähnt, sinnlos, wenn bereits feststünde, dass eine Parthei auf den Besitz überall keinen Anspruch erhebt.

2) Conf. Witte, *int. uti poss.* S. 31.

3) Letzteres nehme ich im Gegensatz zu Witte loc. cit. S. 29 an, indem ich die Worte *comparata sunt* mit „dazu sind bereit" wiedergeben möchte.

4) Conf. Ueber den Grund des Besitzesschutzes 2. Aufl. S. 75.

sich auch neuerdings Bekker[1]) ausgesprochen hat, muss ich aufs Entschiedenste protestiren. Witte meint nämlich, während der Praetor ursprünglich diese Vindicien nach dem Resultat einer *extraordinaria cognitio* ertheilt habe, sei ihm dadurch allmählich eine allzu grosse Geschäftslast erwachsen. Er habe deshalb später, wenn sich die Partheien über den Besitz nicht einigen konnten, zunächst einen Befehl erlassen, in welchem er den Partheien die Beachtung der Principien auftrug, die ihn bei Regelung des Verhältnisses auf Grund der *extraordinaria cognitio* geleitet haben würden, und, falls dies zu keiner Verständigung führte, weil beide Gegner, indem sie den Besitz in Anspruch nahmen, in Uebereinstimmung mit dem prätorischen Befehl zu sein behaupteten, so sei durch Sponsion ermittelt, zu wessen Gunsten nach den im Befehl ausgesprochenen Principien die Entscheidung ausfallen müsse. So richtig diese Erwägungen in Betreff des Interdictenverfahrens sind, so bestimmt weisen sie doch darauf hin, dass das Interdict mit der Vindicienertheilung nichts zu thun hat. Denn abgesehen davon, dass dies Verfahren doch wohl kaum eine Vereinfachung des bisherigen genannt werden kann, da danach dieselbe Untersuchung wie früher und ausserdem noch einige Formalien zu erledigen waren, bevor im Eigenthumsprocess nunmehr die Vindicien vertheilt werden konnten, entspricht Wittes Ansicht auch den Quellen nicht.

Haben wir doch bereits im ersten Capitel gesehen, wie die Quellen darauf hinweisen, dass die Ertheilung der Vindicien ebensowenig als die *fructus licitatio* eine Regulirung des Besitzes zum Zweck der Feststellung der Partheirollen und damit der Beweislast im Process war, dass man vielmehr Beide mit einer Sequestration vergleichen kann, die nur erfolgt, weil die Sache zur Zeit doch nur von Einem besessen und namentlich genützt werden kann, und damit der Andere dadurch eine Sicherheit in Betreff der Sache und Früchte erlangt. Ich erkläre mich in dieser Frage durchaus mit den Resultaten der Untersuchungen Krügers[2]) und Karlowas[3]) einverstanden und verweise auf sie. Für die *fructus licitatio* nimmt übrigens Witte selbst mindestens eine sehr ähnliche Bedeutung an[4]). Und, falls man die Einführung unsers Interdicts bereits vor die *lex Aebutia* setzen will,

---

1) Conf. Das Recht des Besitzes bei den Römern S. 319 und 360.
2) Conf. Kritische Versuche, S. 74, 75 und 94.
3) Conf. Beiträge S. 53.
4) Conf. *int. uti poss.* S. 53 u. 57.

würde sich das Nebeneinanderfortbestehen der Vindicienertheilung und des possessorischen Interdicts, für das Witte in seiner Hypothese die einzige Erklärung zu finden glaubt, einfach aus den durchaus verschiedenen Zwecken beider Einrichtungen erklären. Was aber ferner das Formularverfahren betrifft, so führte nicht unser Interdictenprocess zur *pro praede litis vindiciarum stipulatio*, einer der Vindicienertheilung analogen Erscheinung, sondern es kam im Gegentheil zum Interdictenprocess lediglich dann, wenn man sich über das thatsächliche Verhältniss nicht gutwillig einigen konnte, und damit das Vindicationsverfahren *per sponsionem* nicht zur Anwendung zu bringen war.

Die vorstehenden Erwägungen in Betreff der Entstehung unseres Interdictenprocesses reizen wohl noch weiter auf die Frage einzugehen, in welcher Form und unter welchen Voraussetzungen der Praetor das Interdict gab. Ich vermeide es indess, dies Gebiet neuer Controversen zu betreten, und hebe nur hervor, dass, wie wir im ersten und zweiten Capitel gesehen haben, der Praetor durch Erlass des Interdicts nur das thatsächliche Verhältniss der Partheien zur Sache gleichsam fixirte, der Interdicent mit dem Interdict nichts weiter erlangte, als dass nun die gewaltsame oder heimliche Veränderung dieses Verhältnisses durch die Gegenseite ihm nicht zum Schaden gereichen konnte. Und darin findet die Function unseres Interdicts ihre Erklärung, die ihm neben seiner Aufgabe, als Vorbereitung für den Eigenthumsstreit zu dienen, in den Quellen so vielfach beigelegt wird, wenn es als *prohibitorium interdictum* dazu dienen soll, dass dem Besitzer nicht Gewalt angethan werde, und um den Verlust des Besitzes zu verhindern. In dieser letzteren Eigenschaft zeigte sich das Interdict bereits sofort nach dem Erlass von Bedeutung, während sein Werth für den Eigenthumsstreit erst in dem nachfolgenden Verfahren hervortrat. Und es ist sehr wohl möglich, dass sich dies Verfahren in der Eigenthümlichkeit, wie es uns Gajus überliefert, erst im Anschluss an die *actio in rem per petitoriam formulam* entwickelt hat, während es vielleicht vorher bereits in einer Form, die sich unsrer Kentniss entzieht, lediglich zur Erreichung des ersten Zweckes diente. Jedenfalls sehen wir aus dem Vorstehenden, dass die beiden Anschauungen, in denen Witte[1]) unvereinbare Erklärungen für die Entstehung unsers Verfahrens findet, sich sehr wohl vereinigen lassen, und wie es kommt, dass zu Gajus Zeit

---

[1]) Conf. *int. uti poss.* S. 40 ff.

zweifellos in ein und demselben Verfahren beiden Anschauungen in durchaus harmonischer Verbindung Rechnung getragen ist.

Der Praetor stellt mit dem Erlass des Interdicts den Satz auf, ich will, dass das gegenwärtige thatsächliche Verhältniss zur Sache, in dem sich Jeder von Euch Beiden und zwar weder gewaltsam noch heimlich noch als Precarist im Verhältniss zum Gegner befindet, von dem Andern respectirt wird, und in dem sich daranschliessenden Interdictenverfahren wird dann unter Berücksichtigung dieses Satzes *in concreto* festgestellt, wem von Beiden dem Andern gegenüber zur Zeit der Schutz als alleiniger *possessor* in Betreff des thatsächlichen Verhältnisses zur Sache zu Theil werden soll.

Und damit ist zweierlei erreicht. Der, den der Praetor als den *possessor* bezeichnete, konnte mit diesem praetorischen Schutz zufrieden sein, er konnte sich zunächst sicher fühlen und es ruhig abwarten, ob der Gegner einen weitergehenden Schutz für sich werde herausfordern können, und der Andere, zu dessen Nachtheil dies Verfahren ausfiel, erhielt dadurch Klarheit darüber, dass er nur mit der *actio in rem* sein gestörtes Verhältniss zur Sache wiederherzustellen im Stande war.

Mit der Beseitigung des Formularverfahrens kamen auch die beiden verschiedenen Formen der *actio in rem* in Wegfall. Es war aber natürlich, dass bei der Bedeutung, die der Besitzesschutz gewonnen hatte, diejenige Form, in der die Bedeutung desselben hervorgetreten war, nunmehr die Grundlage für das neue Verfahren bildete. Während also die *formula per sponsionem* mit der *deductio* spurlos verschwand, wurde die petitorische Formel als *actio petitoria* in das neue Verfahren hinübergenommen, und das *int. uti poss.* machte gleichfalls eine Veränderung durch, indem statt der auf Antrag in jedem einzelnen Falle erfolgenden Edition eines besondern Interdicts der Schutz desjenigen thatsächlichen Verhältnisses zur Sache, welches der Praetor als Besitz bezeichnet, jetzt ein für alle Mal zugesagt ist, da er ohne Weiteres im Process erbeten werden kann. Damit hat sich indess das Verhältniss des Interdicts zur *rei vindicatio* nicht geändert, wie auch die zahlreichen Stellen in den Justinianischen Rechtsbüchern bekunden. Noch immer dient unsere *actio ex causa interdicti* dazu, die thatsächliche Herrschaft über die Sache gegen jede gewaltsame Inbesitznahme von anderer Seite zu behaupten und ist insofern wirklich das, was Bruns[1]) eine blosse Besitzklage nennt, und noch immer

1) Conf. Besitzklagen S. 21.

verschafft sie in Fällen, wo der Besitzstand unklar geworden ist, Klarheit darüber, wen die Rechtsordnung als Besitzer ansieht und demgemäss schützen wird, und löst insofern eine Vorfrage für den Eigenthumsstreit. Nur die *fructus licitatio* fällt weg, und es bleibt den Partheien überlassen, etwa durch Sequestration dafür zu sorgen, dass ohne Nachtheil für beide Partheien während des Processes die Sache nutzbar gemacht werden konnte.

Nach dem Vorstehenden dürfte es nicht mehr auffallend erscheinen, wenn uns die *pronuntiatio*, die thatsächliche Feststellung darüber, wen die Rechtsordnung als Besitzer ansieht und als solchen schützen will, als das alleinige Resultat unsrer Klage in den Quellen bezeichnet wird. Ging ihre Aufgabe doch nur dahin, den unklar gewordenen Besitzstand klar zu stellen, und dazu genügte eine solche Feststellung [1]).

Für das weitere Verständniss der Bedeutung der *pronuntiatio* ziehe ich zunächst noch das Resultat der Theilungsklagen, mit denen unsere Klage in den Quellen zusammengestellt ist [2]), heran.

Der Richter erkennt zu. Was heisst das? Ist es etwa dasselbe wie, er verurtheilt zur Herausgabe an den Andern? Leider lassen uns auch hier die Quellen beinahe vollständig im Stich. Nur § 20 J. 4. 6 giebt einen Anhaltspunkt. Man hat vielfach gestritten, aus welchem Grunde hier von den Theilungsklagen gesagt wird, dass sie *mixtam causam obtinere videntur*, ob aus formalem Grunde oder, wie Eck [3]) annimmt, um des materiellen Erfolges willen, der theils in der Begründung dinglicher Rechte, theils in der Verpflichtung zu persönlichen Leistungen bestehen soll. Ich halte es nicht für angemessen, hier auf die künstlichen Ausführungen Ecks [4]) näher einzugehen, mit denen er darthun will, dass die Auseinandersetzung ein zweiseitiges Veräusserungsgeschäft, ein Tausch im weiteren Sinne sei, und dass

---

1) Ich verweise in diesem Zusammenhang passend auf die *pronuntiatio* im *judicium liberale* (conf. Jhering, Jahrb. f. Dogmatik Bd. IX S. 65), wo auch durch die Feststellung des Umstandes, in welchem thatsächlichen Verhältniss sich der angebliche Sclave im Augenblick des Streitbeginns befindet, die Partheirollen für den weiteren Process vertheilt werden (conf. l. 7 § 5 D. 40. 12), und möchte in dieser Stelle einen weiteren Beleg für die Bedeutung der *pronuntiatio* im Justinianischen Recht als der Feststellung eines thatsächlichen Verhältnisses durch den Richter finden.

2) Conf. l. 37 D. 44. 7.

3) Conf. doppelseitige Klagen S. 90 ff.

4) Conf. loc. cit. S. 98 ff.

das Recht jedes Genossen auf Theilung nur ein Anspruch auf Vollziehung eines Tauschvertrages sei, dessen Modalitäten noch genauer zu bestimmen sind, Ausführungen, die mich durchaus nicht überzeugt haben. Nur darin stimme ich Eck[1]) bei, wenn er hervorhebt, dass die eigentliche Entscheidung im Theilungsprocess nicht die Theilung selbst, sondern nur die Frage betrifft, ob und wie getheilt werden soll.

Auch das würde mich zu weit abführen, wollte ich mich hier eingehend mit der von Eck[2]) in diesem Zusammenhang wieder berührten schon vielfach ventilirten Streitfrage beschäftigen, ob beim sog. Miteigenthum die Getheiltheit auf die Sache zu beziehen ist oder, wie man neuerdings regelmässig angenommen hat, auf das Recht, den Rechtsinhalt[3]), oder ob endlich, wie Windscheid[4]) und neuestens Steinlechner[5]) ausgeführt haben, nur der wirthschaftliche Nutzen der Sache als getheilt anzusehen ist.

Die Gründe, die Eck gegen Windscheid und für die herrschende Ansicht anführt, haben mich keineswegs überzeugt. Ich meine indess, alle drei Ansichten kranken wieder an der Sucht unserer Theoretiker Fictionen aufzustellen. Praktisch existirt offenbar ein Ungetheiltes, da fingirt man rechtlich eine Theilung, die in Wahrheit nicht vorhanden ist, und es muss jede dieser Fictionen nothwendig etwas Schiefes haben. Wahr ist nur, dass die Rechtsordnung die Gemeinschaft nicht zu verewigen strebt und deshalb auf Antrag jedes Interessenten, falls die *lex contractus* nicht widerspricht, ihren Arm zur Theilung leihen will. Aber deshalb ist keine Obligation auf Auseinandersetzung anzuerkennen, sondern nur von einer solchen auf das Gegentheil könnte man geeignetenfalls reden. Die speciellen Verhältnisse, in denen die Rechtsordnung die einzelnen Miteigenthümer in Betreff der ungetheilten Sache schützt, so lange die Gemeinschaft besteht, ergeben sich lediglich aus der *lex contractus*, nicht aus der Natur des Miteigenthums, und bis zur *adjudicatio* zeigt sich dies Verhältniss, abgesehen von solchen besonderen Ausnahmebestim-

---

1) Conf. loc. cit. S. 148.

2) Conf. loc. cit. S. 92 ff.

3) Randa, der Besitz nach östr. R. 2. Aufl. S. 372 Anm. 15, nennt es die im Rechte enthaltenen Befugnisse, das Dispositionsrecht bezüglich des Ganzen und die Ausübung desselben.

4) Conf. Lehrbuch des Pandektenrechts Bd. I. § 142 Anm. 10 und 11 und § 169a.

5) Das Wesen der *juris communio* S. 111 ff.

mungen, als ein Ungetheiltes sowohl Dritten gegenüber als für die einzelnen Miteigenthümer, und zwar sowohl im römischen als im heutigen Recht [1]). Insofern aber die *actio communi dividundo* in ihrer späteren Entwicklung auch zur Regulirung des Verhältnisses der Miteigenthümer beim Fortbestehen der Gemeinschaft gebraucht wird, und der Richter hier die *lex contractus* zur Anwendung bringt, erscheint sie nicht als Theilungsklage, und die richterliche Entscheidung ist keine *adjudicatio*. Dies namentlich gegen Eck [2]), der übrigens S. 140 selbst zu einer ähnlichen Scheidung geführt wird. In der *adjudicatio* stellt also der Richter lediglich die Grundsätze auf, nach denen die Theilung der ungetheilten Sache, des ungetheilten Nachlasses erfolgen soll, und wirkt damit nur indirect auf die Ausführung der Theilung hin. Und dies Resultat der Theilungsklage hat offenbar Aehnlichkeit mit der *pronuntiatio* der Besitzklage, insofern hier wie dort der Richter sich auch im Urtheil noch an beide Partheien wendet, m. a. W. beide Entscheidungen Auseinandersetzungsurtheile sind [3]).

Und wie aus der Uebereinstimmung der *pronuntiatio* unsers Interdicts und der *adjudicatio* der Theilungsklagen so lässt sich auch aus den Verschiedenheiten Beider die wahre Natur unsrer Klage erkennen.

Durch die Theilungsklage wird dem Praetor ein gemeinsames thatsächliches Verhältniss Mehrerer zu einer bestimmten Sache oder zu einer Sachgesammtheit unterbreitet, damit er einzelne thatsächliche Verhältnisse der einzelnen Theilungsinteressenten zu einzelnen Theilen der Sache bezw. der Sachgesammtheit an der Hand bestimmter Principien so zu sagen aus der Mischung herausfinden möchte. Die Partheien verlangen keinen Schutz für bestehende thatsächliche Verhältnisse, sondern sie verlangen, dass der Praetor solche Verhältnisse erst constituirt. Die Besitzklage ist zwar gleichfalls nicht auf die Erhaltung des bestehenden thatsächlichen Verhältnisses der Partheien zur Sache gerichtet. An Stelle des unklaren gemischten Verhältnisses Beider erstrebt sie vielmehr die Anerkennung eines klaren thatsächlichen Verhältnisses Eines von Beiden zur Sache Seitens der

---

1) Conf. Bolze, der Begriff der juristischen Person S. 61.

2) Conf. loc. cit. S. 99 ff.

3) Das Urtheil im Ehescheidungsprocess, welches Eck in diesem Zusammenhang heranzieht, um zu beweisen, dass in der auseinandersetzenden Thätigkeit keine Besonderheit eines Urtheils liege, gehört nur insofern hierher, als es sich dabei um ein thatsächliches ungetheiltes Verhältniss, z. B. das Verhältniss der Ehegatten in Bezug auf das ungetrennte Vermögen, handelt, und ist insofern als Urtheil im Theilungsprocess anzusehen.

Rechtsordnung. Aber bei ihr, und das unterscheidet sie wesentlich von der Theilungsklage, collidirt das Herrschaftsverhältniss Beider[1]) und ist so, wie es auftritt, unvereinbar, ein Kriegszustand. Und deshalb richtet sich die Entscheidung nicht darauf, inwiefern ein thatsächliches Verhältniss des A und des B zur Sache anzuerkennen ist, deshalb ist das Resultat der Klage kein Schutz, den die Rechtsordnung A und B verheisst, sondern die Entscheidung geht bei ihr stets dahin, dass A oder B als alleiniger *possessor* angesehen werde. Und wo diese Lösung nicht möglich ist, weil die Mischung in Wahrheit ein gemeinsames Verhältniss ist, da siegt Keiner von Beiden[2]), und zwar, weil es im Interdictenprocess nur zur *pronuntiatio* nicht zur *adjudicatio* kommen konnte. Das ist der Grund, weshalb wir im § 20 J. 4. 6 das Interdict nicht berücksichtigt finden.

Die vorstehende Betrachtung der *pronuntiatio* als des alleinigen Resultats unsrer Besitzklage ergiebt nichts von einer Verurtheilung des Besiegten zur Anerkennung seines Gegners als des gegenwärtigen Besitzers, und ich weiss in der That nicht, was die Neueren darunter verstehen wollen. Auf die Bedeutungslosigkeit des entsprechenden Antrags bei der Eigenthumsklage hat Schlossmann[3]) bereits hingewiesen, und dieselben Bedenken traten mir bei einer Untersuchung über die Negatorienklage in Betreff des gleichlautenden Petitums dieser Klage entgegen, wie sie denn auch bereits in der Praxis ihren Ausdruck gefunden haben, wenn in einem neueren Urtheil des Oberappellationsgerichts Jena[4]) ausgeführt wird, dass Kläger kein Interesse daran haben könne, dass die dreizehnjährige Nachbarstochter, die beim Schafhüten seine Wiese betreten hat, zur Anerkennung seines Eigenthums verurtheilt werde.

Versteht man unter jener Anerkennung im Besitzprocess nichts Anderes als die Erklärung des Besiegten, dass die Entscheidung, die zu Gunsten des Gegners ausgefallen ist, von ihm als richtig anerkannt werde, so würde darin m. E. nicht nur eine zwecklose und in den Quellen durch nichts angedeutete Komödie liegen, sondern Siegel[5]) hat sehr Recht, wenn er ein Urtheil geradezu als widersinnig bezeichnet, welches darauf ausgeht, zu zeigen, was Rechtens

---

1) Conf. Bruns, das Recht des Besitzes im Mittelalter etc. S. 54.

2) Conf. l. 3 pr. D. 43. 17.

3) Conf. Der Vertrag § 33.

4) Conf. Seuff., Arch. Bd. XXXI Nr. 115.

5) Conf. Die Gefahr im Gericht und im Rechtsgang. Sitzungsberichte der kaiserlichen Akademie in Wien 1865 Bd. 51 S. 148.

sei, und dann doch von der abgewiesenen Parthei noch verlangt, dass sie einen Anspruch ausdrücklich aufgebe, von dem bereits entschieden ist, dass sie ihn nicht hat.

Ob die *pronuntiatio*, wie Siegel in diesem Zusammenhang von dem Urtheil der Schöffen als der Schaffenden hervorhebt, constitutiver oder ob sie declaratorischer Natur ist[1]), will ich hier noch nicht erörtern, hebe nur hervor, dass die bisherige Untersuchung nichts dafür ergeben hat, dass der im Urtheil erfolgte Ausspruch, dass A von der Rechtsordnung als *possessor* im Verhältniss zu B angesehen werde, den Römern nicht genügt hätte, und dass der Verlauf unsers Besitzprocesses, soweit wir ihn bisher kennen gelernt haben, nicht dafür spricht, dass A damit etwa als Inhaber eines Rechtes, welches auch von Seiten des Gegners ausdrücklich hätte anerkannt werden müssen, hingestellt worden wäre.

Die Grenzen, die ich mir für die Untersuchung gesteckt habe, überheben mich der Aufgabe, das gewonnene Resultat mit dem Resultat unserer modernen Anerkennungs- und Feststellungsklagen zu vergleichen, eine Aufgabe, auf deren Lösung ich um so lieber verzichte, als über das Resultat dieser Klagen noch der lebhafteste Streit herrscht[2]), und selbst über die Gleichartigkeit oder wesentliche Verschiedenheit beider Klagkategorien die Meinungen sehr auseinandergehen[3]).

---

1) Conf. Degenkolb, Einlassungszwang und Urtheilsnorm S. 155 und 159 ff.

2) Conf. Degenkolb loc. cit. S. 131 ff.

3) Conf. Degenkolb loc. cit. S. 168 ff. contr. Leonhard, *de natura actionis, quae praejudicialis vocatur* S. 17 ff.

Viertes Capitel.

Das doppelseitige Verfahren und die recuperatorische Natur der Klage.

Ich wende mich nun zur Betrachtung der Art und Weise, wie das Urtheil gewonnen wird, zur Betrachtung des Verfahrens und erörtere zunächst, weshalb unsere Klage in den Quellen als *interdictum duplex*[1]) bezeichnet wird.

Ich halte es trotz der Deductionen Krügers[2]) für denkbar, ja im Zusammenhang mit der analogen Definition der *simplicia interdicta* bei Gajus IV § 159 für nicht unwahrscheinlich, dass Gajus im § 160 noch an den Moment zwischen dem Erlass des Interdicts und der processualischen Benutzung desselben denkt, dass er, so zu sagen, die Frage erörtern will, welche Waffen durch das Interdict den im Streit über den Besitz einer Sache Begriffenen vom Praetor gegeben sind. Gajus würde dann hier nur aussprechen, dass mit der Ertheilung des Interdicts die Rollen nicht etwa schon in der gewöhnlichen Weise an beide im Interdict bezeichnete Personen vertheilt worden seien, sondern dass es jeder von Beiden noch in der Hand gehabt habe, die Rolle des Klägers oder die des Beklagten zu übernehmen. Es entspricht das im Wesentlichen der Auffassung Ecks[3]), dass durch die *interdicta duplicia* jedem von beiden Theilen die Möglichkeit eröffnet sei, eine Klage anzustellen[4]), während Krüger die Duplicität der Klage dahin präcisirt, dass im eigentlichen

1) Conf. l. 3 § 1 D. 43. 17.
2) Conf. Kritische Versuche S. 89 ff.
3) Conf. doppelseitige Klagen S. 150.
4) Conf. Schmidt, Interdictenverfahren etc. S. 184.

Interdictenverfahren bezw. in dem unsrer Besitzklage folgenden Verfahren jede Parthei gleichzeitig als Kläger und als Beklagter anzusehen ist.

Auch im § 7 J. 4. 15, der nichts als eine wörtliche Wiedergabe der Stelle bei Gajus enthält, nur dass an Stelle des Interdicts die *actio ex causa interdicti* getreten ist, möchte ich noch keinen sicheren Beleg für die Krüger'sche Ansicht erblicken, da es wohl denkbar ist, dass bei Aufnahme dieser Stelle in die Institutionen die veränderte Sachlage nicht genügend Berücksichtigung gefunden hat, und der Aeusserung um deswillen hier am Ende keine andere Bedeutung als im Original beizulegen ist. Und doch halte ich entschieden die Krüger'sche und nicht die Eck'sche Auffassung in Betreff der Duplicität unsrer Klage für die richtige.

Die im dritten Capitel hervorgehobene Aehnlichkeit unserer Klage und der Theilungsklagen und namentlich die diesen Klagen gemeinsame Bezeichnung *mixtae actiones* in l. 37 § 1 D. 44. 7 führt zu einem greifbaren Resultat in Betreff des Begriffs der Duplicität. Diesen *mixtae actiones* folgt ein Verfahren, in dem Jeder von Beiden *actor* ist, in dem Beide, wie die l. 10 D. 10. 1 es ausspricht, ein doppeltes Recht haben, nämlich das des Klägers, sowie das Recht dessen, gegen den geklagt wird. Die drei sogenannten Theilungsklagen zeigen sich, wie wir sahen, insofern als ein eigenartiges processualisches Gebilde, als, während sich das thatsächliche Verhältniss der Partheien zur Sache beim Eintritt in den Process als ein gemeinsames darstellt, der Richter im Lauf des Processes neue getrennte Verhältnisse der Einzelnen zu den einzelnen Theilen des gemeinsam besessenen Grundstücks, zu den einzelnen Theilen des Nachlasses, zu der bisher in Gemeinschaft besessenen Sache findet und dann erklärt, dass er in Zukunft nicht mehr dem bestehenden gemeinsamen, sondern diesen neu zu begründenden Verhältnissen seinen Schutz zu Theil werden lasse.

Jeder ist in dem diesen Klagen folgenden Verfahren *actor*, denn Jeder beansprucht in einem thatsächlichen Verhältniss zur Sache geschützt zu werden, und die *actiones* sind *mixtae*, denn die Gegenstände, auf die die Anträge der Partheien gerichtet sind, befinden sich noch, so zu sagen, in ungetrennter Mischung. Jeder hat augenblicklich Etwas, was der Andere begehrt, und Jeder begehrt Etwas, was der Andere augenblicklich hat.

Durchaus ähnlich liegt das Verhältniss bei unserer Besitzklage. Wir sahen im zweiten Capitel, dass zu ihrer Anwendung eine

Besitzverwirrung, eine Collision des Herrschaftsverhältnisses Zweier und insofern ein gleichzeitiges thatsächliches Verhältniss Beider in Betreff ein und derselben Sache vorausgesetzt wird. Jeder beansprucht zwar, durch das Interdict den Schutz der Rechtsordnung für die alleinige Herrschaft in Betreff der Sache zu erlangen, und die Entscheidung geht dahin, dass A, oder dass B derjenige sei, dem der Praetor Schutz für sein Verhältniss zur Sache verheisst; insofern weicht also das Resultat unsrer Klage von dem der Theilungsklagen ab. Aber während des Verfahrens und vor der Entscheidung lässt sich doch nicht sagen, wer in Wahrheit der Angreifer und wer der Vertheidiger ist[1]), und bei näherer Betrachtung des Machtverhältnisses, welches dem *judex* zur Entscheidung unterbreitet wird, werden sogar häufig einzelne Momente unterschieden werden können, in denen sich A als Herrscher zeigt und B als der angegriffene Theil, und andere, in denen das umgekehrte Verhältniss Platz greift; m. a. W. das Verhältniss zeigt deutlich, dass Angriff und Vertheidigung nicht nach den Partheirollen gesondert auftritt, sondern jede Parthei greift an und jede vertheidigt.

Und es ist auch nicht richtig, dass das Resultat des Interdictenverfahrens alle Mal Einen von Beiden als Sieger aus dem Process hervorgehen lässt. Es ist der Fall sehr wohl denkbar, dass, so lange nur der Besitz in Frage steht, gerade das gemeinsame Verhältniss von der Rechtsordnung als dasjenige anerkannt wird, dem sie ihren Schutz zukommen lassen will, und dann siegt Keiner von Beiden[2]).

Kann es danach noch zweifelhaft sein, weshalb wir unser Interdict und die Theilungsklagen in so engen Zusammenhang gesetzt sehen, und weshalb beide Klagarten in der Justinianischen Codification als *mixtae actiones* bezeichnet werden? M. E. liegt der Grund dafür in der Duplicität des Verfahrens bei Beiden und in dem Umstand, dass hier wie dort beide Partheien wie im alten Vindicationsverfahren, Jeder den Sklaven gleichsam am Ohre zerrend, ihn dem Praetor vorführen.

Unter diesem Gesichtspunkt findet auch die l. 1 § 1 D. 43. 1[3]) eine einfache Erklärung[4]). Denn unser Interdict ist allerdings ein

---

1) Conf. Savigny, Besitz 7. Aufl. S. 434 Anm. 1.

2) Conf. l. 3 pr. D. 43. 17.

3) *Interdictorum autem tres species sunt, exhibitoria, prohibitoria, restitutoria: sunt tamen quaedam interdicta et mixta, quae et prohibitoria sunt et exhibitoria.*

4) Man hat mit dieser Stelle häufig nichts anzufangen gewusst und deshalb einerseits (conf. *Schulting et Smallenberg notae ad digesta ad* h. l.), das „*prohibi-*

solches *interdictum mixtum*, bei dem Abwehr und Angriff in einer Partheirolle zusammentrifft.

Es entsteht nun aber die zweite Frage, ob unser Interdict in jedem Falle ein *interdictum duplex* in diesem Sinne zu nennen sei, oder ob daneben auch Fälle vorkommen, in denen es nur als *interdictum simplex* auftritt, weil der einseitig den Besitz des Andern Störende selbst keinen Besitz in Anspruch nimmt, und demnach in solchem Fall auf seiner Seite von einer Abwehr ebensowenig die Rede sein kann als auf Seiten des Gestörten von einem Angriff. Für die letztere Ansicht spricht sich unter Andern Witte[1]), ferner Bruns, auch Windscheid[2]), und namentlich neuerdings Eck[3]) aus. Der Letztere will sich für die Möglichkeit einer einseitigen Fassung des Interdicts auch auf die l. 1 § 5 D. 43. 17 stützen[4]). Wir sahen indess bereits, dass die Inanspruchnahme des Besitzes auf beiden Seiten die nothwendige Voraussetzung unsrer Klage ist, oder, wie Brinz[5]) es ausdrückt, dass die Duplicität des Verbotes in der Formel auf eine Duplicität der Gefährde schliessen lässt, und daraus wieder der Schluss auf eine Duplicität der Besitzesbehauptung zu ziehen ist, und ich brauche die Gründe nicht nochmals zu entwickeln, weshalb m. E. unsere Interdictenklage in den Fällen, in denen sie angeblich als *simplex interdictum* auftreten soll, der Begründung entbehrt.

So hat denn auch Savigny, indem er entschieden bestreitet, dass das Interdict eine ganz andere Natur annehme, je nachdem es zur Vorbereitung der Vindication oder zu anderen Zwecken gebraucht wird[6]), die Duplicität des Interdicts als regelmässige ausnahmslose Eigenschaft desselben durchaus anerkannt. Er hebt hervor, dass beide Partheien im Process gleiche Rechte haben und nicht wie bei den meisten Klagen durch bestimmte Functionen einander entgegengesetzt seien. Aber nun kann er sich doch nicht von dem Gedanken losmachen, den ich im vorigen Capitel zurückzuweisen suchte. Er hält es für die wichtigste Folge der Duplicität unsrer Klage, dass der

---

toria sunt et exhibitoria" in „*prohibitoria sunt et restitutoria*" verändert, andrerseits (conf. Schmidt, Interdictenverfahren S. 74), gerathen, die Stelle, weil sie offenbar etwas Thörichtes enthalte, gar nicht weiter zu berücksichtigen.

1) Conf. *int. uti poss.* S. 98 ff.

2) Conf. Lehrbuch des Pandektenrechts Bd. I. S. 490.

3) Conf. doppelseitige Klagen S. 150.

4) Conf. loc. cit. S. 31.

5) Conf. Pandecten Bd. I S. 734 ff.

6) Conf. Besitz S. 394 Anm. 1.

Kläger ebensowohl als der Beklagte condemnirt werden könne, und stellt dann zwei Fälle auf, in denen eine Condemnation des Klägers stattfinde, nämlich erstens, wenn nicht der Kläger sondern der Beklagte in der That den Besitz hat, in welchem Fall Beklagter den Process gewinnen soll, wie wenn er selbst als Kläger aufgetreten wäre, und zweitens, wenn der Kläger zwar den Besitz hat, aber der Beklagte Exceptionen geltend macht, in welchem Fall Kläger den Process verlieren, und dem Beklagten, obwohl er nicht als Kläger auftreten kann, doch der Besitz zugesprochen werden soll[1]).

Dass uns diese Auffassung nicht befriedigen kann, ist klar. Sieht doch Savigny in dem letzten Falle selbst eine Inconsequenz, die er dann damit entschuldigen will, dass es nicht das Resultat eines Richterspruchs sein könne, dass garnicht über den Besitz entschieden und damit jedem Theil erlaubt werde, dem Andern nach Belieben Gewalt anzuthun, während in l. 3 pr. D. 43. 17, wie wir sahen, dies unter Umständen allerdings als Resultat unserer Klage bezeichnet wird[2]). Und giebt doch Savigny selbst zu, dass der Nichtbesitzer in jenem Fall richtiger gehandelt hätte, wenn er mit dem *int. de vi* sich den verlorenen Besitz wiederverschafft hätte, und selbstverständlich dann auch, wie ich hinzufügen möchte, der Besitzer richtiger, wenn er sich nicht durch Anstellung des *int. uti poss.* in die Gefahr begeben hätte, auf diesem Wege ohne Zuthun des Gegners seinen Besitz zu verlieren. Am Wenigsten können wir uns damit einverstanden erklären, dass ein und dieselbe Sachlage zu einem ganz verschiedenen Erfolg, nämlich das eine Mal Abweisung der Klage und das andere Mal Verurtheilung des Klägers, führen soll, je nachdem A oder B als Kläger auftritt. Aber auch der erste Fall dürfte so, wie ihn Savigny hinstellt, gleichfalls Bedenken erregen. Denn es bleibt doch ein wunderbares Resultat, dass der Eine, der nichts als die Anerkennung als Besitzer verlangt hat, damit erreicht, dass der Andere, der die Anerkennung als Besitzer überall nicht verlangt hat, trotzdem als solcher anerkannt wird.

Und doch trotz all' dieser Bedenken, die Savignys Ansicht schon auf den ersten Blick entgegenstehen, ist sie sowohl von Puchta[3]) als

---

1) Conf. loc. cit. S. 403 ff.

2) Conf. Urtheil des O.A.G. Celle bei Seuff., Bd. XIII Nr. 97.

3) Conf. Pandecten S. 202 und Cursus der Institutionen, Bd. II S. 454.

von Arndts[1]) durchaus acceptirt und immer noch als die herrschende zu bezeichnen.

Ich brauche nach den Ausführungen im dritten Capitel wohl kaum besonders hervorzuheben, worin m. E. der Fehler steckt, dass es eine Inconsequenz ist, wenn Savigny von den Partheien sagt, sie seien nicht durch bestimmte Functionen einander entgegengesetzt, und dann doch bis zur Entscheidung die Rolle des Klägers und die des Beklagten als solche fortbestehen lässt, wenn er sich nicht von dem Gedanken freimachen kann, dass den, der zuerst vor dem Richter aufgetreten ist[2]), als Kläger die Beweislast treffe, eine Behauptung, die sich auch in Betreff der Theilungsklagen keineswegs in l. 2 § 1 D. 10. 3 und l. 13 D. 5. 1 ausgesprochen findet, und wenn er vom Haben des Besitzes Seitens des Einen oder des Andern vor der Entscheidung, ja vor dem Beginn des Processes und von einer Condemnation des Einen oder des Andern, die auf den Verlust des Besitzes gerichtet ist, spricht.

Wir haben gesehen, dass die Rechtsordnung in diesem Verfahren nicht etwa ein Verhältniss, wie es war, sondern wie es ist, feststellen will, dass sie lediglich die Frage beantwortet, wer ist heute als Besitzer anzusehen und demgemäss zu schützen, und weil das im ersten wie im zweiten Fall derjenige ist, den Savigny als den Beklagten bezeichnet, fällt die Entscheidung zu seinen Gunsten aus.

Schon Vangerow[3]) hat mit Recht darauf aufmerksam gemacht, dass, falls Savignys Ansicht richtig sei, die vom Richter zu entscheidende Frage so zu fassen sein würde: Besitzt der Kläger, und, wenn er besitzt, hat er diesen Besitz nicht *vi*, *clam* oder *precario* vom Beklagten erworben? Und doch sei die Frage allgemeiner dahin formulirt, *uter eorum possiderit*, und es werde dann dem der Sieg zuerkannt, *qui nec vi nec clam nec precario ab adversario possideat.*

Und das führt dann Vangerow, um die Duplicität nicht zur Illusion werden zu lassen, zu dem Resultat, dass nicht nur der, welcher zur Zeit der Anstellung des Interdicts wirklich noch den Besitz hat, wirksam mit einem *int. uti poss.* auftreten könne, sondern auch der, dem der Besitz vom Beklagten auf vitiöse Weise entzogen worden sei.

Auch Vangerow macht sich damit noch nicht von der Auffassung frei, dass schon bei Anstellung der Klage der Eine als

---

1) Conf. Pandecten S. 265.
2) Conf. loc. cit. S. 405.
3) Conf. Pandecten Bd. I S. 676.

Besitzer der Andere als Nichtbesitzer anzusehen sei, aber er lässt sich durch diese Anschauung doch nicht verleiten, den Römern zuzumuthen, dass sie mit unserm *duplex interdictum* ein principloses processualisches Gebilde geschaffen hätten.

Immerhin aber sind es zwei Bedenken gegen die consequente Durchführung der Duplicität des Verfahrens, über die auch Vangerow kaum hinwegkommen kann, und die auch den neuesten Bearbeitern unsrer Frage noch immer am Meisten zu schaffen machen, nämlich einmal, dass unsere Klage als *interdictum retinendae possessionis* solcher durchgeführten Doppelseitigkeit des Verfahrens zu widerstreben scheint, und sodann, dass dadurch eine ganz überflüssige und unzulässige Concurrenz der *interdicta retinendae* und der *interdicta recuperandae possessionis* zu entstehen scheint.

Es wird meine Aufgabe sein, diese Bedenken nunmehr nach einander einer eingehenden Prüfung zu unterziehen.

Wenn Gajus unser Interdict als *int. ret. poss.* bezeichnet, so scheint es allerdings so, als wären damit bereits die Rollen an die im Interdictenverfahren einander Gegenüberstehenden in der Weise vertheilt, dass der Eine angreift, und der Andere diesen Angriff abzuwehren sucht, indem er sich im Besitz behauptet, und diese Anschauung gewinnt noch an Wahrscheinlichkeit, wenn wir dem gegenüber das restitutorische *interdictum de vi* betrachten, wie es die herrschende Ansicht auffasst, wo die Rollen des Angriffs und der Vertheidigung umgekehrt zur Vertheilung gekommen sein sollen.

Halten wir uns an die Ausdrücke, dann scheint es allerdings so, als sei die einseitige Störung, die A dem Besitz des B zufügt, die einzige Voraussetzung für die Anstellung des *int. uti poss.* von Seiten des B, und die Zurückweisung dieser Störung auch der einzige Zweck desselben, wie andrerseits der einzige Zweck des *int. de vi* in dem Wiederverdrängen des A und in dem Wiedererlangen eines bereits aufgegebenen Besitzverhältnisses Seitens des B zu liegen scheint. Und so fasst in der That die herrschende Ansicht das Verhältniss beider Klagen auf

Und doch stellt man andrerseits namentlich in der neueren Theorie nicht in Abrede, dass dies Verhältniss sich in den Fällen unsers Interdicts, wo der Gegner *vi, clam* oder *precario ab adversario* besitzt, also den Fällen der sog. *exceptio vitiosa*, durchaus anders gestaltet, dass hier die Rollen des Angriffs und der Vertheidigung zwischen den Partheien offenbar umgekehrt vertheilt sind, und man sieht sich zu der Erklärung gedrängt, dass hier nicht die Erhaltung sondern das Wiedererlangen des Besitzes der Zweck unsers Interdicts sei, m. a. W. dass in diesen Fällen dem *int. uti poss.* eine recuperatorische Natur innewohne. Für diese recuperatorische Natur unsers Interdicts ist bereits Thibaut[1]) aufs Entschiedenste eingetreten, nur dass bei ihm der Ausdruck „älterer besserer Besitz" sich findet, und damit der Ausgangspunkt für diejenige Lehre gewonnen ist, die nachher namentlich durch Delbrück[2]) und Ziebarth[3]) ausgebildet ist, uns aber vom römischen Recht weit abführt.

Auch Keller[4]) vertritt gegen Savigny die Ansicht, dass das *int. uti poss.* auch für den Kläger die Wirkung eines *int. recup. poss.* erhalten könne, und, indem er die Worte des Interdicts bei Festus *s. v. possessio* dahin wiedergiebt, „Wie ihr, (der Eine oder der Andere), dieses Grundstück, abgerechnet Alles, was sich *vi*, *clam* oder *precario* unter Euch gemacht hat, besitzet, so sollt ihr es ferner behaupten und einander in diesem Besitz nicht stören", meint er, dass die Duplicität des Interdicts es den Partheien verbiete, überhaupt durch den Namen Kläger und Beklagter sich von einander unterscheiden zu wollen.

In diesem Zusammenhang verweise ich auch auf Rudorff[5]), der die Ansicht Kellers als kaum bestreitbar ansieht, und auf Bruns[6]), der die Verurtheilung des fehlerhaften Besitzers zur Restitution des Besitzes um der l. 3 pr. D. 43. 17 und Gaj. IV § 166—168 willen für zweifellos hält.

Besonders warm hat sich ferner für die recuperatorische Natur des Interdicts Witte[7]) ausgesprochen. Er hat die ältere Litteratur über unsere Frage eingehend erörtert, und ich brauche seine Gründe, soweit ich mich mit ihnen einverstanden erklären kann, hier nicht zu wiederholen.

Die Form, in der Baron[8]) für sie eintritt, dürfte kaum zur Klarstellung der Sache beitragen, und bei v. Liebe[9]) findet sich auch nur der entscheidende Theil ohne die Gründe.

---

1) Conf. Pandecten Bd. I S. 239.

2) Conf. die dingliche Klage des Deutschen Rechts 1857.

3) Conf. die Realexecution und die Obligation 1866.

4) Conf. Zeitschr. f. C.R. und Proc. Bd. XI S. 321 ff.

5) Conf. Zeitschr. f. C.R. und Proc. Bd. XI S. 336 und im Anhang zu Savigny, Besitz 7. Aufl. Nr. 137 S. 697.

6) Conf. das Recht des Besitzes im Mittelalter S. 58.

7) Conf. d. *Int. uti poss.* S. 60—87.

8) Conf. Pandecten S. 256.

9) Conf. der Besitz ein Recht *in thesi* S. 165 ff.

Auch Krüger[1]) spricht sich neuerdings für die recuperatorische Natur des Interdicts aus, indem er von der Ansicht ausgeht, dass im *int. uti poss.* der ganze gegenseitige Besitzstand der Partheien in den Process eingeführt sei, und dann ferner annimmt, dass, um den Zweck des Besitzprocesses, die Regulirung des Besitzstandes zu erreichen, in solchen Fällen, wo Jemand *vi*, *clam* oder *precario ab adversario* besitzt, zu Gunsten des Nichtbesitzers entschieden werde, als bestände der unrechtmässiger Weise entzogene Besitz noch fort.

Eck tritt als Verfechter der recuperatorischen Natur unsrer Klage nur für die vorjustinianische Zeit auf und weist ihr nur eine sehr beschränkte Ausdehnung zu[2]). Ob man endlich Bekker zu ihren Verfechtern oder Gegnern zählen soll, ist bei den offenbaren Widersprüchen, in die er sich bei Behandlung dieser Frage verwickelt[3]), nicht zu entscheiden.

Diesen immerhin nicht sehr kräftigen Versuchen[4]), die recuperatorische Natur des Interdicts zu vertheidigen, stehen nun aber noch bis in die neueste Zeit hinein einerseits diejenigen gegenüber, die, wenngleich sie die von Vangerow aufgestellten Resultate unsrer Klage nicht geradezu leugnen wollen, darin doch nichts als eine Singularität, eine Inconsequenz, erblicken, wie Sintenis[5]), oder sich gar nicht entscheiden wollen, wie Brinz[6]), und andrerseits die, welche wenigstens für das römische Recht jede recuperatorische Tendenz unsrer Klage bestreiten, wie neuerdings Bruns[7]), Meischeider[8]) und Windscheid[9]).

Unschwer wird man über die Bedenken hinwegkommen, die Brinz aus Gaj. IV § 150 und § 4 J. 4. 15 gegen die recuperatorische Natur unsrer Klage entnimmt. Denn wenn man nur daran festhält, dass die Voraussetzung des *interdictum redditum* ein Verhältniss Zweier zur Sache ist, und dass das Interdict den Besitzesschutz erst schafft,

1) Conf. Kritische Versuche S. 93.

2) Conf. doppelseitige Klagen S. 49 ff., dagegen für das justinianische Verfahren loc. cit. S. 65 ff.

3) Conf. Recht des Besitzes S. 141 einerseits und S. 256 und 257 sowie S. 284 andrerseits.

4) Rudorff ist zwischendurch einmal wieder wankend geworden in seiner Ansicht, vgl. Anhang zu Savigny, Besitz loc. cit., und Bruns hat sie, wie wir sehen werden, später ganz aufgegeben.

5) Conf. das gem. Civilrecht Bd. I S. 467.

6) Conf. Pandecten Bd. I S. 743.

7) Conf. Jahrb. d. gem. R. Bd. IV S. 44 ff.

8) Conf. Besitz und Besitzesschutz S. 91 ff.

9) Conf. Lehrbuch des Pandektenrechts Bd. I S. 490.

dass damit der Besitz als ein zu schützendes thatsächliches Verhältniss zur Sache vom Praetor erst anerkannt wird, so kann das *qui possideat* bei Gajus nichts Anderes bedeuten als, wer im Augenblick des Erlasses des Interdicts in einem derartigen thatsächlichen Verhältniss zur Sache steht, ohne dass er *vi, clam* oder *precario ab adversario* in dies Verhältniss gekommen ist. Und in der Institutionenstelle finde ich nur eine weitere Ausdehnung der recuperatorischen Natur des Interdicts, entsprechend der Verallgemeinerung, die das im Interdict vom Praetor aufgestellte Princip allmählich gefunden hatte, wenn es dort heisst, dass der, welcher zu irgend einer Zeit nicht *vi, clam* oder *precario ab adversario* in ein solches thatsächliches Verhältniss gekommen ist, *potior*, d. h. Sieger, sein soll, falls er für dieses Verhältniss Schutz erbittet, weil es ihm der Gegner streitig macht oder ihn bereits *vi, clam* oder *precario* daraus verdrängt hat. Auch der Zusatz *hodie tamen aliter observatur; nam utriusque interdicti potestas quantum ad possessionem pertinet exaequata est, ut ille vincat et in re soli et in re mobili, qui possessionem nec vi nec clam nec precario ab adversario litis contestationis tempore detinet* spricht nicht gegen diese Auffassung, denn damit wird keineswegs, wie Eck[1]) annimmt, die Detention im Augenblick der Klaganstellung überall als das Entscheidende hingestellt. Würde doch sonst offenbar ein Rückschritt im Besitzesschutz gemacht sein, was nach Ansicht des § 8 desselben Institutionentitels garnicht angenommen werden darf. Nein, der Ausdruck „*possessionem detinet*" ist offenbar nur um des früheren Gegensatzes zwischen *int. uti poss.* und *utrubi* willen gewählt, den Justinian als beseitigt bezeichnen will, und bedeutet, wie auch der § 5 J. 4. 15 eingehend an Beispielen entwickelt, nichts Anderes als Besitzer sein, d. h. in ein Verhältniss getreten sein, welches der Praetor im Allgemeinen als Besitz zu schützen versprochen hat.

Ganz ohne Bedeutung erscheint mir Meischeiders Angriff gegen Witte in dieser Frage, und namentlich seine Verwerthung der l. 1 § 9 D. 43. 17 gegen die recuperatorische Natur der Klage, wenn er in dieser Stelle ausgesprochen sieht, dass die *possessio vitiosa* nicht gegen Besitzstörungen, die von früheren Besitzern, sondern nur gegen solche, die von Dritten ausgehen, geschützt werde. Auch die processualischen Unzuträglichkeiten, die Bruns[2]) gegen Vangerow geltend macht, verschwinden, wenn wir bedenken, dass bei einer

---

[1]) Conf. doppelseitige Klagen S. 66.
[2]) Conf. loc. cit.

doppelseitigen Klage in dem von mir angenommenen Sinne von einer *exceptio* und *replicatio vis* eigentlich gar nicht die Rede sein kann, und deshalb der sog. Kläger auch ohne die von Bruns als Einrede bezeichnete Behauptung des Beklagten, er besitze, zu der Behauptung zugelassen werden muss, der Beklagte besitze in Folge einer gegen ihn ausgeübten Gewalt, folglich besitze er selber[1]). Und so sieht sich denn auch Bruns selber[2]) dazu gedrängt, im heutigen Recht die recuperatorische Natur des Interdicts, die er als das Praktischere erkennt, anzunehmen, indem er seine eigene Anschauung in Betreff des Justinianischen Rechts als einen argen Formalismus bezeichnet, auch besonders darin eine unpraktische Consequenz dieser Anschauung erblickt, dass, falls A den B mit dem *int. uti poss.* belangt, und B beweist, dass er A dejicirt habe, der Kläger den Process verliert, weil ihm noch grösseres Unrecht zugefügt ist, als er selber glaubte und behauptete[3]). Er hebt ferner gewiss mit Recht hervor, dass die Grenzbestimmung zwischen Turbation und Dejection des Besitzers unbestimmt bleibt[4]), und dass es oft von dem *animus* des Besitzers abhängt, ob er sich als dejicirt oder nur als gestört ansehen will, namentlich da, wo der Besitz in einer wiederholten Ausübung einzelner Besitzhandlungen besteht, wie bei Wäldern, Wiesen etc., oder wenn sich der Gegner von einem grösseren vom Andern besessenen Grundstück nur einen kleinen Theil anmasst, und weist endlich auf die praktische Form des *possessorium* in der Preuss. Gerichtsordnung[5]) hin und räth geradezu[6]), unbekümmert um seine gegentheilige Ansicht in Betreff des römischen Rechts diese Form anzuwenden, indem man den Besitz des Dejicienten dem Dejicirten gegenüber rechtlich nicht achten solle.

Fragen wir nun, was Bruns in Wahrheit abhielt, die als richtiger erkannte Anschauung auch im römischen Recht wiederzufinden, und

---

1) Conf. Witte *int. uti poss.* S. 76.

2) Conf. loc. cit. S. 66.

3) Conf. loc. cit. S. 49.

4) Conf. Seuff., Arch. Bd. IX Nr. 158 eine Entscheidung des O. A. Gerichts Celle, wo umgekehrt das *int. de. vi* als unsubstanziirt verworfen wird, weil der Kläger noch nicht völlig dejicirt sei.

5) Conf. I, 31 § 1 „Das *possessorium* findet statt, wenn Jemand in dem Besitze beunruhigt oder dieses Besitzes heimlicher oder gewaltsamer Weise entsetzt worden". Die Bedeutung dieser Stelle wird durch die Entscheidung des Ober-Tribunals Bd. XIV S. 164, wonach Beides, (Störung und Entsetzung), nur dem Grade nach verschiedene Arten der Turbation sind, ausser Zweifel gestellt.

6) Conf. loc. cit. S. 96.

wie sich Windscheids Opposition gegen die recuperatorische Natur unsers Interdicts in Wahrheit erklärt, so finden wir bei Beiden die Antwort, dass, die recuperatorische Natur des Interdicts annehmen, gleichzeitig eine *justa* und *injusta possessio* nebeneinander, einen solidarischen oder Doppelbesitz annehmen heisse, und der sei im römischen Recht zu entschieden als unrichtig verworfen [1]).

Die Bedeutung, die sonach der Frage, ob eine *possessio plurium in solidum* von den Römern anerkannt ist und wie sie construirt wurde, auch für die Beantwortung der Frage nach der recuperatorischen Natur des Interdicts in den Augen Vieler hat [2]), zwingt mich, zunächst den Begriff *possessio plurium in solidum*, dann die Begriffe *justa* und *injusta possessio* einer Prüfung zu unterziehen.

Ich gehe dabei mit Savigny von der Frage aus: Ist *possessio* mehrerer Personen an derselben Sache möglich? Diese Frage würde, vom Standpunkt der Klage betrachtet, (und in diesem Zusammenhang interessirt sie uns hier zunächst nur), richtiger so zu formuliren sein: Können mehrere Personen gemeinsam den Schutz der Rechtsordnung für ihr thatsächliches Verhältniss zur Sache gegen den Verlust durch Handlungen Dritter in Anspruch nehmen? und ist zu bejahen.

Dafür spricht m. E. die l. 32 § 1 D. 41. 3 [3]), die ich mit Savigny [4]) dahin erkläre, dass hier beiden Besitzern gemeinschaftlich das Interdict gegeben ist [5]), und zwar ohne vorgängige vorübergehende Einigung über die Besitzantheile [6]).

---

1) Conf. Meischeider, loc. cit. und Schmidt, Interdictenverfahren S. 113—114.

2) Conf. Savigny, Besitz 7. Auflage S. 170 ff. Noch neuerdings hat Fitting, Archiv f. civil. Praxis Bd. 55 S. 315 ff., (der Aufsatz stand mir leider nicht zu Gebote), die Fortdauer des Besitzes auf der einen Seite und den Schutz der *vitiosa possessio* Dritten gegenüber auf der andern Seite nur durch ein solidarisches Nebeneinanderbestehen von *justa* und *injusta possessio* erklären zu können gemeint und das als jüngstes römisches Recht bezeichnet, (conf. Pernice, Zeitschrift für Handelsrecht Bd. 20 S. 640).

3) *Incertam partem possidere nemo potest: ideo si plures sint in fundo, qui ignorent, quotam quisque partem possideant, neminem eorum subtilitate possidere Labeo scribit.* Vergl. Pernice, Labeo Bd. II S. 186 Anm. 29.

4) Conf. Besitz 7. Aufl. S. 262 Nr. 4.

5) Die Interpretation dieser Stelle bei Windscheid, Lehrb. des Pandektenrechts Bd. I § 152 N. 12, verstehe ich in gleicher Weise, und Meischeider, Besitz und Besitzesschutz S. 218, hat das auch richtig herausgefühlt, wenn er sich mit Unwillen davon abwendet. Gegen Savignys Erklärung hat sich neuerdings Miescher, die Besitzinterdicte unter Mitbesitzern im Arch. f. civilist. Praxis Bd. 59 S. 201 ff. ausgesprochen, ohne mich indess zu überzeugen.

6) Conf. Randa, d. Besitz etc. S. 377, der durch diesen willkürlichen Zusatz die Bedenken Meischeiders zerstreut zu haben glaubt.

Das führt uns zu der zweiten Frage, ob ein Mitbesitz nach ideellen Theilen möglich ist, und was darunter zu verstehen ist. Für solchen Mitbesitz tritt u. A. ausser Randa[1]) auch Witte[2]) besonders ein, und man beruft sich dafür auf die l. 26 D. 41. 2. Prüfen wir, was es in Bezug auf den Schutz Seitens der Rechtsordnung heisst, eine *certa pars pro indiviso* besitzen. Die herrschende Ansicht hat die Antwort bereit, dass es unsere Besitzklage sei, mit der ein solcher Mitbesitzer gegen den andern Mitbesitzer Schutz wegen seines Theilbesitzes erlangen könne. Ich muss dieser weitverbreiteten Ansicht[3]), dass der Mitbesitzer auch gegen den Mitbesitzer wegen Besitzstörung klagen könne, wenn dieser entweder einseitige Handlungen vornimmt, die den bisherigen thatsächlichen Zustand ändern, und zu denen somit die Uebereinstimmung aller Mitbesitzer erforderlich ist, oder wenn ein Mitbesitzer dem Andern Benutzungshandlungen verwehrt, die nach der eigenthümlichen Beschaffenheit des Besitzobjects oder nach der bisherigen Uebung jeder Mitbesitzer für sich vorzunehmen befugt ist, entschieden entgegen treten. Denn die einzigen Quellenstellen, die man für diese Ansicht anführt, die l. 3 § 2 D. 39. 1 und die l. 12 D. 10. 3, haben beide, wie Stölzel[4]) sehr richtig hervorgehoben hat, den Fall vor Augen, wenn durch die Behandlung eines gemeinsamen Grundbesitzes der eine *socius*, der zugleich ein Nachbargrundstück besitzt, in Betreff dieses seines Privatbesitzes in Mitleidenschaft gezogen wird[5]).

Und nicht allein die Quellen sprechen nicht für die Anwendung

---

1) Conf. loc. cit. S. 363.

2) Conf. Zeitschr. f. C.R. und Proc. N. F. Bd. 18 S. 234 ff.

3) Für sie hat sich neuerdings auch Randa, der Besitz nach östr. R. 2. Aufl. S. 140 und S. 373 Anm. 16, und vor Allem Miescher, loc. cit. S. 171 ff. und S. 182 ff., ausgesprochen. Die Aeusserungen der Praxis sind vielfach schwankend und ohne scharfes Betonen des Princips, jedoch meistens gegen eine weitgehende Anwendung der Klage unter Mitbesitzern. Vergl. Seuff., Arch. Bd. XIII Nr. 24, Bd. XIV Nr. 37, Bd. XIX Nr. 217, Bd. XXX Nr. 232 und namentlich Bd. XVII Nr. 47. Das letzterwähnte Urtheil hält übrigens in seinen theoretischen Ausführungen nur einen Mitbesitz Mehrerer an bestimmten intellectuellen Theilen für möglich.

4) Conf. die Lehre von der *operis novi nuntiatio* und dem *interdictum qu. vi aut clam* S. 62 ff.

5) Vergl. über die mannigfach interpretirten Stellen auch namentlich Witte, *int. uti poss.* S. 107 und 108, dessen Interpretation immerhin schon ein Fortschritt zu nennen war, wenngleich er den eigentlichen Sinn der Stellen noch nicht erkannt hat.

unsres Interdicts unter Mitbesitzern, die Zulässigkeit desselben in dem von Randa angegebenen Umfange müsste auch zu unendlich vielen Besitzprocessen unter Mitbesitzern führen, und insofern kann man die Ansicht als unpraktisch bezeichnen. Auch die Ausführungen Mieschers haben mich weder von der Nothwendigkeit noch von der Quellenmässigkeit der Ansicht überzeugt; ergiebt sich ihm doch die Nothwendigkeit nur aus der von ihm in viel zu grosser Ausdehnung angenommenen Anwendung des Interdicts beim Alleinbesitz.

Auch in diesem Punkte zeigt sich die Aehnlichkeit unsers Interdicts und der Negatorienklage, auf die ich schon oben aufmerksam gemacht habe, insofern auch die Negatorienklage den Miteigenthümern gegen einander nicht zusteht[1]).

Fehlt aber sonach das Rechtsmittel, um den Mitbesitz gegen den *socius* im Besitzprocess zu schützen, so erscheint es im höchsten Grade bedenklich, ob wir in Wahrheit von einem Mitbesitz Mehrerer an derselben Sache nach ideellen Theilen, ob wir überhaupt von einem getheilten Besitz sprechen können.

Ich habe im vorigen Capitel bereits hervorgehoben, dass das Miteigenthum in Wahrheit etwas Ungetheiltes ist, bei dem man durch die Fiction, es sei getheilt, nur zu einer schiefen Anschauung gekommen ist. In Wahrheit erscheint es lediglich in Betreff der Realisirung des wirthschaftlichen Nutzens als Getheiltes, im Uebrigen aber als ungetheilt, und der einzelne *condominus* repräsentirt dasselbe *in solidum*, insofern er nach aussen als Eigenthümer auftreten, das Eigenthum vertreten und die dem Eigenthümer etwa in Betreff der Cautionspflicht zustehenden Vortheile in Anspruch nehmen kann, es realisirt sich in diesem Verhältniss, mit Steinlechner[2]) zu reden, der dem Recht entsprechende Inhalt an derselben Sache mehrmals.

Wenden wir den schon mehrfach hervorgehobenen Parallelismus zwischen Besitz und Eigenthum auch hier analog an[3]), so stellt sich der Besitz Mehrerer an ein und derselben Sache, ohne dass Streit zwischen ihnen bestände, praktisch als etwas Einheitliches, Ungetheiltes dar, bei dem wir ganz unberechtigter Weise eine Theilung fingiren, während in Wahrheit weder die faktische Macht noch der

---

1) Die Gründe, die ich für diese Ansicht anzuführen habe, muss ich einer Bearbeitung der Negatorienklage vorbehalten.

2) Conf. das Wesen der *juris communio* S. 97.

3) Conf. Jhering, Ueber den Grund des Besitzesschutzes 2. Aufl. S. 155, und Hesse, Beiträge zur Lehre vom Miteigenthum und der *communio* im Archiv für praktische R. Wissenschaft N. F. Bd. IV S. 113.

Herrschaftswille, sondern lediglich der wirthschaftliche Nutzen des Verhältnisses, wenn er in die Tasche der einzelnen *socii* geflossen ist, als getheilt zu denken ist[1]).

Auch hier wie beim *condominium* gewährt die Rechtsordnung dem der *compossessio* etwa zu Grunde liegenden obligatorischen Interesse, der *communio*, welche Hesse[2]) sehr richtig als das persönliche Band bezeichnet, welches zwischen den Mitbesitzern besteht, ihren Schutz, und regelmässig ist es die *actio pro socio*, mit der dieser Schutz erbeten wird, während, wenn diese nicht ausreicht, namentlich wenn sich das Streben, solche Verhältnisse sich nicht verewigen zu lassen, berechtigerweise geltend macht, m. E. die *act. com. div. utilis* die einzige Hülfe ist. Aber soweit der Besitz als solcher, das thatsächliche Verhältniss zur Sache in Frage kommt, das ist das Resultat des Vergleichs zwischen *compossessio* und *condominium*, vertritt ihn jeder Mitbesitzer voll und ganz, jede *compossessio pro indiviso* ist in Wahrheit eine *possessio plurium in solidum*, und so lange nur nicht durch die Handlungsweise des einen *socius* das thatsächliche Verhältniss des andern zur Sache gänzlich aufgehoben ist, kann auch von einem siegreich zwischen ihnen durchgeführten Besitzprocess nicht die Rede sein.

Und dass das so gewonnene Resultat ein durchaus quellenmässiges ist, und Meischeider[3]) kein Recht hat, die Unmöglichkeit einer solchen *possessio plurium in solidum* als unbestreitbares Axiom hinzustellen, das ergiebt sich mir namentlich aus der Betrachtung der l. 3 pr. D. 43. 17[4]). Wenn Zwei eine Sache in *solidum* besitzen, so kann Keiner den Andern mit der Besitzklage aus dem Besitz vertreiben, es liegt also in Wahrheit eine *compossessio* vor, das ist der Inhalt dieser vielbesprochenen Stelle. Es ist keineswegs die Absicht Ulpians, wie Meischeider[5]) und v. Liebe[6]) annehmen, in dieser Stelle die Theorie von der Fortdauer des Besitzes gegenüber der *possessio vitiosa ad absurdum* zu führen. Diese *lex* ironisirt nicht, sondern sie

---

1) Dies gegen Randa, der Besitz nach östr. R. 2. Aufl. S. 372 und 373 Anm. 15.

2) Conf. loc. cit.

3) Conf. loc. cit. S. 84.

4) *Si duo possideant in solidum, videamus, quid sit dicendum quod qualiter procedat, tractemus, si quis proponeret possessionem justam et injustam ego possideo ex justa causa tu vi aut clam; si a me possides, superior sum interdicto si vero non a me, neuter nostrum vincetur: nam et tu possides et ego.*

5) Conf. loc. cit. S. 91.

6) Conf. der Besitz als Recht *in thesi* S. 37.

bringt Entscheidungen in Betreff wirklicher Thatbestände[1]), und zwar geht die Entscheidung dahin, dass das *int. uti poss.* bei der *possessio duorum in solidum* zwischen den Solidarbesitzern nur dann Erfolg haben kann, wenn der eine Besitzer *vitiose* vom Andern besitzt, und zwar hier einfach aus dem Grunde, weil dann ein eigentlicher Solidarbesitz nicht vorliegt[2]).

Damit sind wir zu einem Resultat gelangt, welches nicht nur in der neueren Wissenschaft und Praxis aufs Entschiedenste bestritten wird, sondern auch einer Rechtsregel direct widerspricht, von der man annimmt, dass sie, zu jeder Zeit anerkannt, in der Justinianischen Codification ausdrücklich in dem Satze *plures eandem rem in solidum possidere non possunt,* den Savigny dahin wiedergiebt: Aller Besitz ist ausschliessend[3]), zum Ausdruck gebracht sei. Zwei Quellenstellen sind es, in denen man diese Regel ausgesprochen findet, nämlich die l. 5 § 15 D. 13. 6 und l. 3 § 5 D. 41. 2.

Was zunächst die l. 5 § 15 betrifft, so referirt hier Ulpian die Ansicht des Celsus über den Fall des Leihvertrags, wenn zwei Schuldner gemeinsam geliehen haben, und stimmt der Entscheidung des Celsus, der sie als Solidarschuldner behandelt, bei. Damit will er indess keineswegs auch dem ganzen Gedankengang des Celsus beipflichten, wenn dieser sich selbst zunächst ein Bedenken entgegenbringt, indem er sagt, *duorum quidem in solidum dominium vel possessionem esse non posse.*

Ich finde weder, dass Ulpian damit auch diesen Satz als eigene Ueberzeugung hinstellt, wie Savigny[4]) behauptet, noch dass dieser Satz damit in der Codification als Rechtssatz anerkannt ist. Und nur das Eine möchte ich aus dieser Stelle entnehmen, dass auch Celsus einen Unterschied zwischen dem auf einer *communio* beruhenden gemeinsamen Besitz und einer *possessio plurium in solidum* nicht macht, wenn er eine solche *possessio plurium in solidum* gerade für die Beurtheilung eines Leihvertrages, bei dem die beiden Schuldner gemeinsam *(simul),* offenbar also unter sich einig, aufgetreten sind, als Analogon heranzieht.

---

1) Conf. Eck, doppelseitige Klagen S. 43, und die dort Anm. 153 Citirten.

2) Auch Bekker, das Recht des Besitzes S. 110, hat zugegeben, dass die Möglichkeit des *possessio plurium in solidum* in dieser Stelle ausdrücklich anerkannt wird. Seine anderweiten Bedenken in Betreff der Stelle theile ich nicht.

3) Conf. Savigny, Besitz S. 170.

4) Conf. loc cit. S. 177.

Es bleibt demnach allein die l. 3 § 5 D. 41. 2 [1]), die auch Savigny als die eigentlich entscheidende Stelle für die von ihm aufgestellte Regel ansieht, zu prüfen. Hier stellt Paulus allerdings den Satz auf: *plures eandem rem in solidum possidere non possunt.* Prüfen wir in welcher Bedeutung. Er erblickt in dieser Regel zunächst den directen Gegensatz *(ex contrario)* zu der im § 4 von ihm aufgestellten Behauptung, dass ein einziger Besitzer seinen Besitz auf verschiedene Entstehungsgründe *(causae)* zurückführen könne.

Diesen Gegensatz werden wir an sich in der Behauptung finden, dass nicht Mehrere ihren Besitz auf ein und dieselbe *causa* zurückführen können, und dass Paulus das auch wirklich in dieser Stelle zum Ausdruck bringen will, geht mir aus den mit *quippe* eingeleiteten Worten hervor, die es für möglich erklären, dass, während der Eine etwas halte, der Andere es auch zu halten scheine, ein Gedanke, der am Schluss des Paragraphen nochmals wiederkehrt, wenn es dort heisst, derselbe Besitz könne ebensowenig bei Zweien sein, als der Eine an der Stelle stehen oder sitzen könne, wo der Andere stehe oder sitze. Danach würde Paulus also in der fraglichen Stelle nicht nur die *compossessio plurium in solidum* sondern überhaupt jede auf *communio* beruhende *compossessio* leugnen.

Muss schon danach unter Berücksichtigung des über diese *compossessio* von mir Hervorgehobenen die Deduction des Paulus in dieser Stelle nicht ganz unverdächtig erscheinen, so wird sie noch fragwürdiger, wenn wir den weiteren Inhalt derselben betrachten. Es sind die Ansichten dreier älterer Schriftsteller, die Paulus hier bespricht, nämlich:

1) des Sabinus, der den Besitz des *precario dans* und *precario accipiens* neben einander für möglich hält,
2) des Trebatius, der in Uebereinstimmung damit eine *justa* und eine *injusta possessio* dagegen nicht zwei *justae* und zwei *injustae possessiones* neben einander für möglich hält, endlich
3) des Labeo, der den Trebatius tadelt, *quoniam in summa possessionis non multum interest juste quis an injuste possideat.*

---

1) *Ex contrario plures eandem rem in solidum possidere non possunt: contra naturam quippe est, ut, cum ego aliquid teneam, tu quoque id tenere videaris Sabinus tamen scribit eum qui precario dederit et ipsum possidere et eum qui precario acceperit. idem Trebatius probabat existimans posse alium juste, alium injuste possidere, duos injuste vel duos juste non posse. quem Labeo reprehendit, quoniam in summa possessionis non multum interest, juste quis an injuste possideat: quod est verius. non magis enim eadem possessio apud duos esse potest, quam ut tu stare videaris in eo loco, in quo ego sto, vel in quo ego sedeo, tu sedere videaris.*

Wir fragen uns unwillkürlich mit Rudorff[1]), was die Ansichten über das Nebeneinanderbestehen einer *justa* und einer *injusta possessio* mit Paulus Satz vom solidarischen Besitz der durch *communio* verbundenen Mitbesitzer zu thun hat, und erkennen wir nun, dass Paulus hier zwei völlig zu trennende Fragen in einander gemischt hat, so werden wir auf seine Entscheidung der von ihm ursprünglich aufgestellten Frage um so weniger Werth legen können.

Wenn ich durch die vorstehende Ausführung auch nur einige Bedenken gegen die Richtigkeit des Satzes, *plures eandem rem in solidum possidere non possunt*, erregt habe, so sehe ich darin bereits ein genügendes Resultat meiner Arbeit, denn es giebt kaum einen Satz in der Lehre vom Besitz, der mit so apodictischer Gewissheit vertheidigt wird als diese Regel, die doch andrerseits einer richtigen Auffassung in Betreff unsrer Klage das grösste Hinderniss bereitet.

Mein Resultat geht also dahin: die Regel *plures* etc. ist im römischen Recht nicht anerkannt, sie bezieht sich aber auch garnicht auf die Frage, ob *justa* und *injusta possessio* neben einander möglich sind, und nur das Leugnen dieser Möglichkeit hat Bruns und Windscheid dahin geführt, die recuperatorische Natur unsers Interdicts gleichfalls zu leugnen. Prüfen wir also zunächst, ob die Quellen diese Möglichkeit einer *justa* und *injusta possessio* neben einander wirklich bestreiten, und betrachten zu diesem Zweck noch einmal unsere l. 3 § 5 D. 41. 2.

Wir sehen, dass die römischen Juristen über diese Frage mindestens uneinig waren. Ich lasse hier zunächst des Sabinus Ansicht ausser Acht und berücksichtige auch die Ansicht des Labeo nicht weiter, weil uns Paulus eigentlich nur sagt, dass Labeo die Ansicht des Trebatius gemissbilligt habe, nicht aber, wie er sich positiv zu unsrer Frage stellt[2]). Dann stehen sich nur Paulus und Trebatius gegenüber, der Eine, indem er dreimal den Gedanken variirt, dass, wo der Eine steht, der Andere nicht auch stehen könne, der Andere, wenn wir von dem Schlusssatz, es könnten nicht nebeneinander zwei *juste* oder zwei *injuste* besitzen, zunächst absehen, indem er behauptet, es könne Einer *juste* der Andere *injuste* besitzen. Und wie ist nun dieser viel bekämpfte Satz des Trebatius zu verstehen?

---

1) Conf. Savigny, Besitz 7. Aufl. Anhang Nr. 137 S. 698.

2) Conf. Pernice, Labeo Bd. II S. 186, der hier die Begründung des Labeo ausdrücklich als nicht sehr präcise bezeichnet.

Wir haben oben gesehen, dass A, falls er *vi, clam* oder *precario* von dem Gegner B den Besitz erlangt hat und nun von B mit dem Interdict belangt wird, unterliegt, dagegen als Sieger aus dem Process hervorgeht, falls er von einem Dritten, den C, in seinem Besitz gestört wird. Also, das Verhältniss des A zur Sache ist kein Besitz gegen B, dagegen Besitz gegen C, und zwar, weil A dem B gegenüber *injuste* dem C gegenüber *juste* besitzt. Können wir da wirklich zweifeln, wem wir uns anschliessen sollen, der platten Auffassung des Paulus, der in dem Besitz nichts Anderes als das Innehaben, die *possessio Asinina* erblickt, oder dem Trebatius, der, da er doch anerkennen muss, dass in dem obigen Beispiel sowohl A als B mit der Besitzklage siegen oder unterliegen wird, je nachdem sie sich gegenseitig oder einen Dritten bekämpfen, nun eine *justa possessio* neben einer *injusta possessio* anerkennt. Dabei trifft ja Trebatius meines Erachtens auch nicht das Rechte. Aber wenn wir bedenken, durch welche Terminologien und Künsteleien die römische Jurisprudenz jene ursprüngliche und natürliche Anschauung, dass die *possessio* ein relatives Verhältniss sei, dass Besitzer sein nichts Anderes heisst als mit der Besitzklage siegen, oder m. a. W. in seinem thatsächlichen Verhältniss zur Sache dem Gegner gegenüber, aber auch nur dem Gegner gegenüber, dessen Handlungsweise es erst erkennen lässt, ob das Verhältniss ihm gegenüber als ein des Schutzes bedürftiges anzuerkennen ist[1]), durch die Rechtsordnung unterstützt werden, bereits verdunkelt hatte, dann kann es dem Trebatius gewiss nicht zu grossem Vorwurf gereichen, wenn er seine an sich richtige und consequente Entscheidung in der Sprache seiner Zeit wiedergiebt. Und der Umstand, dass die Compilatoren bei Aufnahme der für die Lehre vom Besitz im Uebrigen nicht unwichtigen Stelle des Paulus in die Codification diesen Paragraphen nicht weggelassen haben, kann um so weniger für die ausdrückliche Annahme der Ansicht des Paulus durch die Codification angeführt werden, als l. 1 § 9 und l. 3 pr. D. 43. 17[2]) sich bestimmt für jenes relative Verhältniss

1) Unbegreiflich ist mir, dass Hausser, Stellvertretung im Besitz S. 37, obwohl er richtig erkennt, dass das thatsächliche Verhältniss des *injustus possessor* zur Sache dem *justus possessor* gegenüber nicht die Besitzwirkung hat, sich dennoch scheut, ihn nun auch nicht mehr als Besitzer im Verhältniss zu Jenem zu bezeichnen, und lieber zu einer Fiction als Aushülfe greift, vermöge deren dem Andern vorläufig der Besitzesschutz belassen sei.

2) Ob sich die l. 53 D. 41. 2, die Rudorff bei Savigny, Besitz, Anhang Nr. 106 S. 676 und Nr. 637 S. 698, in diesem Zusammenhang gleichfalls heranzieht,

aussprechen, bei dem gleichzeitig der *justus* wie der *injustus possessor* je nach der Person seines Gegners die Besitzklage mit Erfolg anstellen kann.

Eine Betrachtung der bisher nicht erörterten Ansicht des Sabinus in der l. 3 § 5 loc. cit. wird uns noch mehr zu der Ueberzeugung drängen, dass Sabinus und Trebatius und nicht der namentlich von Lenz und Bruns so viel gerühmte Paulus sich in dieser Frage als scharfsinnige Juristen zeigen.

Nach Sabinus soll zwischen *precario dans* und *precario accipiens* offenbar ein ähnliches Verhältniss bestehen wie zwischen *justus* und *injustus possessor*. Jeder von Beiden, der *precario dans* und der *precario accipiens*, geniesst einen relativen Schutz in Betreff seines thatsächlichen Verhältnisses zur Sache, der *precario dans* gegen den *precario accipiens*, der *precario accipiens* gegen jeden Dritten. Dass diese Auffassung des Sabinus trotz Labeo und Paulus die richtige ist, das bestätigt uns l. 36 D. 41. 2 *in fine*[1]) und vor Allem l. 15 § 4 D. 43. 26, deren Aufnahme in die Codification Savigny[2]) den Compilatoren sehr zum Vorwurf macht, weil, wie er anerkennt, dadurch die s. E. von den Compilatoren bereits verworfene Ansicht des Sabinus hier durch Pomponius wiederholt wird, und die er deshalb kurzer Hand beseitigt wissen will.

Eine höchst interessante Bestätigung des ganzen Standpunktes, den ich in diesem Capitel vertrete, findet sich aber m. E. noch in der l. 19 pr. D. 43. 26[3]). Daraus, dass Julianus hier den Solidarbesitz bestreitet, wenn sich zwei Precaristen oder zwei, von denen Jeder mit Gewalt oder heimlich den Besitz erlangt hat, gegenüberstehen, geht hervor, dass er nicht jeden Solidarbesitz leugnen will,

---

indem er *adversus extraneos* mit Sintenis „gegen Dritte" übersetzen will, wirklich darauf bezieht, ist m. E. doch sehr zweifelhaft. Regelmässig werden die Peregrinen von den Römern als *extranei* bezeichnet, und vielleicht denkt Venulejus hier an die Provinzialgrundstücke, auf die in früheren Zeiten, (conf. l. un. C. 8. 4), unser Interdict keine Anwendung fand.

1) *Cum plus juris in possessione,* (d. h. einen weitergehenden Schutz im Besitz), *habeat, qui precario rogaverit, quam qui omnino non possidet.*

2) Conf. loc. cit. S. 183 ff. Dagegen schon Rudorff, Anhang Nr. 49 S. 627 ff. Die Schrift v. d. Hagens über den nach l. 15 § 4 D. *de precario* stattfindenden gleichzeitigen Besitz des *precario rogans* und des *rogatus* habe ich mir leider nicht zugänglich machen können.

3) *Duo in solidum precario habere non magis possunt, quam duo in solidum vi possidere aut clam: nam neque justae neque injustae possessiones duae concurrere possunt.*

und wenn er dann weiter den Satz aufstellt, dass nicht zwei *justae* und auch nicht zwei *injustae possessiones* concurriren können, offenbar weil die *justa possessio* des Einen durch die *justa possessio* des Andern diesem gegenüber ihre Erledigung gefunden hat, und andrerseits, falls B von A *vitiose* und C von B *vitiose* den Besitz erlangt hat, B zwar dem A nicht aber dem C gegenüber als *injustus possessor* erscheint, und C wiederum nur dem B nicht aber dem A gegenüber als solcher anzusehen ist, so bestätigt er damit ausdrücklich die Behauptung des Trebatius in l. 3 § 5 D. 41, 2 und stellt gleichzeitig, wie wir a contrario argumentiren dürfen, positiv den Satz auf, dass eine *justa possessio* mit einer *injusta possessio* allerdings concurriren kann. Und wenn er endlich diesen Satz in die engste Verbindung mit dem Fall eines Precariums bringt, so hebt er damit hervor, dass der gleichzeitige Schutz des *precario dans* und des *precario accipiens* auf der gleichen Erwägung wie der gleichzeitige Schutz des *injustus* und *justus possessor* beruht, nämlich auf der relativen Natur des Besitzesschutzes.

Zum vollen Verständniss des Verhältnisses zwischen *precario dans* und *precario accipiens* kann uns indessen nur die Betrachtung des *int. de precario* führen, und schliesse ich deshalb einige kurze Bemerkungen über dieses Interdict hier an. Den Ausgangspunkt bildet dabei die Formel in l. 2 pr. und § 1 D. 43. 26[1]).

Man hat die Frage aufgeworfen, ob dieses Interdict possessorisch sei oder nicht. Savigny[2]) behauptet es, indem er annimmt, dass die *vitiosa possessio* das Einzige sei, was hier ein juristisches Verhältniss begründe, und dass dies Verhältniss überall nicht als Vertrag behandelt werde, und Windscheid[3]) scheint auch in den neueren Auflagen trotz Bekker[4]) diese Ansicht zu theilen.

Demgegenüber hat zunächst Jhering[5]), sodann aber vor Allem Bruns[6]) die Ansicht vertreten, dass das *interdictum de precario* überall kein possessorisches Interdict sei, m. a. W., dass der *precario dans* gegen den *precario accipiens* sich nicht auf seinen Besitz sondern

---

1) *Ait praetor; Quod precario ab illo habes aut dolo malo fecisti, ut desineres habere, qua de re agitur, id illi restituas. Hoc interdictum restitutorium est.*

2) Conf. Besitz 7. Aufl. S. 458 ff.

3) Conf. Lehrb. d. Pandektenrechts Bd. I § 160.

4) Conf. Recht des Besitzes S. 126 Anm. 1.

5) Conf. Ueber den Grund des Besitzesschutzes 2. Aufl. S. 97.

6) Conf. Besitzklagen S. 180 ff. Für ihn hat sich auch Pernice, in der Zeitschrift für Handelsrecht Bd. 20 S. 636 und Ubbelohde, im Archiv für civil. Praxis Bd. 59 S. 222 neuerdings ausgesprochen.

lediglich auf die Thatsache, dass er *precario* gegeben habe, beruft. Und ich meine, was Jhering und Bruns für diese Ansicht anführen, muss überzeugen. Dass Bruns den Vertrag als etwas Wesentliches bei Anstellung des *int. de prec.* betont, findet auch Bekkers[1]) Zustimmung gegen Savigny und Windscheid. Und wenn Bekker die Behauptung aufstellt, es sei von Bruns nicht genügend hervorgehoben, dass das Einräumen des thatsächlichen Habens oder Könnens an den Precaristen Seitens eines hierzu Berechtigten die Voraussetzung des Interdicts bilde, und es um deswillen als possessorisch bezeichnen will, so hat schon Bruns darauf hingewiesen, dass sich in dem ganzen Titel *de precario* nicht die geringste Andeutung darüber findet, dass der Besitz des *precario dans* wesentliche Voraussetzung des *precarium* sei, und Alles, was Bekker an Quellenbelegen für seine gegentheilige Ansicht vorbringt, dürfte dem gegenüber nicht beweisend sein.

Dass der Besitz des *precario dans* den Regelfall bildet, ist ja nur natürlich, aber Bekker selbst giebt zu, dass die Quellen mehr hervorheben, dass es der *dominus* sei, der *precario dat*, einerlei ob derselbe auch als *possessor* anzusehen ist[2]), und ebenso Jeder, der die Befugniss hat, dem *dominus* den Besitz mit dinglicher Klage zu entwinden. Auch die l. 8 pr. D. 43. 26 spricht gegen Bekker, wenn es dort heisst, *ei demum competere interdictum, a quo quis precario rogavit, non cujus res est,* und die Einschränkung, die Bekker dabei machen will, erscheint mir willkürlich. Wie wenig es aber beim *precario dare* auf den Besitz ankommt, zeigt m. E. vor Allem die l. 18 D. 43. 26[3]). Denn eine solche Begriffsverwirrung darf man Julian doch nicht zutrauen, dass er hier, wo er unsere Frage offenbar erörtern will, sowohl für den *precario dans* als für den *precario accipiens* die verkehrten Bezeichnungen gewählt hätte und so zu einer Lösung zu kommen scheint, die seiner wahren Ansicht direct widerspräche.

Auch der Umstand, dass, wie Jhering und Bruns hervorheben, bei dem *int. de precario* die *exceptio dominii* zugelassen ist[4]), drängt zu der Annahme, dass das *precarium*, mag man darin nun ein Haben auf Grund eines Quasivertrags oder ohne rechtlichen Grund sehen,

1) Conf. loc. cit. S. 123 ff.

2) Conf. l. 21 pr. D. 41. 2.

3) *Unusquisque potest rem suam, quamvis non possideat, precario dare ei, qui possideat.* Vergl. Jhering loc. cit. S. 98.

4) Conf. l. 4 § 3 D. 43. 26.

der einzige Grund der Klage ist[1]). Der *precario dans* war, wie Bekker[2]) gewiss richtig hervorhebt, in älterer Zeit auf den Weg der Selbsthülfe gewiesen, bis ihm der Praetor mit dem *interd. de precario* schützend zur Seite trat. Dass sich das Interdict aber im Regelfall gegen den *precario habens* richtete, ist ebenso richtig, als dass der *precario accipiens* und der *precario habens* regelmässig identisch waren. Indess deutet der Zusatz des Edicts, *aut dolo malo fecisti, ut desineres habere*, darauf hin, dass es nicht der Besitz ist, den der *precario dans* mit seiner Klage wiederzuerlangen sucht, und ich kann mich kaum der Ansicht verschliessen, dass es sich hier um eine Obligation handelt, die fortwirkt auch gegen den *precario non habens*, falls er sich selbst doloser Weise in die Lage gebracht hat, nicht erfüllen zu können[3]). Die Frage, ob der Precarist Dritten gegenüber als Besitzer behandelt wird, ist nicht in diesem Zusammenhang sondern weiter unten zu erörtern. Hier weise ich nur noch auf l. 8 § 7 D. 43. 26[4]) als Beleg für die von mir vertretene Ansicht hin. Bei den possessorischen Interdicten würde man ihrer Natur nach nicht an eine Verjährung denken, wie ich unten näher hervorheben werde. Hier aber wirft der Jurist zunächst die Frage auf, ob die kurze einjährige Verjährungsfrist analog dem *int. de vi* auch bei dieser Klage angemessen erscheint, und schliesst sie nur um deswillen aus, weil das Verhältniss notorisch häufig auf länger als ein Jahr begründet wird. Damit fallen auch die Bedenken, die Witte[5]) gegen die von ihm angenommene Unverjährbarkeit des *int. uti poss.* erhebt, ohne die von ihm angenommene künstliche Lösung weit einfacher hinweg.

So ist also das *int. de precario* kein possessorisches Interdict, aber wohl kann das *precarium* in Form eines possessorischen Interdicts geltend gemacht werden, nämlich in der Form des *int. uti poss.* gegenüber dem, der *precario* die Sache erhalten hat und nun den

---

1) Da es mir hier nur darauf ankommt, nachzuweisen, dass das *interdictum de precario* keine Besitzklage ist, so vermeide ich es, auf die weitere Frage, wie diese Klage positiv am Besten zu umschreiben sei, eine Frage, die neuerdings von Ubbelohde, loc. cit. S. 225 ff., einer Prüfung unterzogen ist, einzugehen.

2) Conf. loc. cit. S. 130.

3) Conf. l. 8 § 3 D. 43. 26 und Witte, *int. uti poss.* S. 81.

4) *Interdictum hoc et post annum competere Labeo scribit eoque jure utimur: cum enim nonnumquam in longum tempus precarium concedatur, absurdum est dicere interdictum locum non habere post annum.*

5) Conf. *int. uti poss.* S. 89.

Besitz behauptet. Und diese Behandlung des *precarium* hat dann irrthümlicherweise zu der Ansicht geführt, dass auch das *int. de precario* einen possessorischen Charakter habe[1]).

Wenn sonach auch das Verhältniss zwischen *precario dans* und *precario accipiens* einen weiteren Beleg für die Richtigkeit der von mir angenommenen Relativität des Besitzesschutzes bildet, so führt uns das wieder zu den im dritten Capitel gewonnenen Resultaten zurück, und wir finden darin die einfachste Erklärung und Bestätigung für das, was man die recuperatorische Natur unsrer Klage nennt und was sich aus der doppelseitigen Natur des auf Grund dieser Klage entwickelnden Verfahrens ergiebt[2]).

Denn, wenn wir sahen, dass das Resultat unsers Verfahrens zunächst weder in der Erhaltung noch in dem Wiedererlangen des Besitzes, sondern lediglich in dem Feststellen eines Verhältnisses, dem die Rechtsordnung ihren Schutz für die Zukunft verheisst, besteht, so stellt sich nun der Fall der sog. *exceptio vitiosa* nur als ein vom *judex* bei seiner Entscheidung zu berücksichtigendes Moment dar. Die Rechtsordnung stellte dasjenige thatsächliche Verhältniss der Partheien zur Sache, welches ohne die etwa von einer der beiden Partheien entweder in Folge Vertrauensbruchs als Precarist oder heimlich oder mit Gewalt hervorgerufene Veränderung noch vorliegen würde, als das schutzwürdige hin. So wird man durchaus nicht, wie Eck[3]) annimmt, zu einer Besitzesfiction gedrängt, wenn man dem Dejicirten das *int. retinend. poss.* einräumt.

Das Resultat des Verfahrens wird in diesem Falle allerdings oft dahin gehen, dass die eine Parthei wieder in das thatsächliche Verhältniss zur Sache tritt, in dem sie früher stand, und aus dem sie durch den Andern verdrängt ist. Aber man darf nicht sagen, es werde hier ein Besitz, d. h. ein vom Staat geschütztes Verhältniss der Person zur Sache, wiedergewonnen, und insofern sei das Interdict hier ein *int. recup. poss.* Ein geschütztes Verhältniss diesem Gegner

---

1) Auf dieser Erwägung beruht vor Allem die Deduction Randas, der Besitz nach östr. R. 2. Aufl. S. 126—128, wenn er für den possessorischen Charakter des *int. de prec.* eintritt.

2) Conf. Rudorff zu Savigny, Besitz Anhang Nr. 137, Randa, d. Recht des Besitzes nach östr. R. 2. Aufl. S. 114 Anm. 4. Auch Witte, *int. uti poss.* S. 75, erkennt die Bedeutung des Besitzes als eines relativ wirkenden Verhältnisses an, ohne daraus weitere Consequenzen zu ziehen. Vergl. aus der Praxis das bereits erwähnte Oldenburger Urtheil aus dem Jahre 1851, (Seuff., Arch. Bd. VII Nr. 41).

3) Conf. doppelseitige Klagen S. 68.

gegenüber bestand auf der Gegenseite überall nicht, und das Verhältniss des Klägers hat in Wahrheit nie aufgehört dem Beklagten gegenüber des Schutzes würdig zu sein. Mag das Verhältniss in solchen Fällen auch für das Auge des Laien unterbrochen erscheinen, dem Auge der Rechtsordnung erscheint es noch als ein bestehendes, für sie ist dies Resultat unsers Interdicts nicht ein Wiedergewinnen, sondern lediglich das Behaupten einer Position.

Nur das Verkennen der Relativität des Besitzesschutzes hat das Allgemeine Landrecht, obwohl es, wie wir oben sahen, bei unsrer Frage nach der recuperatorischen Natur der Besitzklage den Verhältnissen sonst Rechnung getragen hat, dennoch das allgemeine Princip in Betreff des Besitzesschutzes unrichtig formuliren lassen, wenn es den Satz aufstellt[1]), dass Besitz durch unrechtmässige Handlungen weder erworben noch verloren werden soll. Für die Verhältnisse des Dejicienten und des Dejectus, des *precario dans* und des *precario accipiens* ist das richtig und erscheint als eine durchaus angemessene Verallgemeinerung der römischen concreten Entscheidungen, aber im Verhältniss Aller gegen Alle ist es eminent unrömisch und unpraktisch, da damit gerade die enorme Bedeutung des Besitzesschutzes auf ein Minimum reducirt würde, wenn sich nicht die preussische Praxis dadurch zu helfen gewusst hätte, dass sie den Ausdruck „neuerliche Entsetzungen", die allein den Störungen gleichgeachtet werden, möglichst einschränkend, d. h. auf die kürzeste Zeit zurückbezüglich interpretirt hat[2]).

Es wird auch nach römischem Rechte häufig nicht leicht sein, *in concreto* zu entscheiden, ob Kläger noch als Besitzer anzusehen ist, und ob das Interdictenverfahren ihm insofern einen günstigen Ausgang verspricht, und hier ist der Ort, wo die römische Praxis, wie wir unten sehen werden, eine reiche Casuistik entwickelt hat, die für uns lehrreich ist, aber nie bindend sein dürfte. Hier findet der von Bruns[3]) hervorgehobene *favor retinendae possessionis* des römischen Rechts und die von Brinz[4]) behauptete immer weitergehende Befreiung des Besitzes von seinen körperlichen Banden ihre Berücksichtigung.

Aber damit bleibt doch das Princip unangefochten, dass nur der, auf dessen Seite das thatsächliche Verhältniss zur Sache vom Praetor

---

1) Conf. I, 7 § 96 und 122.

2) Conf. Koch, Processordnung nach ihrer heutigen Geltung S. 847.

3) Conf. Jahrb. d. gem. R. Bd. IV S. 38.

4) Conf. Pandecten Bd. I S. 59 (Aufl. 1).

noch als vorhanden anerkannt wird, als Sieger aus unserm Interdictenverfahren hervorgeht. Das ist die wahre Bedeutung des Satzes: *interdictum possessorem praedii tuetur quod est uti possidetis*[1]), und die Einführung der Partheien in den Process wird regelmässig darin bestehen, dass Jeder *se possidere dicat*[2]), dass Jeder die Behauptung aufstellt, er sei im Besitz zu schützen, und der Richter wird nicht prüfen, auf wessen Seite augenblicklich das thatsächliche Innehaben ist, sondern wer des Schutzes würdig erscheint, und wessen Behauptung ihm insofern richtig dünkt.

Das ist es offenbar, was Lenz[3]) vorschwebt, wenn er darauf aufmerksam macht, dass der Invadent zwar das Object obtinire, d. h. inne habe, aber nicht Besitzer desselben sei, da er seinen faktischen Scheinbesitz, (wieder = Innehaben), eben nicht retiniren könne. Und dieselbe Anschauung theilt im Grunde Puchta[4]), wenn er sagt: Bei dem *Int. uti poss.* siegt der gegenwärtige juristische Besitzer, und das bleibt er auch trotz erfolgter Dejection.

Wie im Legisactionsverfahren mit den Worten, *hunc ego hominem ex jure Quiritium meum esse ajo,* vindicirt wird, und wie diese und die gleiche Behauptung auf der Gegenseite in der *vindicatio* die nothwendige Voraussetzung des weiteren Verfahrens bildet[5]), so ist auch bei unserm Interdict, wie wir schon oben auf anderem Wege entwickelten, die beiderseitige Behauptung, ein Verhältniss zur Sache einzunehmen, welches als Besitz den Schutz des Praetors verdiene, die Voraussetzung unsers Interdictenverfahrens, und so ist es richtig, wenn Gajus hervorhebt, dass, wo diese Gegenrede, die sog. *vis ex conventu,* fehlt, von einem Interdictenverfahren überall nicht die Rede sein kann.

Und darin scheint mir die eigentliche Natur unsrer Klage zu liegen, die sie mit der alten Vindication im Legisactionsverfahren und mit den Theilungsklagen gemein hat. Auch hier nimmt Jeder den ungetheilten Nachlass, die ungetheilte Sache so lange zu voll in Anspruch, bis der Richter entschieden hat, in welchen neuen Verhältnissen zur Sache er die Theilungsinteressenten in Zukunft schützen

---

1) Conf. l. 1 § 6 D. 43. 17. Wie viel Bedeutung Ulpian dem Ausdruck *tuetur* beimisst, geht daraus hervor, dass er ihn § 4 schon einmal in demselben Zusammenhang gebraucht.

2) L. 1 § 7 D. 43. 17.

3) Conf. das Recht des Besitzes in seinen Grundlagen S. 246.

4) Conf. Pandecten S. 202.

5) Conf. Eck, doppelseitige Klagen S. 9.

will. Das ist es, was die Römer ein *duplex judicium* nennen, weil die beiderseitigen Behauptungen sich decken, und eine einzige doppelseitige Behauptung die Voraussetzung des Verfahrens ist.

Dass Eck[1]) zu andern Resultaten in Bezug auf die Wirkung der Duplicität unserer Klage kommt, erklärt sich einfach daraus, dass er sich vor der Thatsache, dass im Interdictenverfahren beide Theile auf den Besitz Anspruch machen, verschliesst, und weil er ferner in den Fällen, wo auch nach seiner Ansicht gegenseitig der Besitz beansprucht wurde, einen besonderen Grund für den Anspruch jeder der beiden Partheien annimmt[2]), eine Ansicht, die sich aus der Subjektivirung des Besitzes als Recht der Parthei erklärt, worüber ich unten eingehender zu sprechen noch Gelegenheit haben werde. Hier bemerke ich nur noch, dass Eck bei seiner Untersuchung die l. 35 D. 41. 2 ganz übersehen zu haben scheint und m. E. unrichtigerweise von unsern modernen processualischen Anschauungen ausgeht, wonach man in jedem Erkenntniss, welches nicht eine Abweisung der Klage enthält, als Eingangssatz die Worte: „A wird verurtheilt", erwartet[3]). Es ist um so auffallender, dass Eck hier diesen Standpunkt einnimmt, als er bei seiner ausgedehnten Anwendung der Anerkennungsklage es hätte erkennen müssen, wie nothwendig eine Abweichung von der regelmässigen Fassung des Urtheils in manchen Fällen erscheint.

In besonderer Weise hat v. Liebe[4]) unsere Streitfrage zu lösen gesucht, wenn er die Regel des Paulus, in der er, wie Lenz und Bruns, offenbar im Einklang mit seiner Neigung, das Recht des Besitzes aus dem Willen abzuleiten, die scharfsinnigste Behandlung unserer Frage erblickt, nicht den trivialen Satz enthalten lässt, dass eine Ausübung des Besitzes *in solidum* durch zwei verschiedene Leute unmöglich sei, weil zwei widerstrebende Ortsbestimmungen an derselben Sache nicht gleichzeitig realisirbar seien, sondern den Satz,

---

1) Conf. doppelseitige Klagen S. 39 ff. und 74 ff.

2) Conf. loc. cit. S. 41.

3) Ich möchte diese Wendung aus jedem Civilurtheil beseitigt wissen, da dasselbe häufig nur die Voraussetzung für die Anwendung von Rechtsnormen feststellt, wie im Besitz- und Eigenthumsprocess, und dann angemessen lautet: A ist Besitzer, A ist Eigenthümer, während in den Fällen, wo im Urtheil ausgesprochen wird, dass A schuldig sei, etwas zu thun, dadurch lediglich eine neue Norm für das concrete Verhältniss geschaffen wird, deren Durchführung die Aufgabe des davon völlig getrennten, der richterlichen Thätigkeit jetzt sogar fast gänzlich entzogenen Zwangsvollstreckungsverfahrens ist.

4) Conf. der Besitz als Recht *in thesi* S. 32 ff.

dass, wenn auch der Thatbestand des Besitzes ein innerer und subjektiver sei, dem unverschleierten Blick des durch den Richter zu verwirklichenden Rechtes der eine Besitz als der bessere und damit als der ausschliessliche erscheine. Er sieht einen besonderen Vorzug des römischen Rechtes vor dem deutschen darin, dass dem Auge des Rechtes jeder Besitz als ausschliesslich erscheint. Trotz eines richtigen Ausgangspunktes, den v. Liebe in seinem *jus in thesi* genommen hat, und obwohl er selbst[1]) anerkennt, dass beim *jus in thesi* nicht wie beim *jus in hypothesi* die Ausschliesslichkeit, die absolute Existenz, sondern die relative Güte, das *potius possidere* zu prüfen sei, wird er doch und zwar m. E. wesentlich in Folge ungenügender Berücksichtigung der Besitzklage bei der von ihm entwickelten Besitztheorie zu durchaus unrichtigen Resultaten geführt, wenn er meint, indem der Richter gezwungen werde, für einen Praetendenten seine Stimme abzugeben, werde durch diesen Ausspruch, durch dieses *praejudicium de possessione*, der Eine zum ausschliesslichen Besitzer gestempelt, und in der Ansicht des Sabinus und Trebatius eine Verwechselung des Besitzwiedererlangungsanspruchs mit dem aktuellen Besitzrecht erkennt. Er verschliesst sich damit vor der von seinem Ausgangspunkt leicht zu entwickelnden Folgerung, dass auf dem Wege der einen Besitzklage die Anerkennung des thatsächlichen Verhältnisses beider Partheien zur Sache erstrebt wird, dass aber das *uter potius possideat* sich nur auf den concreten Fall unter den concreten Partheien bezieht. Und doch hätte ihn gerade das Verhältniss des *precario dans* und des *precario accipiens*, welches er gewiss richtig in diesem Zusammenhang bespricht, auf die vorstehend von mir entwickelte Ansicht hinführen müssen.

Und mit der Annahme dieser Ansicht dürfte dann auch das erste der oben erörterten Vangerow'schen Bedenken, dass die recuperatorische Tendenz des *int. uti poss.* dessen Wesen als *int. ret. poss.* zu widersprechen scheine, beseitigt sein, da sich das, worin Vangerow diese recuperatorische Natur des Interdicts erblickt, sehr wohl als ein Behaupten des Besitzes bezeichnen lässt.

---

[1]) Conf. loc. cit. S. 34.

Fünftes Capitel.

Das interdictum uti possidetis die einzige Besitzklage der Justinianischen Codification.

Wir haben im vorigen Capitel noch ein weiteres Bedenken Vangerows gegen die consequente Durchführung der Doppelseitigkeit des Verfahrens bei unsrer Klage kennen gelernt, nämlich dass dadurch eine ganz überflüssige und unzulässige Concurrenz der *interdicta retinendae* und der *interdicta recuperandae possessionis* zu entstehen scheine. Auch wenn das richtig wäre, würde darin kein Grund liegen, die im vorigen Capitel gewonnenen Resultate wieder in Frage zu stellen. Indess wichtig erscheint mir eine nähere Erörterung dieses Bedenkens gleichwohl.

Vangerow geht dabei von der herrschenden Ansicht aus, dass das *interdictum de precario* und das *interdictum de vi* als *interdicta recuperandae possessionis* unsrer Klage und dem *interdictum utrubi* als *interdicta retinendae possessionis* gegenüberstehen.

Wenn wir bereits sahen, dass das *interdictum de precario* überhaupt keine Besitzklage ist, so schwindet das Bedenken Vangerows, soweit ein Precarium in Frage steht.

Es wird danach meine nächste Aufgabe sein, die Natur des *interdictum de vi* und dessen Verhältniss zu unsrer Klage einer näheren Prüfung zu unterziehen.

Wir sahen bereits, wie im Formularverfahren bei der Eigenthumsklage die Frage nach dem Besitz völlig ausgeschieden ist, sei es nun, dass die Partheien, wie im Sponsionsverfahren, vor dem Process in der Form der *deductio* sich ausdrücklich darüber verständigten, wer augenblicklich Besitzer sei, oder sei es, dass sie im Interdictenverfahren eine gerichtliche Entscheidung über diese Frage herbeiführten.

Es verzichtete hier der besitzende Eigenthümer, falls die *deductio* zu seinen Ungunsten erfolgte, oder falls er sich auf das Interdictenverfahren nicht einliess, darauf, sich in einem Verhältniss zur Sache geschützt zu sehen, dem Seitens der Rechtsordnung ein immerhin nur sehr beschränkter Schutz zu Theil wurde, um statt dessen ein Verhältniss zur Sache in Anspruch zu nehmen, dem die Rechtsordnung den weitgehendsten Schutz zu Theil werden liess.

Es würde auf einer ähnlichen Erwägung beruhen, wenn der, welcher gewaltsam aus dem Besitz vertrieben ist, statt die Frage zur Entscheidung zu stellen, ob er noch als Besitzer im thatsächlichen Verhältniss zur Sache dem Gewaltthäter gegenüber zu schützen sei, auf die Durchführung des *int. uti poss.* verzichtend lediglich um der erfolgten Dejection willen den Schutz der Rechtsordnung in Anspruch nimmt. Und m. E. hat der Praetor durch Einführung des *int. de vi* das für diesen Zweck geeignete Rechtsmittel geschaffen.

Bei diesem einseitigen restitutorischen Interdict lässt es der Kläger ganz dahingestellt, wer Besitzer ist, und sein Antrag ist lediglich auf die Wiederherstellung des thatsächlichen Verhältnisses vor der Dejection, bezw. auf den Ersatz des Schadens, der ihm durch die gewaltsame Dejection Seitens des Gegners zugefügt ist, gerichtet. Dabei kommt es garnicht darauf an, ob Kläger früher in demjenigen thatsächlichen Verhältniss zur Sache gestanden hat, welches durch das *int. uti poss.* geschützt wird. Nur der Umstand, dass der Gegner ihn *vi* und zwar *vi atroci*[1]) *de solo dejecit*, d. h. aus dem Grundstück verdrängt hat, veranlasst den Praetor ihn wieder in den früheren Zustand zurückzuversetzen. Und nicht der Besitz sondern das blosse Innehaben der Sache wird dem Kläger auf diesem Wege wiederverschafft, weil der Praetor die Gewaltthat nicht dulden kann.

Wäre diese Auffassung in Betreff des *int. de vi* die richtige, so würde damit jedes Bedenken Vangerows hinwegfallen, denn dann könnte von einer unzulässigen Concurrenz des *int. uti poss.* und des *int. de vi* nicht die Rede sein.

Es gilt deshalb nachstehend in Kürze die Momente zu entwickeln,

---

[1]) Conf. l. 1 § 3 D. 43. 16. Das ist eine solche Gewalt, der nach l. 6 D. 4. 2 nicht bloss ein *vanus* sondern auch ein *constantissimus homo* nicht widerstehen kann, (conf. Bruns, das Recht des Besitzes im Mittelalter S. 71), wodurch die Fortsetzung des Besitzes geradezu unmöglich gemacht wird. Vergl. Savigny, Besitz 7. Aufl. S. 428).

die mich zu dieser der herrschenden Ansicht durchaus widersprechenden Anschauung geführt haben.

Ich darf dabei zunächst hervorheben, dass die Ansicht, das *int. de vi* sei gar keine Besitzklage, ihr einziger Klaggrund liege in der Dejection, bereits in Thibaut[1]), Geiger[2]), Pfeiffer[3]) und Sintenis[4]) Vertreter gefunden hat. Auch Witte[5]) scheint sich dieser Anschauung zuzuneigen. Sie dürfte demnach wohl kaum so augenfällig unhaltbar sein, dass Meischeider[6]) ein Recht hätte, ihre Besprechung nicht mehr der Mühe werth zu halten[7]), eine Anschauung, die auch Bruns in seinem „Recht des Besitzes im Mittelalter"[8]) noch ausgesprochen hat, von der er indess später zurückgekommen zu sein scheint.

Aus der Praxis führe ich für meine Ansicht das schon in anderm Zusammenhang berührte Oldenburger Urtheil[9]) aus dem Jahre 1851 an.

Ich unterlasse es bei dieser Frage das ganze historische Material zur Prüfung heranzuziehen, beschränke mich vielmehr im Wesentlichen auf eine kurze Betrachtung der Justinianischen Quellen und referire zu diesem Zweck zunächst kurz den Inhalt der l. 1 D. 43. 16, jenes grossen Ulpian'schen Fragments, welches eine systematische Darstellung der wesentlichen Eigenthümlichkeiten des *int. de vi* in Form einer Interpretation der bezüglichen Worte des Edicts enthält. Nachdem im Eingang dieser Stelle die Worte des Edicts wiedergegeben sind[10]),

---

1) Conf. Arch. für civil. Prax. Bd. 18. Ueber *possessio civilis* S. 318 ff.

2) Conf. Zeitschr. f. C.R. und Process Bd. 13 S. 238 ff. Beitrag z. Lehre vom *int. u. vi.* und *remedium spolii.*

3) Conf. Was ist und gilt im Röm. R. der Besitz?

4) Conf. Das gem. Civilrecht Bd. I § 42 Anm. 24. Sintenis hat bereits in seinen Beiträgen zur Lehre vom juristisch. Besitz etc. in der Zeitschr. für C.R. u. Proc. S. 254 ff. darauf hingewiesen, dass bei den Interdicten behufs Wiedererlangung eines verlorenen Besitzes der Besitz weit weniger als der Grund der Interdicte angesehen werden könne als dessen Verlust, dass bei diesen Interdicten der Besitz keineswegs etwas sei, ohne welches die Interdicte nicht gedacht werden können, dass vielmehr die störende Handlung allein der Grund sei.

5) Conf. *int. uti poss.* S. 43 ff.

6) Conf. Besitz und Besitzesschutz S. 121.

7) Kommt er doch selbst loc. cit. Anhang S. 451 ff. noch einmal darauf zurück.

8) Conf. loc. cit. S. 21.

9) Conf. Seuffert, Archiv Bd. VII Nr. 41.

10) *Praetor ait; unde tu illum vi dejecisti aut familia tua dejecit de eo quaeque ille tunc ibi habuit tantummodo intra annum, post annum de eo, quod ad eum qui vi dejecit pervenerit, judicium dabo.*

und dabei lediglich von einer Dejection gesprochen[1]) und durchaus nicht erwähnt ist, dass das Verhältniss, aus dem Jemand dejicirt wird, der Besitz sei, wird sodann zuerst die Gewalt, die die Voraussetzung der Klage ist (§§ 1—3), dann das Object, gegen das die Gewalt sich richtet (§§ 3—8), und endlich das Verhältniss, welches durch die Gewalt gebrochen wird (§ 9), näher umschrieben.

Es scheint mir nach diesem Gang der Darstellung mindestens zweifelhaft zu sein, ob der Ausdruck *possessio* im § 3[2]), den Bruns[3]) in erster Linie zum Beweis seiner Ansicht heranzieht, wirklich das Verhältniss, welches durch die Gewalt gebrochen wird, und nicht vielmehr den Gegenstand, gegen den sich die Gewalt richtet, bezeichnen will und hier mit dem Worte „Grundstück" zu übersetzen ist, in welcher Bedeutung sich dieser Ausdruck mehrfach in den Quellen findet[4]). Jedenfalls wird das Verhältniss, welches durch die Gewalt gebrochen wird, im § 9[5]) als *naturalis possessio* bezeichnet. Eine nähere Erörterung dieser Stelle und des sich daranschliessenden § 10 findet weiter unten ihren Platz.

Die §§ 11—21 enthalten sodann die Besprechung der Frage, wer als Beklagter für die Dejection verantwortlich erscheint, namentlich ob es der Auftraggeber und der *dominus* ist, falls die Beauftragten oder die Sklaven solchen Gewaltact vornehmen, und hier stellt Ulpian als Princip auf, dass sie verantwortlich sind, falls der Gewaltact mit ihrem Willen geschehen oder nachträglich von ihnen genehmigt ist.

Im § 22 wendet sich Ulpian dann zur Beantwortung der entgegengesetzten Frage, wem, falls das Herrschaftsverhältniss, gegen welches die Gewalt sich richtet, durch Sklaven, Beauftragte oder Colonen vertreten wird, die Klage gegeben sei, und es ist nur natürlich, dass sie hier dem *dominus* gegeben wird, und zwar, wie es im § 23[6]) auch ausgesprochen ist, weil er thatsächlich Herr über die Sache ist, sie in Wahrheit inne hat und auch in Wahrheit als

---

1) Conf. Thibaut loc. cit. S. 361.

2) *Hoc interdictum non ad omnem vim pertinet, verum ad eos, qui de possessione dejiciuntur.*

3) Conf. loc. cit. S. 62.

4) Conf. Savigny, Besitz 7. Aufl. S. 43 Anm. 1.

5) *Dejicitur is, qui possidet, sive civiliter sive naturaliter possideat; nam et naturalis possessio ad hoc interdictum pertinet.*

6) *Interdictum autem hoc nulli competit nisi ei, qui tunc cum deiceretur possidebat, nec alius deici visus est quam qui possidet.*

derjenige zu betrachten ist, dem Gewalt angethan ist. Damit wird indess m. E. die Klage nicht, wie Bruns annimmt, auf die Fälle der Dejection des Besitzers im eigentlichen Sinne, d. h. desjenigen, der durch das *int. uti poss.* Schutz anstrebt, beschränkt. In den §§ 24—30 wird sodann erörtert, wann man von einer gewaltsamen Dejection sprechen kann. Hier wird näher ausgeführt, wie das thatsächliche Verhältniss in dem Moment, während ihm Gewalt angethan wird, beschaffen sein muss, und wie andrerseits die Gewalt sich darstellt, die eine Dejection herbeiführt, und Ulpian kommt zu dem Schluss, dass der Dejicient die thatsächliche Ausübung der Herrschaft über die Sache auf Seiten des Gegners durch physische Gewaltthätigkeiten beseitigt haben muss, damit das *int. de vi* gegen ihn begründet erscheint. Die §§ 31—38, 40 und 41 besprechen das Resultat der Klage, § 39 die Zeit, innerhalb deren sie wirksam angestellt werden kann, und § 44 den Fall ihres Uebergangs auf den Rechtsnachfolger des Dejicirten.

Im § 43 wird ein Fall erwähnt, in dem die Klage wegen des zwischen dem Dejicienten und *dejectus* bestehenden Autoritätsverhältnisses um ihres schimpflichen Charakters willen keine Anwendung findet, § 42 spricht es aus, dass auch der, welcher die thatsächliche Herrschaft über die Sache gar nicht hat, dennoch mit der Klage belangt werden kann, die §§ 45—47 erörtern endlich den Fall der Dejection, wenn sich der *dejectus* noch auf dem Grundstück befindet, ihm aber die Herrschaft genommen ist, und umgekehrt den Fall, wo der *dominus* nicht dejicirt ist, obwohl er selbst mit Gewalt vertrieben ist, insofern er durch seine Repräsentanten auch thatsächlich Herr über die Sache ist. Der § 48 bezieht sich überall nicht mehr auf unser Interdict.

In diesem grossen Pandectenfragment, der einzigen zusammenhängenden Darstellung, die die Codification in Betreff unsrer Klage enthält, findet sich sonach in Wahrheit nichts, was eine Beschränkung ihrer Anwendung im Sinne der herrschenden Anschauung nothwendig erscheinen liesse, und daneben sind die von Bruns[1]) für die herrschende Ansicht angezogenen Stellen[2]), die eigentlich kaum Neues enthalten[3]), m. E. bedeutungslos. Auch die angebliche Consequenz einer erweiterten Anwendung unsrer Klage, wie sie Bruns[4]) zu ziehen sucht,

1) Conf. loc. cit. S. 62.
2) Conf. l. 8 und 20 D. 43. 16.
3) Conf. l. 1 § 22 D. 43. 16.
4) Conf. loc. cit. S. 66.

indem er behauptet, wenn man sie auf die Detention ausdehne, so müsse man sie auch Personen geben, die die Sache ohne alles eigene Interesse, ja ohne allen eigenen Willen hätten, macht mich nicht bedenklich, denn es ist unrichtig, dass diese Personen, wenn sie sich auch auf dem Grundstück befinden, Herren der Sache sind und sie in diesem Sinne detiniren.

Demgegenüber aber sind es zahlreiche positive Gründe, die für eine ausgedehntere Anwendung der Klage sprechen, und zwar in erster Linie, um mit Pfeiffer[1]) zu reden, die Ratio derselben.

Denn, wenn es, wie aus dem ganzen *titulus* D. *unde vi* (43. 16) hervorgeht, im Wesentlichen der Gewaltact ist, der die Veranlassung für diese Klage giebt, wie er denn auch allein als solche Veranlassung im Edict sowohl als bei Gajus IV § 154 in den Worten *unde tu illum vi dejecisti* hervorgehoben ist, so sieht man in der That keinen Grund, weshalb, wenn bereits ein solcher Gewaltact, wodurch eine thatsächliche Herrschaft über ein Grundstück beseitigt ist, nachgewiesen ist, nun auch noch der Beweis gefordert werden sollte, dass diese thatsächliche Herrschaft auf Seiten des Klägers von der Art gewesen sei, dass Kläger, falls er seinem Dejicienten gegenüber das *int. uti poss.* angestellt hätte, als Besitzer anerkannt worden wäre.

Aber die Quellen sprechen sich auch positiv gegen diese Beschränkung des Anwendungsgebietes des *int. de vi* aus, so Cicero in der Rede *pro Caecina* § 104[2]), wo er allerdings, wie Savigny[3]) zuzugeben ist, nur diese Beschränkung negirt, dagegen keine anderweite positive Begründung des Anwendungsgebietes vornimmt, und l. 1 § 5 D. 43. 16, wo dem Superficiar ausdrücklich das Interdict eingeräumt wird, obwohl er nicht als Besitzer, dem das *int. uti poss.* zur Seite steht, angesehen werden kann. Vor Allem aber ist es die l. 1 § 9 und 10 D. 43. 16, die uns nicht im Zweifel darüber lässt, dass nicht der Besitz im Sinne des *int. uti poss.* als nothwendige Voraussetzung für unser Interdict anzusehen ist. Denn dies ist die einzige Stelle, wo Ulpian im Gange seiner Darstellung diesen Punkt erörtern wollte, und, wenn er hier sagt, dass auch für den *naturalis possessor* im Fall seiner Dejection das *int. de vi* begründet erscheine, so wollte er damit offenbar etwas Anderes bezeichnen, als denjenigen Besitz, der durch das *int. uti poss.* seinen Schutz findet.

---

1) Conf. loc. cit. S. 55.

2) *In judicium non venire utrumne Caecina possederit necne.*

3) Conf. Besitz 7. Aufl. S. 425 ff.

Savigny [1]) sucht zwar den Begriff der *naturalis possessio* verschieden zu erklären, je nachdem der Ausdruck im Gegensatz zum Usucapions- oder zum Interdictenbesitz gebraucht werde, und meint, dass im ersten Fall auch der Interdictenbesitz darunter verstanden werde, wenn er nur nicht Usucapionsbesitz sei. Aber wie sollte gerade in der l. 1 § 9 D. 43. 16, wo es sich bei der *possessio civilis* nach erfolgter Dejection überall nicht mehr um eine Usucapion handeln kann, da sie ja durch den Verlust des Besitzes aufgehoben wird, dieser Gegensatz und nicht vielmehr der Gegensatz zu einem andern thatsächlichen Herrschaftsverhältniss zur Sache, welches durch das *int. uti poss.* geschützt wird (Interdictenbesitz), hervorgehoben sein.

Nein, *civilis possessio* ist hier offenbar der durch das *int. uti poss.* geschützte Besitz, dem die *naturalis possessio* als ein anderes thatsächliches Herrschaftsverhältniss zur Sache gegenübergestellt wird, und der § 10 [2]) enthält dann nicht etwa die Bemerkung, dass die von ihrem Gatten beschenkte Ehefrau sich gleichfalls des *int. de vi* bedienen könne [3]). Denn das würde trivial sein, da ihr ja, falls sie sich als Besitzerin fühlt und gerirt, trotz Burchardi [4]), der vergeblich zu erweisen sucht, dass sie nicht *sui juris* sei, sogar das *int. uti poss.* schützend zur Seite steht [5]). Im § 10 wird vielmehr dem Gatten,

---

1) Conf. loc. cit. S. 69 ff.

2) *Denique et si maritus uxori donavit eaque dejecta sit, poterit interdicto uti, non tamen si colonus.*

3) Conf. Savigny, loc. cit. S. 79 Anm. 2, dem merkwürdigerweise auch Geiger, loc. cit. S. 248, in diesem Punkte gefolgt ist.

4) Conf. Arch. f. civ. Prax. Bd. 20 S. 18 ff. *Possessio civilis* ist weder gleichbedeutend mit *possessio ad usucapionem* noch mit *poss. ad interdicta.*

5) Vergl. l. 16 D. 41. 2, l. 1 § 2 *in fine* D. 41. 6, l. 1 § 4 D. 41. 3 und l. 26 pr. D. 24. 1, Meischeider, Besitz und Besitzesschutz S. 78 ff., und Thibaut, loc. cit. S. 345, während Bekker, Recht des Besitzes S. 96, diese Auffassung erst den späteren röm. Juristen seit Julian vindicirt. Auch l. 1 § 4 D. 41. 3 und l. 26 pr. D. 24. 1 dürften völlig harmoniren, wenn wir bedenken, dass Paulus in l. 1 § 4 cit. offenbar nur sagen will, dass es beim Besitz nicht auf eine vom Civilrecht anerkannte *causa* des Erwerbs ankommt, die bei solcher Schenkung allerdings nicht vorliegt (conf. l. 46 D. 24. 1, l. 3 § 10 D. 24. 2 und l. 1 § 2 D. 41. 6), und sich dann in l. 26 pr. cit., wo er offenbar dasselbe hervorheben will, lediglich im Ausdruck vergreift, wenn er sagt, dass der beschenkte Ehegatte *jure civili* nicht als Besitzer angesehen werde. Diese unrichtige Terminologie darf uns um so weniger auffallen, als wir oben gesehen haben, welche terminologische Verkehrtheiten sich Paulus in der l. 3 § 5 D. 41. 2 hat zu Schulden kommen lassen, und beim Studium der Quellen allgemein die Erfahrung machen, dass die Terminologie der Römer oft etwas Flüssiges behielt, während sie das Verhältniss selbst mit juristischer Schärfe durchaus consequent behandelt haben.

der die Sache seiner Ehefrau geschenkt hat und nicht mehr Besitzer ist, in diesem besonderen Fall, obwohl er weder detinirt noch dejicirt ist, das *int. de vi* gegeben, und zwar einfach, weil er sich die seiner Ehefrau angethane Gewalt gleichwie eine ihr zugefügte Injurie zuziehen kann[1]). Und das wird durch den Nachsatz, „*non tamen si colonus*“, den ich ergänze „*uxoris dejectus sit*“, nur bestätigt. Denn hier wird dem Gatten die Klage abgesprochen, offenbar weil sich in diesem Fall die Gewalt nicht direct gegen seine Ehefrau richtet und damit nicht den Charakter der Injurie trägt[2]).

Und ziehe ich hier noch die l. 3 § 15 D. 10. 4 heran, die, auch von Ulpian herrührend, offenbar an l. 1 § 9 und 10 erinnert und von Savigny zur Unterstützung seiner Theorie von der doppelten Bedeutung des Ausdrucks *civilis possessio* und seiner Interpretation der l. 1 § 9 und 10 benutzt ist, so dürfte ein ernstlicher Zweifel darüber, ob die gegen den Besitzer begründete *actio ad exhibendum* auch gegen den Interdictenbesitzer im Sinne Savignys Wirkung haben konnte, doch wohl kaum aufkommen, während der Zweifel, ob sie auch gegen den *detentor* wirksam erscheint, durchaus natürlich ist. Und dass dieser Gegensatz von Ulpian hier wirklich ins Auge gefasst ist, beweist die sich unmittelbar mit *nam* an den § 15 anschliessende l. 4 eod. von Pomponius, und die dann folgende Stelle Ulpians l. 5 eod., die eine ganze Reihe von Fällen, wo die *act. ad exhibend.* als begründet angesehen wird, aufführt, bei denen es sich stets um Detention und nicht um Interdictenbesitz handelt. Der Ausdruck „*denique*“ in l. 3 § 15 führt m. E. ebenso wie in l. 1 § 10 D. 43. 16 kein Beispiel an, sondern hebt schliesslich noch einen besonderen Fall der Anwendung der Klage hervor[3]).

Damit dürfte aber die Bedeutung, die Savigny dem Ausdruck *naturalis possessio* im Gegensatz zum Usucapionsbesitz anweisen will, da Savigny selbst[4]) den positiven Beweis für seine Ansicht nur in den beiden vorstehend erörterten Stellen findet, jeder Begründung in den Quellen entbehren.

---

[1]) Conf. Thibaut, loc. cit. S. 360, und l. 11 § 7 D. 47. 10.

[2]) Was Bruns, loc. cit. S. 65, aus den Basiliken 60, 17 c. 7 § 8 zur Erklärung dieser Stelle anführt, lässt nur ersehen, dass ihr Verfasser, dem offenbar auch kein anderer Text vorlag als uns, anders ergänzt hat, aber nicht, dass er richtig ergänzte.

[3]) Conf. Cuperus, *de nat. poss.* P. 1 C. 3 p. 35, gegen Savigny, loc. cit.

[4]) Conf. loc. cit. S. 76.

Ich bin nun weit davon entfernt anzunehmen, dass ich den noch immer lebhaft geführten Streit über die Bedeutung von *possessio civilis* und *naturalis* bei dieser Gelegenheit aus der Welt schaffen könnte, aber ich muss hier doch darauf hinweisen, wie die Voraussetzungen der *possessio civilis*, wie sie Burchardi[1]) m. E. sehr richtig aufstellt, nämlich 1) *animus domini*, 2) *res in commercio*, 3) eine Sache, die nicht Theil einer anderen Sache ist, und 4) ein Besitzer, der *sui juris* ist, durchaus die Voraussetzungen eben desjenigen Besitzes sind, der, wie ich unten zeigen werde, durch das *int. uti poss.* und *utrubi* geschützt wird.

Es lässt sich also schon um deswillen, wenn es feststeht, dass mit dem *int. de vi* auch die *naturalis possessio* geschützt wird, der Schutz des *int. uti poss.* und der des *int. de vi* nicht einfach unter der gemeinsamen Bezeichnung des possessorischen Schutzes zusammenwerfen. Und dass diejenige *possessio*, welche auf Seiten des Dejicirten die Voraussetzung für das *int. de vi* bildet, ein anderes Verhältniss ist als dasjenige, auf welches sich das *int. uti poss.* und *utrubi* bezieht, ergiebt sich auch aus l. 9 D. 6. 1, wo andernfalls das *int. de vi* neben diesen beiden Interdicten nicht hätte fehlen dürfen.

Die Beantwortung der Frage, ob wir uns nun die einfache Detention, die thatsächliche Herrschaft über die Sache ohne den *animus domini*, wie mehrfach angenommen ist[2]), als einziges Moment der *naturalis possessio* zu denken haben, oder welche Momente noch hinzukommen müssen, um den *dedentor* zum *naturalis possessor* zu machen, würde mich hier zu weit führen. Genug, eine Besitzklage im Sinne des *int. uti poss.* kann das *int. de vi* schon um deswillen nicht sein, weil sie von einem andern thatsächlichen Herrschafsverhältniss zur Sache ausgeht als das *int. uti poss.*

Aber nicht bloss das Verhältniss, dessen gewaltsames Durch-

---

1) Conf. loc. cit. S. 18 ff.

2) Conf. Francke, das Recht der Notherben § 9, der den Nachweis zu führen sucht, dass *naturaliter possidere* und *detinere* dasselbe bezeichnen. Vergl. auch Geiger, loc. cit. S. 257. Auch Suarez bezeichnet den *naturalis possessor* des röm. R. als *detentor*. Und was ist es denn in Wahrheit anders als diese *detentio*, wenn Bruns, loc. cit. S. 25, auch ein Verhältniss, bei dem man den *animus domini* gar nicht hat, als Naturalbesitz bezeichnet. Er versteht darunter zwar den abgeleiteten Besitz, aber ich werde zu zeigen suchen, dass es auf Seiten des Precaristen, Pfandgläubiger und Sequester durchaus nicht an dem *animus domini* fehlt, und dass der *animus domini* unter allen Umständen eine nothwendige Voraussetzung des eigentlichen Besitzes ist.

brechen nach den Quellen die Veranlassung des *int. de vi* bildet, auch der Zweck, der durch dasselbe erstrebt und erreicht wird, deutet nicht darauf hin, dass wir es hier mit einer Besitzklage zu thun haben.

Wäre eine Besitzregulirung zwischen Kläger und Beklagten wirklich der Zweck unsers Interdicts, so müsste Beklagter die Einrede, dass Kläger selber *vi*, *clam* oder *precario* den Besitz erworben habe, mit Erfolg geltend machen können, und doch fehlt sie in der Justinianischen Codification zweifellos[1]), während die Berücksichtigung, die diese Einrede zu Gajus Zeit allerdings gefunden haben mag[2]), vielleicht auf den Fall zurückzuführen ist, wo sich die vom Gegner gerügte *vis* in Wahrheit nur als eine Vertheidigungshandlung gegen dessen Gewaltsamkeiten darstellt[3]).

Und wie kann es sich um eine Besitzklage handeln, wenn lediglich der Umstand, dass der Mandatar für seinen Auftraggeber eine gewaltsame Dejection mit dessen Willen oder unter dessen nachträglicher Genehmigung vorgenommen hat, zu Gunsten des Dejicirten ein *int. de vi* electiv gegen Beide, einerlei wer von Beiden Besitzer geworden ist, begründet[4]), und wenn das *int. de vi* gegen den Dejicienten für anwendbar erachtet wird, auch wenn er den Besitz überall nicht ergriffen hat[5]) oder ihn bereits wieder und zwar ohne Arglist, etwa weil er wiederum von einem Dritten mit Gewalt vertrieben ist[6]), hat fahren lassen müssen?

Oder kann man wirklich noch von einer Besitzklage reden, wenn der Beklagte, obwohl er den Besitz nicht hat[7]), verurtheilt wird, und der Kläger trotz siegreich durchgeführter Klage den Besitz nicht erhält?

Und wäre es denkbar, dass Ulpian, falls das *int. de vi* dem *dejectus possessor* den Besitz hätte wiederverschaffen sollen, sich so eingehend mit Prüfung der Frage beschäftigt hätte, wie gross die Furcht, die den *dejectus* zur Flucht veranlasste, und wie gross der physische

---

1) Conf. Savigny, loc. cit. S. 448 ff., und Randa, der Besitz nach östr. R. 2. Aufl. S. 120.

2) Conf. Gaj. IV § 154 und Paul. Sent. V 6 § 7.

3) Conf. v. Liebe, d. Besitz etc. S. 163.

4) Conf. l. 1 § 12—15 D. 43. 16.

5) Conf. l. 4 § 22 D. 41. 3.

6) Conf. l. 1 § 36 und l. 15 D. 43. 16 und Witte, *int. uti poss.* S. 81, und Geiger, Zeitschr. f. C. R. und Proc. Bd. 13 S. 259.

7) Conf. Randa, der Besitz nach östr. R. 2. Aufl. S. 119.

Zwang auf Seiten des Dejicienten sein musste, um dasselbe als begründet erscheinen zu lassen [1])? Auch die bekannte Oekonomie des römischen Rechts in Betreff seiner Rechtsmittel macht es nicht wahrscheinlich, dass es der Besitz ist, den man mit dem *int. de vi* wiederzuerlangen strebt, da man diesen Zweck schon mit der *condictio possessionis* nach der in l. 2 D. 13. 3 ausgesprochenen Ansicht des Celsus erreichte [2]), und kein Grund dafür vorliegt, mit Bruns [3]) eine elective Concurrenz dieser Klagen und unsers Interdicts anzunehmen [4]). Alles das drängt uns, in dem Interdict eine einfache Delictsklage zu erblicken [5]), deren einzige Voraussetzung eine *vis atrox* ist, die gegen den sich thatsächlich, wenn auch nur momentan als Herrn eines Grundstücks Gerirenden ausgeübt ist [6]).

So erklärt sich die Entscheidung in l. 18 D. 43. 16 einfach, wo das zwischen *locator*, *conductor* und *emptor* in Betreff des Besitzes ohne Hülfe der Rechtsordnung erzielte Resultat offenbar durchaus mit demjenigen Resultat harmonirt, welches mit Hülfe der Rechtsordnung erstrebt wäre, falls der *locator* sie zum Schutz gegen den *conductor* angerufen hätte, und trotzdem noch ein zweifaches Interdict gegeben wird, nämlich einmal dem *conductor* gegen den *emptor*, und dann dem *locator* gegen den *conductor*, nur weil eine doppelte Dejection vorgekommen ist, die auf diese Weise rückgängig gemacht bezw. gesühnt werden soll.

Und nur weil das *int. de vi* als Delictsklage anzusehen ist, erklärt sich dessen Nichtanwendung solchen Dejicienten gegenüber, die in einem Autoritätsverhältniss zum Dejicirten stehen [7]), erklärt sich ferner der Umstand, dass sie auf Restitution nicht bloss der Sache

---

1) Conf. l. 1 § 29 D. 43. 16.

2) Conf. Bruns, Besitzklagen S. 260, und Meischeider, Besitz und Besitzesschutz S. 73.

3) Conf. Besitz S. 33.

4) Conf. Rudorff bei Savigny, Besitz Anhang S. 709 Not. 161.

5) Vergl. Savigny, Besitz 7. Aufl. S. 49 Anm. 1, und namentlich auch l. 27 § 4 D. 2. 14. Die Praxis neigt sich so sehr dazu, dass in einer Lübecker Entscheidung bei Seuff., Arch. V, 25, durch den Beweis eines unverschuldeten Irrthums auf Seiten des Beklagten die Klage elidirt erscheint.

6) Auch Bekker, Recht des Besitzes S. 94, hebt hervor, dass der Delictscharakter der Dejection, die *atrocinitas facinoris* schon annehmen lasse, dass man es mit der Beschaffenheit des vorausgesetzten Besitzes bei diesem Interdict nicht allzu streng genommen habe.

7) Conf. l. 1 § 43 D. 43. 16 und Jhering, Ueber den Grund des Besitzesschutzes 2. Aufl. S. 12.

sondern der Sache *cum omni causa* gerichtet ist[1]), sowie die kurze Verjährung der Klage wenigstens in Betreff ihrer vollen Wirkung[2]), und erklären sich endlich die im Anschluss an unser Interdict im *titulus Codicis unde vi* (8. 4) ausgesprochenen Nachtheile, die den Dejicienten als Strafen treffen sollen[3]).

Die beiden ersten Stellen enthalten zwar neues Recht, wie Bekker[4]) zuzugeben ist, aber kein neues Rechtsmittel, und die c. 7 enthält ebensowenig ein neues selbständiges Gebilde der Justinianischen Codification[5]), sie bezieht sich auch weder auf eine entwickelte *vi bonorum raptorum actio*[6]), noch enthält sie eine Ausdehnung des *int. de vi* auf Mobilien[7]), sondern in ihr ist lediglich der gegen die unerlaubte Selbsthülfe gerichteten Tendenz des *int. de vi* weiter Rechnung getragen, und im Anschluss an das Interdict für den Fall, dass die Dejection in Betreff einer im Process befindlichen Sache erfolgte, eine Strafe eingeführt. Auch die Aufnahme der c. 5 in den

---

1) Conf. l. 1 § 40 und 41 D. 43. 16 und Witte, *int. uti poss.* S. 80, auch l. 19 D. 43. 16, wo sogar der Ausdruck *delictum* für den begangenen Gewaltact sich findet.

2) Conf. c. 2 C. 8. 4 und l. 1 pr. D. 43. 16. Ich lasse es hier dahingestellt, ob die weitergehende Wirkung der Dejection in Betreff dessen, was sich noch in den Händen des Dejicienten befindet, auf ein *int. de vi* oder die sog. *condictio possessionis* zurückzuführen ist. Vergl. Witte, *int. uti poss.* S. 90.

3) Conf. c. 9, die das sog. *juramentum Zenonianum* zu Gunsten des *dejectus* einführt, und c. 10, wo die Dejection, falls sich der Dejicient in einem Vertrauensverhältniss zum *dejectus* befindet, dann grössere Nachtheile für ihn nach sich zieht, wenn seine Renitenz bis zur *definitiva sententia* anhält, und vor Allem die bekannte c. 7.

4) Conf. R. d. Besitzes S. 267.

5) Conf. Bekker, loc. cit. S. 262 ff. Die Eigenthümlichkeit dieses Rechtsmittels, die Bekker darin erblickt, dass die Restitutionspflicht nur den treffe, der auch strafbar wäre, also sich bei seinem Thun in *culpa* befand, und die er aus dem *violenter invadere* entnehmen will, ist eine Voraussetzung jedes *int. de vi*, und bis auf den Fall des Erbrechens der Stallthür sind die sämmtlichen Beispiele in Betreff der Dose und des Hundes, bei denen Bekker wegen mangelnder *violenta invasio* das Rechtsmittel nach c. 7 nicht zur Anwendung bringen will, ebensowenig geeignet, das *int. de vi* zu begründen.

6) Conf. Brinz, Pandecten Bd. I S. 746 Anm. 8.

7) Conf. Savigny, Besitz 7. Aufl. S. 440, wogegen sich Bruns, Besitz S. 74 und 76, und Besitzklagen S. 177 und 178, und Windscheid, Lehrb. d. Pandektenr. Bd. I § 160 Anm. 4, bereits aufs Entschiedenste ausgesprochen haben. Aus den Worten *divalibus constitutionibus* in § 1 J. 4. 2 lässt sich vielleicht auf die Existenz anderer Constitutionen schliessen, die neben denen in Betreff der „*invasiones quae circa res soli fiunt*" ähnliche Strafen in Betreff der Mobilien eingeführt haben.

Titel *unde vi*, obwohl sie sich offenbar nicht lediglich auf unser Interdict bezieht [1]), weist, wenn hier ganz im Allgemeinen eine Strafe wegen Gewaltthätigkeiten eingeführt wird, aufs Entschiedenste darauf hin, dass auch unser Interdict die Sühne des Delicts nicht die Wiederherstellung des Besitzverhältnisses im Auge hat.

Dass die spätere Entwicklung des *int. de vi* bereits im Codex [2]) und sodann weiter im Canonischen Recht, vor Allem in der Spolienklage, diesen Weg genommen hat, wird auch wohl von Keinem bestritten; und ich meine, wenn man für das *int. de vi* trotzdem einen so ganz anderen eng begrenzten Ausgangspunkt nimmt, so erklärt sich das vor Allem aus dem Umstand, dass man den Ausdruck *possessio*, wie er in den Quellen in Bezug auf das *int. uti poss.* und dann wieder in Bezug auf das *int. de vi* gebraucht ist, ohne Weiteres als identisch angesehen hat, während doch namentlich die l. 1 § 9 D. 43. 16 aufs Entschiedenste darauf hinweist, dass wir es hier mit ganz verschiedenen Begriffen zu thun haben. Aber zu einer Zeit, in der man in der Rechtswissenschaft nicht am Wenigsten um desswillen, weil sie sich dann besser „auswendig lernen" liess, den Hauptwerth darauf legte, den ganzen Rechtsstoff in syn- und antithetische Begriffe auflösen zu können, da fand man es gar zu bequem, den Schutz gegen Besitzentziehung und den Schutz gegen Besitzstörung in dem *int. de vi* und dem *int. uti poss.* ähnlich wie den Schutz gegen Eigenthumsentziehung und den gegen Eigenthumsstörung in der *rei vindicatio* und *negatoria actio* einander gegenüberzustellen, und fühlte sich dazu um so mehr berechtigt, als bereits der grosse Lehrmeister Gajus, der bekanntlich in solcher Anordnung des Stoffes seine Hauptaufgabe sieht, eine ähnliche Antithese aufgestellt hatte [3]).

---

1) Das sollte nach Savignys (loc. cit. S. 467) Hinweis darauf, dass sich der zweite Theil dieser Stelle auf die *rei vindicatio* und nicht auf das *int. de vi*, auch nicht auf die *actio momentaria* Jherings, (conf. Ueber den Grund des Besitzesschutzes 2. Aufl. S. 110 und 111), bezieht, und nach Bruns feiner Auseinandersetzung über den ersten Theil dieser Stelle (conf. Besitzklagen S. 93—95), die Bekker, (conf. R. d. Besitzes S. 262), lediglich wiederholt, nicht mehr ernstlich in Zweifel gezogen werden.

2) Conf. c. 1 C. 8. 5 und Bruns, Besitzklagen S. 92 und 93.

3) Savigny hat bereits in der 6. Auflage des „Besitzes" darauf hingewiesen, dass dieser Gegensatz wissenschaftlich unbrauchbar sei, weil er bloss auf den ganz äusserlichen und für das Wesen der Klage ganz gleichgültigen Zweck sehe, wie denn z. B. das *int. quem fundum* und *quam hereditatem*, die nach Umständen *int. rec. poss.* seien, ganz und garnicht auf einer *possessio*, sondern lediglich auf einer unerfüllten Verpflichtung im Process beruhten. Vergl. Besitz 7. Aufl. S. 387.

Es dürfte nach dem Vorstehenden klar gestellt sein, das von einer unzulässigen Concurrenz zwischen dem *int. de vi* und dem *int. uti poss.* in seiner recuperatorischen Tendenz nicht die Rede sein kann. Das *int. uti poss.* ist immer das weitergehende[1], und zwar offenbar weil der, dem restituirt ist, damit noch nicht als Besitzer anerkannt ist, und nicht aus dem von Schmidt[2] entwickelten Grunde, und es ist in dem Fall das vortheilhaftere[3], wenn der Dejicirte sicher ist, die Voraussetzungen für diesen weitergehenden Schutz des Praetors in Bezug auf sein thatsächliches Verhältniss zur Sache nachweisen zu können. Fällt es ihm aber schwer, den Besitz darzuthun, und kommt es ihm nur darauf an, wieder Inhaber der Sache zu werden, dann reicht das *int. de vi* für ihn aus und ist dann auch das bequemere Rechtsmittel.

So wird es also in der Regel der *possessor* sein, der sich dieses Interdicts bedient, um sich wieder in das frühere thatsächliche Verhältniss zur Sache zu setzen, ähnlich wie sich der Eigenthümer oft der *Publiciana in rem actio* oder gar des *int. uti poss.* bedient, um damit auf leichterem Wege dasselbe Resultat wie mit der Eigenthumsklage zu erzielen, und so erklären sich Stellen wie l. 1 § 4 D. 43. 17[4]) und Gaj. IV § 154[5]), ohne dass Bruns deshalb ein Recht hätte, diese Stellen zum Beweis für seine enge Begrenzung der Klage anzuführen.

Ich habe in der Ueberschrift dieses Capitels das *int. uti poss.* als die einzige Besitzklage des Justinianischen Rechts bezeichnet. Es wird desshalb nun meine Aufgabe sein, die anderen Klaggebilde, die man neben dem *int. de vi* und dem *int. de precario* in der neueren Zeit als Besitzklagen bezeichnet hat, soweit man darin bereits zu Justinians Zeit anerkannte Rechtsmittel erblickt, einer kurzen Prüfung zu unterziehen.

Was zunächst die von Bruns, so zu sagen, neu entdeckte *condictio possessionis* betrifft, so giebt Bruns[6], so grosse Bedeutung er ihr auch beilegen möchte, doch zu, dass bei ihr die *possessio* lediglich als Vermögensobject[7]) oder als Vermögenswerth Berücksichtigung findet, und v. Liebe[8]) hebt mit Recht gegen Bruns hervor, dass nicht

1) Conf. l. 52 § 2 D. 41. 2.

2) Conf. Interdictenverfahren S. 71.

3) Conf. Witte, *int. uti poss.* S. 80.

4) *Illud (sc. interdictum unde vi) enim restituit vi amissam possessionem.*

5) *Per quod (scil. int. u. v.) is, qui dejecit cogitur ei restituere rei possessionem.*

6) Conf. Besitzklagen S. 185 ff.

7) Conf. Seuff., Arch. Bd. XIX Nr. 152.

8) Conf. d. Besitz etc. S. 97 Anm.

die blosse Thatsache, dass Jemand den Besitz gehabt und verloren hat, als Condictionsgrund anzusehen sei, derselbe vielmehr in der besonderen Art und Weise, w i e der Besitz verloren und gleichzeitig auf der andern Seite gewonnen ist, zu suchen sei.

Ich folgere daraus mit Bekker[1], dass die *condictio possessionis* nicht in der Lehre vom Besitz sondern in der von den Condictionen angemessen ihre Erörterung findet, m. a. W. dass sie keine Besitzklage ist.

Etwas eingehender habe ich mich sodann mit der nach des Cujaz Vorgang von Jhering[2]) aus der Justinianischen Codification entwickelten, dagegen von Bruns[3]) aufs Lebhafteste bekämpften *actio momentariae possessionis* zu beschäftigen, die Jhering als die consequente Entwicklung des *int. de vi* im Just. Recht ansieht.

Wer mir bisher gefolgt ist, dem wird es nicht entgangen sein, dass ich neben dem *int. uti poss.* und dem *int. de vi* keiner *act. momentariae possessionis* mehr bedarf. Ich halte es für unrömisch, die Lücken im Besitzesschutz, die für die herrschende Theorie allerdings vorhanden sind, durch eine Ausdehnung des *int. de vi* auszufüllen.

Das *int. de vi* ist seinem Namen entsprechend an die *vis* gebunden. Sie und nicht der Besitz ist das *primum agens* für dieses Rechtsmittel. Und andrerseits enthält das *int. uti poss.*, namentlich nachdem sein Anwendungsgebiet durch seine Verschmelzung mit dem *int. utrubi* ein weit grösseres geworden ist, Alles, was Jherings Forderung eines regelrechten Besitzesschutzes befriedigen kann, wenn er sie dahin präcisirt, dass der Besitzer gegen jede Besitzaneignung von Seiten eines Andern, die sich nicht, wie im Fall des *dolus* und *metus*, auf seinen e i g e n e n Willen zurückführen lässt, possessorischen Schutz beanspruchen kann[4]). Partheien haben hier in Wahrheit nichts Anderes zu beweisen als ihr bisheriges Verhältniss zur Sache und die Art, wie Gegner in das thatsächliche Verhältniss zur Sache gelangt ist, und der Richter entscheidet, wer danach *injusta causa* vom Andern den Besitz in Anspruch nimmt, und wessen thatsächliches Verhältniss zur Sache er danach nicht als Besitz unter seinen Schutz nehmen will. Ist aber Keinem bei der Begründung des Verhältnisses eine *injusta causa* gegen den Andern

---

1) Conf. Recht des Besitzes S. 288.

2) Conf. Ueber den Grund des Besitzesschutzes 2. Aufl. S. 105 ff.

3) Conf. Besitzklagen S. 84—134, und Pernice, Zeitschr. f. H. Recht Bd. 20 S. 618.

4) Conf. loc. cit. S. 142.

nachzuweisen, dann erklärt er: „Ihr seid Beide zu schützen", es siegt also Keiner.

Ich harmonire danach mit Bruns und Jhering, wenn sie die von Bruns[1]) aufgestellte Frage, ob die Grundidee des Besitzes und der legislative Zweck seines Schutzes eine derartige Ausdehnung des Schutzes fordern, bejahen, bejahe ferner mit Jhering auch die zweite von Bruns aufgeworfene Frage, ob diese Ausdehnung bereits im röm. Recht zur Ausbildung gekommen ist, kann dagegen Jhering darin nicht beistimmen, dass die Ausdehnung in der von ihm angegebenen Art und Weise erfolgt sei, schliesse mich vielmehr Bruns „minutiöser" aber überzeugender Polemik gegen Jherings eigenthümliches Klaggebilde an[2]).

Jhering gesteht selbst[3]) zu, dass sich die Allgemeinheit des Besitzesschutzes in der Richtung auf Anerkennung und Aufrechterhaltung des Besitzes in dem *int. ret. poss.* verwirklicht habe. Dann bedarf es aber gar keiner Verallgemeinerung des *int. rec. poss.* mehr, denn im Verhältniss zum *injustus possessor* genügt ja, wie ich oben gezeigt habe, das *int. uti poss.* vermöge seiner sog. recuperatorischen Natur dazu, den Besitz aufrecht zu erhalten, soweit Jemand noch als Besitzer anerkannt wird, d. h. soweit nicht mit seinem Willen, wenngleich unter Anwendung von *dolus* auf der Gegenseite oder in Folge *metus* auf Seite des Besitzers, das thatsächliche Verhältniss zur Sache sein Ende gefunden hat. Und etwas Weiteres, namentlich eine Ausdehnung des Schutzes dritten Personen, die indirect in das thatsächliche Verhältniss zur Sache gelangt sind, gegenüber, will ja auch Jhering nicht durch sein ausgedehntes *int. de vi*, seine *actio momentariae possessionis* erreichen, weiter will er den Begriff *injusta possessio* entschieden nicht ausgedehnt wissen.

Dann ensteht aber die Frage, was denn die wahre Bedeutung jenes oft in den Quellen namentlich im Codex wiederkehrenden Ausdrucks „*momentum*" ist. Meines Erachtens bedeutet der Ausdruck nichts als die augenblickliche thatsächliche Herrschaft über die Sache, einerlei, ob sie von der Rechtsordnung geschützt wird oder nicht[4]).

---

1) Conf. Besitzklagen S. 85.

2) Vergl. auch Randa. d. Besitz nach östr. R. 2. Aufl. S. 120 Anm. 20.

3) Conf. loc. cit. etc. S. 131.

4) Die Behauptung Fittings in der Zeitschrift f. R. Geschichte Bd. 11 S. 433 ff., dass *momentum* in der abendländischen Rechtssprache „Besitz" bedeute, und zwar wegen der schleunigen processualischen Erledigung eines Streites über den Besitzstand, hat für mich nichts Ueberzeugendes.

In diesem Sinne wird das Zuerkennen des *momentum* oft als eine provisorische Regulirung der Sache behandelt[1]), bei der von Appellation keine Rede sein kann[2]). In diesem Sinne fragt man bei der *momenti actio* nicht nach der Persönlichkeit, die sie anstellt. Es kann sogar ein Sklave sein[3]). Damit erscheint die erste von den beiden wesentlichen Verschiedenheiten, die Jhering[4]), zwischen dem *int. de vi* und seiner *act. mom. poss.* erblickt, beseitigt.

Und die *momenti actio* ist ein *beneficium*, welches innerhalb eines Jahres verjährt[5]). Es ist also keineswegs richtig, wenn Bruns[6]) bei Isidor, Origenes 5, 24, 25, 33 in den Worten: *momentum dictum a temporis brevitate ut statim salvo negotio reformetur. Interdictum est, quod a judice non in perpetuum se pro reformando momento ad tempus interim dicitur*, eine Confusion von augenblicklichem Besitz und Besitzklage findet, sondern das Interdict, von dem Isidor hier spricht, und welches *interim ad tempus pro reformando momento* gegeben wird, ist eben kein anderes als das *int. de vi*, wie denn auch Bruns selber[7]) auf die Identität dieser *actio momenti* und des *int. de vi* hingewiesen hat.

Und unter diesem Gesichtspunkt finden c. 8 C. 8. 4[8]) und c. un. C. 3. 16[9]), wo die beiden Ausdrücke *vis facta* und *possessio postulanda*, wie Bruns[10]) gegen Jhering[11]) richtig hervorhebt, keinen

---

1) Conf. C. Theod. 9. 19. 2 *ut petitori possessorive momentum prolatorum instrumentorum conferret auctoritas.*

2) Conf. C. Theod. 11. 37. 1 u. c. un. C. 7. 69.

3) Conf. C. Theod. 4. 22, 4 u. 4. 22. 6 und c. 3 C. 3. 6. *Momentariae possessionis actio exerceri potest per quamcunque personam.* Dass damit die Klage nicht zur Popularklage geworden ist, wie Jhering, loc. cit. S. 118, annimmt, hat schon Bruns, loc. cit. S. 103, gezeigt, wenn er hervorhebt, dass jedenfalls die Detention für den Abwesenden die Voraussetzung der Klage war.

4) Conf. loc. cit. S. 108.

5) Interpr. Visigoth. ad C. Th. 2. 46 und 11. 37. 1.

6) Conf. loc. cit. S. 90.

7) Conf. Besitzklagen S. 104—106.

8) *Momentariae possessionis interdictum, quod non semper ad vim publicam pertinet vel privatam, mox audiri, interdum etiam sine inscriptione meretur.* Vergl. Bruns, Besitzklagen S. 104 ff., und Bekker, Recht des Besitzes S. 266, der übrigens nichts wesentlich Neues in Betreff dieser Stelle vorbringt. Auf die Kritik, die Jhering, loc. cit. S. 111, der Ausführung Savignys, Besitz 7. Aufl. S. 468, in Betreff dieser Stelle zu Theil werden lässt, brauche ich danach nicht weiter einzugehen.

9) *Ubi aut vis facta dicitur, aut momentaria possessio postulanda est, ibi loci judicem adversus eum, qui possessionem turbavit, convenit judicare.*

10) Conf. loc. cit. S. 98.

11) Conf. loc. cit. S. 110.

Gegensatz, sondern der eine den Grund, der andere den Inhalt der Klage andeuten[1]), vor Allem aber die c. 1 C. 8. 5 ihre Erklärung.

Schon der Platz, den diese Stelle im Codex, wo die Titelfolge der Digesten offenbar wiederholt ist, zwischen dem *titulus unde vi* und dem *titulus uti possidetis* erhalten hat, weist darauf hin, dass es sich hier um eine Ausdehnung des *int. de vi* und nicht, wie Jhering[2]) annimmt, um eine ganz andere Klage handelt, und Bruns[3]) hebt mit Recht hervor, dass danach der dejicirte Vertreter des Abwesenden für diesen auch über die einjährige Verjährung hinaus das *int. de vi* anstellen kann[4]). Es ist eine *actio utilis*. Aber wenn es heisst, dass man mit dieser die *restitutio momentariae possessionis* erlangt, *perinde ac si reversus dominus litigasset*, so liegt darin ausgesprochen, dass der *reversus dominus* mit seinem *int. de vi* nichts Anderes als die *momentariae possessio* erlangt.

Und nur der Umstand, auf den ich schon oben hinwies, dass es oft der Besitzer ist, der mit dem Interdict den Inhaber aus dem Verhältniss zur Sache verdrängt, erklärt es, dass beim *int. de vi* nicht stets die *restitutio momentariae possessionis*, auf die das Interdict an sich nur abzielt, als Resultat desselben in den Quellen erwähnt wird.

Wenn sonach die Besprechung der sog. *actio mom. poss.* die Richtigkeit dessen, was ich oben über das *int. de vi* gesagt habe, durchaus bestätigt, so bedarf hier schliesslich nur noch die c. 11 C. 8. 4, in der Jhering[5]) eine besondere Stütze seines erweiterten *interdictum de vi* erblickt, einer besonderen Erwähnung. Was ihre Interpretation betrifft, so stimme ich weder Jhering zu, wenn er den Besitz hier noch als fortdauernd ansieht, noch v. Liebe[6]), wenn er die *vacua possessio absentium* als die besitzlose Lücke zwischen einem Ende und einer Wiederaufnahme des Besitzes, wie etwa der Zustand in Folge des Todes oder in Folge Fortlaufens des Sklaven, ansieht

---

1) Auch die Glosse nimmt an, dass diese Stelle sich auf das *int. de vi* bezieht, und ebenso die Basiliken 50. 3. 56 in den Worten: *πρὸς ῥοπὴν νομὴ ἔχουσα τὸ περὶ βίας παράγγελμα*, die Bruns, loc. cit. S. 91, m. E. richtig übersetzt: *in momentum possessio, habens de vi interdictum.*

2) Conf. loc. cit. S. 108.

3) Conf. loc. cit. S. 92.

4) Witte, *int. uti poss.* S. 92 ff., findet in dieser Stelle m. E. mit Unrecht die unbeschränkte Zulassung des Interdicts in seinem vollen Umfang auch nach Ablauf des *annus utilis*.

5) Conf. Ueber den Grund des Besitzesschutzes 2. Aufl. S. 112 ff. und 120 ff.

6) Conf. d. Besitz etc. S. 167 ff.

und annimmt, dass die Lücke in Betreff der Usucapion nicht als Unterbrechung gelten soll. Ich kann aber ebensowenig Savigny Recht geben, wenn er annimmt [1]), dass in diesem Falle an sich keine possessorische Klage anwendbar gewesen sei, und dass erst durch Justinian ausdehnungsweise das *int. u. v.* auf diesen speciellen Fall anwendbar erklärt sei [2]). Nicht das *int. de vi* sondern das *int. uti poss.* in seiner recuperatorischen Tendenz ist es, mit dem der *absens possessor* hier gegen den *injustus possessor*, der in solchem Fall wie ein Räuber angesehen wird, auftreten soll, und damit wird dem Jhering'schen Bedürfniss [3]), soweit es überall als vorhanden anzuerkennen ist, in vollem Masse abgeholfen, und wir sehen in dieser Stelle die oben über unser *int. uti poss.* gewonnene Anschauung nur bestätigt.

Wie auch die c. 12 C. 7. 32, die Jhering gleichfalls in diesem Zusammenhang bespricht [4]), sich keineswegs auf ein erweitertes *int. de vi* sondern auf das *int. uti poss.* bezieht, werde ich weiter unten noch zu besprechen Gelegenheit haben. Hier hebe ich nur hervor, dass sie im Wesentlichen aus derselben Erwägung wie die c. 6 § 1 C. 8. 4 hervorgegangen ist, dass aber auch hier die Worte, *possessio ei, a quo ablata est, reddatur*, nicht etwa auf ein *int. de vi*, sondern auf das *int. uti poss.* mit recuperatorischer Tendenz hinweisen.

Ergiebt sich sonach als Resultat der vorstehenden Untersuchung, dass das *int. uti poss.* die einzige Besitzklage des Justinianischen Rechtes ist, so erscheint es angemessen, in diesem Zusammenhang noch das vorjustinianische *interdictum utrubi* einer kurzen Betrachtung zu unterziehen, die das in Betreff des *int. uti poss.* gewonnene Resultat nur bestätigen dürfte. Bruns [5]) hat diese Klage und namentlich die Frage, ob es ein *int. ret.* oder *rec. poss.* sei, und die Verschmelzung der Klage mit dem *int. uti poss.* zu einiger Verzweiflung gebracht.

Ich sehe zunächst von der Beantwortung der Frage, ob das *int. utrubi* retentorischer oder recuperatorischer Natur war, ab. Soviel steht fest, dass es die dem *int. uti poss.* analoge Besitzklage für Mobilien war, die zu Justinians Zeit bereits mit dem *int. uti poss.* verschmolzen war. Prüfen wir, wie ein unserem *int. uti poss.* analoges

---

1) Conf. Besitz S. 468 ff.

2) Vergl. bei Hauser, Stellvertretung im Besitz S. 92, eine ähnliche Erklärung.

3) Conf. loc. cit. S. 113.

4) Conf. loc. cit. S. 115.

5) Conf. Besitzklagen S. 167 ff.

Verfahren in Betreff der Mobilien zu einer Zeit, als noch für die Besitzklage in Betreff der Grundstücke ein *int. redditum* erforderlich war, sich denken lässt.

Bruns hat bereits darauf hingewiesen, dass bei Mobilien eine Besitzverwirrung in dem Sinne, wie ich sie als Voraussetzung des *int. uti poss.* hinzustellen suchte, eigentlich nicht vorkommen kann, und ich meine, dass es um deswillen beim *int. utrubi* auch zu keiner *fructuum licitatio* kam[1]).

Und das ist auch der Grund, weshalb das *int. utrubi,* wie Bruns gleichfalls hervorhebt[2]), den recuperatorischen und negatorischen (= retentorischen) Schutz in zweckmässiger Verbindung enthielt, insofern der Praetor erklärte, er wolle nicht den augenblicklichen sondern den innerhalb des letztvergangenen Jahres längsten Besitzstand, den Einer von den beiden Gegnern nachzuweisen im Stande sei, schützen.

Es ist bestritten, ob die sog. *exceptio vitiosa* gleich bei Entstehung dieses Rechtsmittels in der Formel Berücksichtigung gefunden hat[3]). War das nicht der Fall, so dürfte der Praetor zwischen dem Besitz an Immobilien und an Mobilien wohl einfach aus dem Grunde einen Unterschied gemacht haben, weil sein Schutz, falls bei Mobilien wie bei Immobilien lediglich der momentane Besitzstand im Augenblick des Erlasses des Interdicts dafür massgebend gewesen wäre, vielfach dem zu Theil geworden wäre, der ihn am Wenigsten verdiente, nur weil er im Moment zufällig Herr über die Sache war, ein Umstand, der bei Mobilien in der That weit mehr von Zufälligkeiten abhängt als bei Immobilien. Es hätte dann das Interdict geradezu eine „Prämie des Diebstahls" werden können, wenn der Dieb nur schnell, um den Besitz der gestohlenen Sache sich zu sichern, den Erlass eines solchen Interdicts veranlasst hätte.

Wenn aber auch die *exceptio vitiosa* bereits bei Entstehung des *int. utrubi* im Verfahren Berücksichtigung fand, so würde doch der Dieb für den Fall, dass er die Mobilien aus dritter Hand, die sie zufällig detinirte, sich anzueignen wusste, durch das fragliche Interdict den Besitz an der gestohlenen Sache sich haben sichern können.

---

1) Conf. Witte, *int. uti poss.* S. 55, und Eck, doppelseitige Klagen S. 54.

2) Conf. Besitzklagen S. 173.

3) Bruns behauptet es gestützt auf Gajus IV, 150 und § 4a. J. 4. 15, Windscheid, Lehrb. des Pandektenrechts Bd. I § 159 Anm. 2, spricht dagegen und glaubt Gaj. IV, 160 und l. un. D. 43. 31 für sich anführen zu können.

Denn dieser Dritte würde nicht behaupten können, er habe in dem thatsächlichen Verhältniss zur Sache gestanden, welches der Praetor als Besitz anerkennt, und der bisherige Besitzer würde nicht behaupten können, dass der Gegner sie sich von ihm *vi*, *clam* oder *precario* verschafft habe.

Dass solche Fälle bei Mobilien sehr viel häufiger vorkamen als die heimliche oder gewaltsame Wegnahme von Grundstücken, liegt auf der Hand, während bei der Beschränkung des *int. de vi* auf Grundstücke dem Mobiliarbesitzer auch nicht aushülfsweise ein anderweites Rechtsmittel zu Gebote stand.

Aus solchen Gründen hat m. E. der Praetor hier seinen Schutz eines thatsächlichen Herrschaftsverhältnisses in Betreff der Sache nicht von der Existenz desselben in einem bestimmten Moment abhängig gemacht, sondern hat erklärt, dass das ganze Jahr vor Erlass des Interdicts für die Gewährung dieses Schutzes massgebend sei. Und es ist dann nur natürlich, dass er vielleicht noch unter Berücksichtigung der *exceptio vitiosa* dem seinen Schutz verhiess, der im Lauf des Jahres länger in diesem Verhältniss gestanden hatte als sein Gegner. Das Bedenken Bekkers[1]) gegen diese Gestalt des Interdicts, weil danach zehn und mehr Personen zu gleicher Zeit berechtigte Interdictenkläger hätten sein können, erledigt sich einfach, wenn wir nur beachten, dass durch das *int. utrubi* ebenso wie durch das *int. uti poss.* das Verfahren nur zwischen zwei bestimmten Personen eingeleitet wurde, und dass es sich bei Feststellung des Besitzes an Mobilien gleichwie an Immobilien stets nur um ein relatives Verhältniss in Betreff der beiden gerade im Streit befangenen Partheien handelt.

Und was die Einfügung der *exceptio vitiosa* in die Formel des *int. utrubi* betrifft, bei der ich dahingestellt lasse, ob und wann sie erfolgt ist, so ist sie nicht räthselhaft, wie Bekker[2]) annimmt, sondern es ist nur natürlich, dass der Praetor, der, wie die historische Entwicklung lehrt, überhaupt dahin strebte, den gegenwärtigen nicht vitiösen Besitz zu schützen, falls Schutz dafür verlangt wurde, bei Prüfung der Frage, wen er im concreten Falle schützen solle, das vorhergegangene *vitium* insofern berücksichtigte, als er den auf diese Weise vom Andern erlangten Besitz nicht als solchen anerkannte, auch wenn er im vergangenen Jahre von längerer Dauer war, als der des Gegners.

---

1) Conf. R. des Besitzes S. 141.

2) Conf. loc. cit. S. 142.

Man erwirkte also mit dem *int. utrubi* wie mit dem *int. uti poss.* lediglich eine Entscheidung darüber, wen von den beiden streitenden Partheien der Praetor als Besitzer im thatsächlichen Verhältniss zur Sache zu schützen bereit sei, und die Form des Verfahrens[1]) deutet, auch darin in Uebereinstimmung mit dem, was wir über das *int. uti poss.* ermittelt haben, wie Scheurl[2]) mit Recht hervorhebt, darauf hin, dass die Sache von beiden streitenden Partheien ins Gericht geführt wurde, und insofern hat Gajus ein Recht, das *int. utrubi* gleich dem *int. uti poss.* als *int. ret. poss.* zu bezeichnen.

Auch die Doppelseitigkeit des Verfahrens, auf die schon oben angezogene Quellenstellen hinwiesen, und die Subsumtion des Interdicts unter die *actiones mixtae*, die ich gleichfalls bereits hervorgehoben habe, erklären sich so höchst natürlich, wie uns denn die Vermischung der recuperatorischen und retentorischen Natur des Interdicts nun nicht mehr Wunder nehmen darf.

Und was endlich die Verschmelzung des *int. utrubi* mit dem *int. uti poss.* betrifft, so ist sie, wie ich mit Bruns[3]), Fitting[4]) und Pernice[5]) annehme, nicht erst durch die Gesetzgebung Justinians sondern bereits mit der Beseitigung des formellen Erlasses der Interdicte bei der allgemeinen Veränderung des processualischen Verfahrens erfolgt. Denn als der sonst durch Erlass des *int. uti poss.* für das concrete Verhältniss der beiden in Frage stehenden Personen geschaffene Schutz eine allgemeine Anwendung auf das thatsächliche Verhältniss, in dem zwei Personen zu einer Sache standen, fand, liess sich in Betreff des Erlangens dieses Schutzes ein wesentlicher Unterschied zwischen Immobilien und Mobilien nicht mehr festhalten, und was in weiser Berücksichtigung der Verschiedenheit der Verhältnisse vom Praetor geschaffen war, musste nun beseitigt werden, wenngleich dadurch thatsächlich der Schutz des Besitzes von Mobilien ein höchst fragwürdiger geworden ist[6]).

---

1) Conf. l. 1 D. 43. 31, *utrubi hic homo quo de agitur, majore parte hujusce anni fuit, quominus is eum ducat, vim fieri veto.*

2) Conf. Recension von Meischeiders Besitz und Besitzesschutz in der Jenaer Litteraturzeitung 1876.

3) Conf. Besitzklagen S. 168 ff.

4) Conf. Zeitschr. für R. Geschichte Bd. 11.

5) Conf. Zeitschr. für H. Recht Bd. 20 S. 638.

6) Insofern stimme ich Jhering, Ueber den Grund des Besitzesschutzes 2. Aufl. S. 103, bei, kann indess in der Aufhebung dieses Interdicts keine wesentliche Verschlechterung des älteren Rechts und noch weniger mit Bekker, loc. cit. S. 143 und 144, eine aus Rand und Band gekommene Rechtsübung erblicken

Gegen directe Entziehung blieb der Besitzer übrigens auch jetzt noch und vielleicht kräftiger geschützt als früher, wie wir das bei dem *int. uti poss.* eingehend nachgewiesen haben.

Dagegen war gegen indirecte Entziehung durch Wegnahme aus dritter Hand dem Besitzer ein solcher Schutz allerdings so lange nicht gegeben, bis durch die Ausdehnung des Princips des *int. de vi* namentlich in der Spolienklage auch dafür Hülfe geschafft wurde.

Ich suche hier am Schluss der in den beiden letzten Capiteln geführten Untersuchung, die uns das *int. uti poss.* als einzige Besitzklage der Justinianischen Codification gezeigt hat, das Resultat tabellarisch unter Berücksichtigung derjenigen „Tabelle der Hauptschutzmittel des Besitzers auf dem Wege der Gerichtshülfe", die Bekker[1]) aufgestellt hat, zur Darstellung zu bringen:

Nr.	Fall.	Rechtsmittel.	Bekkers Ansicht.
1	A bestreitet den Besitz des B an Grundstücken oder Mobilien nur mündlich.	Kein Rechtsmittel.	B. hält hier das *int. uti poss.* für begründet.
2	A stört den Besitz des B, ohne dass es indessen zu einem auch nur theilweisen Beherrschen der Sache auf Seiten des A kommt.	Kein Schutzmittel in Betreff des Besitzes, je nach Belegenheit des Falles *actio injuriarum* oder *cautio damni infecti*.	B. hält hier gleichfalls das *int. uti poss.* für begründet und unterscheidet davon noch den Fall, wo die Störung nicht direct auf Handlungen zurückführen ist, für den er ein besonderes Schutzmittel aus c. 1 C. 8. 1 gewährt.

(vergl. auch v. Liebe d. Besitz etc. S. 111 ff.), da die veränderte Form, in der die Rechtsordnung jetzt dem Besitz ihren Schutz angedeihen liess, wie wir sahen, zu dieser Aufhebung drängte, und da die Rechtsordnung es überall nicht als ihre Aufgabe angesehen hat, den vormaligen Besitzer zu schützen, insofern ihm nicht ein *injustus possessor* gegenübersteht.

1) Conf. Recht des Besitzes S. 284.

Nr.	Fall.	Rechtsmittel.	Bekkers Ansicht.
3	A stört den Besitz des B, indem er sich theilweise zum Herrn der Sache macht.	*Int. uti poss.*	B. scheint den Fall sub. 2 und 3 zusammenzufassen, wenn er von kleineren Störungen spricht, die nicht bis zur vollendeten Innehabung des Störenden vorschreiten, und hält in beiden Fällen das *int. uti poss.* für begründet.
4	A stört den Besitz des B, indem er sich an seiner Statt zum Herrn der Sache macht, und zwar: a) durch gewaltsame Dejection.	1. *Int. uti poss.* als einzige Besitzklage des Dejicirten gegen den Dejicienten. 2. *Int. de vi* als Delictsklage aus dem Gewaltact.	ad 4. B. unterscheidet von diesem Fall, den er als „gebrochenen Besitz" bezeichnet, noch den Fall grösster Störung, d. h. vollendeter Innehabung Seitens eines Andern bei andauerndem juristischen Besitz des alten Besitzers, und hält in diesem letzten Fall das *int. uti poss.* nach Pandectenrecht für mindestens problematisch, giebt aber ein Rechtsmittel aus c. 6 C. 7. 32. ad 4 a. B. giebt das *int. de vi* als einziges Rechtsmittel und zwar als Besitzklage.
	b) durch heimliche Inbesitznahme im Fall der *vacua possessio absentis.*	1. *Int. uti poss.* als einzige Besitzklage des *absens possessor* gegen den *clandestinus possessor.* 2. *Int. de vi* als Delictsklage aus dem Gewaltact, falls der *absens possessor* dem *clandestinus possessor* gegenüber den Versuch, sich im Besitz zu behaupten, gemacht hat, und dabei mit Gewalt zurückgewiesen ist.	ad 4 b. B. giebt das *int. de vi* nach c. 11 C. 8. 4 als einziges Rechtsmittel und zwar als Besitzklage.

Nr.	Fall.	Rechtsmittel.	Bekkers Ansicht.
	c durch Vertrauensbruch des Precaristen.	1. *Int. uti poss.* als einzige Besitzklage des *precario dans* gegen den *precario accipiens.* 2. *Int. de precario* als Klage aus dem durch das *precarium* begründeten persönlichen Verhältniss zwischen *precario dans* und *precario accipiens.*	ad 4 c. B. giebt das *int. de prec.* als einziges Rechtsmittel und zwar als Besitzklage.

Sechstes Capitel.

Einreden und Succession der Klage.

Ich komme nun zur Beantwortung der Frage, welche Einreden unserer Besitzklage entgegengesetzt werden können. Was zunächst die sog. *exceptio vitiosae possessionis*, d. h. die Behauptung der einen Parthei, dass die andere Parthei *vi*, *clam* oder *precario* von ihr besitze, betrifft, so habe ich schon beim Besprechen der sog. recuperatorischen Natur unsers Interdicts hervorgehoben, dass diese Behauptung in Wahrheit keine Einrede ist, auch bei der Duplicität unsrer Klage formell garnicht als Einrede geltend gemacht werden kann. Das, was die eine Parthei in Betreff der Vitiosität des Besitzes auf Seiten des Gegners vorbringt, dient vielmehr gleichwie die Angaben in Betreff der dauernden Anlagen, die etwa die eine Parthei auf dem angeblich von der andern Parthei bisher besessenen Grundstück vorgenommen hat, lediglich zur Substantiirung des Antrags, der Richter möge den Antragsteller als Besitzer anerkennen und schützen. Und der Richter gewinnt aus diesen Momenten ebenso wie aus dem sonst über den Besitzstand von den Partheien Vorgetragenen das Material für seine Entscheidung darüber, wem von beiden Partheien die Rechtsordnung ihren Schutz angedeihen lassen will.

Schmidt[1]) hebt hervor, die *exceptio vitiosae possessionis* werde im späteren Formularverfahren lediglich Negation. Ich meine aber, sie ist nie etwas Anderes gewesen. Gleich im Schema des Interdicts wurde hervorgehoben, dass auch die Momente der sog. Einrede bei Feststellung des Besitzes Berücksichtigung finden würden, oder, wie

[1]) Conf. Interdictenverfahren S. 112.

Schmidt sagt, die *exceptio* vermehrte lediglich die Voraussetzungen des praetorischen Befehls.

Der Praetor that das offenbar aus derselben Erwägung heraus, die ihn zur Einführung des *int. de vi* und des *int. de precario* geführt hat. Die einfachste Erklärung würde dieser Passus der Formel indess finden, wenn das *int. de vi*, wie es denn bei Gajus sowohl als in der Justinianischen Codification vor dem *int. uti poss.* seine Besprechung findet, bereits vor Entstehung des *int. uti poss.* Geltung gewonnen hätte.

Die Frage, ob die *exceptio dominii* gegen unsere Klage Erfolg hat, ist in früherer Zeit von Perez[1]), Lauterbach[2]), Mevius[3]), Leyser[4]) und Pufendorf[5]) dahin beantwortet, dass, falls *in possessorio* das Eigenthum sofort liquide gestellt werde, petitorisch erkannt werden solle. Zu einem ähnlichen Resultat kommt *de lege ferenda* Meischeider[6]), und Stahl[7]) findet das zwar nicht im römischen Recht aber in der deutschen Processpraxis und will darin einen Fortschritt in der Entwicklung der Besitzidee erblicken.

Ich möchte dagegen mit Jhering[8]) darin ein vollständiges Aufgeben der römischen Anschauung erblicken, ohne mich indess Jherings weiterer Begründung seiner Ansicht anschliessen zu können, da ich diesen Satz durchaus nicht als Consequenz des von Jhering aufgestellten Princips, der Besitz werde als Eigenthumsposition geschützt, um dem Eigenthum Schutz zu gewähren, anerkennen kann. Die Unzulässigkeit der wenn auch liquiden Einrede des Eigenthums erklärt sich vielmehr einfach daraus, dass der Besitzprocess insofern die Grundlage für den Eigenthumsprocess bildet, als hier für diesen klargestellt wird, wer von den Partheien *possessor* und wer *petitor* ist. Da erscheint es doch gewiss selbstverständlich, dass in diesem Verfahren die Frage, wer von den beiden Processpartheien Eigenthümer ist, principiell ausgeschlossen sein muss. Dabei steht aber dem

1) Conf. Prael. ad Cod. l. 8 tit. 6 § 26.

2) Conf. Coll. theor. pract. 43. 17 § 13.

3) Conf. Decisiones p. VII dec. 248.

4) Conf. Ad. Pandect. Spec. 468 med. 31.

5) Conf. Observationes II Nr. 113.

6) Conf. Besitz und Besitzesschutz S. 196: „Ein Besitzesschutz, bei dem im Besitz das Recht zum Besitz geschützt wird, hat in Ansehung der Immobilien, wenn dies Recht Eigenthum ist, keine Berechtigung zur Existenz, sofern ausreichende Mittel gewährt sind, um das Eigenthum sofort liquide zu machen".

7) Conf. Die Philosophie des Rechts II Abth. 1 S. 364 ff.

8) Conf. Jahrbücher für Dogmatik Bd. 9 S. 43.

nichts entgegen, dass noch vor der Erledigung des Interdictenverfahrens die Partheien ohne Weiteres zum Vindicationsverfahren, d. h. vom *possessorium* zum *petitorium* übergehen, indem die eine Parthei die *pronuntiatio* des *judex* garnicht abwartet und, insofern sie als Vindicant auftritt, den Gegner als *possessor* anerkennt.

Und dasselbe, was ich in Betreff der *exceptio dominii* hervorhob, gilt auch von den andern einredeweise der Besitzklage gegenüber hervorgehobenen dinglichen Ansprüchen, vom Niessbrauch und andern servitutischen Rechten, von dem Recht der *superficies* und der Emphyteuse und vom Pfandrecht, die man meist unter der Bezeichnung „petitorische Einreden" zusammenfasst. Ueber die Zulässigkeit solcher Einreden gegen unsere Besitzklage enthalten die Quellen überall nichts, und da ich mich in diesem Punkte auch mit der herrschenden Ansicht[1]) durchaus in Uebereinstimmung weiss, würde ich die Besprechung dieser Frage schliessen können, wenn nicht Seitz[2]) neuerdings eine von allen früheren abweichende Ansicht über diesen Punkt aufgestellt hätte, die ich nicht übergehen darf.

Er meint, dass in dem „römischen Process um die *possessio*" die *exceptio dominii* in unserm Sinne durchaus nicht ausgeschlossen gewesen sei, findet sie vielmehr in Stellen, wie l. 1 pr. D. 43. 2, l. 1 § 4 und 5 D. 43. 3, l. 1 pr. D. 43. 16, l. 1 pr. und § 9 und l. 2 D. 43. 17 ausdrücklich zugelassen, indem er in den *vitia possessionis* lediglich Eigenthumserwerbsgründe erkennt, die aufgelöst, und indem man die positiven Erwerbsgründe an ihre Stelle setze, die *justae causae* seien, deren Nachweis man heute für das *petitorium* verlange. Der Sinn des Unterschieds zwischen *petitio* und Interdict des *possessor* sei nur, dass, wenn Jemand der Vorzüge des besseren Rechts oder Eigenthums theilhaftig werden wolle, er selbst den rechtmässigen Erwerb beweisen müsse, während, wenn es ihm nur auf den geringeren Schutz des relativen Eigenthums durch die Interdicte ankomme, er dann nicht die Rechtmässigkeit seines Erwerbes selbst zu beweisen habe, sondern seinem Gegner den Beweis überlassen könne, dass sein Eigenthumsanspruch unrechtmässig sei, und das werde geltend gemacht durch die *exceptio vitiosa*. Wir haben schon gesehen, wie unrichtig diese Auffassung ist, soweit der regelmässig in die Formel aufgenommene Zusatz *nec vi nec clam nec precario ab adversario* be-

1) Conf. Savigny, Besitz 7. Aufl. S. 411 in fine.

2) Conf. Antike und gegenwärtige Bedeutung der *possessio* in Grünhuts Zeitschrift Bd. 6.

rührt wird. Denn jene *injustae causae* haben mit dem Erwerb des Eigenthums garnichts zu thun. Sie können bewiesen und vom Richter bei der Entscheidung im Interdictenverfahren berücksichtigt werden, und doch wird im nachfolgenden Vindicationsverfahren derjenige, welcher *vi, clam* oder *precario* gegen den Besitzer gehandelt hatte, als Eigenthümer anerkannt. Und dafür, dass der Besitz nicht schon um desswillen als *justa causa* begründet erscheint, weil dem Besitzer kein *vitium* dem speciellen Gegner gegenüber nachzuweisen ist, brauche ich nur auf die l. 3 § 10 D. 43. 17 zu verweisen, wo das *vi possidere*, das *vitium*, ausdrücklich verneint, und der Besitz doch *injusta causa* erworben ist. Kurz das Ganze erscheint mir als ein unklares Phantasiegebilde, welches sich lediglich aus dem bekannten Streben des Verfassers erklärt, den Gegensatz der *possessio* und *proprietas* im römischen Recht zu beseitigen, worauf ich im zweiten Theil der Untersuchung nochmals zurückkommen muss. Was die von Seitz für seine Ansicht herangezogenen Quellenstellen betrifft, so beziehen sich dieselben grösstentheils garnicht auf unser Interdict oder betreffen nur den schon besprochenen Zusatz *nec vi nec clam nec precario* und bedürfen daher keiner weiteren Berücksichtigung.

Sodann verlangt eine possessorische Einrede, die man als *exceptio juris quasi possessionis* zu bezeichnen pflegt, und über die gerade in neuester Zeit wieder lebhaft gestritten wird, eine kurze Erörterung. Die Frage ist dahin zu praecisiren: Wie ist im Besitzprocess zu entscheiden, falls A den Sachbesitz und B *juris quasi possessio*, d. h. die thatsächliche Ausübung eines Rechtes an der fraglichen Sache, behauptet und beweist.

Savigny [1]) beantwortet diese Frage dahin, dass der Servitutenbesitzer stets sein Interdict in der Gestalt einer Exception dem Sachbesitzer gegenüber, der seinen Besitz der Freiheit mit dem *int. uti poss.* schützen will, geltend machen könne, und auch in der Praxis ist der Besitzklage gegenüber die Einrede, dass der Gegner sich im Rechtsbesitz einer Fahrgerechtigkeit befunden habe, für zulässig gehalten [2]). Nur über die Form, in der sich das Verfahren in solchem Fall entwickelt, scheint bis in die neueste Zeit Uneinigkeit zu herrschen.

Es kann zunächst zweifelhaft erscheinen, ob in Rom wirklich die *juris quasi possessio* auch dem Sachbesitz gegenüber Schutz

1) Conf. Besitz 7. Aufl. S. 473 (Zusatz der 6. Aufl.).
2) Conf. Seuff., Arch. Bd. XXIII Nr. 136, (O. A. G. Berlin 1869).

Seitens der Rechtsordnung gefunden hat, wenn man die Aufgabe des *int. uti poss.* lediglich darin erblickt, für den Eigenthumsprocess eine Entscheidung in Betreff der Frage, wer *petitor* und wer *possessor rei* sei, zu erwirken[1]). Denn für diese Entscheidung dürfte es offenbar gleichgültig sein, ob daneben von einem der beiden streitenden Theile eine *juris quasi possessio* in Anspruch genommen wird. Und so hat denn auch Witte[2]) für das Gajanische Recht die Ansicht aufgestellt, dass, falls gegen Jemand, der eine prohibitive Servitut zu haben behauptet, das *int. uti poss.* ausgewirkt werde, ihm trotz des für ihn sprechenden Zustandes der angeblich dienenden Sache doch nichts übrig bleibe, als die *confessoria actio* anzustellen, wobei ihm zur vorläufigen Aufrechterhaltung des bestehenden Verhältnisses die *operis novi nuntiatio* zur Seite stehe. Aber ich habe im zweiten Capitel nachgewiesen, dass es nicht die einzige Aufgabe unsrer Besitzklage ist, als Vorbereitung für den Eigenthumsprocess zu dienen. Nachdem die Rechtsordnung in weiterer Entwicklung des von ihr in Betreff des Schutzes thatsächlicher Verhältnisse aufgestellten Grundsatzes auch zum Schutz der thatsächlichen Ausübung der sog. *jura in re*, des sog. Rechtsbesitzes übergegangen war, musste dem Interdict neben der Aufgabe, den Besitzer gegen den vollkommenen Verlust des Herrschaftsverhältnisses zu schützen, auch die zufallen, ihm dagegen Schutz zu gewähren, dass nicht sein freier Besitz durch einen *injusta causa* begründeten Rechtsbesitz eingeschränkt werde, und daraus ergiebt sich dann, dass auch der Rechtsbesitz, wenn er nur nicht *vi, clam* oder *precario ab adversario* begründet war, im Besitzprocess dem Sachbesitz gegenüber als von der Rechtsordnung zu schützendes thatsächliches Verhältniss Anerkennung fand.

Was sodann das Verfahren betrifft, so wird, da die Rechtsordnung ihren Schutz nur allmählich auf die Ausübung der verschiedenen sog. *jura in re* ausgedehnt hat, stets zunächst die Frage zu beantworten sein, ob *in concreto* ein derartiges *jus in re* geltend gemacht wird, dessen Ausübung in Wahrheit den Schutz der Rechtsordnung geniesst[3]). Indess gehört eine Erörterung darüber, bei welchen *jura in re* die thatsächliche Ausübung bereits unter Schutz gestellt war, in eine Untersuchung über den Rechtsbesitz, während ich meine Untersuchung auf den Sachbesitz beschränken zu sollen geglaubt habe.

---

1) Conf. Eck, doppelseitige Klagen S. 56.
2) Conf. *int. uti poss.* S. 113 ff.
3) Conf. Witte, *int. uti poss.* S. 143.

Aber, gesetzt den Fall, dass A im Besitzprocess gegenüber dem, der den Sachbesitz in Anspruch nimmt, einen solchen Rechtsbesitz, der zweifellos den Schutz der Rechtsordnung geniesst, auf seiner Seite als vorhanden bezeichnet, so sind in diesem Process zwei Fragen zu entscheiden, nämlich einmal, ob die Handlungsweise des A sich wirklich als Ausübung eines solchen Rechtsbesitzes darstellt, und dann, auf welche Weise dieser Rechtsbesitz für A seinen Anfang genommen hat, m. a. W. ob er ihn nicht *injusta causa* dem B gegenüber begründet hat. Und je nachdem die Entscheidung auf beide Fragen ausfällt, erklärt die Rechtsordnung B allein im freien Besitz oder auch A daneben im Rechtsbesitz schützen zu wollen. Und diese Entscheidung wirkt nicht absolut sondern nur relativ, der Richter entscheidet nur, wie die Rechtsordnung momentan schützend vorgehen wird, insofern das thatsächliche Verhältniss zur Sache zwischen A und B in Frage steht.

Ich vermeide es auf den Streit einzugehen, der namentlich neuerdings darüber geführt wird, unter welchen Formen zu Gajus Zeit diese Entscheidung zu Stande kam, namentlich ob und wie hier zwei Interdictsformeln in eine verschmolzen wurden. Die verschiedenen und theilweise sehr künstlichen Hypothesen darüber[1]) erscheinen mir unfruchtbar zu sein, und wir sollten lieber bekennen, wir wissen es nicht.

An sich sehe ich keinen Grund, weshalb nicht bereits zu Gajus Zeit lediglich die bekannte Formel unsers Interdicts im Edict ausreicht, indem dann die Worte „*uti possidetis*" Beides ausdrücken würden: „Wie ihr die Sache besitzt bezw. das Recht an derselben thatsächlich ausübt".

Für das Justinianische Recht ist aber m. E. dies das Richtige: Da die Rechtsordnung auch dem Rechtsbesitz, sei es durch Einführung eigenartiger possessorischer Interdicte[2]), oder sei es durch eine analoge Anwendung des *int. uti poss.* als *utile*, wie z. B. beim Niessbrauch[3]), ihren Schutz zu Theil werden liess, und nach Beseitigung des Formularverfahrens diesen Schutz nicht mehr von einem *in concreto* für das Verhältniss erwirkten Interdict abhängig machte,

---

1) Conf. Rudorff, Zeitschr. f. geschichtl. R. Wissenschaft Bd. 11. S. 344, Witte, *int. uti poss.* S. 113, Degenkolb, Platzrecht und Miethe S. 68 ff., Eck, doppelseitige Klagen S. 32 ff., Krüger, Kritische Versuche S. 105, Meischeider, Besitz und Besitzesschutz S. 438.

2) Conf. Savigny, Besitz 7. Aufl. S. 481 ff.

3) Conf. Savigny, loc. cit. S. 476 Anm. 3. und l. 4 D. 43. 17.

sondern nach den früher für den speciellen Fall als massgebend aufgestellten Grundsätzen nun allgemein verfuhr, mussten diese Grundsätze, auch wo der Rechtsbesitz mit einem Sachbesitz collidirte, für die richterliche Entscheidung massgebend sein. Will man das aus einer Verschmelzung zweier Interdictsformeln erklären[1]), so müsste man mit demselben Recht annehmen, dass das *int. uti poss.* in seiner recuperatorischen Tendenz gleichfalls aus einer Verschmelzung des *int. uti poss.* mit dem *int. de vi*, bezw. dem *int. de prec.* hervorgegangen sei.

Dass auch die l. 3 § 6 D. 43. 17 keineswegs, wie Eck[2]) behauptet, beide Interdicte als zu einem *judicium* verbunden behandelt, brauche ich nach meinen Ausführungen in Betreff der l. 3 §§ 5—7 im zweiten Capitel nicht besonders hervorzuheben.

Die von mir betonte Doppelseitigkeit des Besitzprocesses lässt es aber ebensowenig zu, das Vorbringen des Rechtsbesitzers als Einrede aufzufassen, wie das auch bereits von Meischeider[3]) mit Recht hervorgehoben ist. Die *exceptio quasi juris possessionis* ist vielmehr gleich der sog. *exceptio vitiosae possessionis* nichts als ein Moment, welches der Richter, ebenso wie das sonstige Vorbringen der Partheien, bei seiner Entscheidung darüber, wen von Beiden und weiter in welchem Umfang die Rechtsordnung den Einen dem Andern gegenüber in der thatsächlichen Herrschaft über die Sache schützen werde, zu berücksichtigen hat[4]).

In diesem Zusammenhang erwähne ich angemessen noch der Worte in l. 1 pr. D. 43. 17[5]), die ich bei Besprechung des Inhalts unsers Digestentitels nicht berücksichtigt habe. Witte[6]) meint, dass damit für den, von dessen Hause die Cloake ausgeht, wenn er ausbessern will, eine dingliche Einrede gegen das *int. uti poss.* des

---

1) Conf. Rudorff und Witte loc. cit.

2) Conf. loc. cit. S. 57.

3) Conf. loc. cit. Nur diesem Resultat nicht den vorhergehenden höchst complicirten Hypothesen Meischeiders möchte ich zustimmen.

4) Erst während des Drucks der Untersuchung habe ich mit Interesse gesehen, dass O. Wendt, das Faustrecht oder Besitzvertheidigung und Besitzverfolgung, Jahrb. f. Dogmat. Bd. 21 S. 184 ff., das Verhältniss zwischen Sach- und Rechtsbesitz, dessen einzelne Fälle ich nach seinem Vorgang (S. 186) auch lieber als Besitz des Weges, der Fahrgerechtigkeit etc. bezeichnen möchte, und namentlich auch die processualische Behandlung einer Collision zwischen Beiden (S. 190) im Wesentlichen übereinstimmend auffasst.

5) *De cloacis hoc interdictum non dabo.*

6) Conf. Zeitschr. für C.R. und Proc. N. F. Bd. 15 S. 88.

Besitzers des dienenden Grundstücks, der ihn daran hindert, begründet erscheine. M. E. ist auch hier von einer Einrede gegen unsere Besitzklage nicht die Rede. Sondern aus rein polizeilichen Gründen erklärt der Praetor, dass er, falls es sich um einen Besitzstreit wegen einer Cloake handelt, offenbar weil der Besitzer sich gestört fühlt, insofern ein Andrer sie ausbessern will, seinen Schutz dem Besitzer versage, weil die Ausbesserung der Cloake ihm stets wichtiger erscheint als die Auseinandersetzung darüber, wer nach den vorstehend entwickelten Grundsätzen als Besitzer derselben in Schutz zu nehmen wäre, und diese Ausbesserung nicht durch solche Untersuchung aufgehalten werden soll.

Lässt sonach unser Besitzprocess weder für petitorische noch für possessorische Einreden Raum, so bleibt schliesslich nur noch die sog. Einrede der Verjährung, wie sie in Betreff unsrer Besitzklage für anwendbar erachtet ist, zu prüfen.

Es ist keineswegs richtig, wenn Randa[1]) es als unbestritten ansieht, dass die Verjährung unsrer Besitzklage innerhalb eines *annus utilis* erfolge. Diese Ansicht tritt allerdings in den Compendien vorwiegend auf[2]). Indess schon die weitere Frage, in welchen Zeitpunkt der Beginn der Verjährung zu setzen sei, ergiebt eine Verschiedenheit der Anschauungen. Denn, während Puchta, Keller und Baron mit der Störung die Klage als begründet ansehen und desshalb die Frist vom Beginn der Störung an berechnen, hebt Windscheid hervor, dass die Verjährungsfrist noch nicht zu laufen beginne, so lange die Störung dauere, und dasselbe scheint Vangerow zu meinen, wenn er ausspricht, es müsse das Factum, durch welches der Gegner die Nichtanerkennung unsers Besitzes ausspricht, in dem letztverflossenen Jahre vorgekommen sein, und es könne also der, welcher ein ganzes Jahr hindurch im ungestörten Besitz einer Sache ist, sollten auch vor dieser Zeit Ansprüche auf den Besitz gemacht sein, ebensowenig unser Interdict gebrauchen, als der, welcher länger als ein Jahr den Besitz *vi*, *clam* oder *precario* an den Gegner verloren habe.

Und ganz abweichend davon hat Savigny[3]) die einjährige Verjährung dahin aufgefasst, dass nur insofern nach Ablauf dieser Zeit

---

1) Conf. Der Besitz noch östr. R. 2. Aufl. S. 221 Anm. 34.

2) Conf. Puchta, Pandecten S. 203, Keller, Pandecten S. 297, Baron, Pandecten S. 257, Vangerow, Pandecten Bd. I S. 682, und Windscheid, Lehrbuch des Pandektenrechts Bd. I S. 489.

3) Conf. Besitz S. 411. Vergl. damit übrigens S. 49, wo von solcher Beschränkung nicht die Rede ist.

von unsrer Klage kein Gebrauch gemacht werden könne, als man damit Schadensersatzansprüche geltend mache, es müsste denn der Verletzer durch den Verlust des Besitzers gleichzeitig gewonnen haben. Er hat also die Einrede der Verjährung gegen unsere Klage im Uebrigen ganz ausgeschlossen. Ihm schliessen sich Arndts[1]), Rudorff[2]), Keller[3]) und namentlich Witte[4]) an, und diese Ansicht hat auch in der Praxis den meisten Anklang gefunden[5]).

Auch hier erklärt sich m. E. der Streit der Meinungen vor Allem aus der verschiedenen Anschauung in Betreff unsrer Klage. Ist das von mir vorstehend in Betreff der Klage gewonnene Resultat richtig, ist nicht etwa eine einmalige Störung des Besitzes des A Seitens des B die Voraussetzung derselben, sondern wird im Besitzprocess gleichsam eine Mischung zweier thatsächlicher Verhältnisse zur Sache, ein streitiger Besitz stand dem Richter zur Entscheidung vorgelegt, so ist die Klage begründet, so lange diese Besitzverwirrung besteht, und unbegründet, insofern sie nicht mehr besteht, aber von einer Verjährung der Klage kann hier ebensowenig die Rede sein, wie von einer Verjährung der Theilungsklagen. Nur das hat A in solchem Falle bei einem längeren Aufschub der Klage zu befürchten, dass der streitige Besitzstand vom Richter wegen längeren ungestörten Fortbestehens des thatsächlichen Herrschaftsverhältnisses Beider in Betreff einer und derselben Sache als friedlicher Besitzstand, etwa als Mitbesitz oder als ein Zusammentreffen von Sach- und Rechtsbesitz an derselben Sache angesehen wird, und dass die Besitzklage des A dann nicht mehr den von ihm gewünschten Erfolg, dass er als alleiniger freier Besitzer vom Richter anerkannt werde, haben kann.

Und auch darin wird für jeden Besitzer, der *vi, clam* oder *precario* vom Gegner aus dem thatsächlichen Herrschaftsverhältniss gänzlich verdrängt ist, ein Compelle liegen, die Anstellung der Klage nicht zu lange hinauszuschieben, dass der längere Besitz der Sache oder die längere Ausübung eines Rechts an der Sache auf Seiten des

---

1) Conf. Pandecten S. 265.
2) Conf. Zeitschr. f. geschichtl. Rechtswissenschaft Bd. 11 S. 385.
3) Conf. loc. cit. S. 308.
4) Conf. *int. uti poss.* S. 87 ff.
5) Conf. Seuff., Arch. Bd. VII Nr. 43. Bd. XIII Nr. 315, Bd. XIX Nr. 151 und 233. In der letzten Entscheidung ist im Uebrigen eine 30jährige Verjährung der Klage angenommen.

Gegners, falls die Begründung dieser Verhältnisse *justa causa* erfolgte, zur sog. erwerbenden Verjährung führt, und der Verdrängte naturgemäss den Beweis der *injusta causa* des Erwerbes auf Seiten des Gegners um so schwerer zu führen im Stande ist, je länger er ihn hinausschiebt. Aber eine bestimmte Frist ist dem Richter m. E. nicht gesetzt, wann er den Besitzstand nicht mehr als streitigen ansehen soll, und das *injusta causa* vom Gegner erworbene Herrschaftsverhältniss in Betreff der Sache verliert seinen Charakter dem Gegner gegenüber nicht durch die Zeit. Der Grund, den Rudorff[1]) gegen Vangerows Ansicht von der einjährigen Verjährung der Vitiosität anführt, nämlich dass darin die unzulässige Annahme einer Verjährung der Exceptionen liege, ist allerdings nicht stichhaltig, da es sich hier, wie wir sahen, nicht um eine Exception handelt, und ebensowenig hat die Unverjährbarkeit der Vitiosität in der l. 1 § 5 D. 43. 17[2]) Ausdruck gefunden, wo das „*perpetuo*" vielmehr nur im Hinblick auf Gajus IV, 118[3]) ausdrücken soll, dass die Worte *nec vi nec clam nec precario ab adversario* einen feststehenden Bestandtheil der im Edict promulgirten Interdictsformel bilden, und über die Verjährbarkeit nichts gesagt ist. Auch die praktischen Gründe, die Sintenis[4]) für die Unverjährbarkeit unsrer Klage anführt, würden mich keineswegs überzeugt haben. Dagegen steht für mich fest, dass die Rechtsordnung, wenn sie das thatsächliche Herrschaftsverhältniss als solches gegen vitiösen Verlust wenigstens dem gegenüber, der sich selbst dieses Vitiums schuldig gemacht hatte, schützen wollte, sich nicht andrerseits durch eine noch dazu so kurz bemessene Verjährungsfrist in diesem Bestreben selbst die Hände binden konnte, und dass, wenn die Besitzklage den Zweck hatte, die Vorfrage für den Eigenthumsprocess zu lösen, es diesem Zweck doch wenig entsprochen hätte, wenn die Rechtsordnung damit, dass sie die Klage so bald für verjährt erklärte, die Besitzverwirrung, den zweifelhaften Besitzstand aufs Schleunigste verewigt hätte.

Aus dieser Position würde ich mich nur dann gedrängt sehen, falls sich aus den Quellen positiv ein anderes Resultat in Betreff unsrer Frage ergäbe.

---

1) Conf. Puchta, Pandecten S. 203 Anm. g.

2) *Perpetuo autem hoc interdicto insunt haec: quod nec vi nec clam nec precario ab illo possides.*

3) *Exceptiones autem alias in edicto praetor habet propositas, alias causa cognita accomodat.*

4) Conf. Das gem. Civilrecht Bd. I S. 465.

Man hat nun zwar aus l. 1 pr. D. 43, 17 eine derartige positive Bestimmung entnehmen wollen. Ich habe indess bereits im dritten Capitel gezeigt, dass sich diese Stelle nicht auf unsere Interdictenklage[1]), sondern lediglich auf die dem *judicium secutorium sive Cascellianum* entsprechende *actio in factum* bezieht, die von unsrer Interdictenklage, wie wir sahen, vollständig zu trennen ist[2]).

Und die l. 1 § 4 und l. 4 D. 43. 1 sprechen nur aus, dass es neben den *perpetua interdicta* auch *annalia* giebt, aber nicht, dass unser Interdict zu den letzteren zu rechnen sei.

Bevor ich die Untersuchung über die Verjährbarkeit der Besitzklage schliesse, die uns also zu dem Resultat geführt hat, dass das *int. uti poss.* in Rom stets dazu gedient hat, eine Klarstellung des augenblicklichen Besitzstandes, wie ihn die Rechtsordnung unter den Partheien schützen will, durch richterliche Entscheidung zu erzielen, und dass es dabei nicht darauf ankam, wann die Verwirrung entstanden ist, ein Zeitpunkt, der sich auch in vielen Fällen wohl schwerlich fixiren lässt, bedarf es noch der Besprechung der l. 7 § 5 D. 10. 3[3]).

Ulpian will in der l. 7 darstellen, inwiefern die *comm. div. actio* auch auf andere Verhältnisse als das Miteigenthum Anwendung findet.

Nachdem er im Eingang der *lex* den *ager vectigal* und im § 2 den Publicianischen Besitz in dieser Richtung behandelt hat, wendet er sich im § 3 zur einfachen *justa possessio*, hat also offenbar den Fall im Auge, den er l. 3 pr. D. 43. 17 bespricht, wo er zu dem Resultat kommt, dass mit unsrer Besitzklage hier Keiner als Sieger aus dem Process hervorgeht. Ich habe bereits am Schluss des dritten Capitels

1) Conf. Huschke, Gajus, Beiträge etc. S. 199.

2) Conf. Krüger, Kritische Versuche S. 108, und Brinz, Pandecten Bd. I S. 744, denen sich auch Mommsen in den Noten zu seiner Pandectenausgabe angeschlossen hat. Auf die Besonderheiten, die Witte S. 96 und 97, S. 125 ff. und S. 147 ff. in Betreff der l. 1 pr. vorbringt, gehe ich hier nicht weiter ein, da ich seine Ansicht in Betreff der gegen einseitige Störungen gerichteten Function des Interdicts, auf die sich diese Ausführungen Wittes beziehen, bereits im zweiten Capitel als unrichtig zurückgewiesen habe. Dagegen kann ich mich mit seiner Polemik gegen Huschkes Interpretation der Stelle wohl einverstanden erklären.

3) *Julianus scribit, si alter possessor provocet, alter dicat eum vi possidere, non debere hoc judicium dari nec post annum quidem, quia placuit etiam post annum in eum qui vi dejecit interdictum reddi. et si precario, inquit, dicat eum possidere, adhuc cessabit hoc judicium, quia et de precario interdictum datur. sed et si clam dicatur possidere qui provocat, dicendum esse ait cessare hoc judicium: nam de clandestina possessione competere interdictum inquit.*

hervorgehoben, dass hier keine Lösung des Verhältnisses im Besitzprocess zu erzielen ist, da sich die scheinbare Besitzverwirrung in Wahrheit als ein gemeinsames Verhältniss herausstellt, und es im Besitzprocess nur zur *pronuntiatio* nicht zur *adjudicatio* kommt. Hier in l. 7 bezeichnet uns nun Ulpian, und das bildet eine Bestätigung für die Richtigkeit meiner oben entwickelten Anschauung, in der *actio communi dividundo utilis* das Mittel, um in solchem Fall die Lösung des gemeinsamen Verhältnisses herbeizuführen.

Wie durch die gewöhnliche *comm. div. actio* das sog. Miteigenthum so wird durch diese *utilis actio* der sog. Mitbesitz unter Berücksichtigung materieller Rechtsgrundsätze angemessen vom Richter getheilt und jeder Parthei adjudicirt.

Der § 4 enthält dann Fälle, in denen diese *act. comm. div. utilis* ausgeschlossen erscheint, nämlich 1) unter *praedones*, 2) wenn beide *precario* besitzen, und 3) wenn beide heimlich besitzen.

Es ist wohl zu beachten, dass hier eine *injusta possessio* auf beiden Seiten vorausgesetzt wird. Und in solchen Fällen, wo das Unrecht die Grundlage für den Mitbesitz Beider bildet, hat das Recht weder ein Interesse daran, noch befindet es sich überall in der Lage, auf Grund materieller Rechtsgrundsätze eine Neuordnung der Verhältnisse zwischen diesen beiden Partheien vorzunehmen.

In den §§ 6—8 ist gleichfalls von gemeinsamen thatsächlichen Verhältnissen Mehrerer zur Sache die Rede, bei denen eine *act. comm. div. utilis* Anwendung findet. Und dazwischen findet unser § 5 seine Stelle. Hier lässt Julian, dem Ulpian offenbar zustimmt, für den Fall, dass der Eine als Besitzer auf Theilung anträgt *(provocet)*, der Andere dagegen behauptet, dass der Gegner *vi, precario* oder *clam* besitze, eine *act. comm. div. utilis* nicht zu und begründet das damit, dass nicht bloss innerhalb sondern auch nach Ablauf eines Jahres gegen den, welcher den Andern gewaltsam verdrängt hat, ein Interdict gegeben werde, und ebenso in Betreff des *precarium* und des heimlichen Besitzes, also m. a. W. weil die Lösung noch durch ein anderes Rechtsmittel herbeigeführt werden kann, wenn der Eine *injusta causa* dem Andern gegenüber sein Verhältniss zur Sache begründet hat. Und dieses Rechtsmittel ist nicht, wie Savigny[1]) lediglich um der Worte *vi dejecit* willen annimmt, das *int. de vi* und weiter das *int. de precario* und endlich ein inzwischen verloren gegangenes *int. de clandestina possessione*, sondern unsere Besitzklage,

1) Conf. Besitz 7. Aufl. S. 450. Vergl. auch Witte, *int. uti poss.* S. 91.

das *int. uti poss.* Julian spricht an dieser Stelle in diesem Zusammenhang offenbar von einem gemischten Besitzstand, der sich äusserlich als Mitbesitz darstellt, denn sonst könnte er überall nicht an eine *act. comm. div. utilis* denken. Aber die Mischung ist hier in der Weise entstanden, dass sich der Gegner *injusta causa* in den Mitbesitz gedrängt hat. Es liegt also offenbar derjenige in l. 3 pr. D. 43. 17 hervorgehobene Fall vor, bei dem die Entscheidung lautet, *si a me possides, superior sum interdicto.* Diese Stelle giebt danach nicht nur einen Quellenbeleg für die Richtigkeit der in Betreff der Unverjährbarkeit unsrer Besitzklage von mir vertretenen Ansicht, sondern, nimmt man meine Interpretation der Stelle an, so wird damit auch, und das halte ich für das bedeutsamere Resultat, die Theorie von dem ehemaligen *interdictum de clandestina possessione*[1]), für die diese Stelle den einzigen Stützpunkt bildet, als haltlos beseitigt[2]).

In Betreff der Einreden aber geht sonach das Resultat der ganzen Untersuchung dahin, dass in dem auf Grund unsrer Besitzklage eingeleiteten Verfahren Einreden überall nicht begründet erscheinen[3]).

Was schliesslich die Frage betrifft, ob die Besitzklage activ oder passiv durch Vererbung oder im Wege der Singularsuccession auf Dritte übergehen kann, so bedarf es wohl kaum der besonderen Bemerkung, dass ich das bestreite, und zwar einmal, weil die Quellen nichts davon enthalten, dann aber vor Allem, weil ein streitiger Besitzstand, ein thatsächliches Verhältniss Beider zur Sache oder wenigstens ein *injusta causa* vom Gegner erlangtes thatsächliches Verhältniss die Voraussetzung unsrer Klage ist, und das Recht eine Succession in Thatsachen nicht kennt[4]). In Betreff der Universalsuccession verweise ich auch auf Quellenstellen, wie l. 23 und 30 § 5 D. 41. 2 und l. 1 § 15 D. 47, 4, werde indess die Frage, wie der Erbe Besitzer wird, passend im zweiten Theil der Untersuchung im Zusammenhang der Ausführungen über den sogenannten Erwerb des Besitzes erörtern.

---

[1]) Conf. Savigny, Besitz 7. Aufl. S. 452 ff. und namentlich S. 456.

[2]) Conf. Witte, *int. uti poss.* S. 45 und 73, dem ich im Resultat, wenn auch nicht in der Begründung, beistimme. Die Polemik Bekkers, Recht des Besitzes S. 121, gegen Witte dürfte der vorstehenden Begründung der Witte'schen Ansicht gegenüber an Bedeutung verlieren. Vergl. O. Wendt, das Faustrecht etc. S. 226.

[3]) Conf. Ziebarth, die Realexecution und die Obligation S. 13 und 17, der zu demselben Resultat kommt, wenn er die Behauptung aufstellt, dass der Besitz nur durch eine Thatsache nicht durch ein Recht eingeschränkt werden könne.

[4]) Conf. Schmidt, Interdictenverfahren S. 145.

Das namentlich von Savigny[1]) vertretene gewiss richtige Princip, dass aller Besitz einseitig und originär sei, an dem die herrschende Theorie bis auf Windscheid[2]) wie auch die Praxis[3]) festgehalten hat, ist indess nicht bloss in Betreff der Universalsuccession in gewisser Weise in Frage gestellt[4]), sondern es ist auch in Betreff der Singularsuccession in der Lehre von der sog. *traditio possessionis* zuerst durch Brinz[5]) und neuerdings namentlich durch Bekker[6]) zu beseitigen versucht. Doch werde ich erst im zweiten Theil der Untersuchung Gelegenheit finden, dieser Anschauung näher zu treten.

Ich bin am Schluss der Untersuchung über die Besitzklage und mir wohl bewusst, dass das processualische Gebilde, welches ich vorstehend aus den Quellen zu entwickeln gesucht habe, im Wesentlichen nichts Anderes ist, als das sog. *possessorium ordinarium.* Aber Bruns[7]) selbst giebt ja zu, dass das *ordinarium* in Deutschland in der That nichts Anderes ist als das *int. uti poss.*, bei dem nur in Folge der italienischen Anschauung über den bleibenden Civilbesitz bei verloren gegangenem Naturalbesitz und in Folge der Zulassung des Interdicts mit recuperatorischem Effect eine vollständige Verwirrung in Betreff der Natur der Klage eingetreten sein soll. Ich möchte das Letztere bestreiten. Denn Bruns selbst gesteht ja zu, dass man den possessorischen Charakter als Grundlage für die Klage aus dem Besitz stets festgehalten, daher namentlich keinen Titel gefordert und petitorische Einreden ausgeschlossen hat. Und ich meine, so lange die Feststellung des Besitzes unter Ausschluss der petitorischen Einreden und, abgesehen von dem Falle, wo der Besitz vom Gegner erworben ist, auch der Nachfrage nach seiner *causa* im *ordinarium* festgehalten ist, ist diese Klage im Wesentlichen nichts Anderes als das römische *int. uti poss.*

Doch ich darf nicht weiter in eine Prüfung dessen, was aus

1) Conf. Besitz S. 44 ff. und Anhang Nr. 15.

2) Conf. Lehrbuch des Pandektenrechts Bd. I § 153 Anm. 9 u. 10.

3) Conf. Seuff., Arch. Bd. III Nr. 348, Bd. XIV Nr. 102 und Bd. XXVIII Nr. 165.

4) Conf. Witte, *int. uti poss.* S. 85 ff. und 122 ff., der für die active und passive Vererbung unsrer Klage im Falle der Dejection eintritt, ohne mich durch seine Ausführungen irgendwie überzeugt zu haben. Die l. 8 § 1 D. 43. 20, die er namentlich für seine Ansicht heranzieht, erklärt sich weit einfacher aus der oben entwickelten Natur des *int. de prec.*

5) Conf. Jahrb. für d. gem. Recht III, 2 und Pandecten Bd. I § 138 (2. Aufl.).

6) Conf. Recht des Besitzes S. 300 ff.

7) Conf. Jahrb. für d. gem. R. Bd. IV S. 85 ff.

dem *ordinarium* in der italienischen und deutschen Praxis entstanden ist, eingehen, da ich meine Aufgabe streng auf die Behandlung des römischen Rechts beschränken zu sollen geglaubt habe[1]). Am meisten bedauere ich dabei, die Ziebarth'sche Klage aus dem redlichen Besitz nicht in den Kreis der Betrachtung ziehen zu können, da ich Vieles, was ihn zur Annahme dieser Klage geführt hat, weil er meint, dass die Bestimmungen des römischen Rechts den praktischen Verhältnissen nicht genügend Rechnung trügen, im Vorstehenden berücksichtigt habe, und da namentlich, wenn man meinen Ausführungen sonst beipflichten würde, auch nicht mehr zu bestreiten ist, dass das Princip der Relativität, auf welches Ziebarth[2]) seine Klage zurückführt, bereits im römischen Recht mehr, als Ziebarth annimmt, zur Durchführung gekommen ist, ja m. E. sogar in gleich hohem Grade, wie es Ziebarth überall für nöthig hält.

---

1) Auch Savigny, Besitz 7. Aufl. S. 503, hält diese Methode für schlechthin nothwendig, wenn nicht über der Verwischung des Alten und Neuen Beides zugleich missverstanden werden soll.

2) Conf. Realexecution und Obligation S. 320.

Zweite Abtheilung.

Der Besitz.

Erstes Capitel.

Einleitung.

Die Klarstellung der römischen Besitzklage ist, wie ich bereits andeutete, nicht der einzige Zweck meiner Untersuchung.

Sie will gleichzeitig einen Beitrag zur Revision der Theorie vom subjektiven Recht liefern.

Während die herrschende Ansicht die Frage, ob durch die Anwendung des sog. objektiven Rechts ein sog. subjektives Recht geschützt werde, im Allgemeinen bejaht, haben neuerdings die gewichtigsten Stimmen ihre Bedenken dagegen erhoben, so u. A. namentlich Thon[1]), der ein subjektives Recht nur anerkennt, insofern damit die Anwartschaft auf Ansprüche bezeichnet wird, die er dem Normenschutz, dem Genuss der normengeschützten Güter und der Befugniss als dem rechtlichen Können als ein Viertes gegenüberstellt, ferner Sohm[2]), der wenigstens bei der Obligation ein subjektives Recht im Sinne der herrschenden Ansicht ausschliessen zu wollen scheint, wenn er es ausspricht, dass das Privatrecht eine Gewalt nur über die unfreien Sachkörper nicht über den Willen gewährt, sodann Schlossmann[3]), wenn er hervorhebt, dass das Recht im subjektiven Sinne ausserhalb unsers Denkens gar keine Existenz habe und nur durch eine irreleitende Denkgewohnheit aus dem Bereiche unsrer Vorstellung in die Welt realer Existenz versetzt sei, weiter Lenel[4]), der die gemeine Meinung, dass das subjektive Recht eine

1) Conf. Rechtsnorm und subjectives Recht.

2) Conf. Der Begriff des Forderungsrechts in der Zeitschrift für das Privat- und öffentliche Recht der Gegenwart Bd. 4 S. 457 ff. 461 und 472.

3) Conf. Der Vertrag § 32 und 34.

4) Conf. Ueber Ursprung und Wirkung der Exception S. 1—14.

Macht oder Herrschaft, dass es etwas durch den Willen des Gesetzgebers Hervorgebrachtes, Gewährtes, Verliehenes sei, bestreitet und dagegen behauptet, dass es nichts von dem Willen des Gesetzgebers Verschiedenes, dass es dieser Wille selbst sei, und dass die objektive Rechtsordnung lediglich eine allgemeine, ausdrückliche oder stillschweigende Erklärung des Staates darüber enthalte, was er unter bestimmten Voraussetzungen in jedem einzelnen Falle wolle, und dass das subjektive Recht nichts sei, als der hieraus ermittelte concrete Staatswille, und schliesslich Degenkolb[1]), wenn er zwar für die relative Existenz des subjektiven Rechtes noch eintritt, das absolute subjektive Recht dagegen leugnet, indem er subjektives Recht nur insoweit anerkennt, als die Staatsgewalt gegenüber dem Eintreten des diesem Rechte entsprechenden Erfolges indifferent erscheint. Auch die Ausführungen Jherings über das, was die herrschende Ansicht als subjektives Recht zu bezeichnen sich gewöhnt hat, lassen es in mehr als einem Punkte zweifelhaft erscheinen, ob er nicht gleichfalls als Gegner der Theorie vom subjektiven Rechte anzuführen ist, so seine Definitionen: „Rechte sind rechtlich geschützte Interessen"[2]) und „Recht ist die rechtliche Sicherheit des Genusses"[3]) und „Recht ist der Inbegriff der durch äusseren Zwang, d. h. durch die Staatsgewalt, gesicherten Lebensbedingungen der Gesellschaft im weiteren Sinne"[4]). Jhering spricht hier zwar noch nicht vom Individuum, aber diese Definition bezieht sich bereits auf das Recht vom Standpunkt der Individuen. Denn für das Recht im objektiven Sinne hat Jhering in diesem Zusammenhang[5]) eine ganz andere Definition gegeben, wenn er es als die Sicherung der Lebensbedingungen der Gesellschaft in Form des Zwanges bezeichnet[6]).

---

1) Conf. Einlassungszwang und Urtheilsnorm S. 87 ff.

2) Conf. Geist des röm. R. III. Abth. Bd. 1 S. 317.

3) Conf. loc. cit. S. 327.

4) Conf. Der Zweck im Recht Bd. I S. 499.

5) Conf. loc. cit. S. 434.

6) Conf. Thon, loc. cit. S. X, und Jhering, loc. cit. S. 240, wo sich ein ganz ähnlicher Gegensatz zwischen dem Recht als Inbegriff der über die Ausübung der Zwangsgewalt vom Staat als deren Inhaber aufgestellten Grundsätze und dem Recht als System der durch Zwang gesicherten socialen Zwecke findet. Vergl. auch Leonhard, ein Beitrag z. d. allgemeinen Civilrechtslehre und zur Begriffsbestimmung des subjectiven Rechts in d. Zeitschrift für das Privat- und öffentliche R. der Gegenwart Bd. 10 S. 27 „Das subjective Recht ist der Zustand eines Wesens, zu dessen Gunsten durch die Möglichkeit eines ausübbaren Zwanges die ungestörte Vornahme von Handlungen oder das Geschehen einer erwarteten Leistung rechtlich gewährleistet ist", und Seite 30, „Ein subjectives Recht ist ein im objectiven Rechte geschützter Zustand".

Und doch haben alle diese und andere hier nicht erwähnte Bedenken und directe Angriffe gegen die herrschende Ansicht scheinbar wenig Erfolg gehabt. Die Anschauung, dass aus jedem Rechtssatz, in dem die Rechtsordnung ihren allgemeinen Willen, diesem oder jenem Verhältniss ihren Schutz zu gewähren, zum Ausdruck bringt, unzählige Berechtigungen der Individuen hervorgingen, und dass solche Rechte, vor Promulgation des Rechtssatzes bereits vorhanden, in diesem lediglich Ausdruck gefunden hätten, wird noch heute für so unbestreitbar gehalten, dass man in der Darstellung des Privatrechts nicht die Rechtssätze sondern die Berechtigungen in ein System zu bringen sucht, diesen Berechtigungen selbst so zu sagen eine Persönlichkeit beilegt, und deren Lebensgeschichte in den drei Abschnitten, wie sie entstanden sind, welche Phasen sie durchgemacht, und wie sie schliesslich ihren Untergang gefunden haben, erzählt.

Wenn ich nun in Betreff der Richtigkeit dieser Anschauung die grössten Zweifel hege und andrerseits sehe, wie wenig die mehr oder weniger rechtsphilosophischen Erörterungen, die unsere Frage bisher erfahren hat[1]), im Stande waren, einer anderen Anschauung Geltung zu verschaffen, so schien es mir des Versuches werth, der Frage einmal auf anderem Wege näher zu treten, und zwar, indem einzelne Verhältnisse, denen die Römer zweifellos ihren Schutz gewährt haben, daraufhin geprüft werden, ob hier etwa von den Römern ein Recht im subjektiven Sinne, ein subjektives Recht anerkannt worden ist. Und da bot sich mir unter allen Lebensverhältnissen, die in Rom Schutz Seitens der Rechtsordnung gefunden haben, als nächstes für eine derartige Untersuchung der Besitz[2]).

Hätte ich indess meine Untersuchung gleich mit der Frage begonnen, ist der Besitz ein subjektives Recht, wie vor Savigny noch allgemein angenommen und auch neuerdings wieder mehrfach behauptet ist, oder ist es ein Factum, ein thatsächliches Verhältniss, ich würde in die Gefahr gerathen sein, sofort zu denjenigen gezählt zu werden, deren Thätigkeit Bekker[3]) so humoristisch mit dem Gebahren bekannter Vierfüssler vergleicht, die im heiteren Cirkelsprunge den Ansatz zu erpacken suchen, mit denen Mutter Natur ihr Hintertheil

1) Vergl. Schütze, über die Stellung der Rechtsphilosophie zur positiven Rechtswissenschaft in der Zeitschr. für d. Privat- und öffentliche R. der Gegenwart Bd. 6 S. 21.

2) Vergl. auch O. Wendt, das Faustrecht etc. S. 57 u. 106.

3) Conf. Recht des Besitzes S. 12.

geziert hat, und würde vor dem praktischen Sinn der juristischen Lesewelt, die in dem Gedränge der schnelllebenden Gegenwart einer Detailuntersuchung aus dem Gebiet des reinen römischen Rechts, die keine praktischen Fragen zu behandeln scheint, ihre kostbare Zeit nur ungern widmet; sicherlich keine Gnade gefunden haben.

Das ist indess keineswegs der Hauptgrund, der mich veranlasst hat, einen andern Weg der Untersuchung einzuschlagen.

Bei der Behandlung und Darstellung der sog. Rechtsinstitute wiederholt es sich fast in allen Compendien, dass eine Begriffsbestimmung den Anfang macht, und sodann der Versuch gemacht wird, aus diesem Begriff in systematischer Weise das ganze Institut zu entwickeln. Dabei wird dann aus einzelnen Quellenstellen die Richtigkeit des über das Institut Vorgetragenen zu erweisen versucht, und schliesslich werden meist nur in dürftigen Sätzen noch einige wenige Bemerkungen über die Klagen, die die Römer in Betreff des Instituts zugelassen haben, hinzugefügt.

Diese Methode wissenschaftlicher Untersuchung halte ich für äusserst gefährlich. Indem man von dem Verhältniss an sich, von der Idee des Verhältnisses ausgeht, und dasselbe zunächst zu bestimmen sucht, wird der Schriftsteller bei weiterer Untersuchung nur zu leicht praeoccupirt erscheinen.

Gehen doch auch methodische Untersuchungen auf anderen wissenschaftlichen Gebieten längst von der Anschauung aus, dass wir, um zur Erkenntniss des Wesens einer Sache, eines Verhältnisses, zum Aufstellen einer Regel, eines Gesetzes im weiteren Sinne des Wortes, zu gelangen, zunächst immer zu prüfen haben, wie sich die Sache, das Verhältniss *in concreto* darstellt, welches die einzelnen Fälle sind, aus denen die Regel zu abstrahiren ist.

Und diese Anschauung hat nicht nur auf dem Gebiet der realen sondern auch auf dem der historischen Wissenschaften Geltung gewonnen, ja, selbst der Philosoph steigt jetzt von dem in einsamer Höhe errichteten Stuhl des Weltweisen, wo er sonst dem sog. reinen Denken oblag, hinab in die Welt der concreten Erscheinungen und beginnt hier die methodische Untersuchung mit Loupe und Pinçette, um von dem hier Entdeckten als einer festen Grundlage wieder in das Reich der Ideen emporzusteigen.

Wenn ich indess bei den historischen Wissenschaften stehen bleibe, so kann ich es nicht unterlassen, mit Gefühlen der Dankbarkeit auf Georg Waitzs Darstellung der Verfassung des deutschen

Reichs bis zur vollen Herrschaft des Lehnswesens[1]) als ein glänzendes Beispiel und Vorbild für solche exacte historische Forschung hinzuweisen. Waitz beginnt hier die Darstellung des Rechts und der Verfassung dieser Periode mit den Worten: „Eben nur aus den äussern Erscheinungen ist zu entnehmen, was als ihre Grundlage und Ordnung zu betrachten ist, und nur im Zusammenhang mit dem Leben ein Bild von den Zuständen und Einrichtungen, welche bestanden, zu gewinnen.[2])".

Und die Rechtswissenschaft, zweifellos eine historische Wissenschaft, kann sich trotz Savigny und trotz der historischen Schule noch immer nicht daran gewöhnen, denselben Weg methodischer Forschung einzuschlagen. Obwohl man zugiebt und zugeben muss, dass das sog. Rechtsinstitut in den in den Process eingeführten concreten Thatbeständen und deren processualischer Behandlung vor Allem zu Tage tritt, und obwohl man längst erkannt hat, welch' geringe Bedeutung wir den in den römischen Quellen uns überlieferten theoretischen Erörterungen über die Rechtsinstitute beimessen dürfen[3]), und wie es dem Talent der Römer durchaus nicht entsprach, allgemeine Regeln zu abstrahiren, ihre Kunst sich vielmehr vor Allem in der knappen, man möchte sagen plastischen Wiedergabe einzelner Rechtsfälle und der kurzen scharfsinnigen Entscheidung in Betreff dieser concreten Thatbestände zeigt, giebt man trotzdem eine Methode nicht auf, die zunächst das Eigenthum, den Besitz etc. meist im Anschluss an römische Umschreibungen begrifflich zu definiren sucht, während es sich die concreten Thatbestände dann gefallen lassen müssen, eventuell in diese Begriffsbestimmung hineingepresst zu werden[4]). Dem gegenüber habe ich es bei einer Untersuchung über

---

1) Conf. deutsche Verfassungsgeschichte Bd. V—VIII.

2) Conf. loc. cit. Bd. V S. 6 f.

3) Vergl. Jhering, Geist des röm. Rechts Bd. III Abth. 1 S. 341, der in directer Beziehung auf unsere Frage darauf hingewiesen hat.

4) Vergl. Merkel, über den Begriff der Entwicklung in seiner Anwendung auf Recht und Gesellschaft in der Zeitschr. für das Privat- und öffentliche Recht der Gegenwart Bd. 4 S. 19, der sehr richtig hervorhebt, wie der Formalismus und Dogmatismus in der Geschichte der Wissenschaften der historischen Richtung durchaus widerstrebt und auf der Voraussetzung beruht, dass ein bestimmter Besitzstand der Doctrin eine Vervollständigung durch Zergliederung bzw. Verknüpfung der in ihm enthaltenen Begriffe und Urtheile aus sich heraus zulasse, und wie bedenklich das wird, wenn sich so ein theoretisches System entwickelt, welches den realen Verhältnissen gegenüber sein eigenes Leben hat, und wie das eine Periode wissenschaftlicher Unfruchtbarkeit zur Folge hat.

den Besitz für meine Hauptaufgabe gehalten, den einzelnen in den Quellen überlieferten Thatbeständen, auf die der römische Jurist unsere Besitz**klage** für anwendbar erachtet hat, nachzuspüren, und sodann aus den in dieser Weise als vollwerthig erkannten Thatbeständen der Klage, etwa wie der Historiker aus einzelnen ihm in Betreff einer Persönlichkeit überlieferten Zügen das Gesammtbild zusammenstellt, die wesentlichen Voraussetzungen und den Erfolg der römischen Besitz**klage** zu entwickeln.

Und erst nachdem ich so zu ermitteln gesucht habe, in welchen Lebenslagen und in welcher Form die Rechtsordnung ihr Einschreiten, ihren Schutz im Wege des Besitzprocesses in Aussicht gestellt hat, glaube ich mit einiger Sicherheit die Frage nach dem Wesen desjenigen Verhältnisses, dem die Rechtsordnung ihren Schutz zu Theil werden lässt, zur Entscheidung bringen zu können; m. a. W. erst nachdem die Frage, **wann** und **wie** geschützt wird, ihre Beantwortung gefunden hat, ist die Frage, **was** geschützt wird, einer Prüfung zu unterziehen. Ich folge so, was die Untersuchungsmethode betrifft, nur zu gern dem mir bedeutsamen Beispiel von Bruns in seinem „Recht des Besitzes im Mittelalter", als den Spuren meines Lehrers [1]).

Im ersten Theil der Untersuchung habe ich zu zeigen versucht, dass der Richter im Besitzprocess feststellt, **wen** von zwei streitenden Partheien, die beide in Betreff eines ausschliesslichen thatsächlichen Verhältnisses zur Sache Schutz erbitten, die Rechtsordnung als schutzwürdig anerkennt, m. a. W., wen sie ihres Schutzes versichert, jedoch lediglich, insoweit der bestimmte Gegner in Frage kommt. Es ist nun die Frage aufgeworfen, worin der Grund dieses Schutzes zu finden sei, und Jhering [2]) hat die zahlreichen über den Schutz des Besitzes aufgestellten Theorien unter zwei grosse Gesichtspunkte gebracht als die **absoluten** und die **relativen** Theorien [3]).

---

1) Auch Pernice hat es gelegentlich, (Zeitschr. f. H. Recht Bd. 22 S. 426), ausgesprochen, dass der Ausgangspunkt für den Besitz die Interdicte sind, insofern der Praetor eine Reihe von Machtverhältnissen als schutzwürdig betrachtete und deren Störung verbot. Und wenn Savigny, Besitz 7. Aufl. S. 59, den Satz aufstellt, der Besitz **ist** kein Recht, aber er **wirkt** ein Recht, nimmt um deswillen am Meisten Aehnlichkeit mit einem Recht an und bedarf besonderer Regeln des Erwerbes und Verlustes, und das Recht, welches er wirkt, ist das Recht der possessorischen Interdicte, so würde auch er es billigen müssen, wenn ich hier, bei den possessorischen Interdicten den Ausgangspunkt für die Untersuchung der Frage genommen habe, inwiefern denn der Besitz, wenn er kein Recht ist, Aehnlichkeit mit einem Recht angenommen hat.

2) Conf. Ueber den Grund des Besitzesschutzes 2. Aufl. S. 5 ff.

3) Diese Eintheilung hat mit der Frage, ob der Besitz ein relatives oder ein absolutes Verhältniss sei, durchaus nichts zu thun.

Sehe ich hier zunächst von der Ansicht Savignys[1]) ab, der den Schutz des Besitzes aus dem Verbot der Gewalt, aus der Unverletzlichkeit der Person des Besitzers zu erklären sucht, so steht unter den sog. relativen Theorien bei Jhering die Ansicht Röders[2]), der den Besitzesschutz aus dem Vorrecht der Unbescholtenheit erklärt, allen denjenigen Ansichten gegenüber, die ihn als Ergänzung des Eigenthumsschutzes hinstellen, sei es als Schutz des praesumtiven[3]), oder des potentiellen[4]), oder des anfangenden[5]) Eigenthums, oder endlich als Schutz der Thatsächlichkeit des Eigenthums, wie sich Jherings eigene Ansicht kurz bezeichnen lässt. Indess diese sog. Gründe des Besitzesschutzes sind doch lediglich Erwägungen, die der Praetor angestellt haben mag, als er zuerst sich fragte, ob er dem eigenthümlichen thatsächlichen Verhältniss des Besitzers zur Sache Schutz in einer bestimmten Weise zu Theil werden lassen solle. Alle diese Erwägungen können auf die Entstehung des Besitzesschutzes mit hingewirkt haben. Aber wenn sodann der Besitzer, obwohl ihm nachgewiesen wurde, dass er sich gewaltsam einem Dritten gegenüber in sein Verhältniss zur Sache gesetzt hat, und sonach, was den Besitz betrifft, durchaus nicht zu den Unbescholtenen gehört[6]), und dass nicht er sondern ein Dritter oder gar sein Gegner Eigenthümer ist, thatsächlich doch Schutz bei der Rechtsordnung gefunden hat, so sollte es doch nicht bestritten werden, dass die Rechtsordnung bewussterweise diesen Schutz dem Nichtunbescholtenen und dem Nichteigenthümer zu Theil werden lässt. Und Jhering versucht es demgegenüber vergeblich zu zeigen, weshalb der Praetor gerade um seines Princips willen, nämlich den Eigenthumsschutz zu ergänzen, d. h. den Eigenthümer möglichst zu schützen, dahin kam, den Eigenthümer nicht zu schützen[7]).

---

1) Conf. Besitz 7. Aufl. S. 55 ff. Zusatz der 6. Ausgabe.

2) Conf. Grundzüge des Naturrechts 2. Aufl. 2. Abth. S. 250.

3) Vergl. Unterholzner, Recension von v. Savignys Besitz in der Tübinger Kritischen Zeitschrift Bd. 4 S. 359 ff., und Tigerström, über den Rechtsgrund der sog. possessorischen Interdicte im Archiv f. civil. Praxis Bd. 22 S. 31 ff.

4) Conf. Trendelenburg, Naturrecht auf dem Grunde der Ethik 2. Aufl. S. 210.

5) Vergl. Gans, System des römischen Civilrechts. Berlin 1827. S. 211—212, und Thaden, Untersuchungen über den Begriff des römischen Interdictenbesitzes.

6) Conf. Jhering loc. cit. S. 24.

7) Vergl. Randa, der Besitz nach östr. R. 2. Aufl. S. 6 Anm. 8a und S. 246.

Und daraus, dass der Praetor den Besitzer und nur den Besitzer schützen will, folgere ich mit Bruns[1]), dass der Grund des Besitzesschutzes durchaus in nichts Anderem als im Besitze selber zu suchen ist, dass nur eine im Sinne Jherings absolute Theorie über den Grund des Besitzesschutzes die richtige sein kann.

Was unter diesen sog. absoluten Theorien zunächst die Ansicht betrifft, in der Puchta[2]) und Bruns[3]) von verschiedenen Ausgangspunkten sich beinahe zusammenfinden, und die Jhering kurz dahin zusammenfasst, es sei der Wille in seiner thatsächlichen Verkörperung, der im Besitz geschützt werde[4]), so spricht schon gegen deren Richtigkeit, dass wir in zahllosen Fällen solchem Willen in Bezug auf ein und denselben Gegenstand in thatsächlicher Verkörperung auf Seiten Zweier begegnen, und dass das gerade diejenige Collision ist, die wir als Voraussetzung des Interdictenprocesses erkannt haben. Wäre die Ansicht richtig, dann müsste der Praetor also, wenn er den Besitz schützen will, beide Theile schützen, nicht Einen von Beiden.

Dagegen muthet mich von allen absoluten Theorien bei Jhering am Meisten die Theorie Stahls[5]) an, wonach der Besitz, gleichwie das Eigenthum, (aber auch manche andere Rechte), der Befriedigung der menschlichen Bedürfnisse durch die Sache dient, und ihm deshalb angemessener Weise ein rechtlicher Schutz ertheilt ist, der in der Gewähr des faktischen Zustandes zu den Sachen, den der Besitzer zu conserviren strebt, besteht[6]). Und es folgt daraus, dass der Besitzer nur gegen eine Aufhebung dieses faktischen Zustandes den Schutz in Anspruch nehmen kann und nur gegen den, welcher diesen Zustand durch seine positive That aufhebt. Die Ausführungen Randas[7]) gegen

---

1) Conf. Besitzklagen S. 281.

2) Conf. Zu welcher Klasse von Rechten gehört der Besitz? Kleine juristische Schriften XIV S. 249 ff.

3) Conf. Recht des Besitzes im Mittelalter S. 490 ff.

4) Diese Anschauung ist später die herrschende geworden, der sich unter Andern auch Randa, der Besitz nach östr. R. etc. 2. Aufl. S. 250, und wenngleich nicht ohne wesentliche Eigenthümlichkeiten auch Lenz, das Recht des Besitzes in seinen Grundlagen, und v. Liebe, der Besitz ein Recht *in thesi*, angeschlossen haben.

5) Conf. Die Philosophie des Rechts Bd. 2 Abth. 1 S. 301 ff. 2. Aufl.

6) Conf. loc. cit. S. 306. „Nicht weil der factische Zustand die Vermuthung des Rechts für sich hätte, sondern weil er als factischer Zustand Conservation verdient, schützt ihn die Legislation“.

7) Conf. Der Besitz nach östr. R. 2. Aufl. S. 249.

Stahls Anschauung bringen nichts Neues, die Jherings[1]) haben für mich nichts Ueberzeugendes. Es ist m. E. nicht richtig, dass sich zu dem vorhandenen œkonomischen Interesse noch ein besonderer Grund hinzugesellen muss, welcher der Person einen Anspruch auf rechtlichen Schutz verleiht. Dass das Interesse als schutzwürdig von der Rechtsordnung anerkannt wird, bildet allerdings die Voraussetzung des Schutzes, und die Rechtsordnung hat auch ihre Gründe, das Interesse als ein schutzwürdiges anzusehen, aber in den meisten Fällen werden diese Gründe eben nur darin bestehen, dass die Rechtsordnung einsieht, hier liegt in Wahrheit ein Interesse des Einzelnen vor, dessen Schutz mit den allgemeinen Interessen nicht collidirt; dass sie dabei ehrliche Leute sich gegenüber denkt, deren Interesse sie schützen möchte[2]), ist gewiss richtig, aber es ist ein himmelweiter Unterschied, wenn man von ihr verlangt, dass es auch gleich Eigenthümer sein sollen, die sie dabei vor Augen hat. Und weshalb sollte es denn auch undenkbar sein, dass der Schutz des Besitzes vom Gesetzgeber eingeführt wird, lediglich um die Selbsthülfe auch von diesem Gebiet des socialen Lebens auszuschliessen, weshalb sollte die Rechtsordnung nicht den Beruf fühlen, wie Stahl[3]) es ausdrückt, den unter der Gunst der Umstände von einer Person errungenen Vortheil vor Andern, ihre thatsächliche Stellung zur Sache unter ihren besonderen Schutz zu nehmen[4]).

Schliesslich muss ich in diesem Zusammenhang hervorheben, dass Rudorffs[5]) Behauptung, die von Savigny[6]) aufgestellte Ansicht über den Grund des Besitzesschutzes decke sich mit der Anschauung Stahls, keineswegs richtig ist. Denn nach Savigny ist die Person schlechthin unverletzlich und soll gegen jede Gewalt sicher sein. Wenn indess die Rechtsordnung die besitzende Person schützen wollte, so musste sie, falls deren Verletzung in Betreff des faktischen Zustandes erfolgte, ohne darauf gerichteten besonderen Willen diesen Zustand gleichzeitig mitschützen. In Wahrheit kommt sonach die

---

1) Conf. Ueber den Grund des Besitzesschutzes 2. Aufl. S. 43.

2) Conf. loc. cit. S. 61.

3) Conf. loc. cit. S. 314.

4) Conf. loc. cit. S. 398, wo Stahl den Schutz des Besitzes als auf einer obrigkeitlichen Fürsorge für Erhaltung des faktischen Zustandes zur Sache als solchen beruhend charakterisirt.

5) Conf. Savigny, Besitz 7. Aufl. Anhang Nr. 19 S. 585.

6) Conf. loc. cit. S. 55 ff.

Ansicht Savignys auf nichts Anderes als auf die Ansicht von Puchta und Bruns hinaus, es sei der Wille, der im Besitz geschützt werde, wie das denn auch von Savigny selbst, sicherlich dem besten Interpreten der eigenen Ansicht, ausdrücklich hervorgehoben ist.

Ich komme noch einmal auf die Stahl'sche Ansicht zurück. Danach verfolgt die Rechtsordnung, indem sie den Besitzer schützt, nicht die Absicht, ein Recht, sondern die, einen faktischen Zustand im Verhältniss zum Andern zu schützen.

Es entsteht nun die Frage, ob das nicht überall die Absicht ist, die die Rechtsordnung zu erreichen strebt, ob sich dadurch nicht überhaupt der Staat von dem Zustande unterscheidet, wo Gewalt vor Recht geht?

Das führt mich schliesslich zu der von Jhering unter den relativen Theorien aufgeführten Ansicht Thibauts[1]), der den Grund des Besitzesschutzes in dem obersten Rechtsgrundsatz erblickt, dass Niemand einen Andern rechtlich überwinden kann, der nicht überwiegende Gründe seines Vorrechts hat. Aber wer giebt ihm denn überhaupt ein Recht oder ein Vorrecht?[2]) Doch gewiss nur die Rechtsordnung. Der Thibaut'sche Grundsatz würde sich also richtiger dahin präcisiren lassen: Niemand kann einen Andern rechtlich überwinden, wenn ihn die Rechtsordnung dabei nicht unterstützt, oder, wenn wir nun auch den Vordersatz fasslicher und concreter ausdrücken wollen: Niemand kann den Andern aus seinem thatsächlichen Verhältniss zur Sache in einer für die Rechtsordnung massgeblichen Weise verdrängen, wenn ihn die Rechtsordnung dabei nicht unterstützt. Und diese Regel würde in positiver statt in negativer Fassung etwa so lauten: Die Rechtsordnung, die zum Schutz eines thatsächlichen Verhältnisses zur Sache herausgefordert wird, ignorirt es, wenn der gegenwärtig in diesem Verhältniss Stehende den Gegner wider seinen Willen und ohne Vermittlung der Rechtsordnung aus seinem thatsächlichen Verhältniss zur Sache verdrängt hat, und sieht es so an, als bestände das frühere Verhältniss noch fort[3]).

---

1) Conf. Pandecten Bd. I S. 219.

2) Dieser Ausdruck ist es, der Jhering die geeignete Handhabe für seine Polemik gegen die Thibaut'sche Ansicht giebt. Vergl. Ueber d. Grund des Besitzesschutzes 2. Aufl. S. 22 f.

3) Vergl. in diesem Zusammenhang die Ansicht Kierulffs in seiner Theorie des gem. Civilrechts Bd. I, die offenbar denselben Ausgangspunkt nimmt, auch Randa, loc. cit. S. 250.

Und ist das nicht in Wahrheit der Grundsatz, auf dem nicht bloss der Besitzesschutz, auch der Schutz des Eigenthums, ja jeder Schutz, den die Rechtsordnung einem faktischen Zustand zu Theil werden lässt, beruht?

Jhering hat bereits früher[1]) im Allgemeinen und sodann später in specieller Anwendung auf unsere Frage[2]) überzeugend nachgewiesen, dass Selbsthülfe und Gewalt keineswegs identisch mit Unrecht sind, dass namentlich in älterer Zeit in Rom die Selbsthülfe als wesentliches Moment neben der Rechtsordnung anerkannt ist[3]). Und dass wir auch heute noch die Selbsthülfe nicht als mit der Rechtsordnung unvereinbar ansehen, zeigt die Berücksichtigung der Nothwehr im Strafrecht.

Aber wir dürfen nur nicht sagen, dass, wo der Staat die Selbsthülfe zulässt, er damit ein Recht zur Selbsthülfe gebe, aus dem sich dann wieder ein Recht auf dasjenige Verhältniss ableiten liesse, welches sich der zu erhalten strebt, der sich in Ausübung der Selbsthülfe befindet. Es ist m. E. ein schwerer Missgriff, wenn man auch heutzutage noch so vielfach von einem Recht der Nothwehr spricht, und ebenso verkehrt, wie wenn man von einem Recht zu essen, zu trinken, einem Recht zu leben sprechen wollte[4]).

Die Selbsthülfe ist kein Recht, setzt auch keineswegs, wie Savigny annimmt[5]), das Dasein eines Rechtsanspruchs voraus, sondern indem die Rechtsordnung die Selbsthülfe nur nicht untersagt, sie also neben sich zulässt und als mit ihrer Ordnung vereinbar ansieht, sagt sie nichts Anderes als, hier liege ein Fall vor, wo sie den obigen Grundsatz, den, der ohne ihre Vermittlung gegen seinen Willen aus seinem thatsächlichen Verhältniss zur Sache von Seiten eines Andern

---

1) Conf. Geist des römischen Rechts 2. Aufl. Bd. I S. 118—167.

2) Conf. Ueber den Grund des Besitzesschutzes 2. Aufl. S. 33 ff.

3) Conf. Ziebarth, Realexecution und Obligation S. 57 ff.

4) Auch v. Randa, der Besitz nach östr. R. 2. Aufl. S. 78 Anm. 8, kann sich nicht von der herrschenden Ansicht freimachen, wenn er von der Nothwehr als von dem Recht der Selbstvertheidigung etc. sowie von dem Recht der Selbsthülfe spricht, obwohl er richtig hervorhebt, dass in der Anerkennung des Satzes, dass der Besitzer unter Umständen Gewalt mit Gewalt abwehren könne, eigentlich nur ausgesprochen sei, dass der Besitzer in solchem Falle straflos sei. Bei dieser Gelegenheit möchte ich mich übrigens ausdrücklich dagegen verwahren, dass ich etwa den Begriff „Nothwehr" für identisch mit dem Begriff „Selbsthülfe" hielte. Vergl. v. Randa, Kritische Vierteljahrschrift Bd. 19 S. 257, Recension über v. Liebe, der Besitz als Recht *in thesi*.

5) Conf. Besitz 7. Aufl. S. 63. Vergl. auch O. Wendt, das Faustrecht S. 60.

verdrängt ist, gegen diesen Andern schützen zu wollen, nicht zur Anwendung bringen werde.

Gehen wir nun zu den Anfängen der Rechtsbildung zurück, so ist derjenige Zustand, der vor jeder Rechtsbildung liegt, offenbar der Zustand absoluter Selbsthülfe, und je mehr die Ausbildung des staatlichen Lebens fortschreitet, m. a. W. je mehr der Staat thatsächliche Verhältnisse von Personen zu Sachen durch seine rechtsbildende Thätigkeit in den Kreis seines Schutzes zieht, je weiter er den obigen Grundsatz zur Anwendung bringt, desto mehr schliesst er die Selbsthülfe aus.

So ist es zweifellos, dass der römische Staat zunächst nur diejenigen thatsächlichen Verhältnisse zur Sache, die vor ihm als dem römischen Volke, sei es nun in der Volksversammlung oder sei es vor dem bewaffneten Kriegsvolk, begründet worden sind, unter den obigen Grundsatz gestellt hat, dass er dann denselben Schutz auch den Verhältnissen zu Theil werden liess, die vor dem bestellten Vertreter des römischen Volkes, dem Praetor, im Beisein der für das Volk fungirenden Zeugen im Wege der *mancipatio* ihre Begründung fanden. Und wenngleich die Rechtsordnung allmählich diesen Schutz auch anderen unter weniger feierlichen Formen begründeten thatsächlichen Verhältnissen zur Sache zu Theil werden liess, immer blieb es doch dieser Gesichtspunkt und die Ausdehnung des oben aufgestellten Grundsatzes auf das fragliche Verhältniss, worauf der Schutz des Eigenthums zurückzuführen ist. Und das ist im Grunde derselbe Gesichtspunkt, der in den Anfängen germanischer Rechtsbildung namentlich in Betreff der Immobiliarverhältnisse so energisch hervortritt, und auf den sich die neuere Zeit als auf einen sehr richtigen Gedanken wieder besonnen hat, den sie heutzutage wieder mehr oder weniger klar durchzuführen bestrebt ist.

In Rom wurde mit der Entwicklung des Verkehrs und mit der steigenden Unmöglichkeit, die Neubegründung jedes thatsächlichen Verhältnisses zur Sache so zu sagen unter den Augen der Rechtsordnung vorzunehmen, das Bedürfniss dringender gefühlt, den Schutz der Rechtsordnung auch auf Verhältnisse auszudehnen, ganz abgesehen davon, ob sie auf dem oben bezeichneten Wege ihre Begründung gefunden hatten; man suchte das Verhältniss n a c h t r ä g l i c h unter den Schutz der Rechtsordnung zu stellen; und zwar machte sich das Bedürfniss vor Allem fühlbar, wenn das Verhältniss von Seiten eines Andern thatsächlich ganz oder theilweise aufgehoben zu werden drohte, und es wurde befriedigt durch den Erlass eines

Interdicts[1]). In dem Interdict lag also eine Ausdehnung der Thätigkeit der Rechtsordnung und damit eine Beschränkung der Selbsthülfe durch Ausdehnung des für solche Thätigkeit oben allgemein aufgestellten Grundsatzes auf dasjenige Herrschaftsverhältniss, welches zwei Personen zur Zeit des Interdictserlasses zu einer concreten Sache thatsächlich einnahmen.

Im Interdictenverfahren selbst aber wurde lediglich untersucht und festgestellt, wer von Beiden in Bezug auf das thatsächliche Verhältniss zur Sache dem Andern gegenüber als schutzwürdig anzusehen sei, und damit implicite, wer, falls er sich in das vom Gegner behauptete thatsächliche Verhältniss zur Sache setzen wollte, das nicht etwa auf dem Wege der Selbsthülfe erreichen könne, sondern vindiciren müsse, m. a. W., wer *possessor* und wer *petitor* sei.

Und das geschah später, ohne dass es noch des formellen Erlasses eines Interdicts bedurft hätte, da der Praetor den bisher nur *in concreto* zugesagten Rechtsschutz nun ganz allgemein einem derartigen thatsächlichen Verhältniss zu Theil werden liess[2]).

---

1) Weshalb der Praetor, wenn dieses Bedürfniss, wie höchst wahrscheinlich ist, bereits zur Zeit des Legisactionsverfahrens entstand, durch eine *actio* nicht aushelfen konnte, haben bereits Schmidt, Interdictenverfahren S. 313, Witte, *int. uti poss.* S. 26 ff., und Puchta, Cursus der Institutionen Bd. II S. 138 (6. Aufl.), nachgewiesen.

2) Bei dieser Gelegenheit hebe ich hervor, dass mir die Ansicht Meischeiders, Besitz und Besitzesschutz S. 52 ff., der die possessorischen Interdicte auf das Bedürfniss, ein Verhältniss zur Sache, welches kein römisches Eigenthum war, zu schützen, zurückführt, ebenso unrichtig erscheint als die entgegengesetzte Bekkers, Recht des Besitzes S. 152 und 154, und Jherings, über den Grund des Besitzesschutzes 2. Aufl. S. 13 ff., dass der Schutz der Interdicte nur dem gegeben sei, der sich auf einen Eigenthumsstreit einlassen konnte, und nur in Betreff solcher Sachen, die Gegenstand eines Eigenthumsstreites sein konnten. Nur dann gereichte dieser possessorische Schutz allerdings auch dem Eigenthümer zum Vortheil, wenn dieser selbst nur Schutz in dem thatsächlichen Verhältniss zur Sache erstrebte, weil der durch die Eigenthumsklage zu erlangende Schutz dieses Verhältnisses von dem nur schwer oder überhaupt garnicht zu führenden Nachweis der in bestimmter Form erfolgten Begründung desselben abhängig war. Und auch das ist wahrscheinlich, dass der Schutz des *possessor* anfangs bis zur Einführung der *Publiciana in rem actio* vor Allem dem bonitarischen Eigenthümer zum Vortheil gereicht haben wird, so lange ihm nämlich die *rei vindicatio* nicht zustand. Meischeider, Besitz und Besitzesschutz S. 58, hebt selbst richtig hervor, dass, auch nachdem das bonitarische Eigenthum bereits einen selbständigen Schutz genoss, die Schwierigkeit, dessen Begründung nachzuweisen, dem bonitarischen Eigenthümer gewiss häufig den

Wenn ich mir nun die Frage vorlege, worin danach denn eigentlich der Grund des Besitzesschutzes zu finden ist, so stimme ich Rosshirt[1]), Sintenis[2]) und Bethmann-Hollweg[3]) darin zu, wenn sie ihn auf ein polizeiliches Interesse zurückführen.

Aber ich meine, die Rechtsordnung tritt stets zunächst im Gewande polizeilicher Thätigkeit auf. Denn die Thätigkeit der Polizei ist doch in Wahrheit nichts Anderes, als dass sich der Staat für die Beziehungen seiner Glieder interessirt, dass an die Stelle des reinen Privatinteresses ein öffentliches Interesse tritt[4]), und die *justitia* übt diese polizeiliche Thätigkeit nur insofern in besonderer Weise aus, als sie, die Augen nur nach innen auf das für Alle gleiche Gesetz gerichtet, mit gleicher Wage dem Einen wie dem Andern misst.

Die Untersuchung ist damit keineswegs, wie Meischeider[5]) annimmt, jenseits des *ultima Thule* der Jurisprudenz angekommen. Leider haben indess die drei oben genannten Schriftsteller den Ausgangspunkt, den sie nahmen, nicht weiter verfolgt, sondern sich dann mehr oder weniger von dem strafrechtlichen Standpunkt, den Savigny den possessorischen Interdicten gegenüber einnimmt, bestimmen lassen. Den richtigen Ausgangspunkt für unsere Frage hat m. E. auch Rudorff[6]) genommen, wenn er die possessorischen Interdicte auf

Besitzesschutz als Erleichterung haben empfinden lassen. Gegen Niebuhrs Hypothese, (conf. römische Rechtsgeschichte 2. Aufl. Bd. II S. 161 ff.), der den Schutz des *possessor* im Anschluss an den *ager publicus* sich entwickeln lässt, spricht schon das Vorhandensein eines speciellen *interdictum de loco publico fruendo* (tit. 9 lib. 43 D.).

1) Conf. Archiv f. civil. Praxis Bd. 8 S. 11 ff. Rosshirt vergleicht durchaus angemessen die *possessio* mit dem *usus*, der im Gegensatz zum *mancipium* und *nexum* das ohne Form Bestehende oder richtiger das nicht unter den Augen der Rechtsordnung Entstandene bezeichnet und durch sein Bestehen auf dem Wege der *usucapio* sich einen weitergehenden Schutz erwirbt.

2) Conf. Zeitschr. für Civilrecht und Process Bd. 7. S. 253 ff. Sintenis weist darauf hin, dass die im 43. Buch der Pandecten behandelten Schutzmittel sämmtlich auf den Gesichtspunkt des öffentlichen Interesses zurückzuführen sind.

3) Conf. der Civilprocess des gem. Rechts Bd. I S. 201 ff.

4) Sehr schön hebt Ranke, Weltgeschichte Bd. II S. 110, hervor, dass die Nichtigkeitserklärung des Vertrages bei den Caudinischen Pässen Seitens des römischen Senates die Sinnesweise der Epoche, dass das Dasein der Einzelnen dem Rechte und Willen der Gesammtheit gegenüber nicht in Betracht kommt, recht klar zum Ausdruck bringt.

5) Conf. Besitz und Besitzesschutz S. 51.

6) Conf. Zeitschr. f. geschichtl. Rechtswissenschaft Bd. 7 S. 107 ff. Ueber den Rechtsgrund der possessorischen Interdicte.

das Verbot der Selbsthülfe zurückführt. Er hebt richtig hervor, dass das Wesen aller rechtlichen, (d. h. unter den Schutz der Rechtsordnung gestellten), Zustände darin bestehe, dass die bisher erlaubte Eigenmacht aller in die Einigung aufgenommenen Einzelnen verschwinde vor einer rechtlichen Macht[1]). Aber seine weitere Deduction führt ihn leider dahin, allein die Handlung des Störenden und zwar als Delict ins Auge zu fassen, und nicht, wie es m. E. richtiger war, den Schutz des Gestörten[2]). Aehnlich wie Rudorff hat sich auch ganz neuerdings Brinz gelegentlich[3]) ausgesprochen, wenn er hervorhebt, dass die possessorischen Interdicte in ihrer ursprünglichen und klassischen Gestalt keine Rechte der Partheien, sondern ein Recht und eine Macht der Magistratur seien, und dass der Interdictenprocess durch keine Rechtsbehauptung sondern durch eine Beschwerde über irgend ein wider die Interdictenordnung verstossendes Thun eingeleitetet werde. Und auch er macht dann die Gewaltthat zum Stichpunkt der Entscheidung. Von demselben Gesichtspunkt geht auch Th. A. Ludwig Schmidt[4]) aus, wird indess völlig auf Abwege geführt. Der Einzige, der, wie ich sehe, bei Beantwortung der Frage nach dem Schutz des Besitzes nicht nur den m. E. richtigen Ausgangspunkt nimmt, sondern auch die richtigen Consequenzen zieht, ist Neuner[5]), und wenn ich ihm auch darin nicht zustimmen möchte, dass allein das processualische *commodum possessionis* durch das Interdict geschützt werden solle, so kann ich seinen Ausführungen darüber, dass der Besitz durch den S c h u t z nicht zu einem Rechtsverhältniss

---

1) Vergl. auch Rechtsgeschichte Bd. II § 53, wo er die *interdicta* der Obrigkeit als nothwendiges Complement der *actiones* der Parthei für den polizeilichen Schutz der öffentlichen Ordnung durch Aufrechterhaltung des aktuellen Zustandes gegen die Gewalt und verwandte Ungebühr bezeichnet.

2) In N. 18 im Anhang S. 575 zu Savignys Besitz 7. Aufl. scheint Rudorff selbst um Verzeihung bitten zu wollen, dass er früher diese Ansicht vertreten habe.

3) Conf. Kritische Vierteljahrschrift für Gesetzgebung und Rechtswissenschaft N. F. Bd. 4 S. 402.

4) Ueber das possessorische Klagerecht des juristischen Besitzers gegen den Repräsentanten.

5) Conf. Wesen und Arten der Privatrechtsverhältnisse S. 135 ff. und 210. Der Einwurf, den Randa, der Besitz nach östr. R. 2. Aufl. S. 242, der Neuner'schen Ansicht macht, dass ein Schutz, der auf p o l i z e i l i c h e n Gesichtspunkten beruhe, auch durch die Polizeibehörde gewährt werden müsse, dürfte auf einer Verkennung des Begriffs „polizeilich" beruhen. Ist doch dem Praetor ebenso sehr wie heutzutage dem Gericht ein grosser Theil derjenigen Gedanken und Ziele, deren theoretische Bearbeitung heute den sog. Polizeiwissenschaften obliegt, zur praktischen Verwirklichung überwiesen.

werde, sondern sich als ein bloss faktisches aber im oben charakterisirten Sinne polizeilich geschütztes Verhältniss darstelle, nur beipflichten.

Denn damit, dass der Rechtsweg für ein Verhältniss eröffnet ist, geht keineswegs schon, wie Wach[1]) sehr richtig hervorhebt, die Anerkennung eines subjektiven Rechtes auf diesen Rechtsweg nothwendig Hand in Hand. Es ist fehlerhaft, aus dem Rechtsschutz ein subjektives Recht des Geschützten zu folgern. Leben, Körperintegrität, Freiheit, Ehre und äussere Keuschheit, meint Wach, erscheinen dem Staate als wesentliche Güter, die er durch Strafverbote schützt und dadurch zu rechtlich geschützten Gütern macht, ohne dass sie damit zu subjektiven Rechten würden. Auch die Annahme, dass etwa die Pflicht des Richters, Recht zu sprechen, ein subjektives Recht des Klägers auf *judicium* ihm gegenüber begründe, hat Wach mit Recht als entschieden fehlerhaft zurückgewiesen, und ich darf mich in Betreff beider Punkte auf seine Ausführungen beziehen[2]).

Wenn ich so im Vorstehenden versucht habe, dem Schutz des Besitzes, dass ich so sage, seine Stellung in der Rechtsordnung anzuweisen, und dabei zu dem Resultat gekommen bin, dass dieser Schutz ein bestimmtes thatsächliches Verhältniss einer Person zur Sache voraussetzt, welches wir Besitz nennen, so wird es die Aufgabe der nachstehenden Untersuchung sein, dieses Verhältniss selbst einer näheren Besprechung zu unterziehen. Dabei wird sich zunächst in Kürze zeigen lassen, wie die vorstehend entwickelte Anschauung in Betreff der Besitzklage die wesentlichsten Schwierigkeiten, die einzelne Quellenstellen in der Lehre vom Besitz bereitet haben, beseitigt, und sodann soll der Versuch gemacht werden, die Frage, ob der Besitz ein Recht oder ein thatsächliches Verhältniss ist, ihrer Lösung entgegen zu führen.

---

1) Conf. Defensionspflicht und Klagerecht in der Zeitschr. f. Privat- und öffentl. R. der Gegenwart Bd. 6 S. 515 ff.

2) Auf die Ausführungen O. Wendts, das Faustrecht etc. S. 90 ff. über die polizeilichen Erwägungen, die zum Besitzesschutz geführt haben, kann ich, da sie mir erst während des Druckes bekannt geworden sind, hier nur hinweisen.

Zweites Capitel.

Der Besitz ein Herrschaftsverhältniss.

Bei Besprechung desjenigen thatsächlichen Verhältnisses einer Person zu einer Sache, welches unter der Bezeichnung Besitz die Voraussetzung für den durch die Besitzklage vermittelten Schutz der Rechtsordnung bildet, ergeben sich vier Fragen, deren Beantwortung den Inhalt dieses Capitels bilden, nämlich:

1) Wie stellt sich dies Verhältniss subjektiv dar *(animus)?*

2) Wie stellt sich dies Verhältniss objektiv dar *(corpus)?*

3) Wie muss die Sache beschaffen sein, die den Gegenstand dieses Verhältnisses bildet?

4) Wie muss die Persönlichkeit beschaffen sein, um in diesem Verhältniss stehen zu können?

1. Wie stellt sich das als Besitz bezeichnete Verhältniss subjektiv dar?

Windscheid[1]) definirt das subjektive Besitzmoment, welches die Quellen mit dem Ausdruck *animus* bezeichnen, als den Willen, die Sache für sich zu haben, und als den Aneignungswillen, und so giebt auch Brinz[2]) das Wort *animus* wieder. Sie ziehen damit die Frage, wie ein solches Verhältniss seine Begründung findet, in den Kreis der Betrachtung. Dies Zusammenwerfen beider Fragen, die fast in keiner Bearbeitung unsrer Lehre klar auseinandergehalten sind[3]), hat dann

1) Conf. Lehrbuch des Pandektenrechts Bd. I S. 451.

2) Conf. Pandecten Bd. I S. 495.

3) Cosack scheint allerdings in der Ueberarbeitung seiner Dissertation über den Besitz des Erben, die mir leider nicht zugänglich gewesen ist, bei der Definition des Besitzes von seiner Entstehung zu abstrahiren, wenn er ihn als die blosse Producibilität faktischer Herrschaft über eine Sache bezeichnet, ein Standpunkt, den sein Recensent Brinz, (Kritische Vierteljahrsschrift Bd. 20 S. 156), aufs Entschiedenste verwirft.

zahlreiche Schwierigkeiten zur Folge gehabt, die ich zu vermeiden glaube, wenn ich lediglich betrachte, wie sich der bereits begründete Besitz darstellt, insofern er ausgeübt und geltend gemacht wird[1]).

Es fehlt nicht an den verschiedenartigsten Ausdrücken für diesen *animus*. Theophilus[2]) bezeichnet ihn als *ψυχὴ δεσπόζοντος*, Savigny[3]) nennt ihn *animus domini*, Lenz[4]) *animus dominantis*, Schmidt[5]) *animus dominandi*, Bartels[6]) *animus rem sibi habendi*.

Ich gebe keinem dieser Ausdrücke einen besonderen Vorzug, wenngleich ich selbst die Bezeichnung *animus domini* als die herrschende nachstehend gebrauche. M. E. ist jener *animus* nichts Anderes als der Wille, die Sache wie eigen zu behandeln, wie ihn Randa[7]) definirt.

Nicht der Wille, Eigenthümer zu sein[8]), sondern wie ein Eigenthümer auf die Sache einzuwirken, ist das subjektive Moment des Besitzes, und Bekker[9]) hat Recht, wenn er es als völlig indifferent bezeichnet, ob der Dieb seine Behandlung der gestohlenen Sache als Act der Ausübung eines

---

1) Dass es möglich ist, beim Besitz die Fortdauer wahrzunehmen und zu beweisen, ohne auf den Erwerb zurückzugehen, hat schon Savigny, Recht des Besitzes 6. Aufl. S. 389, anerkannt. Und auch Randa, der Besitz nach östr. Recht 2. Aufl. S. 33, hebt ausdrücklich hervor, dass die Existenz des Besitzes von der Art des Erwerbes gänzlich unabhängig sei. Vergl. auch Wendt, d. Faustrecht etc. Jahrb. f. Dogm. Bd. 21 S. 205 und 219. „Für den Besitz als Thatsache ist die *causa possessionis* gleichgültig".

2) Conf. II § 4 III, 29 § 2.

3) Conf. loc. cit. S. 246.

4) Conf. Recht des Besitzes S. 102.

5) Conf. Ueber den Willen und die Grenzen der Thätigkeit des Besitzers, Zeitschr. für C. Recht und Process Bd. 20 S. 113.

6) Conf. Zweifel gegen die Theorie vom abgeleit. Besitz, Zeitschr. f. C. Recht und Process Bd. 6 S. 179.

7) Conf. loc. cit. S. 13 und 16 Anm. 17, wo ausdrücklich hervorgehoben ist, dass der Wille nur auf das faktische Haben gerichtet sei, aber sonst den Umfang des Eigenthumswillen habe, und S. 333, wo dieser Besitzwille vom Eigenthumswillen unterschieden ist. Für diese Ansicht scheint sich auch Kierulff, Theorie des gem. C. Rechts Bd. I S. 352, auszusprechen in den Worten: „Der wirkliche Besitzer will faktisch Herr des Objekts sein und die Sache für sich haben". In der Praxis hat diese Anschauung den besten Ausdruck in einem Plenarbeschluss des Berliner Obertribunals vom Jahre 1862 (Seuff., Arch. Bd. XVII Nr. 14) gefunden. Vergl. daneben Seuff., Arch. Bd. IX Nr. 133 „*animus possidendi* ist die Absicht, durch die Detention Eigenthum an der Sache auszuüben".

8) Conf. Kindel, Recension von Bekkers Recht des Besitzes bei Rassow und Küntzel, Beiträge zur Erläuterung des deutschen Rechts, Jahrgang 25, S. 795.

9) Conf. Recht des Besitzes S. 393.

Eigenthums kennt oder nicht kennt. Auch hebt er mit Recht hervor[1]), dass eine momentane Gewalt, die man sofort wieder aufzugeben gewillt ist, wie wenn man beispielsweise einen Stein aufnimmt, um damit zu werfen, noch kein Besitz ist. Der *animus domini* lässt sich danach als die Absicht bezeichnen, sich und zwar nicht nur als Stellvertreter eines Andern in dem thatsächlichen Herrschaftsverhältniss über eine Sache zu behaupten[2]). Und weil bei der sog. *alieno nomine detentio* der *detentor* nur den Besitzer vertreten und nicht selbst in einem solchen Verhältniss zur Sache stehen will, fehlt ihm der possessorische Schutz[3]).

Hier ist der Ort, diejenigen Verhältnisse, die von Savigny als abgeleiteter Besitz bezeichnet sind, und bei denen man auf Seiten des Besitzers den *animus domini*, den Willen, die Sache wie eine eigene zu haben, vermisst hat[4]), einer besonderen Prüfung zu unterziehen.

Mag Jemand den Andern als Eigenthümer anerkennen, er wird doch als Besitzer geschützt, wenn er die Sache wie eine eigene behandeln, wenn er thatsächlich zur Zeit die massgebende Persönlichkeit in Betreff der Sache sein will. Und wo das nicht der Fall ist, da fehlt auch die Besitzklage zum Schutz eines scheinbar gleichen thatsächlichen Verhältnisses in Betreff der Sache. Das ist das Princip, von dem wir ausgehen müssen.

---

1) Conf. loc. cit. S. 162.

2) Conf. loc. cit. S. 154.

3) Wenn Mandry, zur Lehre vom Besitzeswillen, Arch. f. civil. Praxis Bd. 63 S. 26, diesen positiven Willen des Besitzers dahin verflüchtigt, dass er nichts Anderes sei als der *animus detinendi*, d. h. der Wille, die Sache zu haben, sobald nur nicht daneben der Wille vorhanden ist, den Besitz eines Andern fortzusetzen oder einem Andern solchen Besitz zu erwerben, so will ich nicht bestreiten, dass die consequente Entwicklung das römische Recht zu dieser Anschauung wohl hätte führen müssen, und dass in diesem Fall auch der redliche Finder einer verlorenen Sache und der unbeauftragte Geschäftsführer, der eine Sache für den Dritten an sich nimmt, in der Regel als Besitzer zu schützen wäre, meine indess, dass das röm. Recht in dieser Entwicklung und zwar zu seinem Nachtheil auf halbem Wege stehen geblieben ist. Im Uebrigen schliesse ich mich Mandrys Unterscheidung zwischen Besitzwillen und Eigenthumswillen und seiner Umschreibung des *animus domini*, dass der Apprehendent die Absicht haben muss, selbst Besitzer zu werden, gern an (loc. cit. S. 14 ff.).

4) Conf. Seligsohn, Sukzession im Besitz bei Küntzel und Rassow, Beiträge zur Erläuterung des deutschen Rechts, Jahrgang 26 S. 331.

Ich habe nun bereits im ersten Theil der Untersuchung hervorgehoben, dass, nachdem sich sog. *jura in re aliena* neben dem Eigenthum unter den Augen der Rechtsordnung entwickelt hatten, insofern der Eigenthümer zwar auch ferner als massgebende Persönlichkeit in Betreff der Sache anerkannt wurde, indess in Bezug auf gewisse Functionen der Sache von anderer Seite eine massgebende Stellung beansprucht wurde, bald auch den diesen *jura in re aliena* entsprechenden thatsächlichen Verhältnissen zur Sache, ganz abgesehen davon, ob sie unter den Augen der Rechtsordnung begründet waren, von Seiten der Rechtsordnung ein Schutz zu Theil wurde. Dieser Schutz, der sich bezüglich jedes einzelnen dieser Verhältnisse verschieden gestaltete, wurde von der Theorie unter der Bezeichnung Rechtsbesitz zusammengefasst. Und dieser Rechtsbesitz nicht unser Sachbesitz ist es, den wir bei dem Emphyteuta, dem Superficiar, dem Usufructuar und Usuar geschützt sehen [1]).

So wird z. B. der Emphyteuta in l. 15 § 1 D. 2. 8 lediglich insofern *possessor* genannt, als er von der Cautionspflicht befreit erscheint [2]). Und was den sog. possessorischen Schutz des Superficiar und des Usufructuar und Usuar betrifft [3]), so ergab sich schon oben, dass es sich dabei nicht um einen Sachbesitz handelt. Der *dominus* kann neben allen diesen Verhältnissen ein thatsächliches Verhältniss zur Sache *animo domini* behaupten, für welches er mit unsrer Besitzklage Schutz erstrebt [4]).

Die Rechtsordnung würde auch anderen thatsächlichen Verhält-

---

1) Conf. Bekker, Recht des Besitzes S. 170—172, und Windscheid, Lehrbuch des Pandektenrechts Bd. I § 154 S. 469 Anm. 7, und die dort Angeführten. Contr. Kierulff, Theorie des gem. C.R. Bd. I S. 358 ff. u. 368, und neuerdings Meischeider, Besitz und Besitzesschutz S. 67.

2) Conf. Seligsohn, loc. cit. S. 320 Not. 5.

3) Conf. l. 4 D. 43. 17.

4) Für die Annahme eines Rechtsbesitzes nicht eines ausschliesslichen Sachbesitzes auf Seiten des Superficiars tritt neuerdings auch Wendt, das Faustrecht etc. im Jahrb. f. Dogm. Bd. 21 S. 196, ein. Seinen Ausführungen über das Wesen der *juris quasi possessio*, in der er lediglich einen Anwendungsfall der Herrschaft über Sachen verstanden wissen will, (conf. S. 184 ff.), möchte ich mich rückhaltlos anschliessen, wie ich denn bereits am Schluss der ersten Abtheilung meiner Untersuchung die Consequenzen jener Anschauung für den Process gezogen habe. Immerhin bleibt aber, namentlich wegen der Vertheilung der Partheirollen im Eigenthumsprocess aber auch aus andern Gründen, z. B. für die Frage nach der Ersitzung, die Unterscheidung zwischen Sach- und Rechtsbesitz von wesentlicher Bedeutung.

nissen zur Sache, wie Pacht und Miethe, einen ähnlichen possessorischen Schutz zu Theil werden lassen können [1]). In Rom ist das nicht geschehen, aber deshalb ist es doch kein unlösbares Problem, wie Meischeider annimmt [2]), dass der Eigenthümer, der redliche Besitzer, der Dieb und Räuber und der Emphyteuta wie der Precarist, der Pfandgläubiger und der Sequester, deren Verhältniss zur Sache demnächst erörtert wird, den *animus possidendi* und damit den Besitz haben, d. h. richtiger den possessorischen Schutz geniessen sollen, während Beides dem Pächter, dem Commodatar und Depositar, denen Meischeider unrichtigerweise auch den Usufructuar beigesellt, abgesprochen ist. Gab es doch eine Zeit, wo auch der Emphyteuta, wo der Dieb, ja wo sogar der redliche Besitzer, wie wir sahen, dieses Schutzes entbehrte. So giebt also die ausgedehntere Thätigkeit der Rechtsordnung und dementsprechend die allmähliche Beseitigung der Selbsthülfe die beste Lösung für dies Problem [3]).

Bei dem Precaristen, dem Pfandgläubiger und dem Sequester erscheint es indess trotz Windscheid nicht so ganz zweifellos, in welcher Weise ihnen ein possessorischer Schutz zu Theil geworden ist. Was zunächst das Verhältniss des Precaristen zur Sache betrifft, so bezeichnet es Bekker als Rechtsbesitz, wenn er auch zugiebt, dass es als solcher nie ausdrücklich anerkannt sei, Windscheid erblickt darin einen juristischen Besitz ohne *animus domini*, bei dem der *precario dans* den Eigenthumsbesitz behält [4]), und neuere Bearbeiter der Frage gehen noch weiter, indem sie dem Precaristen den *animus*

---

1) Ich hebe bei dieser Gelegenheit nur hervor, ohne näher darauf eingehen zu können, dass in Rom gegenüber den baulichen oder sonstigen Bodenveränderungen des Besitzers sogar dem Dritten in der *operis novi nuntiatio* und dem *int. quod vi aut clam* ein zwar in hohem Grade beschränktes, indess direct gegen die momentane Ausübung unbeschränkten Besitzes auf Seiten des Gegners gerichtetes, und insofern quasipossessorisches Schutzmittel in Betreff des augenblicklichen thatsächlichen Verhältnisses zwischen Beiden zur Seite stand Vergl Wendt, loc. cit. S. 114 ff. u. S. 169.

2) Conf. Besitz und Besitzesschutz S 19.

3) Conf. Windscheid, Lehrbuch des Pandektenrechts Bd. I S. 454 Anm. 7 zu § 149, und die dort Angeführten Auch Kierulff, Theorie des gem. C. Rechts Bd. I S. 353, sieht in allen den Fällen des sog. abgeleiteten Besitzes und noch in einigen anderen Fällen durchaus nichts Anomales, da die beschränkte Besitzeinräumung für die freigelassene Sphäre vollkommen den Charakter eines wirklichen Besitzes habe (conf. S. 360).

4) Vergl. auch Bartels, Zeitschr. f. C. R. u. Proc. Bd. 6 S. 214.

domini zuschreiben und ihn um deswillen als wahren Besitzer, als Sachbesitzer ansehen [1]). Ich schliesse mich dieser letzten Ansicht an. Den Einwurf Windscheids, der es für einen Widerspruch hält, zu sagen, dass der Empfänger des Precarium die Sache wie eine eigene und zugleich, dass er sie als eine dem Geber auf dessen Verlangen herauszugebende haben wolle, halte ich für unrichtig. Denn warum sollte nicht beispielsweise Jemand, der längere Zeit abwesend sein will und Vertrauen zu einem Andern hat, diesem seine Sachen gerade in der Absicht übergeben können, dass er sie nach aussen hin und um des etwa nöthigen Schutzes gegen Dritte willen als eigene Sachen haben und behandeln und nur für den Fall der Rückkehr des Eigenthümers verpflichtet sein soll, sie ihm zurückzugeben. Aehnlich ist m. E. das Verhältniss zwischen dem *precario dans* und dem *precario accipiens* aufzufassen, falls der Precarist gebeten hat, *ut sibi possidere liceat.* Nur unter dieser Voraussetzung sprechen die Quellen von einer *possessio corporis* im Gegensatz zur *possessio juris* auf Seiten des Precaristen [2]). Und so dürften sich Stellen wie l. 6 § 2 D. 43. 26 und l. 4 § 1 D. eod. einfach, und ohne dass man eine Antinomie in der Codification annehmen müsste, erklären.

Erinnern wir uns nun an die Relativität des Besitzesschutzes, so werden wir uns nicht mit Windscheid auf Grund der l. 15 § 4 D. 43. 26 dahin gedrängt sehen, neben dem Besitz des Precaristen dem *precario dans* nur noch einen sog. Ersitzungsbesitz zuzugestehen, oder auch diesen leugnen. Wir werden aber ebensowenig den bestimmten Quellenaussprüchen gegenüber mit Bekker behaupten wollen, dass das Verhältniss auf Seiten des Precaristen lediglich ein Rechtsbesitz sei. Sondern Beide werden als Besitzer geschützt, und zwar der *precario dans* dem *precario accipiens* gegenüber durch die Besitzklage in jener recuperatorischen Tendenz, von der ich oben gehandelt habe. Das ist es, was v. Liebe [3]) nicht berücksichtigt hat, und wodurch er zu verkehrten Resultaten geführt ist, obwohl er dem Precaristen den Besitz als *jus in thesi* zuspricht.

So erklärt sich die Ansicht des Sabinus in l. 3 § 5 D. 41. 2 und l. 19 pr. D. 43. 26, Stellen, die ich bereits oben näher besprochen

---

1) Conf. Dankwardt, das Precarium und die Emphyteuse im Jahrb. für Dogm. Bd. 14 S. 303 ff., Randa, der Besitz nach östr. R. S. 519 ff., Ubbelohde, Arch. f. civil. Prax. Bd. 59 S. 236.

2) Conf. l. 2 § 3, l. 3 und l. 15 D. 43. 26 und l. 10 § 2 D. 41. 2.

3) Conf. Der Besitz ein Recht *in thesi* S. 38.

habe. Und so findet der Gegensatz in der Auffassung der Sabinianer und Proculianer, den Bruns[1]) aufstellt, wonach Erstere noch mit der älteren Anschauung an dem Besitz des Gebers festhalten, während die Letzteren ihn als nothwendige Consequenz geleugnet haben sollen, eine einfache Lösung. Nicht, weil dem Precaristen, wie Bekker[2]) meint, eine Art von Recht eingeräumt ist, wird er nun auch possessorisch geschützt, sondern, weil dem Precaristen der Besitz eingeräumt ist, weil er sich äusserlich in demselben thatsächlichen Verhältniss zur Sache befindet wie der gewöhnliche Besitzer, wird er Dritten gegenüber geschützt. Aber neben ihm hat der *precario dans* die Besitzklage, sobald das innere Verhältniss zwischen ihm und dem *precario accipiens* in Frage kommt, d. h. sobald sich *precario dans* und *precario accipiens* einander gegenüberstehen (l. 17 D. 43. 26). Und weil ein derartiger relativer Besitzesschutz beim *precarium* an eigener Sache undenkbar ist, hat das Recht ein solches Verhältniss für unzulässig erklärt[3]).

Und die Zweifel, von denen Pomponius l. 15 § 4 D. 43. 26 berichtet, erklären sich einfach daraus, dass man sich dieser Relativität des Besitzesschutzes nicht mehr klar bewusst war. Ich halte es deshalb nicht für richtig, wenn Dankwardt[4]) aus dieser l. 15 und der l. 3 pr. D. 43. 17 nachzuweisen sucht, dass der *dominus* trotz des Precarium seine possessorischen Interdicte überall behalte, aber gleichfalls für unrichtig, wenn Ubbelohde[5]) lediglich den Precaristen als juristischen Besitzer anerkennt.

Und was endlich die vielbestrittene l. 13 § 7 D. 41. 2 betrifft, so muss ich Windscheid[6]) entgegentreten, wenn er diese Stelle nicht auf die sog. Ersitzung beziehen will, pflichte vielmehr Savigny[7]) bei, der auf Grund dieser Stelle annimmt, dass der Besitz des *precario dans* auch in Betreff der Ersitzung aufhört. Dritten gegenüber ist er überall nicht mehr als Besitzer anzusehen, und der *precario accipiens* ist es, gegen den der Eigenthümer seine Klage zu richten hat. Aber desshalb hat nun nicht etwa an Stelle des *precario dans* der *precario*

---

1) Conf. Das Recht des Besitzes im Mittelalter etc. S. 13.

2) Conf. Recht des Besitzes S. 177.

3) Conf. l. 4 § 3 D. 43. 26. Wie sich demgegenüber l. 6 § 4 D. 43. 26 und l. 11 D. eod. erklären, werde ich weiter unten erörtern.

4) Conf. loc. cit. S. 306.

5) Conf. loc. cit. S. 237.

6) Conf. Lehrbuch des Pandektenrechts Bd. I § 154 Anm. 5.

7) Conf. Besitz 7. Aufl. S. 184.

accipiens den Ersitzungsbesitz, denn ihm fehlt die wesentlichste Voraussetzung dafür. Sein Besitz hat zwar eine *justa causa*, und insofern ist der Precarist allerdings ein gutgläubiger Besitzer, aber ihm fehlt die Ueberzeugung, Eigenthümer geworden zu sein[1]). Ist indess das Verhältniss des *precario accipiens* zur Sache dadurch beseitigt, dass der *precario dans* wieder in das dem Precaristen zeitweilig eingeräumte Verhältniss zur Sache zurücktritt, so behandelt die Rechtsordnung, was die Frage nach der Ersitzung betrifft, das Verhältniss so, als ob der Precarist nur Stellvertreter des *precario dans* in der Ausübung des Besitzes gewesen sei; und mit Recht, denn die Absicht Beider ging ja, wie wir sahen, dahin, dass, wenn schon der *precario accipiens* nach aussen als Herr der Sache auftrat, der *precario dans* in Wahrheit Herr der Sache bleiben sollte.

Die l. 12 § 1 D. 43. 26[2]) endlich erklärt sich nicht etwa daraus, dass das *precarium* ein Recht ist, wie Bekker[3]) annimmt, sondern daraus, dass es nur als ein der Person eingeräumtes thatsächliches Verhältniss erscheint und demnach, wie der unter einer Bedingung eingeräumte Besitz bei Deficienz der Bedingung in Wegfall kommt, aufhört, sobald der *precario accipiens* gestorben ist. So bestätigt also auch diese Stelle die vorstehend über den Precaristenbesitz entwickelte Ansicht. Beide, der Precarist wie der *precario dans* haben den Willen, die Sache wie eine eigene zu behandeln, und nur der Gegner, demgegenüber sie diesem ihren Willen eventuell Ausdruck geben, ist ein verschiedener. Von einem abgeleiteten Besitz kann hier also keine Rede sein, da neben dem Verhältniss des *precario accipiens* zur Sache, dem possessorischer Schutz zu Theil wird, gleichzeitig ein derartig geschütztes Verhältniss des *precario dans* bestehen bleibt. Will man die Eigenthümlichkeit dieses Besitzverhältnisses aber durch ein Eigenschaftswort näher bezeichnen, so würde ich mich mit dem Ausdruck „anvertrauter Besitz", den Brinz[4]) dafür wählt, wohl einverstanden erklären, aber nicht in dem Sinne, dass es der Besitz des A ist, der dem B anvertraut ist, sondern nur insofern, als das Herrschaftsverhältniss Beider zur Sache als ein Vertrauensverhältniss zu bezeichnen ist. Und auf ähnlicher Grundlage, nur dass an

---

1) Conf. l. 13 § 1 D. 6. 2 und l. 22 § 1 D. 9. 4.
2) Vergl. auch l. 8 § 1 D. 43. 26.
3) Conf. Recht des Besitzes S. 178.
4) Conf. Pandecten Bd. I S. 518.

Stelle des Vertrauensverhältnisses ein festes gefügtes Contractsverhältniss tritt, beruht offenbar die *possessio* des *creditor pigneraticius*.

Bekker[1]) erblickt auch in diesem Verhältniss einen Rechtsbesitz, wenngleich er zugiebt, dass ein solcher im römischen Recht nicht ausdrücklich anerkannt sei. Er meint, dass Bruns[2]), Rudorff[3]) und Windscheid[4]) auf dem Wege zu derselben Ansicht seien, obwohl er einräumt, dass Windscheid den Besitz des Faustpfandgläubigers im römischen Recht ausdrücklich als Sachbesitz anerkannt sieht.

Das käme also wieder auf einen Gedankenfehler der römischen Juristen hinaus, denn das leugnet Bekker am Ende selber nicht, dass Stellen wie l. 1 § 15 D. 41 2, l. 16 D. 41. 3 und l. 40 pr. D. 41. 2 dem Faustpfandgläubiger unsern Besitz, d. h. den Sachbesitz, zuschreiben.

Auch l 15 § 2 D. 2. 8 spricht nicht gegen diese Anschauung. Denn in dieser Stelle handelt es sich lediglich darum, ob das Verhältniss zum Grundstück von der Pflicht zur Cautionsleistung befreit, und das wird beim *creditor pigneraticius* nicht angenommen.

Massgebend für das Verhältniss sind noch l. 35 § 1 D. 13. 7 und l. 37 D. eod.

Wenn ich das aus vorstehenden Quellenstellen gewonnene Bild zusammenfasse, so erscheint es nicht zweifelhaft, dass der *creditor* den Willen hat, die Sache wie eine eigene zu behandeln, dass ihm demnach der *animus domini* nicht fehlt. Aehnlich wie dem Precaristen eine Sache anvertraut ist, um sie nach aussen hin wie eine eigene zu behandeln, wenngleich er verpflichtet ist, daneben den *precario dans* noch als Besitzer anzuerkennen, so wird hier und zwar zur Sicherheit des Pfandgläubigers das thatsächliche Verhältniss zur Sache diesem überlassen. Der *creditor* ist nach dem Willen der Partheien, was den Schutz Seitens der Rechtsordnung betrifft, wahrer und alleiniger Besitzer.

Und weil hier nicht wie beim Precarium noch ein relatives Besitzverhältniss auf Seiten des *debitor* zurückgeblieben ist, erklärt es sich auch, wie zwischen dem *creditor* als dem Besitzer und dem Eigenthümer durch *locatio* und *conductio* oder *precarium* dieselben

---

1) Conf. loc. cit. S. 181.

2) Conf. Besitz im Mittelalter S. 480 Nr. 1. „Die wahre Begründung des Besitzes des Faustpfandgläubigers muss also vom Standpunkt der *juris possessio* aus geschehen".

3) Conf. Savigny, Besitz 7. Aufl. Anh. Nr. 86.

4) Conf. Lehrbuch des Pandektenrechts Bd. I § 163 Anm. 2.

Verhältnisse entstehen können wie zwischen dem gewöhnlichen Sachbesitzer und dessen Pächter[1]) und wie zwischen dem *precario dans* und dem *precario accipiens*[2]). Und dieses völlige Ueberlassen des Besitzes an den *creditor pigneraticius* scheint nicht nur eine häufige sondern die regelmässige von der Pfandbestellung nicht zu trennende Folge gewesen zu sein[3]). Denn eben darin besteht ja allein die Sicherheit für den Gläubiger, die der Zweck der Pfandbestellung ist. Der Gläubiger will in diesem Verhältniss momentan Herr über die Sache sein und von der Rechtsordnung als solcher angesehen und geschützt werden. Jede thatsächliche Veränderung des Verhältnisses zur Sache soll damit in seine Hand gegeben sein, und das Verhältniss soll nicht ohne sein Wissen und Willen durch den Schuldner, sei es activ oder sei es auch nur passiv, verändert werden können[4]).

Und in Consequenz dieser Ansicht nehme ich nicht Anstand, dem *creditor* auch dann unsere Besitzklage zuzusprechen, wenn es der *debitor* ist, der ihm den Besitz streitig macht. Der Fall, den Bekker dagegen für seine Behauptung, dass dem *creditor* durch die Interdicte nicht Schutz für den ganzen Eigenthumsbesitz gewährt werde, anführt, hat m. E. nichts Erstaunliches. Denn hindert der *debitor* den besitzenden *creditor* daran, in dem verpfändeten Teich unerlaubterweise zu fischen, so fragt es sich doch noch sehr, ob er damit seinerseits eine Besitzhandlung in Betreff des Teiches vornimmt, und thut er das nicht, wie ich im zweifelhaften Falle immer geneigt sein möchte anzunehmen, so ist es nur natürlich, dass dem *creditor* keine Besitzklage zur Seite steht, thut er es aber, so sehe ich keinen Grund, weshalb man ihm eine solche Klage nicht zugestehen sollte.

Dagegen scheint andrerseits, wenn nicht immer so doch sehr häufig, die *possessio* allein den Gegenstand des *pignus* gebildet zu haben, während der *debitor* in anderer Beziehung, d. h. soweit dies thatsächliche Verhältniss nicht in Frage steht, über die Sache frei schalten, ja sie sogar ohne oder für Geld zu anderweitigem Gebrauch überlassen konnte[5]).

Und was die Ersitzung während der Dauer dieses Verhältnisses betrifft, so würden wir, auch wenn die l. 13 § 1 D. 6. 2 nicht

---

1) Conf. l. 37 D. 13. 7.
2) Conf. l. 6 § 4 und l. 11 D. 43. 26.
3) Conf. l. 16 D. 41. 3.
4) Conf. Kierulff, Theorie des gem. C. R. Bd. I S. 357.
5) Conf. Kierulff, loc. cit. Bd. I S. 369.

ausdrücklich auf die zwischen dem Precarium und Pignus in dieser Beziehung bestehende Aehnlichkeit hinwiese, nach dem Vorstehenden doch versucht sein, die Frage hier ähnlich zu beantworten wie oben. Und das finde ich auch in der That in Stellen wie l. 1 § 15 D. 41. 2 und l. 16 D. 41. 3 ausgesprochen, und so ist auch m. E. l. 36 D. 41. 2 [1]) zu verstehen. Denn auch beim Faustpfand hat der Eigenthümer im *creditor* stets ein geeignetes Subject, gegen das er seine Klage richten kann, und es liegt deshalb kein Grund vor, eine Unterbrechung der Verjährung dieser Klage eintreten zu lassen. Es erscheint aber höchst angemessen, wenn bei Berechnung der Ersitzungsfrist, da der *debitor* sein Herrschaftsverhältniss in Betreff der Sache ja nur zu Gunsten des *creditor* aufgegeben hat, und der aus der Ersitzung dem *debitor* erwachsende Vortheil mit dem Interesse des *creditor* in keiner Weise collidirt, der Pfandbesitz mit eingerechnet, und insofern der *creditor* lediglich als Stellvertreter des *debitor* in diesem Herrschaftsverhältniss angesehen wird. Damit wird der Wille des *creditor*, die Sache wie eine eigene zu haben, sein *animus domini* in keiner Beziehung abgeschwächt oder gar in Frage gestellt.

Wünschen endlich zwei streitende Partheien, dass ihr thatsächliches Verhältniss zur Sache während des Processes und zwar im Interesse desjenigen von ihnen, der etwa als Sieger aus dem Process hervorgeht, unverändert bestehen bleibt, dann ergiebt sich das Bedürfniss, eine Sequestration einzuleiten, und wir kommen so zu dem dritten Fall, bei dem es zweifelhaft erschien, ob ein Sach- oder Rechtsbesitz vorliegt.

Bekker [2]) hat sich bei Besprechung dieser Frage mit einem *non liquet* beruhigen zu sollen gemeint. Ich sehe mit Windscheid [3]) auch hier keine Schwierigkeit. Nach l. 17 D. 16. 3 und l. 39 D. 41. 2 sind zwei Fälle der Sequestration zu unterscheiden, einmal, wenn *omittendae possessionis causa* deponirt ist, und sodann, wenn es nur *custodiae causa* geschehen ist. Nur im ersten Fall sollen die Partheien auch für die Usucapion keinen Vortheil aus dem Besitz des Sequester ziehen, während im letzten Fall der Besitz des Sequester dem Sieger in Betreff der Ersitzung zu Gute kommt. Im letzteren Fall ist der Sequester nichts als stellvertretender Custos des eigentlichen Besitzers, an

1) *Qui pignoris causa fundum creditori tradit* intelligitur *possidere.*

2) Conf. Recht des Besitzes S. 181.

3) Conf. Lehrbuch des Pandektenrechts Bd. 1 S. 469.

den Besitzverhältnissen ist nach römischer Vorstellung durchaus nichts verändert[1]), von einem Willen des Sequester, die Sache wie eine eigene zu behandeln, kann nicht die Rede sein, und es ist nur natürlich, dass der, welcher als Besitzer im Process anerkannt wird, eventuell auch ungeachtet der Sequestration ersessen haben kann.

Dagegen ist es nicht unbedingt klar, welches Interesse die Deponenten zu jener andern Form der Sequestration bestimmen kann, wiewohl sich denken lässt, dass es etwa geschieht, weil sie Verwandte oder sonst in Verhältnissen sind, in denen man nicht gern einen Process gegen einander führen mag, um nun auf diesem Wege die Eigenthumsklage gegen einen Dritten, den Sequester, richten zu können. Jedenfalls sollte man es bei dem klaren Ausdruck der unter sich durchaus harmonirenden Quellenstellen nicht bestreiten, dass die Partheien in solchen Fällen der Sequestration, die der Jurist als *omittendae possessionis causa* geschehen bezeichnet, auf allen und jeden Vortheil aus ihrem früheren thatsächlichen Verhältniss zur Sache verzichtet haben, m. a. W. ihren Besitz einfach aufgegeben haben, und wir können also hier auf Seiten des Sequester am Wenigsten von einem „abgeleiteten" Besitz sprechen.

Ich würde die mir für diesen Theil meiner Untersuchung gesteckten Grenzen, nämlich ohne Zuhülfenahme des ganzen wissenschaftlichen Apparates die Hauptfragen an der Hand der Quellen kurz zu beleuchten und dadurch wenn möglich eine Anschauung über das Wesen des Verhältnisses, welches als Besitz bezeichnet wird, zu gewinnen, bei Erörterung vorstehender Streitfragen wesentlich überschritten haben, wenn ich von der reichen Litteratur mehr als einige neuerdings gemachte Versuche zur Lösung der Frage ausdrücklich berücksichtigt hätte, bin mir aber wohl bewusst, dass mein Resultat nur eine alte Wahrheit ist, deren Nachweis bereits v. Schröter[2]) und Bartels[3]) geführt haben, ohne dass es ihnen gelungen wäre, die herrschende Ansicht, die noch heute ganz unter Savignys Anschauung, dass hier das *jus possessionis* vom früheren Besitzer übertragen, und

---

1) Conf. Kindel, Recension bei Küntzel und Rassow, Beiträge etc. Jahrgang 25 S. 907.

2) Conf. Ueber den abgeleiteten Besitz, Zeitschr. f. Civ. u. Proc. Bd. 2 S. 235 ff. und 255 ff., wo er allerdings insofern m. E. über das Ziel hinausschiesst, als er dem Superficiar und Emphyteuta gleichfalls den *animus domini* vindicirt.

3) Conf. Zweifel gegen die Theorie vom abgeleiteten Besitz, Zeitschr. für Civilr. und Proc. Bd. 6.

das Wollen lediglich auf den Erwerb des *jus possessionis* gerichtet sei [1]), steht [2]), wesentlich zu erschüttern.

Am Bequemsten suchen sich Windscheid [3]) und Meischeider [4]) mit dieser Frage abzufinden, wenn sie unsere Fälle als anomale bezeichnen und auf die Ermittlung eines den römischen Bestimmungen zu Grunde liegenden Gedankens verzichten [5]).

M. E. fehlt es bei dem sog. abgeleiteten Besitz ebensowenig als in allen andern regelmässigen Fällen des Besitzes an dem *animus domini* als der allgemeinen Voraussetzung des Besitzes [6]).

Es fragt sich nun, ob dies Princip etwa durchbrochen wird, falls bei Begründung des Besitzverhältnisses in Folge der Tradition Seitens des bisherigen Besitzers ein Irrthum vorgekommen ist. v. Liebe nimmt an [7]), dass bei beweglichen Sachen mit der Locomation und Ablation des Empfängers, auch wenn derselbe die Anweisung zum Holen der Sache auf eine andere Sache bezog als der Tradent, der Besitzwechsel vollendet sei, und dieser Besitz dann die Qualität eines zufälligen nicht eines consensuellen oder vitiösen Besitzes habe. Bei solchem Besitz würde also der *animus domini* gänzlich fehlen.

Ich meine demgegenüber, es wird allerdings in einem solchen Fall schwer sein, zu entscheiden, ob der Accipient den *animus domini*, d. h. den Willen gerade diese Sache, einerlei ob sie die bei der Verabredung mit dem Tradenten in Aussicht genommene wirklich ist, als eigene zu behandeln, in Wahrheit überall nicht hat. Indess die Möglichkeit, dass umgekehrt sein Wille durchaus nicht dahin geht, in ein Verhältniss zu der Sache zu treten, die ihm zufällig in die Hände gefallen ist, dürfte doch vor Allem v. Liebe, der seine Deductionen in unsrer Lehre stets von der Willenstheorie aus unternimmt, nicht bestreiten, und dann wird er m. E. nicht Besitzer.

---

1) Conf. Savigny, das Recht des Besitzes 7. Aufl. S. 282 ff.

2) Vergl. Brinz, Pandecten Bd. I S. 517, der sie nur als besondere Fälle der von ihm allgemein angenommenen Succession des Besitzes ansieht, Arndts, Pandecten S. 201, Vangerow, Pandecten Bd. I § 200 Anm. 1 S. 353 ff., Puchta, Pandecten § 125 S. 191 wenigstens in Betreff des Sequester und Pfandgläubigers, Keller, Pandecten S. 219.

3) Conf. Lehrbuch des Pandektenrechts Bd. I S. 454 Anm. 7.

4) Conf. Besitz und Besitzesschutz S. 8 ff.

5) Vergl. auch Randa, der Besitz nach östr. R. 2. Aufl. S. 21 Anm. 24.

6) Die Zweiwillenstheorie Bekkers, Recht des Besitzes S. 160 und 161, hat mir ebensowenig Vertrauen erweckt als dessen Recensenten Kindel, loc. cit. S. 795.

7) Conf. Der Besitz als Recht in *thesi* S. 110 ff.

Würde doch auch durch Annahme des v. Liebe'schen zufälligen Besitzes der Unterschied zwischen *detentio* und *possessio* völlig verwischt.

Und vollends unrichtig scheint mir v. Liebe[1]) unsere Frage in Betreff der unbeweglichen Gegenstände zu behandeln. Denn dass hier bei Annahme des gleichen Irrthums ein Besitverwirrungsfall entsteht, halte ich lediglich für seine Erfindung. Was hier entsteht, ist in l. 34 pr. D. 41. 2[2]) klar ausgesprochen. Ulpian verneint entschieden den Besitz des irrenden Accipienten, und darin liegt nach dem Vorstehenden offenbar durchaus kein Denkfehler. Und die von v. Liebe aufgeworfene Frage, ob, wenn ein Dritter den *missus* aus dem mit Besitzwillen betretenen Grundstück hinauswirft, der Dejicient behaupten könne, dass er einem Nichtbesitzer Gewalt angethan habe, beantwortet sich nach dem, was oben über das *interdictum de vi* von mir ausgeführt ist, leicht. Jener Umstand ist dem *interdictum de vi* gegenüber völlig bedeutungslos, da dasselbe den Besitz auf Seiten des Dejicirten garnicht voraussetzt. Wenn aber v. Liebe bei unbeweglichen Sachen dem *mittens* in solchem Falle sogar ein Recht einräumen will, sich mit Gewalt wieder in das Verhältniss zur Sache zu setzen, so construirt er damit seiner Ansicht zu Liebe eine neue Art des Besitzes, die uns sonst in den Quellen nicht entgegentritt, indem er den Besitz des *missus* als einen dem *mittens* gegenüber minder guten bezeichnet, obwohl weder von einem *vi* oder *precario possidere* noch auch von einem *clam possidere* des *missus* gegenüber dem *mittens* die Rede sein kann, da es ja der Cornelianische Acker ist, den der *mittens* übertragen wollte, und der sich nun auch wirklich in den Händen des *missus* befindet.

M. E. hat vielmehr der *mittens*, trotzdem der *missus* nicht als Besitzer anzusehen ist, aufgehört Besitzer zu sein. Kann man doch, wenn Jemand mit Verstand auf den Schutz der Rechtsordnung in Betreff seines Verhältnisses zur Sache ausdrücklich verzichtet hat[3]), und damit der *animus domini* auf seiner Seite zweifellos nicht mehr vorhanden ist, nun nicht ferner behaupten, er verdiene trotzdem

---

1) Conf. d. Besitz etc. S. 123.

2) Wegen der Interpretation dieser Stelle vergl. Vangerow, Pandecten Bd. I S. 361 gegen Brinz, Jahrb. f. gem. R. B. 3 S. 21 ff.

3) Die l. 27 D. 41. 2 hebt nur hervor, dass solcher Verzicht nicht Seitens eines *furiosus* erfolgen kann, bezieht sich aber keineswegs, wie Jhering, über den Grund des Besitzesschutzes 2. Aufl. S. 156, annimmt, darauf, dass hier eine *cura furiosi* noch nicht bestellt sei, wie denn dieser Umstand auch keineswegs die Voraussetzung in l. 4 § 3 und l. 44 § 6 D. 41. 3 bildet, wie Jhering annimmt.

noch in diesem Verhältniss geschützt zu werden. Und die Entscheidung Ulpians in l. 34 pr. D. 41. 2 harmonirt auch durchaus mit der Entscheidung eines ähnlichen Falles durch Celsus[1]). Denn auch hier hat der Tradent den *animus domini* zweifellos und definitiv aufgegeben und hat damit aufgehört Besitzer zu sein, obwohl der Accipient wegen mangelnden *animus domini* kein Besitzer geworden ist[2]). Die Ansicht Meischeiders[3]), dass sich Celsus hier im Irrthum befinde, billige ich demnach durchaus nicht und habe hier schliesslich nur noch nachzuweisen, inwiefern die Stelle auch mit dem Schlusssatz der l. 34 pr. D. 41. 2 harmonirt. Der Schluss der l. 34 pr. cit. beantwortet m. E. die Frage, wie es sich mit dem Besitz einer Sache, die unter einer Suspensivbedingung übergeben ist, verhält. v. Liebe[4]) meint, dass eine Pendenz nur bei den Rechten *in hypothesi* vorkommen könne, und behauptet um deswillen, dass die Besitzübergabe nie unter einer Bedingung, die auf das Besitzrecht irgend welchen Einfluss hat, erfolgen könne. Das führt ihn dann weiter zu dem allgemeinen Satz, dass der Besitzwechsel bei der *missio* zur Occupation eines ausserhalb des Gesichtskreises liegenden Grundstücks nicht in der Weise stattfinde, dass das Herrschaftsbewusstsein in einem bestimmten Augenblick erlösche *(animo deponere possessionem)*, sondern in der Weise, dass ein neues im Vertrauen auf die erklärte Traditionsbereitschaft concipirtes Herrschaftsbewusstsein in dem Augenblick der Apprehension entstehe, der *mittens* also bis dahin seinen Besitzwillen noch nicht abgelegt habe. Ich komme an der Hand der l. 34 zu andern Resultaten. Bei der bedingten Besitzübergabe, die uns durch die Quellen bestimmt als zulässig bekundet wird, will der *mittens* offenbar, so lange die Bedingung noch nicht eingetreten ist, in dem Herrschaftsverhältniss zur Sache stehen bleiben, er hat noch so lange den *animus domini*, und der *missus* würde seinen Besitz verletzen, falls er vor Eintritt der Bedingung in dasselbe Verhältniss zur Sache treten wollte[5]). Es würde das durchaus dem Falle entsprechen, wenn der

---

1) Conf. l. 18 § 1 D. 41. 2.

2) Vergl. v. Liebe, der Besitz etc. S. 129.

3) Conf. Besitz und Besitzesschutz S. 321.

4) Conf. loc. cit. S. 128 ff.

5) Kierulff, Theorie des gem. Civilr. Bd. I S. 365, hebt sehr richtig hervor, dass, wo der Wille des Vorgängers die Quelle des Besitzes sei, auch Anfang und Umfang dieses Besitzes von ihm abhängig, und eine Beschränkung durch ihn möglich sei, dass man also erst in dem Augenblick, wo die bedingende Thatsache

detentor sich gegen den Willen des *dominus* in den Besitz der Sache setzen will, und auch hier bietet wieder die Relativität des Besitzesschutzes die einfachste Lösung der Frage. Fällt aber die Bedingung aus, dann besteht der Besitz des *mittens* ungestört fort, da er nie den *animus domini* aufgegeben hat[1]). Und von demselben Gedanken kann, nicht muss, wie ich oben hervorhob, der *mittens* auch bei der unbedingten Besitzübergabe ausgehen, er kann auch hier die Absicht haben, sein Gewaltverhältniss lediglich zu Gunsten des bestimmten Andern aufzugeben, und daneben die Absicht, falls dieser aus irgend welchem Grunde nicht in dasselbe eintritt, sich noch ferner in demselben zu behaupten. Dann behält er offenbar den *animus domini*, falls der Andere nicht Besitzer wird, und es liegt kein Grund vor, ihm nicht auch ferner den Besitzesschutz zu Theil werden zu lassen. Ob wir darin aber eine Fortsetzung des alten oder eine Begründung neuen Besitzes erblicken sollen, das ist für die Frage nach dem Besitzesschutz offenbar gleichgültig[2]). Denn, ich kann es nicht genug betonen, für diese Frage ist nur das Vorhandensein nicht die Begründung dieses Verhältnisses von Interesse. Wann aber der Fall so liegt, dass der zu Gunsten des Andern aufgegebene Besitz nicht auch als definitiv aufgegeben erscheint, bleibt *questio facti*.

So dürfte der Inhalt der l. 34 pr. D. 41. 2 eine besondere Bestätigung für meine Behauptung sein, dass für den Schutz einer Persönlichkeit im Verhältniss zur Sache *qua* Sachbesitzer Seitens der

---

eintritt, den Besitz erwirbt, denn bis dahin fühlt sich der bisherige Besitzer noch als Herr der Sache. Aus diesem Gesichtspunkt erklärt er S. 192 die l. 34 pr. D. 41. 2 und l. 18 § 1 D. 41. 2 in ganz ähnlicher Weise, wie vorstehend geschehen ist.

1) Conf. Seuff., Arch. Bd. XV Nr. 223.

2) Dies auch gegen Savigny, das Recht des Besitzes 7. Aufl. S. 355, und Jhering, über den Grund des Besitzesschutzes 2. Aufl. S. 170 oben. Vergl. auch Randa, der Besitz nach östr. R. 2. Aufl. S. 443 ff., dem ich beipflichte, wenn er hervorhebt, dass aus der Irrigkeit der Voraussetzung allein auf die Bedingtheit des Willens nicht geschlossen werden kann. Viel zu weit geht in dem Bestreben, den Besitzverlust des Tradenten mit dem Besitzerwerb des Accipienten in eine nothwendige Beziehung zu setzen Brinz, *Possessio traditionis* in dem Jahrb. d. gem. deutsch. R. Bd. 3 S. 21, und neuerdings wiederum O. Wendt, das Faustrecht etc., Jahrb. f. Dogmat. Bd. 21 S. 290 ff. u. 297, wenn er in seiner Polemik gegen Esmarchs *traditio vacuae possessionis*, der ich mich sonst gern anschliesse, zu dem Resultat kommt, dass das *mittere in possessionem* den Besitz des Tradenten erst dann aufhebe, wenn die *itio in possessionem* wirklich erfolgt sei, und dass auch im inneren Verhältniss zwischen dem Mittenten und Occupanten die *vacuae possessionis traditio* den Besitz noch nicht erledige.

Rechtsordnung in Rom ausnahmslos der *animus domini* dieser Person in Betreff der Sache als nothwendige Voraussetzung angesehen ist.

Und was nun die vielfach erörterte Frage betrifft, wann dieser *animus domini* nicht mehr als vorhanden ist, so halte ich es mit Savigny[1]) und Randa[2]) für unrichtig, den *animus domini*, den Willen, die Sache wie eine eigene zu haben, bereits als nicht vorhanden anzusehen, falls Jemand nur augenblicklich nicht an das Verhältniss denkt, das Verhältniss nicht als ein absichtliches betont, da ja auch im Schlafe das Selbstbewusstsein, der Wille keineswegs verschwunden ist. Dagegen stimme ich Randa und Savigny darin nicht bei, wenn sie einen besonderen Aufhebungsact in Betreff dieses Willens, einen bestimmten umgekehrten Entschluss in dieser Richtung, also den Willen, die Sache nicht mehr zu besitzen, für erforderlich halten, damit dieses Besitzmoment beseitigt erscheint. Denn zwischen jenem latenten Willen und dem positiven Willen, nicht mehr Besitzer zu sein, liegt noch der Fall, wenn der *animus domini* nur nicht mehr vorhanden ist; und auch dann ist der Besitz bereits verloren. Um das an einem Beispiel zu illustriren. Ich verleihe ein Buch. Nach längerer Zeit denke ich erst wieder an das Buch, an das ich vielleicht Monate lang garnicht gedacht habe; deshalb habe ich den Besitz des Buches in der Zwischenzeit noch immer behauptet. Aber wenn ich, an das Buch erinnert, mich nun garnicht mehr besinnen kann, wem ich es geliehen habe, und mir dann sage, ach, mag es haben, wer will, ich weiss es eben nicht und lege keinen Werth mehr darauf, es zu wissen, so fehlt es bereits an dem für den Besitzerforderlichen *animus domini* auf meiner Seite, und es bedarf in diesem Fall für den Besitzverlust nicht erst des positiven Gedankens, ich will das Buch aufgeben.

2. Wie stellt sich das als Besitz bezeichnete Verhältniss objektiv dar?

Die Römer bezeichnen das äusserliche Moment des Besitzes regelmässig mit dem Ausdruck *corpus*. Auch hier ist wieder besonders festzuhalten, dass es für unsere Untersuchung nicht darauf ankommt, wie ein solches Verhältniss seine Begründung gefunden hat. Nur das bestehende thatsächliche Verhältniss soll uns hier beschäftigen, da es sich nur um dessen Schutz handelt.

Dies Moment lässt sich kurz als die Möglichkeit, jederzeit die

1) Conf. Besitz S. 354.

2) Conf. Besitz S. 435 und 441 Anm. 1.

massgebende Persönlichkeit in Betreff der Sache zu sein, bezeichnen[1]). Das erfordert an sich keine Handlung, also auch insofern keinen Willen. Damit erscheinen die Schwierigkeiten, die sich Bekker[2]) gemacht hat, wenn er den Willen des *animus* und den Willen des *corpus* unterscheiden zu müssen glaubt, beseitigt[3]).

Ich vermag dies Moment in seiner positiven Bedeutung nicht klarer hervorzuheben, als indem ich sein Vorhandensein gleichsam nach aussen hin begrenze, und da ergeben sich naturgemäss zwei Grenzbestimmungen, nämlich einmal, wann es noch als vorhanden anzusehen ist, und sodann, wann es bereits als vorhanden erscheint.

Was zunächst die erste Frage nach der Fortdauer des einmal vorhandenen äusserlichen Momentes des Besitzes betrifft, so sind es vor Allem zwei Fälle, die zu lebhaften Zweifeln Veranlassung gegeben haben, nämlich erstens, wenn sich ein Anderer als Gewalthaber in Betreff der Sache gerirt, und sodann, wenn man die Gewalt über die Sache nicht direct ausübt, sondern sich dazu eines Vertreters bedient.

Gehen wir bei Besprechung des ersten Falles von dem Satze aus, dass es das momentane Herrschaftsverhältniss ist, welches als Besitz geschützt wird, so wird sich dies Verhältniss doch in zahlreichen Fällen nicht in der Weise äusserlich darstellen, wie es uns Paulus an mehreren Stellen, namentlich in l. 1 pr. D. 41. 2[4]) bei der etymologischen Erklärung des Wortes *possessio* und in der oben bereits

---

1) Conf. Randa, der Besitz nach östr. R. 2. Aufl. S. 2, der es als die Möglichkeit faktischer Disposition über die Sache bezeichnet.

2) Conf. Recht des Besitzes S. 160.

3) Obwohl Randa, wie wir sahen, hervorhebt, dass die Existenz des Besitzes von der Art des Erwerbes gänzlich unabhängig ist, hat er dennoch mit der herrschenden Ansicht (loc. cit. S. 279) die Fragen, welche in diesem Abschnitt ihre Beantwortung finden sollen, in dem Capitel „Erwerb des Sachenrechts" und unter der Bezeichnung „Besitzergreifung" behandelt. Auch bei Kierulff, Theorie des gem. Civilr. Bd. I S. 378, finden wir noch den Act des Besitzerwerbes als nothwendige Voraussetzung für das Vorhandensein des Besitzes, wenn auch in denkbar verflüchtigter Gestalt, wenn er ihn als das vom Willen des Erwerbers ausgehende, d. h. durch ihn bestimmte und beherrschte, äussere Factum, welches in unmittelbarer Verbindung mit der in Besitz zu nehmenden Sache steht, bezeichnet, und dabei hervorhebt, dass die körperliche Thatsache nur im Sinne des Erwerbers zu erfolgen, nur Ausdruck und Aeusserung seines Willens zu sein brauche, nicht auch unmittelbar vom Körper desselben ausgehen müsse.

4) *Possessio appellata est, ut et Labeo ait, a sedibus quasi positio quia naturaliter tenetur ab eo, qui ei insistit, quam Graeci κατοχήν dicunt.*

besprochenen l. 3 § 5 D. 41. 2 so handgreiflich darzustellen sucht. Denn die Römer haben bei der Entwicklung des Rechtsschutzes für dieses Verhältniss das praktische Leben vor Augen gehabt, und dies erfordert in ausserordentlich zahlreichen Fällen die längere oder kürzere Abwesenheit des Besitzers von der Sache, ohne dass man deshalb in Zweifel darüber sein kann, dass er trotz der Abwesenheit die Herrschaft über die Sache thatsächlich behauptet. Giebt das nun auch im Grunde Jeder trotz Paulus zu, dass durch solche Abwesenheit des Besitzers an sich der Besitz nicht verloren geht, so erhebt sich doch sofort der Streit, wenn es nicht der Besitzer sondern die Sache ist, die sich fortbegiebt, z. B. der sog. *servus fugitivus*.

Und doch erklärt sich die l. 15 § 1 D. 41. 3 sehr einfach, wenn man beachtet, dass der *dominus* hier, da sich noch kein Dritter in den Besitz des Sklaven gesetzt hat, und der Sklave nicht etwa selbst den Anspruch erhebt, dass er frei sei, sondern sich nur als frei gerirt, die Herrschaft über den Sklaven ebensowenig bereits verloren hat als die Herrschaft über das gezähmte Thier, welches die *consuetudo revertendi* noch nicht aufgegeben hat[1]). Der *servus fugitivus* übt auch noch den Besitz für den *dominus* aus, *si neque ab alio possideatur, neque liberum se credat*[2]), denn so lange wird das thatsächliche Gewaltverhältniss noch als fortdauernd angesehen, und darin allein liegt die Erklärung für die Entscheidung der l. 15 § 1 cit., und nicht etwa darin, dass der Sklave durch „den kategorischen Imperativ“ oder durch Treue und Gehorsam[3]) zur Rückkehr bestimmt wird. Damit ist aber keineswegs ein solcher Besitz an Mobilien anerkannt, dessen „luftige Unmerklichkeit“ ihn als von dem Erforderniss eines durchdauernden Thatbestandes abgelöst erscheinen liesse[4]). Ist doch dabei zu bedenken, dass das Vorhandensein eines Herrn für den Sklaven, so lange er Sklave ist, geradezu die nothwendige Voraussetzung bildet, und dass er sich als Sklave überall nicht selbst aus diesem Herrschaftsverhältniss hinausbegeben kann[5]). Und damit harmonirt dann sehr wohl die l. 3 § 10

1) Conf. l. 47 D. 41. 2 *in fine . . . igitur earum quidem rerum, quae ratione vel anima carent, confestim amittitur possessio, homines autem retinentur, si revertendi animum haberent.*

2) Conf. l. 50 § 1 D. 41. 2.

3) Conf. v. Liebe, der Besitz als Recht *in thesi* S. 55 und 110.

4) Vergl. Bekker, Recht des Besitzes S. 343.

5) Conf. l. 13 pr. D. 41. 2, . . . *namque fugitivus idcirco a nobis possideri videtur, ne ipse nos privet possessione*, und l. 33 § 6 D. 41. 3, . . . *quia servus dominum suum possessione non subvertit.*

D. 41. 2[1]). Denn hier wird, falls der *dominus* den Sklaven auch noch thatsächlich in seiner Gewalt hatte, als der Freiheitsprocess begann, der Sklave zwar, soweit der Process in Frage kommt[2]), als Freier behandelt, indess Dritten gegenüber, das will die l. 3 cit. sagen, gilt doch der Besitz des *dominus* noch nicht als beseitigt, Dritten gegenüber wird der *dominus* im Besitz des Sklaven noch so lange geschützt, als er nicht durch Urtheil für frei erklärt ist.

Auch die Bedenken gegen die Fortdauer des Besitzes, falls die beherrschte Sache und die sie beherrschende Person nicht mehr in directer thatsächlicher Berührung stehen, die man aus Stellen, wie l. 3 § 11 D. 41. 2[3]) u. a., entnommen hat, werden sich unschwer beseitigen lassen, wenn man beachtet, dass es die Frage nach dem Schutz des Besitzes ist, die uns veranlasst, das Vorhandensein des Verhältnisses selbst festzustellen, und dass uns dabei eigentlich Fälle, bei denen die Voraussetzungen einer Besitzklage überall nicht vorliegen, wie wenn es sich z. B. um den Besitz der im Winter eingeschneit daliegenden Alp handelt, wenig interessiren können. Dagegen erhöhen sich die Bedenken nach dieser Richtung in den Fällen, wo bereits eine andere Person in ein thatsächliches Verhältniss zu der von mir in der vorherbezeichneten Weise besessenen Sache getreten ist. Geschah das bei Grundstücken und zwar in Abwesenheit des Besitzers, so sprechen die Quellen von *clandestina possessio*, und hier soll sich nach der herrschenden Ansicht, die dabei durchaus Savigny[4]) folgt, die Frage, ob der bisherige Besitzer auch noch ferner die Herrschaft in Betreff der Sache thatsächlich behauptet, meist erst dann entscheiden, wenn derselbe von der Handlungsweise des Andern Kenntniss erhalten hat. Erst wenn er dann gar keinen Vertreibungsversuch macht, oder dieser Versuch erfolglos ist, soll es äusserlich klar hervortreten, dass er nicht mehr Herr der Sache ist[5]), und bis

---

1) *Si servus, quem possidebam, pro libero se gerat, ut fecit Spartacus, et judicium liberale pati paratus sit, non videbitur a domino possideri, cui se adversarium praeparat. sed hoc ita verum est, si diu in libertate moratur: alioquin si ex possessione servitutis in libertatem reclamaverit et liberale judicium imploraverit nihilominus in possessione mea est et animo eum possideo, donec liber fuerit pronuntiatus.*

2) Conf. l. 24 pr. D. 40, 12.

3) *Saltus hibernos aestivosque animo possidemus, quamvis certis temporibus eos relinquamus.*

4) Conf. Besitz 7. Aufl. S. 349 ff.

5) Conf. Bruns, Besitzklagen S. 145 u. 146.

dahin bleibt es, wie Kierulff sich ausdrückt[1]), unentschieden, ob der Besitzer seine Herrschaft über die Sache nicht durch die That beweisen wird[2]).

Da liegt doch die Frage nahe, weshalb der Occupant, obwohl bei ihm während der Abwesenheit des bisherigen *possessor* sowohl der *animus domini* als die Möglichkeit, die massgebende Persönlichkeit in Betreff der Sache zu sein, also *corpus*, die beiden einzigen Voraussetzungen für die Annahme des Besitzes, vorliegen, dennoch nicht als Besitzer angesehen werden soll, und das hat denn auch Baron[3]) zu der Behauptung veranlasst, der wahre Besitzer sei der Occupant, und dem Abwesenden werde nur zum Zweck der Ausübung des Vertreibungs- resp. Interdictenrechts ein Besitz angedichtet[4]). Aber die herrschende Ansicht hält es überhaupt nicht für nöthig, in solchem Fall die Lage des Occupanten Dritten gegenüber ins Auge zu fassen, beschäftigt sich vielmehr lediglich mit dem abwesenden bisherigen Besitzer. Das tritt am Auffallendsten bei Windscheid hervor, wenn er selbst einräumt, dass der von ihm aufgestellte Satz eine ganze Reihe von Fragen offen lasse, ohne deren Beantwortung irgendwie zu versuchen, so namentlich die Fragen, ob der Occupant auch durch das *int. uti poss.* vertrieben werden könne, ob der Occupant in der Zwischenzeit nicht wenigstens Dritten gegenüber den Interdictenschutz habe, oder ob wohl gar die Fortdauer des Besitzes des Abwesenden nur auf sein Verhältniss zum Occupanten zu beschränken sei?

Alle drei Fragen werden nachstehend ihre Beantwortung finden.

Ich wende mich zunächst zu einer Betrachtung der wichtigeren Quellenstellen, die sich auf diese Fragen beziehen.

In l. 6 § 1 D. 41. 2[5]) wird vom Occupanten gesagt, dass er

---

1) Conf. Theorie des röm. Civilr. Bd. I S. 394.

2) Vergl. Windscheid, Lehrbuch des Pandektenrechts Bd. I S. 481 Anm. 8, der diese Sätze auf Quellenstellen wie l. 3 § 7 u. 8, l. 6 § 1, l. 7, l. 18 § 3, l. 25 § 2 u. l. 46 D. 41. 2 stützen will. ferner Brinz, Pandecten Bd. I S. 525, Arndts, Pandecten S. 213, und Vangerow, Pandecten Bd. I S. 377.

3) Conf. Zur Lehre vom Erwerb und Verlust des Besitzes, Jahrb. f. Dogm. Bd. 7 S. 146.

4) Conf. Gesammtrechtsverhältnisse S. 99 u. 106 ff. und Rudorff zu Puchta, Pandecten S. 199 Anm. c.

5) *Qui ad nundinas profectus neminem reliquerit et, dum ille a nundinis redit, aliquis occupaverit possessionem videri eum clam possidere, Labeo scribit: retinet ergo possessionem is, qui ad nundinas obiit, verum si revertentem dominum non admiserit, vi magis intelligi possidere non clam.*

heimlich besitze; er wird also als Besitzer angesehen, obwohl es auch vom *revertens dominus* heisst, dass er den Besitz behalte.

Mit der *clandestina possessio* stellt man gern den Fall der gewaltsamen Dejection zusammen und behauptet, dass auch hier der *dejectus* noch als Besitzer erscheine, obwohl bereits *animus domini* und *corpus* auf Seiten des Dejicienten vorhanden ist. Dabei hebe ich hervor, dass der Fall, wenn der Dejicirte unmittelbar nach der Dejection selbst das ursprüngliche Verhältniss wiederherzustellen im Stande ist, nicht hierher gehört. Denn dann ist in Wahrheit keine Dejection erfolgt, sondern lediglich ein Angriff zurückgeschlagen, und man kann hier ebensowenig sagen, dass es dem Angreifer zu irgend einer Zeit möglich gewesen sei, die massgebende Persönlichkeit in Betreff der Sache zu sein, als in dem Fall der l. 18 § 3 D. 41. 2 [1]), wenn sich Jemand, während ich anwesend bin, *animo possessionis* heimlich auf mein Grundstück begeben hat, den ich leicht wieder über die Grenze zurücktreiben kann.

Die l. 18 § 4 D. 41. 2 [2]) stellt im Gegensatz dazu einen Fall eigentlicher Dejection dar. Hier ist sie durch Heeresgewalt erfolgt, und der Dejicient ist dadurch Besitzer des Theiles geworden, den er besetzt hält. Denn der Jurist setzt voraus, dass hier an ein Zurückschlagen des Angriffs nicht zu denken ist; es ist also nicht nur *animus domini* sondern auch *corpus* auf Seiten des Dejicienten vorhanden.

In beiden Fällen, sowohl bei der *clandestina possessio* als bei der gewaltsamen Dejection im eigentlichen Sinne haben wir es m. E. mit einer *vitiosa possessio* zu thun. Denn dass die Römer unter dem *clandestinus possessor* nicht etwa auch den begreifen, der ohne Kenntniss von dem bisher bestehenden Besitzverhältniss die Sache occupirt hat, sondern nur einen *malae fidei possessor*, hat Bruns [3]) sehr richtig hervorgehoben. Und auch Stellen, wie l. 25 § 2 D. 41. 2 und l. 46 D. 41. 2, berechtigen nicht, eine Fortdauer des momentanen Herrschaftsverhältnisses des bisherigen Besitzers über den Moment der Occupation hinaus auch dann anzunehmen, wenn der Gegner nicht vitiös occupirte. In beiden Stellen weist das *ingredi* m. E. auf die

---

[1]) *Si, dum in alia parte fundi sum, alius quis clam animo possessoris intraverit, non desisse ilico possidere existimandus sum, facile expulsurus finibus, simul sciero.*

[2]) *Rursus si cum magna vi ingressus sit exercitus, eam tantummodo partem, quam intraverit, optinet.*

[3]) Conf. Besitzklagen S. 119. Dagegen neuerdings O. Wendt, das Faustrecht etc. S. 229.

Vitiosität der Occupation hin, wie dieser Ausdruck mehrfach schon bei Cicero wie auch bei Tacitus entschieden im Sinne des feindlichen Angriffs oder des Angriffs mit Gewalt gebraucht wird[1]).

Diesen Fällen vitiösen Besitzes stehen nun diejenigen Fälle gegenüber, wo es sich nicht um eine *violentia* bei der Occupation handelt, der Occupant vielmehr in seinem guten Recht zu sein glaubt, und um deswillen weder von einer *clandestina possessio* noch von einer *vis* bei der Abwehr des zurückkehrenden bisherigen Besitzers die Rede sein kann. Es ist das der Fall der *vacua possessio*, auf den sich Stellen, wie l. 4 § 22 u. 27 D. 41. 3, l. 37 § 1 und l. 38 D. eod., beziehen. Hier ist von einem Schutz des bisherigen Besitzers nicht mehr die Rede. Und in derselben Weise ist das „*vacua possessio*" der const. 11 C. 8. 4 aufzufassen[2]), und nur, weil es Justinian in dem hier geschilderten Fall für lächerlich hält, zugeben zu wollen, dass der Occupant nicht gewusst habe, dass er eine fremde Sache occupire, da er doch die negative Ueberzeugung, dass es nicht sein Eigenthum sei, jedenfalls gehabt habe[3]), will er den Occupanten in diesem Fall gleichfalls als *malae fidei possessor* angesehen wissen[4]). Diese Stelle bildet sonach eine weitere Bestätigung für die Ansicht, dass der bisherige Besitzer nur relativ dem Dejicienten, als dem *malae fidei possessor*, gegenüber in Schutz genommen wird, während dem Occupanten, insofern er *bona fide* occupirte, der Besitz durch den

---

1) Auch Pernice, Zeitschr. f. H. Recht Bd. 20 S. 640, nimmt nicht an, dass Pomponius und Papinian dabei an gutgläubige Occupation gedacht haben.

2) Conf. Windscheid, Lehrbuch des Pandektenrechts Bd. I S. 493. Ich muss mich, was die eingehende Interpretation dieser Stelle bei Bruns, Besitzklagen S. 120—132, betrifft, entschieden dagegen aussprechen, wenn er das „*vacuam possessionem*" auf den Fall bezieht, wenn ein Grundstück in Niemandes Besitz ist. Vergl. auch Randa, d. Besitz nach östr. R. 2. Aufl. S. 448, dessen Ausführung über das *vacet* in l. 37 § 1 cit. mich gleichfalls nicht überzeugt hat.

3) Conf. Jhering, über den Grund des Besitzesschutzes 2. Aufl. S. 133 Anm. 135.

4) Conf. Pernice, Zeitschr. f. H. R. Bd. 20 S. 640. Ich befinde mich bei der Interpretation dieser Stelle auch insofern nicht in Uebereinstimmung mit Bruns, als dieser annimmt, dass Justinian einen durch Stellvertreter behaupteten aber dann von diesen verlassenen Besitz im Auge habe, während die Stelle das mit keiner Silbe andeutet. Vergl. in Betreff dieser Stelle auch Meischeider, Besitz und Besitzesschutz, S. 464—467, und Bekker, Recht des Besitzes S. 268 und 270, der sich darüber wundert, dass Justinian kein *int. uti poss.* in diesem Fall zugelassen habe, und dagegen in der Stelle ein besonderes *int. quasi unde vi* eingeführt sieht, indem er richtig hervorhebt, dass ja auch der *praedo* juristischer Besitzer sei, aber nicht bedenkt, dass das *int. de vi* keine Besitzklage ist.

bisherigen Besitzer, in dessen Abwesenheit die Occupation erfolgte, überall nicht mehr streitig gemacht werden kann.

Bedenken gegen diese Anschauung dürften nur aus dem von Savigny aufgestellten allgemeinen Vertreibungsrecht des zurückkehrenden Besitzers zu entnehmen sein. Gegen die Ansicht Savignys, in der er vielleicht, wie Meischeider[1]) nachzuweisen sucht, schon manchen Vorgänger gehabt hat, und die als die herrschende zu bezeichnen ist, hat sich aufs Entschiedenste Bruns[2]) ausgesprochen, der ein solches Recht in dem Sinne, dass der bisherige Besitzer Gewalt gegen die Person des Occupanten anwenden dürfe, um sich der Sache wieder zu bemächtigen, nicht anerkennen will. Witte[3]) hat in dieser Frage einen Mittelweg eingeschlagen, indem er ein solches Recht nur gegen den *possessor vitiosus* giebt. Für Savigny gegen Bruns sind neuerdings u. A. Meischeider[4]), Bekker[5]) und Wendt[6]) aufgetreten. Windscheid[7]) wirft zwar die Frage auf, ob Gewalt gegen den Occupanten erlaubt sei, zieht es aber vor, sie nicht zu beantworten. Mich hat keine der versuchten Lösungen befriedigt.

Ich meine, es lässt sich nicht verkennen, dass solchen Quellenstellen, wie l. 6 § 1 *in fine*, l. 7, l. 18 § 3 und l. 25 § 2 D. 41. 2, l. 1 § 24 und 28, l. 3 § 8 und 14, l. 12 und l. 18 D. 43. 16, ein und dieselbe Anschauung zu Grunde liegt[8]), nämlich dass die thatsächliche Herrschaft des bisherigen Besitzers erst als beseitigt anzusehen ist, wenn der bisherige Besitzer nach Kenntniss der Sachlage entweder überall keinen Versuch macht, sich in dem Verhältniss zu behaupten, oder dieser Versuch an der gewaltsamen Abwehr des Gegners scheitert. Und diese Anschauung findet in l. 9 pr. D. 4. 2, l. 3 § 8 D. 41. 2, l. 33 § 2 D. 41. 3, l. 1 § 29 und l. 3 § 6 und 7 D. 43. 16 und bei Cicero, orat. pr. Caecina 14, 41 und 16, 46, einer anderen Reihe von Stellen, in denen der Fall derartig liegt, dass der bisherige Besitzer bereits vor der herannahenden Gefahr die Flucht ergriffen hat, ihre Bestätigung.

---

1) Conf. Besitz und Besitzesschutz S. 330.
2) Conf. Besitzklagen S. 146 ff.
3) Conf. Zeitschr. f. C. Recht und Proc. Bd. 18 S. 262 ff.
4) Conf. loc. cit. S. 331.
5) Conf. Recht des Besitzes S. 275 ff.
6) Conf. Das Faustrecht etc. Jahrb. f. Dogm. Bd. 21 S. 227 ff.
7) Conf. Lehrbuch des Pandektenrechts Bd. I S. 481 Anm. 8.
8) Conf. Bruns, Besitzklagen S. 151 u. 152.

Sämmtliche Stellen enthalten Erwägungen darüber, ob im concreten Falle das Herrschaftsverhältniss freiwillig vom Besitzer aufgegeben ist, oder ob er dazu gezwungen ist, und nur im letzteren Falle erscheint das *int. de vi* gegen den Dejicienten begründet, ist dieser überhaupt als Dejicient anzusehen, und der *dejectus* geniesst ihm gegenüber den relativen Besitzesschutz, von dem ich oben gesprochen habe[1]).

Eine ganz andere Frage ist es indess, in welcher Weise der bisherige Besitzer seinen Besitz behaupten kann, oder m. a. W. wie er den Widerstand des Andern zu überwinden berechtigt erscheint. Dafür geben Stellen, wie l. 1 § 27, l. 3 § 3[2]) und l. 17 D. 43. 16[3]), die Antwort. Ich meine, damit ist offenbar die Selbsthülfe des dejicirten Besitzers zeitlich in ähnlicher Weise beschränkt wie in unserm Strafgesetzbuch die Nothwehr, und ich möchte auch darin Bruns Recht geben, wenn er Fälle der Selbsthülfe, wie die von ihm aufgestellten, als mit jeder Rechtsordnung, auch der römischen, unvereinbar hält. Wollte man das bestreiten, so würde ein dauernder Kriegszustand im Privatleben die unausbleibliche Folge sein.

Nur die Abwehr des gegenwärtigen rechtswidrigen Angriffs ist Nothwehr, so ist es bei uns, und so war es auch bei den Römern. Und nur in solcher Lage darf man nicht fragen, ob die Vertheidigungshandlung an sich strafbar wäre oder nicht. Ich habe schon

---

1) Conf. Pernice, Zeitschr. f. H.R. Bd. 20 S. 641. Bei l. 3 § 8, l. 7 und l. 25 § 2 D. 41. 2 giebt es auch Bruns, Jahrbuch des gem. Rechts Bd. 4 S. 70, bereits zu, dass sie eigentlich nur vom Besitzverlust nicht von der Zuständigkeit des Interdicts sprechen, und Jhering, über den Grund des Besitzesschutzes 2. Aufl. S. 122, hebt in Bezug auf diese Stellen mit Recht hervor, dass das Weglassen des *vi* bei *amisisse* doch seine Bedeutung haben müsse. Wenn Jhering angesichts dieser Stelle (loc. cit. S. 123 ff.) sich aufs Entschiedenste gegen Savignys Ansicht, dass auch derjenige als *dejectus* das Interdict gebrauchen könne, der nicht einmal den Versuch gemacht hat, sich im Besitz zu behaupten, (vergl. das Recht des Besitzes 7. Aufl. S. 431), ausspricht, so kann ich ihm in diesem Punkte nur beipflichten.

2) *Eum igitur, qui cum armis venit, possumus armis repellere, sed hoc confestim, non ex intervallo, dummodo sciamus non solum resistere permissum ne deiciatur, sed et si dejectus quis fuerit, eandem deicere non ex intervallo, sed ex continenti.*

3) *Qui possessionem vi ereptam vi in ipso congressu reciperat, in pristinam causam reverti potius quam vi possidere intellegendus est: ideoque si deiecero, ilico tu me, deinde ego te, unde vi interdictum tibi utile erit*, eine Stelle, die schon Cujaz, *observationes* 5, 18, auf die Wechselfälle im Kampf um den Besitz gedeutet hat; vergl. Pernice, loc. cit. S. 641.

einmal darauf hingewiesen, dass mit der Straflosigkeit der in Nothwehr vorgenommenen sonst strafbaren Handlungen kein Recht der Nothwehr anerkannt ist, dass nur die Selbsthülfe in diesem Punkte noch keine Einschränkung Seitens der Rechtsordnung erfahren hat. So kann man also auch nicht von einem Vertreibungs**recht** sprechen, sondern nur von der Straflosigkeit solcher Handlungen, durch die der angegriffene Besitzer sich gegen den gewaltsamen Angriff zu behaupten sucht. Aber lediglich in den oben näher bezeichneten Fällen, wo es sich um die Zurückweisung eines **Angriffs** handelt, erscheinen solche Handlungen nicht als unzulässig. Und nicht bloss zeitlich sondern auch sachlich ist der Begriff der Zurückweisung eines Angriffs analog den noch heute geltenden Bestimmungen dahin eingeschränkt, dass dieser Angriff ein gegenwärtiger, und diese Vertheidigung wirklich **erforderlich** war, um den Angriff zurückzuweisen [1]). Das ist der wahre Sinn des Satzes: *vim vi repellere licet*, und nur so lange, als die Handlungsweise des Gegners noch als Angriff auf meinen Besitz aufzufassen ist, und das nehmen die Römer auch an, wenn der abwesende Besitzer, in seinen Besitz zurückkehrend, dort Jemanden antrifft, der in Kenntniss von dem Verhältniss des Andern zur Sache sich heimlich derselben bemächtigt hat, nur so lange hat der Besitzer nun nicht etwa ein Recht, den Dejicienten, den *clandestinus possessor* zu vertreiben, sondern ihm ist durch die Rechtsordnung nicht untersagt, diesen Angriff zurückzuweisen. Das sog. Vertreibungsrecht ist also lediglich ein Sichbehaupten im thatsächlichen Verhältniss zur Sache, nicht eine Wiedererneuerung dieses Verhältnisses [2]).

Und kehre ich nun zu dem Punkte zurück, von dem ich bei Besprechung dieser Fragen ausging, so lässt sich danach das Wesen jener *justa possessio* des bisherigen Besitzers im Gegensatz zur *clandestina possessio* des Gegners in dem Satze zum Ausdruck bringen, dass es dem abwesenden Besitzer überlassen bleibt, ob er nach Kenntnissnahme von der Occupation dieselbe als Angriff auffassen und zurückkehrend seinerseits die Entscheidung darüber, ob er sich noch im Besitz zu behaupten vermag oder mit **Gewalt** daraus vertrieben wird, herbeiführen will, oder ob er überall keinen Versuch mehr machen will, sich im Besitz zu behaupten. Im letzteren Fall ist der neue Besitzer ebensowenig als vitiöser Besitzer anzusehen, wie derjenige, vor dem sich der bisherige Besitzer in grundloser Furcht

1) Conf. const. 1 C. 8. 4. *Recte possidenti ad defendendam possessionem, quam sine vitio tenebat, inculpatae tutelae moderationem illatam vim propulsare licet.*

2) Conf. Pernice, loc. cit. S. 641.

zurückgezogen hat. In beiden Fällen hat der bisherige Besitzer freiwillig das Verhältniss aufgegeben und kann deshalb den Schutz der Rechtsordnung dafür nun nicht mehr mit Erfolg anrufen[1]).

Das Resultat in Betreff der sog. *clandestina possessio* ist also dies, dass von ihr nur so lange die Rede sein kann, als der Besitz wirklich ein für den bisherigen Besitzer heimlicher ist. Denn erfährt er davon, so wird nun entweder dieser Besitz eine *justa possessio*[2]), oder der *clandestinus possessor* wird zum Dejicienten. Es ergiebt sich also auch auf diesem Wege, dass für das sog. *interdictum de clandestina possessione* überall kein Raum ist, und es fragt sich nur noch, was nach dem Vorstehenden darunter zu verstehen ist, wenn der Umstand, dass *clam* besessen wird, bei unsrer Besitzklage Berücksichtigung findet[3]). Das führt mich dann zur Beantwortung der schon oben beregten Frage Windscheids, ob der Occupant vom abwesenden Besitzer auch durch das *int. uti poss.* vertrieben werden könne. Die l. 1 § 4 D. 43. 17 hebt hervor, dass es einen doppelten Weg giebt, um auf processualischem Wege den Besitz zu behaupten, den der Einrede und den des Interdicts. Ich habe im ersten Theil dieser Untersuchung gezeigt, wie bei den Sachen, die *vi* oder *precario ab adversario* besessen werden, dem ursprünglichen Besitzer beide Wege offenstanden, und habe diesen Schutz gegen den *injustus possessor* aus der Relativität des Besitzverhältnisses abgeleitet. Bei der *clandestina possessio* dagegen ist ein Schutz des bisherigen Besitzers im Besitzprocess nur in dem Fall denkbar, wenn der Occupant, um s i c h den Besitz zu sichern, noch ehe der abwesende bisherige Besitzer von der Occupation Kenntniss erhielt, die Besitzklage gegen ihn anstrengt. In diesem Fall braucht es der bisherige Besitzer nun nicht mehr auf den Versuch, sich mit Gewalt im Besitz zu behaupten, ankommen zu lassen. Er behauptet vielmehr, er besitze noch, weil der Occupant zur Zeit der Litiscontestation *mala fide* heimlich besessen habe

---

1) Conf. Jhering, über den Grund des Besitzesschutzes 2. Aufl. S. 122, der zu ähnlichen Resultaten gekommen zu sein scheint, wenn er hervorhebt, dass dem vertriebenen Besitzer, der sich nach erhaltener Kunde beruhigt, in den Quellen niemals das *int. de vi* zugesprochen sei, dass vielmehr, damit Letzteres begründet sei, stets vorausgesetzt werde, dass der Besitzer sich an Ort und Stelle verfüge und dadurch die Möglichkeit eines gegen ihn persönlich gerichteten Widerstandes herbeiführe, und dass es im älteren Recht für den, der diesen Schritt scheue oder durch Abwesenheit daran gehindert sei, keine possessorische Hülfe gegeben habe.

2) l. 25 § 2 D. 41. 2, . . . *animo desinamus possidere.*

3) Conf. l. 1 pr. § 4 u. 9 und l. 3 pr. D. 43. 17.

und deshalb in diesem Process als *malae fidei clandestinus possessor* anzusehen sei. Hier, aber auch nur hier tritt um der Relativität des Besitzesschutzes willen die Rechtsordnung bei Erwägung der Frage, wer von diesen beiden streitenden Partheien ihren Schutz verdiene, dem bisherigen Besitzer schützend zur Seite, falls er darthun kann, dass sich der Gegner wirklich *mala fide* und heimlich *animo domini* in das thatsächliche Verhältniss zur Sache eingedrängt hat[1]). Dagegen ist der bisherige Besitzer, nachdem er von der Occupation Kenntniss erhalten und auf jeden Versuch, sich im Besitz zu behaupten, von vornherein verzichtet hat, nicht mehr in der Lage, als Sieger aus dem Besitzprocess hervorzugehen. Und danach dürften die beiden andern oben beregten Fragen Windscheids, ob der Occupant in der Zwischenzeit Dritten gegenüber den Interdictenschutz hat, und ob die Fortdauer des Besitzes des Abwesenden nur auf sein Verhältniss zum Occupanten zu beschränken ist, zu bejahen sein.

Die vorstehende Ausführung dürfte dargethan haben, dass die Römer bei dem Besitz von Grundstücken an ein *solo animo retinere* in Bekkers Sinne im Ernste nicht gedacht haben, sondern dass die momentane Gewalt *(corpus)* regelmässig die nothwendige Voraussetzung ist, um das Verhältniss als Besitz zu charakterisiren, eine Regel, die durch die scheinbaren oben genau begränzten Ausnahmefälle, die sich indess sämmtlich aus der Relativität des Besitzesschutzes erklären, nur bestätigt wird.

Für die Beantwortung der Frage, wie es sich mit der Fortdauer des Besitzes bei Mobilien verhält, und inwiefern hier das Vorhandensein des *corpus* die nothwendige Voraussetzung für den Besitz bildet, sind m. E. die l. 3 § 13 D. 41. 2[2]) und l. 47 D. 41. 2[3]) entscheidend. Der Ausdruck *custodia* in beiden Stellen ist bei der Besprechung dieser Frage besonders betont[4]). Ich meine dagegen, dass

---

[1]) Conf. Savigny, loc. cit. S. 457 und Anhang S. 706.

[2]) *Nerva filius res mobiles excepto homine,* (ein Fall, der oben bereits Berücksichtigung gefunden hat), *quatenus sub custodia nostra sint, hactenus possideri, id est quatenus, si velimus, naturalem possessionem nancisci possimus. nam pecus simul atque aberraverit aut vas ita exciderit, ut non inveniatur, protinus desinere a nobis possideri, licet a nullo possideatur: dissimiliter atque si sub custodia mea sit nec inveniatur, quia praesentia ejus sit et tantum cessat interim diligens inquisitio.*

[3]) Was Bekker, Recht des Besitzes S. 224, in Bezug auf diese Stelle Papinian zutraut, ist durch nichts begründet.

[4]) Vergl. vor Allem Lenz, das Recht des Besitzes in seinen Grundlagen S. 184 ff., und Baron, Jahrbuch f. Dogmatik Bd. 7 S. 83 ff.

in l. 3 § 13 cit. das Gewicht vielmehr auf das *quatenus, si velimus, naturalem possessionem nancisci possimus* zu legen ist[1]). Danach ist das objektive Moment des Besitzes als vorhanden anzusehen, so lange es blos auf den Willen des Besitzers ankommt, die Herrschaft auch thatsächlich zum Ausdruck zu bringen. Und das gilt für die Mobilien wie für die Immobilien, nur dass es bei Grundstücken, wo der Natur der Sache nach ein thatsächliches Beherrschen nicht in so einfacher Form als bei den Mobilien, wie beispielsweise durch natürliches Halten, Umfassen, Umspannen etc., hervortritt, oft längere Zeit zweifelhaft bleiben kann, wer thatsächlich Herr der Sache ist, und sich diese Zweifel oft erst dann lösen, wenn der bisherige Besitzer die thatsächliche Herrschaft des Andern ausdrücklich anerkennt, indem er davon Abstand nimmt, sie ihm noch länger thatsächlich streitig zu machen.

Das Verhältniss ist also keineswegs so aufzufassen, als bestände ein Rechtssatz für den Besitz an Immobilien, dagegen nicht für den Besitz an Mobilien, wonach der abwesende Besitzer nur, falls er nach Kenntnissnahme von der Occupation Seitens eines Andern keinen Vertreibungsversuch macht, den Besitz verliert. Sondern das allein ist das Massgebende, ob das Verhältniss des Gegners in Betreff der Sache sich noch als Angriff auffassen lässt, oder ob es sich bereits als siegreiches Behaupten darstellt, und das Letztere ist bei der Hinnahme von Mobilien in Abwesenheit des Besitzers das allein denkbare, wie denn bei einer Unterschlagung oder einem in Abwesenheit des Bestohlenen begangenen Diebstahl nicht an Nothwehr zu denken ist.

So komme ich also, was die Fortdauer des Besitzes betrifft, bei Mobilien wie Immobilien, abgesehen von der Besonderheit des Schutzes des bisherigen Besitzers gegen den *injustus possessor*, der auch in den Quellen stets als Ausnahme *(exceptio)* hingestellt wird, zu demselben einfachen Resultat, welches in l. 153 D. 50. 17[2]) m. E. mit wünschenswerthester Bestimmtheit zum Ausdruck gebracht ist, dass nämlich das Vorhandensein beider Momente, des *animus* und des *corpus*, so sehr die nothwendige Voraussetzung für den Besitz bildet, dass, wo auch nur momentan das Eine oder das Andere fehlt,

---

1) Conf. Meischeider, Besitz und Besitzesschutz S. 344.

2) *Fere quibuscumque modis obligamur, isdem in contrarium actis liberamur, cum quibus modis adquirimus, isdem in contrarium actis amittimus ut igitur nulla possessio adquiri nisi animo et corpore potest, ita nulla amittitur, nisi in qua utrumque in contrarium actum est.*

sofort kein Besitz vorhanden ist. Ich wende mich sonach bei der Erklärung dieser vielbestrittenen Stelle, indem ich mich Savigny [1]) anschliesse, aufs Entschiedenste gegen die Erklärungsversuche von Kierulff [2]), Lenz [3]) und Baron [4]), kann mich aber auch mit Windscheid [5]) nicht einverstanden erklären, wenn er ausspricht, dass der Verlust des Besitzes erst anzunehmen sei, wenn das objektive Moment nicht nur in einem gegebenen Augenblick nicht vorhanden sei, sondern dessen Nichtvorhandensein zu einem festen Zustand werde, eine Anschauung, die Randa [6]) neuerdings so ausgedrückt hat: das Aufhören des körperlichen Besitzelementes ist bedingt durch den Eintritt der dauernden Unmöglichkeit der Ausübung der faktischen Gewalt über die Sache [7]). Nein, jedes Nichtvorhandensein des *corpus* hebt den Besitz sofort auf, und die Theorie Bekkers vom *animo retinere possessionem*, bei der er übrigens manchen Vorgänger hat [8]), ist ja auch von Windscheid selbst [9]) erst vor Kurzem entschieden zurückgewiesen. Aber *corpus* ist, wie ich hervorhob, nicht das directe Berühren von Person und Sache, sondern die Lage, in der wir je nach unserm Willen das directe Verhältniss herstellen können.

Von dieser Voraussetzung geht auch Papinian in der vielbestrittenen l. 44 pr. D. 41. 2 aus, wenn er dem, der die Sache vergraben hat, und zwar einerlei ob im eigenen oder fremden Grund und Boden, so lange sich nur kein Anderer in den Besitz gesetzt hat, den Besitz noch zuschreibt. Diese Entscheidung erklärt sich nicht daraus, dass in diesem Verhältniss noch kein dauerndes Nichtvorhandensein des *corpus* anzunehmen ist, wie Windscheid [10]) behauptet,

---

1) Conf. Besitz S. 330 ff.

2) Conf. Theorie des Civilrechts Bd. I S. 390 u. 391.

3) Conf. Das Recht des Besitzes etc. S. 212—220.

4) Conf. Gesammtrechtsverhältnisse S. 94 ff. und Jahrbuch f. Dogm. Bd. 7 S. 57.

5) Conf. Lehrbuch des Pandektenrechts Bd. I S. 477 Not. 3—5.

6) Conf. Besitz nach östr. R. S. 435.

7) Conf. Cosack, die Vererblichkeit des Besitzes S. 18, der sehr richtig darauf aufmerksam macht, dass das Wasser nicht siedend bleibt, bis seine Temperatur von 100 Grad bis auf den Nullpunkt gesunken ist, und dass, wenn eine Thatsache nicht vorhanden ist, es keinen Sinn hat, sie als vorhanden anzunehmen.

8) Conf. Baron, zur Lehre vom Erwerb u. Verlust des Besitzes in den Jahrbüchern f. Dogmatik Bd. 7.

9) Conf. Lehrbuch des Pandektenrechts 5. Aufl. Bd. I S. 479 Not. 4.

10) Conf. loc. cit. S. 478 Not. 3.

und noch weniger verstösst sie, wie Baron[1]) hervorhebt, gegen die oben erkannten Grundsätze[2]). Sondern, weil hier der Besitzer, ähnlich wie bei der Sequestration *custodiae causa*, gleichsam dem Boden die Sache anvertraut hat, wird auch das thatsächliche Herrschaftsverhältniss nicht als unterbrochen angesehen. Der Boden ist hier, so zu sagen, der Repräsentant des Besitzers, wie denn auch Papinian unmittelbar nach Besprechung dieses Falles eine allgemeine Regel über die Fortdauer des Besitzes, insoweit er durch Repräsentanten ausgeübt wird, folgen lässt[3]).

Das führt zur Betrachtung derjenigen Verhältnisse, in denen der Besitz durch Repräsentanten ausgeübt wird. Sie haben in der Besitzlehre nach zwei Richtungen hin Schwierigkeiten bereitet. Hier ist zunächst die Frage zu erörtern, wann beim Fortbestehen des *animus domini* der Besitz dadurch beseitigt erscheint, dass von einer Fortdauer des objektiven Besitzmomentes in diesem Verhältniss nicht mehr gesprochen werden kann.

Man ist darüber einig, dass der Repräsentirte als Besitzer anzusehen ist, so lange der Repräsentant die Herrschaft thatsächlich und zwar als Repräsentant ausübt, da es hier lediglich vom Willen des Repräsentirten abhängt, sie jederzeit wieder selbst zum Ausdruck zu bringen.

Aber schon bei der Frage, ob die Herrschaft des Repräsentirten bereits verloren ist, wenn der Repräsentant sie freiwillig aufgiebt oder stirbt, erhebt sich der Streit. Windscheid[4]) stellt als Regel hin, dass der Repräsentirte den Besitz verliert, wenn der Vertreter die thatsächliche Gewalt verliert, und macht dann wieder Ausnahmen von dieser Regel, bei denen man allerdings nicht einsieht, wie daneben noch von einem Fortbestehen der Regel gesprochen werden kann. Denn nicht nur den Eintritt des Todes und der Willensunfähigkeit des Repräsentanten, sondern auch den Fall, wenn der Repräsentant den Besitz

---

1) Conf. loc. cit. S. 113—118.

2) Dass die Römer bei Beantwortung der Frage nach der Fortdauer des Besitzes einen wesentlichen Unterschied zwischen dem momentanen Sichnichterinnern und zwischen dem „Ueberhauptnichtwissen", wohin die Sache abhanden gekommen ist, gemacht hätten, wie Randa, der Besitz nach östr. R. 2. Aufl. S. 453, im Anschluss an l. 44 pr. D. 41. 2 und l. 25 eod. angenommen hat, halte ich nicht für bewiesen. Beide Stellen sind sehr leicht zu vereinigen, wenn man nur festhält, dass es ja *quaestio facti* ist, ob der Besitz vorhanden ist; und da wird auch jede derartige Erwägung im concreten Falle für die Entscheidung massgebend sein, ohne deshalb als allgemeine Regel gelten zu können.

3) Conf. l. 44 § 2 D. 41. 2.

4) Conf. Lehrb. d. Pandektenr. 5. Aufl. Bd. I S. 483 ff.

freiwillig aufgiebt, vorausgesetzt dass der Besitzer den eingetretenen Zustand nicht fest werden lässt, erkennt Windscheid als solche Ausnahmen an. Demgegenüber hat die herrschende Ansicht seit Savigny[1]) für den Fall, dass der Repräsentant den Besitz aufgiebt, so lange nur kein Dritter sich in den Besitz gesetzt hat, das Herrschaftsverhältniss nicht als verloren angesehen[2]). Vangerow[3]) schlägt einen Mittelweg ein, indem er bis zur const. 12 C. 7, 32 den Streit auch in den Quellen als nicht gelöst ansieht und für Savignys Auffassung die l. 31 D. 4. 3, l. 3 § 8, l. 44 § 2 u. l. 45 D. 41. 2, für die Ansicht Windscheids dagegen die l. 31[4]) und 40 § 1 D. 41. 2[5]) anführt.

Ich bin garnicht in Zweifel, dass ich mich in dieser Frage durchaus für Savigny zu entscheiden habe, da der Inhalt sämmtlicher Stellen wie das oben gewonnene Princip dafür sprechen, dass das *corpus* auf Seiten des Repräsentirten fortdauert, so lange es nur von seinem Willen abhängt, die Herrschaft wieder jederzeit selbst in Anwendung zu bringen. Demgegenüber dürfte das eine Wort *aliud* in l. 40 § 1 D. 41. 2, von dem wir überall nicht wissen, wem wir es zur Last legen sollen, ob Africanus oder dem Compilator oder gar dem Schreiber der Handschrift, nichts verschlagen. Jedenfalls sind aber alle Bedenken in dieser Richtung durch die const. 12 C. 7. 32[6]) zerstreut.

---

1) Conf. Besitz S. 372 ff. und 470.

2) Conf. Puchta, Pandecten S. 199, Arndts, Pandecten S. 214, Brinz, Pandecten Bd. I S. 531, Kierulff, Theorie des Civilrechts Bd. I S. 397, Randa, der Besitz nach östr. R. 2. Aufl. S. 460 ff., Hauser, Stellvertretung im Besitz S. 31 ff., Dernburg, Preuss. P.R. Bd. I § 155 a. E.

3) Conf. Pandecten Bd. I S. 381.

4) *Si colonus non deserendae possessionis causa exisset de fundo et eo redisset, eundem locatorem possidere placet.*

5) *Si forte colonus, per quem dominus possideret, decessisset propter utilitatem receptum est, ut per colonum possessio et retineretur et contineretur: quo mortuo non statim dicendum eam interpellari, sed tunc demum, cum dominus possessionem apisci neglexerit. aliud* (Savigny, Besitz 7. Aufl. S. 369 u. 370, liest *idem* gegen die *Florentina;* dagegen Rudorff, Anhang S. 686) *existimandum ait, si colonus sponte possessione discesserit. sed haec ita esse vera si nemo extraneus eam rem interim possederit, sed semper in hereditate coloni manserit.*

6) *Ex libris Sabinianis quaestionem in divinas nostri numinis aures relatam tollentes, definimus, ut, sive servus, sive procurator, vel colonus, vel inquilinus, vel quispiam alius, per quem licentia est nobis possidere, corporaliter nactam possessionem cujuscunque rei dereliquerit vel alii prodiderit, desidia forte vel dolo, ut locus aperiatur alii eandem possessionem detinere, nihil penitus domino praejudicii generetur, ne ex aliena malignitate alienum damnum emergat, sed*

Andrerseits halte ich es für ebenso zweifellos, dass, falls der Vertreter den Besitz dadurch verliert, dass ein Dritter ihn erlangt hat, sei es mit dem Willen des Vertreters durch dessen dolose Uebergabe[1]), oder sei es wider dessen Willen mit Gewalt, der Besitz des Repräsentirten sofort aufhört. Auch das *vim vi repellere* greift hier nicht Platz, da ein Zweifel darüber, ob der Angriff bereits einen bestimmten Erfolg gehabt hat, nicht mehr besteht. Denn hier war es allein der Vertreter, der eventuell den Angriff hätte zurückweisen können; that er das nicht, so zeigt sich eben der Angriff als ein siegreicher, und es ist schon jetzt klar, wer allein in der Lage ist, die thatsächliche Herrschaft über die Sache zu behaupten.

Aus demselben Grunde muss ich auch die Frage, ob der Gegner erst als Besitzer anzusehen ist, nachdem der Repräsentirte Kenntniss von der Occupation erhalten hat, die Windscheid[2]) bejaht, entschieden verneinen[3]).

Eine andere Frage ist es dagegen, ob nicht der Dritte dem Repräsentirten gegenüber als *injustus possessor* im oben charakterisirten Sinne anzusehen ist, was ich eben so entschieden bejahen möchte, da eine gewaltsame Dejection des Besitzers unter allen Umständen vorliegt, wenngleich sie in der Person des Repräsentanten erfolgt ist[4]). Was ich eben in Betreff der Grundstücke hervorgehoben habe, gilt von der Ausübung des Besitzes an Mobilien durch Repräsentanten in durchaus analoger Weise. Ob sich indess die const. 12 C. cit. auch auf sie bezieht, wage ich nicht zu entscheiden, kann indess

---

et ipse, si liberae conditionis est, competentibus actionibus subjugetur, omni jactura ab eo restituenda domino rei vel ei, circa quem negligenter vel dolose versatus est. Ich verweise auf die feine Auslegung, die Bruns (Besitzklagen S. 109—120) dieser Stelle hat zu Theil werden lassen, der m. E. sehr mit Recht das „*prodiderit*" nicht so auffasst, als habe ein Dritter bereits die Herrschaft erlangt. Bruns hebt gleichfalls sehr richtig hervor, dass die Stelle garnicht daran denkt, den Besitz des Occupanten im Fall der schon erfolgten Occupation allen Ernstes in Frage zu ziehen (conf. Pernice, Zeitschr. f. H.R. Bd. 20 S. 639), und tritt damit vor Allem Jherings Erklärung dieser Stelle entgegen (vergl. über den Grund des Besitzesschutzes 2. Aufl. S. 115 ff.). Seine Gründe sind m. E. durch Bekker, Recht des Besitzes S. 259, und Randa, d. Besitz nach östr. R. 2. Aufl. S. 464 Anm. 7, in keiner Weise widerlegt.

1) Nicht durch *locatio* (conf. l. 25 § 1 D. 41. 2), denn hier collidirt das neubegründete Verhältniss nicht mit dem Verhältniss des Besitzers zur Sache.

2) Conf. Lehrbuch des Pandektenrechts Bd. I S. 484.

3) Conf. l. 44 § 2 D. 41. 2.

4) Conf. l. 1 § 22 D. 43. 16.

nach dem Obigen Meischeider[1]) nicht beipflichten, wenn er diese Anwendung als mit der ganzen Besitztheorie der Pandecten in unvermitteltem Widerspruch stehend ansieht.

Was endlich den Besitzverlust an die Repräsentanten betrifft, so liegt zunächst bei den Immobilien das Verhältniss, wie Meischeider[2]) richtig hervorgehoben hat, gerade so wie bei dem Besitzverlust in Abwesenheit des bisherigen Besitzers. Erst wenn es klar ist, dass der bisherige Besitzer nach Kenntnissnahme von der Occupation durch die eigenen Machtmittel sich nicht mehr in dem Herrschaftsverhältniss zur Sache dem Repräsentanten gegenüber behaupten will oder kann, ist der Besitz für den Repräsentirten verloren. In diesem Sinne acceptire ich die Aeusserung Kierulffs[3]), dass es bei Repräsentanten keine heimliche Besitzentziehung giebt, dass der Stellvertreter vielmehr seinen veränderten *animus* durch die That, Dejection oder Nichtzulassung des Besitzers, realisirt haben müsse. Barons[4]) Polemik gegen Savigny erscheint mir auch in diesem Punkte durchaus verfehlt, denn die l. 12 D. 43. 16, die er namentlich gegen die obige Ansicht zum Beweis heranzieht, bezieht sich garnicht auf diese Frage, da es, falls der Mandatar des Besitzers, der Käufer, daran gehindert wird, sich in den Besitz zu setzen, klar ist, dass auch der Angriff des Repräsentanten auf den Besitz des Repräsentirten siegreich war. Die l. 12 cit. will vielmehr den Begriff der gewaltsamen Dejection klar stellen[5]), und das hat, wie wir oben sahen, an sich nichts mit der Besitzfrage zu thun. Solcher Dejection des Repräsentirten macht sich der Repräsentant nach Ansicht des Marcellus auch dann schuldig, wenn er nicht direct gegen den Repräsentirten sondern gegen dessen anderweiten Vertreter Gewalt anwendet. Aber auch jeder Dritte, auch der Käufer[6]) dejicirt, wenn er sodann den Repräsentanten mit Gewalt aus dem von ihm geltend gemachten Herrschaftsverhältniss über die Sache verdrängt. Und das dürfte sich auch ohne Weiteres als die Consequenz dessen, was ich oben über den Satz *vim vi repellere licet* hervorgehoben habe, ergeben. Die *vis* des

---

[1]) Conf. Besitz und Besitzesschutz S. 352.

[2]) Conf. loc. cit., auch Windscheid, Lehrb. d. Pandektenr. Bd. I S. 485, und Hauser, Stellvertretung etc.

[3]) Conf. Theorie des gem. C. Rechts Bd. I S. 398 Anm.

[4]) Conf. Zur Lehre vom Erwerb und Verlust des Besitzes, Jahrb. f. Dogm. Bd. 7 S. 162 ff.

[5]) Das erklärt auch ihre Aufnahme in den *titulus* „*unde vi*".

[6]) Conf. l. 18 D. 43. 16.

Repräsentanten richtete sich, wie wir sahen, gegen den Repräsentirten, und in dem Moment, wenn der Angriff durch siegreiche Abwehr des Käufers geglückt erscheint, kann auch von einem eigentlichen Recht des bisher von ihm Repräsentirten, selbst oder gar durch Andere ihm mit Gewalt den Besitz streitig zu machen, nicht mehr die Rede sein, und jede gewaltsame Entsetzung des Repräsentanten ist durch ein neues Interdict gegen den, der sich solcher Gewalt schuldig macht, zu verfolgen. Und es harmonirt durchaus mit unsrer heutigen Rechtsanschauung, wenn Papinian, falls die Handlungsweise des Käufers direct auf einen bestimmten Auftrag Seitens des bisherigen Besitzers zurückgeführt wird, das als ein *mandatum illicitum* bezeichnet.

In Betreff des Verlustes des Mobiliarbesitzes an den Repräsentanten stimme ich Meischeider [1]) darin bei, dass jeder schlüssige Ausdruck des dahin gerichteten Willens des Repräsentanten zum Besitzverlust genügen muss, und zwar, weil damit klar ist, dass der Repräsentant und nicht der Repräsentirte die thatsächliche Herrschaft über die Sache hat. Ob dieser schlüssige Ausdruck des Willens in Form der *contrectatio rei* erfolgt, was eine Entscheidung des Berliner Obertribunals für erforderlich hält [2]), oder ohne körperliche Berührung, kann m. E. gleichgültig sein, und ich halte den Beschluss des Repräsentanten, die Sache zu besitzen und nicht zurückzugeben [3]), unter Umständen schon für genügend, ihm den Besitzesschutz zu verschaffen [4]), während andrerseits ebenso klar ist, dass nicht das blosse Leugnen, etwas auf diesem oder jenem Wege erhalten zu haben, bereits diesen Willen des Repräsentanten zum Ausdruck bringt und ihn dadurch zum Besitzer macht. Denn es ist sehr wohl möglich, dass Jemand, obwohl er den Besitz der Sache garnicht in Anspruch nehmen will, dennoch leugnet, sie auf die vom Gegner behauptete Weise empfangen zu haben, etwa, weil er, falls er die Sache auf anderem Wege erhalten hätte, eine geringere Verantwortlichkeit für sie oder doch keine Ersatzverbindlichkeit für ihre Benutzung übernommen haben würde [5]). So erklären sich

---

1) Conf. Besitz und Besitzesschutz S. 355.

2) Conf. Seuff., Arch. Bd. XXVII Nr. 207.

3) Conf. l. 47 D. 41. 2.

4) Ich bin mit Randa, der Besitz nach östr. R. 2. Aufl. S. 465, einverstanden, wenn er schon darin eine Bethätigung des Willens sieht. Kierulffs Forderung (Theorie des gem. C. Rechts Bd. I S. 398) eines besonderen Factums, um den veränderten Willen auszuführen, geht jedenfalls zu weit.

5) Conf. Windscheid, Lehrbuch des Pandektenrechts Bd. I S. 485.

Stellen, wie l. 3 § 18 D. 41. 2 und l. 1 § 2 und l. 68 pr. D. 47. 2[1]).

Schliesslich erwähne ich hier noch die vielbestrittene l. 32 § 1 D. 41. 2, die Bekker[2]) für recht bedenklich hält, während sie so recht mit der vorstehend vertretenen Auffassung harmonirt. Käme es bei Prüfung der Frage, ob Besitz vorhanden ist oder nicht, darauf an, wie derselbe zu einem bestimmten Zeitpunkt für den Einen oder den Andern begründet ist, dann würde die Stelle allerdings Schwierigkeiten machen. Ist es dagegen richtig, dass der *animus domini* und die momentane Herrschaft über die Sache die einzigen Voraussetzungen für die Annahme des Besitzes bilden, so ist nichts natürlicher, als dass die Rechtsordnung, da im fraglichen Falle nichts dafür hervorgetreten ist, dass der Repräsentant, der *conductor* die Herrschaft gerade für den Käufer wirklich ausüben will, insofern er Beiden den Miethzins noch leistet, falls nichts weiter vorliegt, annimmt, dass der Repräsentant jedenfalls noch wie bisher als Vermittler der Herrschaft des ersten *locator* anzusehen ist, und um deswillen dieser als Besitzer geschützt wird. Es ist eben gleichgültig, ob der Käufer durch den Kauf- und gleichzeitigen Miethcontract, also durch ein *constitutum possessorium* scheinbar Besitzer geworden ist, da es nur darauf ankommt, ob er jetzt thatsächlich die momentane Herrschaft hat; und das ist nach Lage der Sache nicht anzunehmen. Man könnte höchstens sagen, dass sich Beide noch thatsächlich im Streit über die Herrschaft befinden, und es kann dann nicht zweifelhaft sein, wer in diesem Streit den Schutz der Rechtsordnung verdient.

So ist es denn m. E., und damit schliesse ich die Besprechung derjenigen Momente, die die herrschende Lehre unter der Bezeichnung „Verlust des Besitzes“ zusammenzufassen pflegt[3]), trotz Jhering[4]) richtig, wenn Savigny den Moment, wann der Verlust des Besitzes dadurch eintritt, dass das objektive Moment desselben vorhanden zu sein aufhört, dahin fixirt, wenn an die Stelle der Möglichkeit die

---

1) Ich halte es keiner besonderen Erörterung bedürftig, weshalb die Regel: *nemo sibi ipse etc.*, die Savigny, Besitz 7. Aufl. S. 364 ff., für seine Behauptung, dass bei Immobilien wie Mobilien der *animus possidendi* allein nicht hinreichend sei, den Repräsentanten zum Besitzer zu machen, heranziehen will, diese Frage garnicht trifft (conf. Baron, loc. cit. S. 155 ff. und Randa 2. Aufl. S. 468 Anm. 11).

2) Conf. Recht des Besitzes S. 220.

3) Conf. Savigny, Besitz 7. Aufl. S. 328.

4) Conf. Ueber den Grund des Besitzesschutzes 2. Aufl. S. 167—179. Contr. Randa, der Besitz nach östr. R. 2. Aufl. S. 436 ff. und 447 ff.

Unmöglichkeit der beliebigen Reproduction des ursprünglichen Zustandes eingetreten ist[1]). Und nur die Relativität des Besitzesschutzes führt im Process unter Umständen zu anderen Resultaten.

Ich wende mich nun zur Betrachtung der zweiten oben erwähnten Frage, nämlich wann das Verhältniss bereits als begründet anzusehen ist. Und hier werden die Streitfragen über den sog. Erwerb des Besitzes ihre Erörterung finden.

War, abgesehen von einigen Besonderheiten in Betreff der Immobilien, die wesentliche Voraussetzung für die Annahme der Fortdauer des Verhältnisses, dass wir noch im Stande sind, wenn wir wollen, die *naturalis possessio* zu erlangen, dass wir m. a. W. die Herrschaft thatsächlich ausüben können, so finden wir darin auch bei der Frage nach dem Beginn dieses Verhältnisses das Princip, welches allen Entscheidungen, die uns die Quellen in dieser Richtung in Betreff concreter Verhältnisse aufs Zahlreichste liefern, zu Grunde liegt. Ich würde mich danach an sich mit Savigny[2]), der das Factum, welches er in allem Erwerb des Besitzes enthalten glaubt, als „die physische Möglichkeit, auf die Sache unmittelbar zu wirken und jede fremde Wirkung auf sie auszuschliessen", umschreibt, abgesehen von dem zweiten Satz der Formel einverstanden erklären können, wenn nicht Savignys Behandlung dieser Frage m. E. insofern an einem Fehler litte, als er sich nicht von der Auffassung freigemacht hat, dass wir für die Prüfung der Frage, ob der Besitz vorhanden sei, unter allen Umständen auf eine Handlung zurückgehen müssen, durch die er erworben ist, die sog. Apprehension oder den Besitzergreifungsact. Das veranlasst ihn, es als ein wesentliches Erforderniss für den Beginn und damit für das Vorhandensein des objektiven Besitzmomentes hinzustellen[3]), dass man sich der Sache unmittelbar gegenüber befindet, und dagegen wendet sich vor Allem Jherings Polemik[4]) m. E. mit Recht, und auch Randa ist bemüht, wenngleich er in der Apprehensionshand-

---

[1]) Conf. loc. cit. S. 353.

[2]) Conf. Besitz 7. Aufl. S. 210 ff.

[3]) In l. 18 § 2 D. 41. 2 wird das Sehen des Grundstücks von Celsus durchaus nicht als etwas Wesentliches hingestellt, sondern es dient nur zur Einkleidung des allgemeinen Gedankens. Vergl. Dernburg, Preuss. P. Recht § 153 Not. 4, und Seuff., Arch. Bd. XII Nr. 5, sowie Jhering, über den Grund des Besitzesschutzes 2. Aufl. S. 195, und Randa, der Besitz nach östr. R. S. 285 ff., der sehr richtig hervorhebt, dass sonst die körperliche Innehabung als Voraussetzung für den Besitz verlangt werde.

[4]) Conf. loc. cit. S. 160 ff.

lung ein wesentliches Moment des Besitzes erblickt, für diese Besitzergreifung eine weitherzigere Anschauung zu begründen, indem er sehr mit Recht darauf hinweist, dass es Thatfrage sei, ob physische Herrschaft vorhanden ist oder nicht[1]). Aber so gern ich Randas Ausspruch, „Unsere Herrschaft reicht so weit, als man unser Wollen respectirt", acceptire, so muss ich doch auch ihm gegenüber immer wieder darauf zurückkommen, dass der Apprehensionsact für das Vorhandensein des Besitzes völlig gleichgültig sein kann, und wir ihn nur unter Umständen zur Beurtheilung der augenblicklichen thatsächlichen Lage heranziehen können[2]). Dagegen befinde ich mich in völliger Uebereinstimmung mit Randa, wenn er Jherings Behauptung, dass die ganze Lehre vom sog. Besitzverlust und Besitzerwerb (= *corpus*) auf die Sichtbarkeit des Besitzes zurückzuführen sei, und dass sich darin der Eigenthumswille darstellen müsse, eine Anschauung, die lediglich in Jherings Theorie vom Besitz als der Thatsächlichkeit, der Sichtbarkeit des Eigenthums ihre Erklärung findet, aufs Entschiedenste bekämpft. Ohne auf die Ansichten Jherings und Randas in Betreff dieser Frage näher eingehen zu können, hebe ich hier nur hervor, dass schon um deswillen, weil der *animus domini*, wie ich oben zeigte, keineswegs als Eigenthumswille oder Eigenthumsabsicht wiederzugeben ist, sich in dem Moment des *corpus* beim Besitz auch kein solcher Wille und keine solche Absicht darthun kann, wie denn auch in den Quellen trotz der vielfachen Erwägungen, die die römischen Juristen zu dem Resultat führen, dass Besitz vorhanden oder nicht vorhanden sei, dieser Grund nirgends erwähnt wird.

Und wende ich mich nun zum zweiten Theil der Savigny'schen Formel, so hat schon Windscheid[3]) m. E. sehr richtig hervorgehoben, dass es nicht zum Besitzerwerb gehört, jede fremde Einwirkung auf die Sache verhindern zu können, da es nicht erforderlich ist, dass der Besitzer mächtiger ist, als alle Andern, denen es in den Sinn kommen möchte, auf die Sache einzuwirken, sondern nur, dass gegenwärtig keine fremde Macht den Besitzer von der thatsächlichen Beherrschung der Sache ausschliesst. Die Formel Savignys hat dann weiter dahin geführt, dass das Vorhandensein des Besitzes von der Gewähr seines

---

1) Conf. Jhering, loc. cit. S. 189, „Das Dasein des Besitzes ist eine einfache Erfahrungsthatsache, eine Frage des täglichen Lebens".

2) Conf. Jhering, loc. cit. S. 194. Die Definition Randas, loc. cit. S. 433, der Besitz sei die durch die erfolgte Apprehension geschaffene Möglichkeit der thatsächlichen Herrschaft über die Sache, ist zu eng, insofern sie die Rechtsordnung zwingt, auf die Begründung des Verhältnisses zurückzublicken.

3) Conf. Lehrbuch des Pandektenrechts Bd. I § 153 N. 4.

Bestandes abhängig gemacht ist[1]), indem man, wie v. Liebe[2]) richtig hervorhebt, um dieser Anschauung willen dahin gekommen ist, einen Aufbewahrungsmodus, der einen bestimmten Grad von Sicherheit gewährt *(custodia)*, als eine wesentliche Voraussetzung für den Erwerb des Besitzes hinzustellen[3]). Und dieses Moment der *custodia* hat dann in der Besitzlehre zu den bedenklichsten Consequenzen geführt, wie man sich denn, von diesem Begriff ausgehend, sogar veranlasst sah, im Anschluss an die Fälle, wo nur die Schlüssel der Scheune, des Kellers etc. übergeben sind, allen Ernstes zu untersuchen, ob es die aufschliessende oder die zuschliessende Eigenschaft der Schlüssel sei, die durch sie den Besitz erwerben lasse[4]). Prüfen wir, ob die Theorie von der Gewähr des Besitzstandes in der That römisch ist.

In den Quellen wird der Besitz als vorhanden angesehen, falls die Sache auf mein Geheiss aber ohne meine Kenntnissnahme in meine Behausung gebracht ist[5]), oder auf mein Geheiss aber ohne mein Wissen meinem Vertreter übergeben ist[6]), oder falls mir nur die Schlüssel zur Scheune oder zum Keller, in dem die gekauften Waaren lagern, übergeben sind, einerlei ob das in der Nähe der Scheune oder des Kellers geschehen ist oder nicht[7]). Wo ist aber in diesen Fällen

1) Conf. Kindel, Recension von Bekkers Recht des Besitzes in Rassow und Küntzels Beiträgen Bd. 25 S. 500, „Besitz ist die wenn auch unvollkommen garantirte Möglichkeit körperlicher Herrschaft über die Sache", und Meischeider, Besitz und Besitzesschutz S. 235.

2) Conf. Der Besitz ein Recht *in thesi* S. 107 ff.

3) Gegen die Einführung dieses Begriffs als allgemeine Bedingung des Erwerbs und der Erhaltung des Besitzes hat sich auch Randa, loc. cit. S. 285 Anm. 11, aufs Entschiedenste ausgesprochen. Vergl. auch Jhering, über den Grund des Besitzesschutzes 2. Aufl. S. 186 Anm. 171a.

4) Conf. Savigny, Besitz 7. Aufl. S. 223, der für die aufschliessende Wirkung der Schlüssel eintritt, und andrerseits Lenz, loc. cit. S. 199 ff., dem die Schlüssel das Mittel zum Verschlossenhalten der Waare sind.

5) Conf. l. 18 § 2 D. 41. 2. Der Besitzwechsel hängt keineswegs, wie v. Liebe, der Besitz als Recht *in thesi* S. 150, annimmt, davon ab, dass die Niederlegungshandlung durch die als Organ des Hausherrn fungirende Familie wahrgenommen und verstanden ist, auch nicht davon, ob die Bestellung auf eine nach Gewicht und Quantität bestimmte und bereits ausgeschiedene Waare gerichtet war (vergl. Seuff., Arch. Bd. XIII Nr. 82).

6) Conf. l. 1 § 21 D. 41. 2.

7) Conf. l. 9 § 6 D. 41. 1. Die l. 74 D. 18. 1 spricht durchaus nicht dagegen, da sie offenbar nur um deswillen die Nähe des Kellers betont, damit der concrete Thatbestand zweifellos als ein solcher sich darstellt, wo die momentane Herrschaft wirklich vorhanden ist. Vergl. Baron, zur Lehre vom Erwerb etc. Jahrb. f. Dogm. Bd. 7 S. 128 ff., dessen künstliche Beweisführung ich indess nicht billige. Contr. Windscheid, Lehrbuch des Pandektenrechts Bd. I S. 464.

eine Garantie dafür gegeben, dass die momentane Herrschaft auch ferner behauptet wird, da mir ja die Sache aus meiner Behausung wieder abgeholt oder vom Repräsentanten unterschlagen oder etwa vermittelst eines zweiten Schlüssels aus der Scheune oder dem Keller entfernt sein kann, noch bevor ich sie thatsächlich in meiner Gewalt gesehen habe?

Und andrerseits soll ich in Betreff des in meinem *fundus* vergrabenen *thesaurus*, obwohl ich Kunde davon habe, und der Bestand der Herrschaft bereits nach Möglichkeit gesichert erscheint, doch erst dann als Besitzer angesehen werden, wenn ich ihn von der Stelle bewegt habe[1]).

Endlich ergiebt auch vor Allem die Behandlung der Moventien in den Quellen, dass es wirklich nur die momentane Herrschaft ist, die im Besitz geschützt wird, und dass von einer Gewähr derselben als Voraussetzung des Besitzes in den römischen Quellen nicht die Rede ist. So ist l. 55 D. 41. 1 zu verstehen, wenn es dort von dem in der Schlinge gefangenen Eber heisst, *summam tamen hanc puto esse, ut si in meam potestatem pervenit. meus factus est.* und das ist es, worauf die Prüfung in jedem Fall zu richten ist[2]). Die l. 5 § 1 D. 41. 1, die Windscheid[3]) gleichfalls in diesem Zusammenhang erörtert, gehört nicht hierher, sondern bildet einen Beleg dafür, dass der *animus domini* stets die nothwendige Voraussetzung für das Vorhandensein des Besitzes ist; denn Gajus entscheidet hier, dass mit dem Verwunden des Wildes noch nicht der

---

1) Conf. l. 44 pr. und l. 3 § 3 D. 41. 2. Es ist das keineswegs, wie Windscheid, Lehrbuch des Pandektenrechts Bd. I S. 464 Not. 7, annimmt, eine Ausnahme von der regelmässigen Voraussetzung für das Vorhandensein des Besitzes, und die l. 3 § 3 cit. erklärt sich ebensowenig in der von Baron, loc. cit. Bd. 7 S. 92 ff. u. 113 ff., angenommenen gezwungenen Weise, sondern die Lösung dieser scheinbaren Anomalie liegt darin, dass man den Raum unterhalb des *fundus* und damit zugleich Alles, was sich in diesem Raum befindet, überall nicht besitzt, sondern nur die Gelegenheit hat, diesen Raum zu occupiren. Es beruht die unrichtige Annahme auf demselben Irrthum wie die Theorie von der Luftsäule, gegen die ich bereits oben protestirt habe.

2) Conf. Meischeider, Besitz und Besitzesschutz S. 240, und Randa, loc. cit. 2. Aufl. S. 281 Anm. 4a und S. 282. Wenn v. Liebe, der Besitz als Recht *in thesi* S. 103, mit Rücksicht auf diese Stelle den Generalmandatar und die Falle insofern unterscheidet, als jener denkt, die Falle aber nicht, so halte ich das für ebenso unrichtig, wie wenn er den Besitz nur dann als vorhanden ansieht, wenn die Willensentscheidung in einer äusseren Thätigkeit sich verkörpert, m. a. W. aus dem Gebiet der unerkennbaren Cogitation heraustritt.

3) Conf. Lehrbuch des Pandektenrechts Bd. I S. 464 Not. 7.

Besitz auf Seiten des Schützen vorhanden ist, da ihm ja, wie z. B. dem eingeladenen Jäger, der *animus domini* in Betreff des Wildes gänzlich fehlen kann.

Bei lebenden wilden Thieren und bei den Fischen erscheint die momentane Herrschaft in dem Moment begründet, wenn die Thiere die natürliche Freiheit verloren haben, und darauf, nicht auf die Grösse der *vivaria* und *piscinae* im Gegensatz zu den *stagna* und *silvae circumseptae*, kommt es für die Frage, ob diese Thiere besessen werden, an[1]; und dasselbe ist in Betreff der Vögel zu sagen[2]).

Diese letzten Beispiele vorhandenen Besitzes zeigen so recht, wie Garantie für den Bestand durchaus keine wesentliche Voraussetzung für das momentane Vorhandensein des objektiven Besitzmomentes ist, denn solche Thiere besitzen wir, *donec revertendi animum habeant*[3]). Wo ist da eine objektive oder auch nur subjektive *custodia* im Baron'schen Sinne? Lediglich die momentane Herrschaft ist es, die geschützt wird, und diese Herrschaft existirt thatsächlich über die Vögel auf dem Dach und die Bienen auf dem Baum, wenn sich nur diese Thiere jener Herrschaft, so zu sagen, ergeben haben und sie ihrerseits anerkennen[4]); aber sie existirt auch nur gerade so lange, als sie anerkannt wird. So wird der Schutz, den die Rechtsordnung diesem Verhältniss gewährt, ein eben so fraglicher sein, als das Verhältniss selbst fraglich erscheint. Und nur gegenüber dem gewaltsamen Mitnehmen oder dem heimlichen Wegfangen der Thiere wird er bedeutsam[5]).

Die vielfachen Meinungsverschiedenheiten, die auch heute noch in der Lehre vom Besitzerwerb durch Stellvertreter hervortreten, geben mir Veranlassung, mich in diesem Zusammenhang noch etwas eingehender mit der Frage zu beschäftigen, wann der Besitz begründet erscheint, falls man sich zur Ausübung der Herrschaft eines Stellvertreters bedient. Ich habe bereits hervorgehoben, dass es in solchem Fall an dem objektiven Besitzmoment nicht fehlt, insofern wir dabei, wenn wir wollen, die *naturalis possessio* erlangen können.

---

1) Conf. l. 3 § 14 D. 41. 2. Vergl. v. Liebe, loc. cit. S. 105.

2) Conf. l. 3 § 15 D. 41. 2.

3) Conf. l. 5 § 5 D. 41. 1.

4) Conf. l. 3 § 16 D. 41. 2; l. 5 § 2 und 3 D. 41. 1 erörtert concrete Fälle, wo diese *consuetudo* nicht vorausgesetzt wird, und berechtigt Windscheid, loc. cit. Bd. I S. 464 N. 7, nicht zu der allgemeinen Behauptung, dass man die Bienen auf dem Baum nicht besitze.

5) Conf. Bekker, Recht des Besitzes S. 182 ff.

Es ist aber ferner gleichgültig, ob der Repräsentant ein eigentlicher selbstbewusster Stellvertreter oder nur ein Gehülfe, ein abhängiges Werkzeug unsers Willens in Betreff der Sache ist. Bin ich doch bereits Besitzer, wenn die Sache auf meinen Befehl aber ohne meine Kenntnissnahme in meine Behausung gebracht ist. Und nicht anders als meine Behausung ist unter Umständen mein Repräsentant aufzufassen. Ob der Stellvertreter nach sonstigen Rechtsbegriffen erwerben kann, also rechtsfähig ist, ist bedeutungslos, da wir es nicht mit dem Wie der Begründung des Verhältnisses zu thun haben, und ebensowenig hindert der Irrthum des Repräsentanten bei dem Ergreifen der Sache den Besitz des von ihm Vertretenen[1]). Wie durch unsere mechanische Thätigkeit, können wir auch, indem wir uns dritter Personen bedienen, den Besitz begründen[2]). Aber das bildet auf Seiten des Repräsentanten die nothwendige Voraussetzung für die Ausübung des Besitzes, dass er ein Verständniss für den Zweck hat, den er für den Repräsentirten erfüllen soll[3]), denn nur in dem Fall übt der Repräsentirte in Wahrheit die momentane Herrschaft über die Sache durch den Repräsentanten aus.

Die l. 34 § 1 D. 41. 2 nimmt aber nicht bloss trotz eines Irrthums des Repräsentanten unter Umständen den Besitz als vorhanden an, sondern sie hält auch den Irrthum und die Unkenntniss des Repräsentirten in Betreff des Verhältnisses für unwesentlich, wenn es sich um den Besitz handelt, und das führt mich zur Besprechung der vielfach erörterten Frage, inwieweit bei Vertretungsverhältnissen in Folge gewöhnlichen Mandats oder *negotiorum gestio* die Herrschaft des Repräsentanten für den Repräsentirten vermittelt wird, obwohl der Repräsentirte noch keine Kunde von der durch den Repräsentanten für ihn erlangten Herrschaft erhalten hat. Die neuere Theorie hat seit Savigny[4]) zwischen dem *procurator omnium bonorum* und dem *procurator unius rei* unterschieden und bei dem Ersteren noch die Ratihabition zur Begründung des Besitzes auf Seiten des *dominus*

---

1) Conf. Hauser, Stellvertretung im Besitz S. 24, u. l. 34 § 1 D. 41. 2.

2) Conf. l. 53 D. 41. 1 . . . *per quemlibet volentibus nobis possidere acquirimus*.

3) Conf. l. § 9 und 10 D. 41. 2. Es bedarf der gezwungenen Erklärung dieser Stelle durch Randa, loc. cit. S. 431 Anm. 33, der in vorstehender Frage im Resultat mit mir einig ist, nicht.

4) Conf. Besitz 7. Aufl. S. 316 ff. Vergl. auch Brinz, Pandecten Bd. I S. 519 ff.

verlangt, und namentlich Schirmer[1]) ist neuerdings wieder sehr entschieden für diese Ansicht eingetreten[2]). Dass und inwiefern diese Unterscheidung unpraktisch ist, hat ein Urtheil des Oberappellationsgerichts in Oldenburg (1850)[3]) m. E. am Besten zum Ausdruck gebracht. Denn wie sollte der Geschäftsmann bestehen können, wenn er bei jedem Erwerb seines *institor* erst durch Ratihabition den Besitzesschutz erlangen könnte, und welche praktische Bedeutung wäre solcher Umständlichkeit beizulegen? Meischeider[4]) billigt zwar die erwähnte Entscheidung, nimmt indess an, dass der Besitzerwerb durch einen Mandatar, insofern er *ignorante domino* stattfinden könne, von den regelmässigen Erfordernissen des Besitzerwerbs losgelöst und auf die Voraussetzungen gestellt sei, unter denen der Erwerb subjektiver Rechte durch den Mandatar für den Mandanten erfolgt, und dass damit an Stelle des Besitzwillens der Mandatswille trete. Ich muss das bestreiten. Wir sahen bereits oben, dass der Besitzwille, der *animus domini* nichts Anderes ist als die Absicht, Herr über die Sache zu sein. Ob sich diese Absicht auf einen ganzen Complex von Sachen, ohne dabei die einzelnen Theile unterschiedlich ins Auge zu fassen, oder auf einzelne Gegenstände richtet, kann gleichgültig sein. So versteht es sich danach von selbst, dass der Mandant, der durch seinen Mandatar seine Herrschaftssphäre auf die von diesem thatsächlich beherrschten Gegenstände auszudehnen im Stande ist, wie er beim Erwerb der einzelnen Gegenstände Seitens des Specialmandatars keine Kenntniss von der Ausführung des Mandats zu haben braucht, damit ihm der Schutz in Betreff der Herrschaft, die er bereits durch die Mittelsperson ausübt, Seitens der Rechtsordnung zu Theil wird[5]), auch in Betreff des ganzen Complexes von Sachen, die der Mandatar in dem Rahmen seines Universalmandates der Herrschaft des Mandanten bereits thatsächlich unterworfen hat, den Schutz Seitens der Rechtsordnung in Anspruch nehmen kann, einerlei, ob er die einzelnen Sachen kennt oder nicht kennt. Damit ist nichts von dem Erwerb subjektiver Rechte auf den Besitzerwerb übertragen, und es ist

---

1) Conf. Zeitschr. f. Civilr. und Proc. N. F. Bd. 14 S. 107 ff.

2) Aus der Praxis finden sich Entscheidungen in diesem Sinne bei Seuff., Arch. Bd. VIII Nr. 231 (Cassel), Bd. X Nr. 130 (Celle), und Bd. XXX Nr. 280 (Rostock).

3) Conf. Seuff., Arch. Bd. V Nr. 106. Vergl. auch Bd. II Nr. 135 (Celle).

4) Conf. Besitz und Besitzesschutz S. 287.

5) Conf. const. 1 C. 7, 32 und l. 42 § 1 D. 41. 2. Vergl. auch Randa, der Besitz nach östr. R. 2. Aufl. S. 413, und Savigny, Besitz 7. Aufl. S. 315.

keineswegs der Mandatswille, sondern es ist die momentane Herrschaft, nach der auch hier gefragt und die geschützt wird, und bei der der *animus domini* in Betreff der concreten Sache praktisch nur dann in Frage kommen wird, wenn er auf Seiten des Mandanten etwa um deswillen nicht als vorhanden angesehen werden kann, weil das Verhältniss vom Mandatar nicht im Rahmen des Auftrags oder geradezu gegen den Auftrag begründet ist[1]).

Für die Richtigkeit dieser Auffassung sprechen Quellenstellen, wie § 5 J. 2. 9, l. 1 § 20 und l. 49 § 2 D. 41. 2, l. 47 D. 41. 3 und const. 1 C. 7. 32, wo sich der Ausdruck *procurator* ohne jede Beschränkung findet. Und die Zusammenstellung desselben mit dem *tutor* und *curator* in l. 1 § 20 D. 41. 2 weist noch bestimmter darauf hin, dass es der *procurator omnium bonorum* ist, an den der Jurist hier denkt.

Diejenigen Quellenstellen dagegen, die man für die Savigny'sche Ansicht herangezogen hat, beziehen sich entweder zweifellos auf den Fall der *negotiorum gestio*, wie die l. 23 D. 3, 5 *(de negotiis gestis)*, oder lassen wenigstens diese Beziehung wohl zu, wie das *sua sponte* in l. 42 § 1 D. 41. 2[2]) und das *absente domino* bei Paulus sent. V, 2. 2, wo zu ergänzen ist, „ohne einen Vertreter zurückgelassen zu haben"[3]), aufs Entschiedenste andeuten. Und das kann ja nicht zweifelhaft sein, dass im Fall der *negotiorum gestio* der Besitz auf Seiten des *dominus* erst dann als vorhanden anzusehen ist, wenn er die Handlungen des *negotiorum gestor* ratihibirt hat, einfach weil es vorher an dem *animus domini* entschieden fehlt[4]). Der Mangel der Vollmacht ist also das Entscheidende.

Es bedarf kaum der Bemerkung, dass beim Besitzerwerb durch Ratihabition an ein Zurückbeziehen garnicht zu denken ist. Meischeider[5])

---

1) Vergl. Bremer, Zeitschr. f. C. R. und Proc. N. F. Bd. 11 Nr. 7 und Bd. 17 S. 193 ff., dem sich neuerdings u. A. auch Windscheid, Lehrb. des Pandektenrechts Bd. I § 155 N. 9, Bekker, Recht des Besitzes S. 208, Randa, der Besitz nach östr. R. S. 411 Anm. 12, und, wie es scheint, auch Hauser, Stellvertretung im Besitz S. 16, angeschlossen haben.

2) Conf. Bremer, loc. cit. S. 205.

3) Conf. Bremer, loc. cit. Dagegen Savigny, Besitz 7. Aufl. S. 316 Anm. 3.

4) Vergl. Bekker, Recht des Besitzes S. 208 Anm. 4.

5) Conf. Besitz und Besitzesschutz S. 288 ff. Was Randa, der Besitz nach östr. R. 2. Aufl. S. 414 Anm. 16, für Meischeiders Ansicht vorbringt, hat mich keineswegs überzeugt. Gegen die rückwirkende Kraft hat sich auch Hauser, Stellvertretung im Besitz S. 21, ausgesprochen. Vergl. auch Seuff., Arch. Bd. XII Nr. 231.

meint zwar, man könnte die Negotiation garnicht von der Apprehension trennen, aber es handelt sich ja, wie ich schon oft hervorheben musste, nicht um die Apprehension, d. h. die näheren Umstände des Erwerbes der Herrschaft, sondern um das Vorhandensein der thatsächlichen Herrschaft selbst, und das hat m. E. nichts mit dem, was Meischeider Negotiation nennt, zu thun.

Die Begränzung meiner Aufgabe verbietet mir, wie ich es sonst gerne gethan hätte, hier auf die neueste Behandlung dieser Frage durch Schlossmann[1]) näher einzugehen. Einverstanden bin ich mit ihm, wenn er die seit Jhering[2]) in der Lehre von der Stellvertretung gemachte Unterscheidung zwischen Ersatzmann und Stellvertreter[3]), wenigstens was die Begründung des Besitzes betrifft, als unrömisch bezeichnet[4]). Dagegen muss ich seine Ansicht, dass nur ausnahmsweise der *procurator*, dagegen kein anderer freier Stellvertreter in Rom für den Mandanten direct den Besitz erwerben könne, entschieden bestreiten. Schlossmann selbst sieht in diesem Satz einen Thurm aus alter Vorzeit, der sich dem Rechtsgefühl direct entgegenstellt, übersieht aber, dass der Satz, man könne durch einen Freien nicht erwerben, so richtig er im Zusammenhang der römischen Vertragslehre für die Begründung des Eigenthums erscheint, auf den Besitz um deswillen keine Anwendung finden kann, weil hier auf das Wie der Begründung nichts ankommt. Dagegen erklärt sich der Satz keineswegs aus dem Streben des römischen Rechts, dass nicht aus dem Freien ein Erwerbsinstrument gemacht werde, wie Schlossmann meint[5]), da ja der Freie gerade bei der Schlossmann'schen Auffassung zu grösserer Unfreiheit verurtheilt würde, insofern er trotz seiner entschiedenen Absicht nicht im Stande sein soll, für den Dritten Besitz zu erwerben.

Eine weitere Voraussetzung für die Ausübung des Besitzes durch Repräsentanten ist, dass der Repräsentant in Wahrheit für den Repräsentirten den Besitz ausüben will, dass er sich in der That, wenn auch nur in dieser einen Beziehung, vom Repräsentirten abhängig fühlt. Will der Repräsentant dagegen treuloser Weise den Besitz

---

1) Conf. Der Besitzerwerb durch Dritte.

2) Conf. Mitwirkung für fremde Rechtsgeschäfte, Jahrb. f. Dogmatik Bd. 1 S. 324 ff.

3) Auch Randa, der Besitz etc. S. 432, hat sich davon nicht frei gemacht.

4) Conf. loc. cit. S. 22.

5) Conf. loc. cit. S. 71.

statt für den Vertretenen für sich zur Ausführung bringen, so ist er und nicht der sonst von ihm Vertretene Besitzer[1]. Und dabei macht es durchaus keinen Unterschied, ob eine Tradition diesem Besitzerwerb vorhergeht oder nicht. Denn zum Besitzerwerb durch Stellvertreter gehört, wie Bremer[2]) sehr richtig hervorhebt, ebensowenig Mitwirken oder auch nur Mitwissen des Tradenten, als zum Besitzerwerb durch Occupation ein Mitwissen dessen gehört, der derelinquirt hat, da sich der Besitz nicht als Succession sondern als originäres Verhältniss darstellt. Ob also der Stellvertreter sich selbst oder seinem Auftraggeber Besitz erworben hat, das ist hier ebenso *quaestio facti* als bei der Occupation. Es fragt sich in beiden Fällen, ob der Beauftragte nur *animo alieno nomine possidendi* die Sache thatsächlich unter sich hat.

Zu welchen Consequenzen die entgegengesetzte Ansicht führt, ergiebt sich, wenn Jhering[3]), der von der Ansicht ausgeht, dass für die Occupation und Specification in derselben Weise wie für die Tradition der Satz gelten müsse, dass bei der objektiven und äusserlich erkennbaren Richtung des Erwerbsactes auf den Principal eine subjektive Ansicht des Stellvertreters nicht in Betracht komme[4]), sich weiter zu der Behauptung versteigt, dass, wenn mein Jäger, durch den ich mir auf meiner Jagd das nöthige Wild schiessen lasse, die Absicht hätte, für sich zu erwerben, und diese Absicht immerhin beim Occupationsact einem Anwesenden erklären würde, er nichtsdestoweniger für mich erwürbe[5]).

---

[1]) Conf. l. 1 § 19 und 20 D. 41. 2 und Hauser, Stellvertretung im Besitz S. 15.

[2]) Conf. Beitrag zur Lehre von dem Besitzerwerb durch Stellvertreter. Zeitschrift für C.R. und Proc. N. F. Bd. 20 S. 90.

[3]) Conf. loc. cit. S. 333.

[4]) Vergl. Bekker, Recht des Besitzes S. 209, der diese Ansicht nicht ganz so schroff dahin formulirt, dass bei dem Erwerb des Besitzes durch den Repräsentanten gewöhnlich hervortreten müsse, dass der Erwerb für einen Andern geschehe.

[5]) Hauser, Stellvertretung im Besitz S. 16—18, der sich in der Hauptsache Jherings Ausführungen anschliesst, hebt daneben doch auch hervor, dass es Fälle der Tradition gebe, bei denen es nach der Art des Geschäftes überhaupt nicht auf die Person des Erwerbers ankomme, z. B. bei gewerbmässiger Veräusserung gegen sofortige Zahlung, oder wenn die Mittelsperson im eigenen Namen aber für Rechnung des Andern das Erwerbsgeschäft abschliesst, und dass in solchen Fällen die Beziehung des Geschäfts auf die Person, für die durch den Vertreter Besitz erworben werden solle, auch nicht äusserlich erkennbar werden müsse. Aber hier macht er die Regel zur Ausnahme und die Ausnahme zur Regel. Habe ich doch

Sonach drückt Bremer [1]) m. E. die Erfordernisse für das Vorhandensein des Besitzes im Stellvertretungsverhältniss richtig so aus: „Entscheidend ist lediglich der übereinstimmende Wille des Auftraggebers und des Beauftragten, der Wille des Ersteren, durch Letzteren sofort zur Machtstellung über die Sache zu gelangen, der Wille des Letzteren, die Sache nicht für sich zu haben, sondern nur für Jenen in Empfang zu nehmen". Wo dieser übereinstimmende Wille vorhanden ist, mag er in dem Auftrag mit deutlichen Worten ausgesprochen sein, oder sich aus dem sonstigen Inhalt des Auftrags in Verbindung mit den begleitenden Umständen als stillschweigende Voraussetzung durch Interpretation der beiderseitigen Handlungen ergeben, da wird bei der Tradition dem Auftraggeber der Besitz erworben [2]).

Die unrichtige Anschauung Jherings und Bekkers in diesem Punkte erklärt sich m. E. einmal aus einer unrichtigen Auffassung der Quellenausdrücke *suo* und *alieno nomine*, und darf ich in diesem Punkte auf die Ausführungen Bremers [3]) und Schlossmanns [4]) verweisen. Sodann aber sind es einzelne Quellenstellen, die man mit der von Bremer vertretenen Ansicht nicht vereinigen zu können glaubt, so namentlich die l. 13 D. 39. 5 *(de donationibus)*, auf die schon Savigny [5]) die Behauptung stützt, dass die Absicht des *tradens* beim Besitzerwerb so sehr das Entscheidende sei, dass der Erwerb nach dieser Absicht vor sich gehe, selbst wenn der Repräsentant treuloserweise für sich selbst oder für einen Dritten erwerben wolle. Indess bezieht sich diese Stelle, wie sich schon aus der Titelrubrik ergiebt, durchaus nicht auf den Erwerb des Besitzes sondern auf den Uebergang des Eigenthums. Und ebenfalls darauf und nicht auf den Besitz bezieht sich auch die l. 37 § 6 D. 41. 1 [6])

---

an anderer Stelle bereits hervorgehoben, dass nur unter Umständen wohl 'mal beim Aufgeben des Besitzes zu Gunsten eines Andern der Irrthum für die Frage, ob der Besitz wirklich verloren ist, nicht bedeutungslos erscheint.

1) Conf. loc. cit. S. 50.

2) Vergl. Seuff., Arch. Bd. XXX Nr. 120.

3) Conf. Beitrag zur Lehre von dem Besitzerwerb durch Stellvertreter in der Zeitschrift f. C. R. u. Proc. N. F. Bd. 20 S. 50 ff.

4) Conf. Der Besitzerwerb durch Dritte S. 22—40. Auch Randa, der Besitz nach östr. R. 2. Aufl. S. 427, hat sich entschieden gegen die Jhering'sche Ansicht ausgesprochen.

5) Conf. Besitz 7. Aufl. S. 306.

6) Vergl. Windscheid, Lehrbuch des Pandektenrechts Bd. I S. 473, und Randa, der Besitz nach östr. R. 2. Aufl. S. 429. *Si cum mihi donare velles,*

wie gleichfalls schon aus der Titelrubrik hervorgeht. Mit dem „*nihil agetur*" spricht Julian es aus, dass die Schenkung zu Stande kommt, wie Schenkgeber und Schenknehmer sie beabsichtigen, ohne dass die unausgesprochenen Wünsche und Gedanken des Sklaven oder Procurators dabei berücksichtigt werden, weil nemlich, wie das „*jusserim*" andeutet, Schenkgeber und Schenknehmer vorher bereits willenseinig waren[1]). Es bedarf also nicht der künstlichen Interpretation, die Bremer[2]) dieser Stelle hat zu Theil werden lassen, um beide Stellen nicht als Antinomien ansehen zu müssen.

Auch die l. 1 § 7 D. 41. 2[3]), in der Bekker eine Bestätigung seiner Ansicht zu finden glaubt[4]), sagt nichts Anderes, als dass der gemeinsame Sklave nur für den einen Herrn besitzt, wenn er die Absicht hat, nur für den Einen das Herrschaftsverhältniss zu begründen, wie das auch beim Eigenthumserwerb vorkommen kann. Also auch hier ist die Absicht des Sklaven das Entscheidende.

Dagegen scheint der Satz, dass für die Begründung des Besitzes durch Repräsentanten stets der Wille des Repräsentirten, durch den Repräsentanten sofort zur Machtstellung über die Sache zu gelangen, die Voraussetzung bilde, in einigen Fällen allerdings nicht anwendbar zu sein, vor Allem beim sog. Peculiarbesitz[5]). Indess die momentane Herrschaft, die der *dominus* bezw. *pater familias* über den Peculiarbesitz ausübt, ist überall kein Besitz, der durch Repräsentanten ausgeübt wird, und es bedarf nicht der Annahme einer sog. Peculiarconcession bei jedem Erwerb, den der Haussohn, und nicht minder der Sklave *ex justa causa* macht, wie v. Liebe[6]) annimmt, sondern hier liegt ein Besitz in directer Form vor, der lediglich in der von den Römern

---

jusserim te servo communi meo et Titii rem tradere isque hac mente acciperet, ut rem Titii faceret, nihil agetur: nam et si procuratori meo rem tradideris, ut meam faceres, is hac mente acceperit, ut suam faceret, nihil agetur. Quod si servus communis hac mente acceperit, ut duorum dominorum faceret, in parte alterius domini nihil agetur.

1) Vergl. Savigny Besitz S. 306.

2) Conf. Zeitschr. f. C. R. u. Proc. N. F. Bd. 11 S. 249 ff.

3) *Per communem (sc. servum) sicut per proprium adquirimus (sc. possessionem), etiam singuli in solidum, si hoc agat servus ut uni adquirat, sicut in dominio adquirendo.*

4) Nach Bekker soll „*si hoc agat*" ausdrücken, dass in diesem Fall sichtbar hervortrete, dass sich das Geschäft nur auf den Einen beziehe, z. B. indem es ausdrücklich auf Einen gestellt oder *jussu unius* geschlossen wird.

5) Vergl. Windscheid, Lehrbuch des Pandektenrechts Bd. I S. 477 Anm. 11.

6) Conf. Der Besitz ein Recht *in thesi* S. 59.

angenommenen durch die *postestas* begründeten Personeneinheit seine Erklärung findet. Wo diese Personeneinheit aufhört, wie beim *peculium castrense* des *miles filius familias* und beim Tode des *pater familias*, da beginnt auch, und zwar noch bevor der bisherige *filius familias* von dem Todesfall Kenntniss genommen hat, wie Jhering[1]) unter Bezugnahme auf l. 44 § 7 D. 41. 3 hervorhebt, sein eigener Besitz[2]). Mag danach *corpus* und *animus* lediglich auf Seiten des Hauskindes oder auf Seiten des Sklaven nachzuweisen sein, für die Rechtsordnung sind es der *dominus* und der *pater familias*, denen sie zugerechnet werden. Auf diese Weise erklärt sich die l. 1 § 5 D. 41. 2 sehr einfach, und keineswegs findet hier Paulus, wie Meischeider[3]) annimmt, in der Bestellung eines Peculium den der Natur der Sache entsprechenden Willensausdruck der Ermächtigung zum Besitzerwerb. In gleicher Weise erklären sich Stellen, wie l. 3 § 12 und l. 44 § 1 D. 41. 2, aufs Einfachste, und die vorstehende Auffassung wird, endlich auch durch Stellen, wie l. 4, l. 24 und l. 50 pr. D. 41. 2, lediglich bestätigt. Nicht hierhergehörig sind Stellen, wie l. 21 und l. 54 D. 41. 1, in denen es sich, wie auch aus der Titelrubrik hervorgeht, um den Eigenthumserwerb, nicht um den Besitz handelt.

Die andern Ausnahmen von der oben aufgestellten Regel, in denen nach *animus* und *corpus* der Repräsentirten garnicht gefragt wird, wenn es sich um die Begründung und Ausübung des Besitzes handelt[4]), sind die Fälle der sog. nothwendigen Repräsentation des Mündels durch den Vormund, des Hauskindes in Betreff des *peculium adventicium* durch den Vater, und der willensunfähigen Personen, namentlich der sog. juristischen Personen durch ihre geordneten Vertreter; und sie erklären sich in ähnlicher Weise[5]).

So bestätigen also die vorstehend in Betreff der Begründung des Besitzes durch Repräsentanten gewonnenen Resultate, dass auch in diesem Verhältniss *animus* und *corpus* die nothwendige Voraussetzung für

---

1) Conf. Ueber den Grund des Besitzesschutzes 2. Aufl. S. 148.

2) Jhering weist hier m. E. sehr richtig darauf hin, dass es also nicht der mangelnde Wille sein kann, der den Besitz des Haussohnes ausschliesst.

3) Conf. Besitz und Besitzklagen S. 279. Vergl. Windscheid, loc. cit. Bd. I S. 477 Not. 1 c.

4) Vergl. Seuff., Arch. Bd. V Nr. 24, wo umgekehrt der Vormund, auch falls er überall kein *factum possessionis* vorgenommen hat, doch als Repräsentant des Besitzes erscheint.

5) Ich komme demnächst noch auf diese Verhältnisse zurück.

das momentane Vorhandensein des Besitzes bilden, und nur, so lange Repräsentant und Repräsentirter unter sich einig die Herrschaft Dritten gegenüber behaupten, erscheint es unwesentlich, ob beide Momente stets auf Seiten des Repräsentirten in Person vorhanden sind.

Hier dürfte schliesslich passend die Frage, wie der Erbe Besitzer wird, im Anschluss an die Ausführungen Bekkers[1]) darüber eine kurze Erörterung finden.

Ich habe oben hervorgehoben, dass der Besitz des Mandanten in Betreff der Seitens des Generalmandatars erworbenen Sachen nicht davon abhängt, ob der Mandant bereits Kenntniss von diesem Erwerb genommen hat, und es würde nicht nur eine enorme Schwerfälligkeit sondern demgegenüber kaum verständlich sein, wenn man mit Bekker[2]) annehmen wollte, dass der Erbe erst, wie bei der Inventarisation des Nachlasses, im Einzelnen von den Erbschaftsgegenständen Kenntniss nehmen müsse, damit sein Besitz als vorhanden angesehen werden könne[3]). Er sieht sich dann auch genöthigt[4]), von dieser Voraussetzung bei Begründung des Usucapionsbesitzes abzusehen, und nimmt an, dass dieser schon durch die blosse *aditio hereditatis* ohne Apprehension auf den Erben übergehen soll[5]).

Indess Stellen, wie l. 30 § 5 D. 41. 2, l. 7 pr. D. 41. 4, l. 11 und l. 14 § 1 D. 44. 3, auf die er sich dabei beruft, beziehen sich lediglich auf die *accessio temporis* bei Berechnung der Usucapionsfrist, und nur durch gezwungene Interpretation, indem Bekker „*vacuum tempus*" als „leere Zeit, wo Niemand den Interdictenbesitz gehabt", wiedergiebt, sucht er die l. 31 § 5 D. 41. 3[6]) mit seiner Ansicht in Einklang zu bringen. Auch die Ausdrücke in *usucapionem succedunt* und *possessio defuncti descendit ad heredem* in l. 30 pr. D. 4. 6 lassen sich ohne Bekkers Annahme wohl erklären, wie denn endlich die l. 45 § 1 D. 41. 3 nicht für sie spricht. Denn es ist

---

1) Conf. Recht des Besitzes S. 293 ff.

2) Conf. Recht des Besitzes S. 295.

3) Bekker hält das nur unter Berücksichtigung des von ihm angenommenen Grundes für die Entstehung der Interdicte, nämlich um der *rei vindicatio* einen greifbaren auch dem Laienauge erkennbaren Besitz gegenüberzustellen, für erklärlich.

4) Conf. loc. cit. S. 297 ff.

5) Vergl. O. Wendt, das Faustrecht etc. i. d. Jahrb. f. Dogm. Bd. 21 S. 265 ff., dessen Stellung zu dieser Frage, bei der er mehrfach seine Uebereinstimmung mit Bekker hervorhebt, mir indess nicht völlig klar geworden ist.

6) *Vacuum tempus, quod ante aditam hereditatem vel post aditam intercessit, ad usucapionem heredi procedit.*

allerdings richtig, dass die Erbschaft keinen Usucapionsbesitz neu erwerben kann, selbst nicht an Peculiarstücken des Sklaven, aber die Stelle sagt auch keineswegs, dass an derartigen Stücken der Usucapionsbesitz schon mit der blossen *aditio hereditatis* beginne. *Tempus aditae hereditatis* steht hier nicht etwa im Gegensatz zu der Zeit, wo der Erbe bereits Kenntniss von diesem speciellen Nachlassgegenstand genommen hat und ihn nun zu besitzen gewillt ist, sondern es soll hier nur die Ansicht zurückgewiesen werden, dass man bei Berechnung der Usucapionsfrist in Betreff solchen Peculiarbesitzes der Sklaven sogar auf die Zeit während des Ruhens der Erbschaft zurückgehen könne. Und in diesem Zusammenhang ist dann die l. 1 § 16 D. 41 2[1]), die Bekker so viel Schwierigkeiten bereitet hat und ihn namentlich zu seiner Anschauung von der Nothwendigkeit der besonderen Kenntnissnahme der einzelnen Erbschaftsgegenstände Seitens des Erben zum Zweck der Begründung des Besitzes gedrängt zu haben scheint, richtig zu verstehen. Bekker geht dabei von der m. E. irrigen Ansicht aus, dass wir es im Eingang der Stelle mit einem Erben zu thun haben, der durch den zum Nachlass gehörigen Sklaven den Besitz derjenigen Nachlassgegenstände, die der Sklave faktisch in seiner Gewalt hat, nicht soll erwerben können; und das wäre allerdings wunderbar. Indess davon enthält die Stelle nichts. Paulus hebt vielmehr am Schluss derselben hervor, dass der Legatar, der sich auf Grund des Legats in den Besitz eines ihm vermachten Sklaven gesetzt hat, allerdings den Besitz über die durch dasselbe Legat ihm vermachten andern Sklaven, insofern Jener sie, etwa als deren Aufseher, faktisch in seiner Gewalt hat, erhält, offenbar weil es hier klar ist, dass ihm der *animus domini* auch in Betreff dieser Nachlassgegenstände nicht fehlt, während das bei dem Erbschaftssklaven, in dessen Besitz man sich nicht etwa um der Erbschaft willen sondern aus andern Gründen gesetzt hat, in Betreff der Nachlasssachen, die dieser faktisch in Besitz nimmt, ebensowenig der Fall ist, als bei den verpfändeten Sklaven auf Seiten des Faustpfandgläubigers, obwohl dieser Besitzer des Sklaven ist[2]). Es dürfte sonach der ganze Unterschied, den Bekker hier in Betreff der Begründung des Interdictenbesitzes und

---

1) *Veteres putaverunt non posse nos per servum hereditarium adquirere, quod sit ejusdem hereditatis. Itaque agitatur, nunc haec regula longius producenda sit, ut, si plures servi legati sint, per unum an possint ceteri possideri. Idem tractatus est, si pariter empti vel donati sunt. Sed verius est ex his causis posse me per unum reliquorum adquirere possessionem.*

2) Conf. l. 1 § 15 D. 41. 2.

des Usucapionsbesitzes macht, hinfällig sein, wie denn auch Bekker selbst sein Resultat trotz des mangelhaften Unterscheidungsvermögens, welches er den römischen Juristen zutraut, für wunderbar hält. Und die Quellen enthalten keine Andeutung darüber, dass die specielle Kenntnissnahme von den einzelnen Gegenständen erforderlich sei, um den Besitz derselben auf Seiten des Erben als begründet ansehen zu können. Vielmehr ist der Besitz an Nachlasssachen für den Erben gleich jedem andern Besitz bereits, aber auch erst dann, als vorhanden anzusehen, wenn der Erbe *animo possidendi* die momentane Herrschaft über sie erlangt hat[1]), also mit der sog. Apprehension der Erbschaft[2]).

Ich komme hier noch einmal mit wenigen Worten auf Bekkers Ausführungen[3]) über das *retinere possessionem*, speciell das *animo retinere possessionem* zurück. Bekker stellt hier, die römischen Juristen tadelnd, die Behauptung auf, dass die römische Doctrin den Besitz noch als dauernden Zustand geschildert habe, während im Rechte selber bereits jedes dauernde Stück aus dem Thatbestande der *possessio* geschwunden sei, sodass die *possessio* nichts als die Summe gewisser Berechtigungen geworden sei, die dann dem, der sie einmal erworben habe, verblieben, bis ein bestimmtes neues Ereigniss, ein Aufhebungsgrund eintritt und ihn desselben beraubet. Er beruft sich für seine Meinung auf Stellen, wie l. 30 § 5 D. 41. 2[4]), const. 4 C. 7. 32[5]), Gaj. IV § 153 und § 5 J. 4. 15, l. 3 § 8 und 10, l. 6 § 1, l. 25 § 2, l. 27, l. 40 § 1, l. 44 § 2 *in fine* und l. 46 D. 41. 2 und l. 1 § 25 D. 43. 16, und stellt die Behauptung auf, dass geradezu unüberwindliche Schwierigkeiten dem begegneten, der sich unterfange, diese Stellen als Consequenzen ein und desselben Grundgedankens zu erfassen, oder auch nur nachzuweisen suche, dass die Compilatoren bei der Ausführung ihres Sammelwerks in diesem Punkte zu einem klaren einheitlichen Resultat gelangt seien.

Aber sind denn diese Stellen in der That dazu angethan, ein Zeugniss für die „Unklarheit und Verschwommenheit" der römischen Besitzlehre abzulegen, lassen sie sich in Wahrheit nur so erklären,

---

1) Vergl. Seuff., Arch. Bd. XIV Nr. 102 (Celle).

2) Vergl. O. Wendt, loc. cit. S. 267, der in diesem Punkte vielleicht die gleiche Ansicht vertritt.

3) Conf. Recht des Besitzes S. 219 ff.

4) *Retinere enim animo possessionem possumus, apisci non possumus.*

5) *Licet possessio nudo animo adquiri non possit, tamen solo animo retineri potest.*

dass hier zwei Systeme unklar durcheinandergeschüttelt sind? Soll man das wirklich annehmen und mit Bekker[1]) nicht blos die Compilatoren und klassischen Juristen, die das von Gajus bis auf Justinian nicht gemerkt haben sollten, für Schwachköpfe halten[2]), sondern auch das *interdictum retinendae possessionis* des Praetors, das Bekker selbst bisher für ein geniales Werk gehalten hat, für eine unbesonnene Schöpfung, die Unvereinbares vereinigen will, erklären? Ich meine nicht und sehe in dem, was ich im Vorstehenden hervorgehoben habe, den einheitlichen Gedanken, aus dem heraus sich alle diese Stellen ohne Schwierigkeit verstehen lassen.

Wir haben gesehen, dass im Falle des *animus domini* auf unsrer Seite der Besitz als vorhanden angesehen ist, *quatenus, s i v e l i m u s, naturalem possessionem nancisci possimus*, d. h. so lange wir uns als Herren fühlen, so lange es blos auf unsern Willen ankommt, dass wir die Herrschaft auch thatsächlich zum Ausdruck bringen.

In diesem Satz harmoniren alle oben angeführten Quellenstellen. Sie wollen nichts weiter sagen, als dass wir die Herrschaft über die Sache behaupten können, auch wenn wir körperlich nicht mehr in einem directen oder indirecten Verhältniss zur Sache stehen, m. a. W. sie nicht mehr selbst oder durch einen Vertreter detiniren, falls wir nur den Willen nicht aufgeben, die Herrschaft zu behaupten. Aber die zweite Voraussetzung neben diesem Vorhandensein des Willens bleibt doch immer, dass wir, wenn wir nur wollen, das körperliche Verhältniss, die *naturalis possessio*, auch wirklich wiedererlangen können.

Ich wüsste nicht, wie da an Stelle der Greifbarkeit des Besitzes nur eine gewisse Summe von Berechtigungen getreten wäre. Denn ist dies Verhältniss nicht ein ebenso greifbares, das heisst doch wohl ein für Jeden klar in die Augen tretendes Herrschaftsverhältniss, wie das Herrschaftsverhältniss zu der nördlichen Ecke meines Grundstücks, während ich mich auf der südlichen Ecke befinde. Und dürfen wir es den Römern wirklich zutrauen, dass sie zu irgend einer Zeit diese sog. greifbare *possessio* Bekkers wirklich in nichts Anderem als in der *possessio Asinina* erblickt haben, was sie dann consequenterweise dahin hätte führen müssen, ihren Besitz nie anders als durch einen *procurator* vor Gericht zu vertreten, damit der Besitz nicht

1) Conf. loc. cit. S. 235.

2) Bekker müsste dazu nach seinen mehrfachen Hinweisen (S. 345) auch Papinian rechnen.

inzwischen kalt werde und ihnen damit verloren gehen möchte? Dann würden in Wahrheit nur die bekannten Säulenheiligen und unser braver Wandsbecker Bote mit seinem Wahlspruch: „*Omnia mea mecum porto*", als Besitzer anzusehen sein.

3. Wie muss die Sache beschaffen sein, um den Gegenstand dieses Verhältnisses bilden zu können?

Aus dem vorstehend über *animus* und *corpus* als den nothwendigen Momenten des Besitzes gewonnenen Resultat ergiebt sich ohne Schwierigkeit, welche Sachen und welche Personen in solchem Verhältniss zu stehen geeignet sind. Zunächst hier von den Sachen.

Offenbar sind es nur solche Sachen, bei denen eine momentane thatsächliche Ausübung der Herrschaft möglich ist. So erklären sich die vielfach erörterten Entscheidungen der Quellen in Betreff des Besitzes an Theilen einer Sache in durchaus consequenter Weise[1]). Ich verweise, was diese Frage in Betreff der Mobilien betrifft, vor Allem auf das von Meischeider[2]) reichlich gegebene dogmengeschichtliche Material und auf die Ausführungen v. Liebes[3]) und glaube, dass sich die l. 8 D. 6. 1[4]) garnicht anders verstehen lässt, als dass der Theilbesitz bei Mobilien dadurch ausgeschlossen wird[5]).

Die l. 30 pr. D. 41. 2[6]) möchte ich mit Savigny[7]) und Meischeider[8]) dahin erklären, dass ein als Besitz geschütztes selbstständiges momentanes Herrschaftsverhältniss in Betreff der Sachen, die sich in einem Hause, Schiffe oder einer Rüstkammer befinden, wohl denkbar ist,

---

1) Savigny, Besitz S. 260 ff., will sie m. E. mit Unrecht daraus erklären, dass die Möglichkeit für den *animus possidendi* in Bezug auf einzelne Theile einer Sache fehle.

2) Conf. Besitz und Besitzesschutz S. 98 ff.

3) Conf. Der Besitz als Recht *in thesi* S. 72 ff.

4) . . . *quae distinctio neque in re mobili neque in hereditatis petitione locum habet: numquam enim pro diviso possideri potest.*

5) Vergl. Windscheid, Lehrbuch des Pandektenrechts Bd. I S. 461. Randa, der Besitz nach östr. R. S. 364 ff., tritt demgegenüber zwar für die Möglichkeit des Mitbesitzes nach materiell getrennten Bestandtheilen *(compossessio pro diviso)* ein, hebt dann aber selbst hervor, dass dieser Mitbesitz in der That nur ein scheinbarer sei, und dass in sachenrechtlicher Beziehung keine Gemeinschaft zwischen den Mitbesitzern bestehe.

6) *Qui universas aedes possedit, singulas res, quae in aedificio sunt, non videtur possedisse. idem dici debet et de nave et de armario.*

7) Conf. Besitz S. 228.

8) Conf. loc. cit. S. 109.

während das Haus etc. im momentanen Herrschaftsverhältniss eines Andern steht, also der einfache Fall, wenn sich das mir geliehene Buch zur Zeit in meinem Wohnhause befindet[1]). Aber wollte man auch, weil sowohl *aedificium* als *navis* und *armarium* unter die Gattung derjenigen Gegenstände, *quae ex contingentibus, hoc est pluribus inter se cohaerentibus, constant*[2]), subsumirt wird, annehmen, dass es sich bei den Worten, *quae in aedificio sunt*, um fest in das Haus eingefügte Balken etc. handelt[3]), so würde die Stelle doch nicht für den Besitz Mehrerer an den einzelnen Theilen zusammengesetzter Mobilien sprechen, sondern nur dem Gedanken Ausdruck geben, es sei unrichtig, einen besondern Schutz der Rechtsordnung in Betreff der Theile in Anspruch nehmen zu wollen, während die Theile schon in dem Ganzen geschützt werden. Es scheint mir deshalb für diese Untersuchung unwesentlich zu sein, ob wir mit Savigny[4]) sagen, dass, wer das Ganze besitzt, die einzelnen Theile nicht besitzt, oder mit v. Liebe[5]) behaupten, dass die Cohaerenz nur Dritten gegenüber als Hinderniss des Theilbesitzes wirke, da uns das Besitzverhältniss nur insofern beschäftigt, als ihm die Rechtsordnung ihren besonderen Schutz zu Theil werden lässt, und das in Betreff der Theile nicht vorkommt.

Wichtig erscheint es mir indessen, den Grad der Innigkeit bei der Zusammensetzung von Mobilien genau zu bestimmen, der es bewirkt, dass man in Betreff des Besitzesschutzes nicht mehr von *res distantes* sondern nur von *res cohaerentes,* die als Ganzes zu betrachten sind, sprechen kann[6]). Ich meine, in dieser Beziehung hat v. Liebe[7]) durchaus das Richtige getroffen, wenn er als Princip aufstellt, dass ein Besitzganzes vorliegt, sobald die Trennung ein Besitzact in Betreff des Ganzen sein würde, und ich möchte das nur mit anderen Worten

---

1) Vergl. Seuff., Arch. Bd. XVII Nr. 207.

2) Conf. l. 30 pr. D. 41. 3.

3) Vergl. Kierulff, Theorie des gem. C.R. Bd. I S. 374.

4) Conf. Besitz S. 264.

5) Conf. Der Besitz als Recht *in thesi* S. 74.

6) Die Ausführungen Randas, der Besitz nach östr. Recht 2. Aufl. S. 378 ff., über diesen Punkt, der die zusammengesetzten Sachen in solche, bei denen die Zusammensetzung der Theile deren physische Einzelexistenz vollständig aufhebt, und solche, bei denen die Sonderexistenz der Theile fortbesteht, unterscheidet, haben für mich nichts Ueberzeugendes gehabt. Und das Resultat dürfte auch praktisch ohne Bedeutung sein, da Randa auch bei diesen letzteren Sachen während der Dauer der Verbindung einen Besitz Dritter an Theilen nur insofern für möglich hält, als der Besitzer des Ganzen dieselben in ihren Namen detinirt.

7) Conf. loc. cit. S. 72.

dahin wiedergeben, sobald die momentane Herrschaft über die ganze Sache erforderlich ist, um die Trennung zu ermöglichen. Ob das der Fall ist, bleibt *quaestio facti,* und ist in Rom unter Umständen angenommen, wo wir es aus Gründen der veränderten Technik vielleicht bestreiten würden[1]). Die Quellen bestätigen dies Princip, wenn sie in solchen Fällen weder eine Besitzklage noch eine *rei vindicatio* zulassen, um die Trennung der zusammengefügten Theile zu erzielen, und vorschreiben, dass zuvor die Theilung durch die *actio ad exhibendum* zu veranlassen sei[2]). Der Besitzer des Wagens besitzt zwar nicht speciell das Rad, aber der frühere Besitzer des Rades besitzt es offenbar auch nicht mehr, eben weil er nicht mehr frei die Herrschaft über dasselbe auszuüben im Stande ist, ohne in die Herrschaftsphäre des Andern in unzulässiger Weise einzugreifen. Und nicht anders verhält es sich mit dem Fall, den Randa[3]) als einen besonderen behandeln möchte, wenn in ein Laib Brod, welches von A besessen wird, zufällig ein Geldstück des B hineingerathen ist. Hier wie sonst bedarf es gar keines besonderen Besitzwillens in Betreff des integrirenden Bestandtheiles und um deswillen auch nicht der Kenntniss dieses Verhältnisses. Denn nicht das Geldstück, wohl aber das Laib Brod mit dem Geldstück wird besessen.

Garnichts hat mit dieser Frage die l. 30 § 2 D. 41. 3 zu thun, die sich auf die Usucapion von *universitates rerum distantium* bezieht und die Möglichkeit derselben ebenso wie die Möglichkeit des Besitzes an solchen *universitates* bestreitet[4]). Auch dies erklärt sich wieder aus der für den Besitzesschutz nothwendigen Voraussetzung der momentanen Herrschaft über die Sache. Ist solche Herrschaft in Betreff aller einzelnen Stücke solcher *universitates* vorhanden, dann wird sie auch in Betreff aller Stücke Schutz erhalten, und es bedarf eines besonderen Schutzes für die Gesammtheit daneben nicht mehr, ist sie aber z. B. in Betreff einzelner Stücke der Heerde, die gestohlen oder verloren sind, nicht mehr vorhanden, oder in Betreff einzelner Stücke, die neu geworfen sind, noch nicht vorhanden, so kann auch von einem Schutz des Besitzes an diesen Stücken als

---

1) Conf. l. 30 § 1 *in fine* D. 41. 3.

2) Conf. l. 6 u. 7 § 1 D. 10. 4. *Sed si rotam meam vehiculo aptaveris, teneberis ad exhibendum (et ita Pomponius scribit) quamvis tunc civiliter non possideas.*

3) Conf. loc. cit. S. 391.

4) Vergl. Randa, loc. cit. S. 394 Anm. 3, namentlich auch gegen die abweichende Ansicht Barons in dessen Gesammtrechtsverhältnissen S. 57—60.

solchen oder als Theil der Heerde nicht die Rede sein. Man hat sich nun zwar durch Quellenstellen, wie l. 1 § 3, l. 2 und 3 D. 6. 1 und l. 21 § 1 D. 44. 2, die von der Möglichkeit der *rei vindicatio* einer Heerde sprechen, dazu verleiten lassen, das Interdict auch bei solchen Sachgesammtheiten zuzulassen [1]). Ich halte das indess mit v. Liebe [2]) für unrichtig, da ich auch in den fraglichen Stellen nur eine processualische Erleichterung hervorgehoben sehe [3]), die der Praetor dem Vindicanten zu Theil werden liess, und die sich aus der Nothwendigkeit des Erwerbsnachweises bei der *rei vindicatio* sehr wohl erklärt, und nehme an, dass diese Erleichterung für den Besitzer um deswillen nicht anwendbar ist, weil derselbe den Erwerb garnicht nachzuweisen hat.

Derselbe Grundsatz, den ich oben in Betreff der Cohaerenz von Mobilien und Mobilien besprochen habe, ist auch zur Anwendung gebracht, falls bewegliche Sachen mit unbeweglichen verbunden sind. Dafür sprechen Stellen, wie l. 23 § 7 D. 6. 1, l. 7 § 11 D. 41. 1 und l. 23 pr. D. 41. 3. Und die l. 30 § 1 D. 41. 3 [4]), die scheinbar dagegen spricht, findet die einfachste Erklärung darin, dass die Rechtsordnung in Ausübung des Grundsatzes *minime non curat Praetor*, wenn nur noch wenige Tage an der Frist fehlen, der Einfachheit wegen schon jetzt die Eigenthumsklage wegen Herausgabe der *tegulae* und *columnae* als verjährt ansieht, ohne deshalb etwa eine Fortsetzung des Usucapionsbesitzes nach ihrer Einfügung in das Gebäude anzunehmen [5]).

Was endlich den Besitz an Theilen von Immobilien betrifft, so habe ich schon oben bei Besprechung der l. 8 D. 6. 1

---

1) Conf. Meischeider, Besitz und Besitzesschutz S. 226.

2) Conf. Der Besitz ein Recht in *thesi* S. 80 ff.

3) Conf. Randa, der Besitz nach östr. R. 2. Aufl. S. 392.

4) *Labeo libris epistularum ait, si is, cui ad tegularum vel columnarum usucapionem decem dies superessent, in aedificium eas conjecisset, nihilo minus eum usucapturum, si aedificium possedisset.*

5) Vergl. Savigny, Besitz 7. Aufl. S. 268 ff. Ich verweise übrigens, was die viel ventilirte Streitfrage, die sich namentlich an diese Stelle geknüpft hat, betrifft, auf Windscheid, Lehrb. d. Pandektenr. Bd. I S. 460 Anm. 6, und hebe nur hervor, dass mich auch die Ausführungen v. Liebes, loc. cit. S. 89—94, in Betreff dieser Frage nicht befriedigt haben. Der Ansicht, dass hier unter *tegulae* und *columnae* nur äusserlich angefügte Verzierungen zu verstehen seien, die schon von Savigny, loc. cit., und neuerdings wieder von Randa, loc. cit. S. 387, vertheidigt ist, hat Meischeider, Besitz und Besitzesschutz S. 110, das ganz richtige Bedenken entgegengebracht, weshalb denn nur die kurze zehntägige Frist erwähnt und durch Nichts auf solche lose Verbindung hingewiesen sei?

hervorgehoben, dass bei Immobilien die Rechtsordnung allerdings einen Besitz *pro diviso* anerkennt und in Schutz genommen hat. Das erklärt sich indess einfach dadurch, dass diese Theile, wenn sie auch äusserlich wie aller Grund und Boden zusammenhängen und noch als Theile eines Ganzen gedacht werden, doch insofern schon nicht mehr als Theile sondern als selbstständige Objecte anzusehen sind, als sich das momentane Herrschaftsverhältniss lediglich auf die einzelnen Theile erstrecken kann. Wie dies die wesentliche Voraussetzung für den Besitz von Mobilien bildet, so ist es auch bei Immobilien das Kriterium dafür, ob ein sog. Theilbesitz selbstständig Seitens der Rechtsordnung geschützt wird oder nicht.

Dadurch erklärt es sich auch, dass der ideellen vertikalen Theilung des Immobile auch ein getrennter Besitz der einzelnen Theile folgen kann [1]), indem dabei, was die integrirenden Theile des Immobile oberhalb des *fundus* betrifft, wieder lediglich die Cohaerenz nicht etwa die vertikale Luftlinie entscheidend ist [2]), während eine horizontale Theilung auch hier keinen Besitz an den Theilen zur Folge hat, einfach weil man nicht wie der Vogel, in der Luft schwebend, sein Herrschaftsverhältniss an der *superficies* ausüben kann. Auf einer ähnlichen Erwägung dürfte auch die Entscheidung in l. 3 § 7 D. 43. 17 beruhen, wenn hier unter den Bewohnern verschiedener Stockwerke eines Hauses der als Besitzer des ganzen Hauses erscheint, der den Zugang von der Strasse hat [3]).

Auch in Betreff der organischen Erzeugnisse einer Sache ist das momentane Herrschaftsverhältniss der entscheidende Gesichtspunkt für die Beantwortung der Frage, wer von der Rechtsordnung als Besitzer derselben zu schützen ist. Und dabei ist es nach den vorstehend entwickelten Principien natürlich völlig gleichgültig, ob man die getrennten Erzeugnisse als Substanztheile ansieht [4]), die ja als solche, wie wir sahen, auch nicht besonders besessen werden, oder als neue Sachen [5]).

Es darf ferner nach den Ausführungen unter Nr. 1 und 2 dieses Capitels nicht Wunder nehmen, dass freie Menschen ausdrücklich davon ausgeschlossen sind, Gegenstand des Besitzes zu sein [6]). Denn,

1) Conf. Seuff., Arch. Bd. XI Nr. 210 (Cassel).

2) Conf. l. 3 § 5 D. 43. 17 und l. 29 § 1 D. 9. 2.

3) Die Interpretation dieser Stelle bei Baron, Gesammtrechtsverhältnisse § 4, ist schon von Savigny, Besitz 7. Aufl. S. 240, gebührend zurückgewiesen.

4) Vergl. Savigny, Besitz 7. Aufl. S. 276 ff., und neuerdings namentlich Göppert, über die organischen Erzeugnisse.

5) Vergl. Windscheid, Lehrbuch des Pandektenrechts Bd. I S. 431 Not. 2—4 und die dort angeführte Litteratur.

6) Conf. l. 23 § 2 D. 41. 2.

wenngleich bei dem Schutz des Gewaltverhältnisses nicht darauf gesehen wird, wie dasselbe begründet ist, kann die Rechtsordnung doch kein Verhältniss schützen, bei dem sie die Möglichkeit irgend welcher Begründung geradezu ausgeschlossen hat; und so liegt es doch hier[1]). Und mit dieser Ansicht steht die l. 1 § 6 D. 41. 2 keineswegs in Widerspruch, wie Meischeider annimmt, da sie nur hervorhebt, dass wir durch den Freien, den wir *bona fide* als Sklaven halten, sofern wir uns seiner als Werkzeug bedienen und damit, wie durch einen freien Repräsentanten, ein Herrschaftsverhältniss über eine Sache ausüben, Besitzer der Sache sind, ohne Besitzer des Freien zu sein[2]).

In diesem Zusammenhang beschäftigt uns endlich die Frage, weshalb ein Besitz an *res extra commercium* nicht anerkannt ist. v. Liebe[3]) hebt m. E. richtig hervor, dass der Staat nicht wie ein gewöhnlicher Besitzer neben Andern anzusehen ist, sondern dass es ein Act der Selbstbeschränkung ist, wenn der Staat, falls er selbst ein thatsächliches Verhältniss zur Sache eingenommen hat, wie es der Privatmann behaupten möchte, und für welches dieser Schutz verlangt, in dem Moment, wo er mit dem Privatmann im Process vor den Richter tritt, sich seines Imperiums, kraft dessen er sonst Alles beanspruchen könnte, d. h. Keinen als Besitzer zu schützen brauchte, so zu sagen entkleidet, und dass der Staat diese Selbstbeschränkung bei gewissen Gegenständen, weil das öffentliche Interesse mit dem Interesse des Einzelnen collidirt, und er pflichtmässig das öffentliche Interesse zu schützen hat, wiederaufgiebt[4]). Indess ist das nicht der einzige Grund, weshalb Sachen *extra commercium* kommen und damit unbesitzbar erscheinen. Auch solche Sachen, bezüglich deren der Staat kein derartiges thatsächliches Verhältniss begründet hat, dass man ihn als Besitzer ansehen kann, werden entweder um deswillen nicht zum Gegenstand eines Besitzprocesses gemacht, weil ein Herrschaftsverhältniss, wie es die Voraussetzung jeden Besitzes ist, bei ihnen unmöglich erscheint, wie bei den *res omnium communes*, oder aus dem

1) Das und nicht die Unmöglichkeit eines dem Besitz entsprechenden Eigenthums in Betreff des Haussohnes, wie Jhering, über den Grund des Besitzesschutzes 2. Aufl. S. 146 ff., annimmt, schliesst einen possessorischen Schutz dieses Verhältnisses aus.

2) Conf. l. 1 § 8 D. 41. 2.

3) Conf. loc. cit. S. 63.

4) Conf. v. Liebe loc. cit. S. 67 „Die Sachen sind ausser Verkehr gesetzt und unbesitzbar, weil ein Mächtigerer sie vorweg genommen hat, mit welchem der Gewaltunterworfene nicht die Frage, *uter melius possideat*, vor Gericht ventiliren kann“.

Grunde, weil der Staat den *animus domini* in Betreff dieser Sachen ausdrücklich und ein für alle Mal für des Schutzes nicht werth erklärt hat. Und mit der weiteren Entwicklung des Staatslebens oder der im wohlverstandenen Sinne polizeilichen Aufgaben des Staates wird der Kreis solcher Gegenstände immer grösser[1]). Damit hat aber die Frage nichts zu thun, die v. Liebe nach dem Vorgang von Jhering m. E. unrichtiger Weise nicht genügend von unsrer Frage trennt, nämlich ob daneben, beispielsweise bei den *res publicae* im engeren Sinne und bei den *res sacrae, sanctae* und *religiosae*, ein Verhältniss, namentlich ein Eigenthumsverhältniss in Betreff dieser Sachen angenommen werden kann, welches, nachdem die Benutzung der Sachen zu bestimmten Zwecken wieder aufgehört hat, auch des Schutzes Seitens der Rechtsordnung nicht mehr entbehrt[2]). Ein Besitz, d. h. ein thatsächliches Verhältniss, welches momentan von der Rechtsordnung als solches anerkannt und geschützt wird, existirt nach dem Vorstehenden an solchen Sachen offenbar so lange nicht, als sie in Folge Eigenschaft oder Bestimmung zu den *res extra commercium* zu zählen sind.

Auch bei dieser Frage kann ich Meischeider[3]) nicht verstehen, wenn er den Umstand, dass von einem Besitzesschutz der Privaten in Betreff der *res extra commercium* nicht die Rede sein kann, auf das fehlende Requisit des Willens auf Seiten der Privaten zurückführen will. Die Rechtsordnung will nicht schützen und sie will nicht mehr schützen, sobald eine *res extra commercium* in dem oben

---

1) Randa, der Besitz nach östr. R. 2. Aufl. S. 5, drückt das so aus: Besitz kann da nicht anerkannt und rechtlich geschützt werden, wo das Gesetz selbst die Möglichkeit des Rechtes absolut negirt. Er nennt das an anderer Stelle (S. 266 Anm. 1) den zwingenden Charakter der Rechtsnormen, die die Vermögensfähigkeit in subjektiver oder objektiver Richtung beschränken, und verfällt damit in denselben Fehler, den man bei Beantwortung naturwissenschaftlicher Fragen macht, wenn man sich durch sog. Naturgesetze gezwungen sieht, das wissenschaftlich Ermittelte doch nicht anzunehmen, nur weil es diesen Gesetzen nicht entspricht, indem man dabei vergisst, dass die sog. Naturgesetze nur Abstractionen aus der Beobachtung sind, die sich auf Grund einer besseren Beobachtung stets modificiren lassen müssen. Nicht die Möglichkeit des Rechts wird negirt, sondern der Schutz der Rechtsordnung wird Privaten gegenüber negirt.

2) Jhering, über den Grund des Besitzesschutzes 2. Aufl. S. 150 ff., dem die Vermischung beider Fragen für seine Theorie allerdings von Wichtigkeit war. Die Praxis hat sich ihm theilweise angeschlossen. Vergl. Seuff., Arch. Bd. IX Nr. 159.

3) Conf. Besitz und Besitzesschutz S. 24.

bezeichneten Sinne in Frage steht, einerlei was wir darüber denken, und ob wir die Religion verachten, also gerade trotz unsers Willens. Das ist das Ganze[1]).

4. Wie muss die Persönlichkeit beschaffen sein, um in diesem Verhältniss stehen zu können?

Da der Wille, die Sache wie eigen zu behandeln, die Voraussetzung des Besitzes ist, werden nur solche Personen, bei denen ein derartiger Wille vorausgesetzt werden kann, als Besitzer angesehen.

Danach erklärt es sich, dass der *furiosus* als solcher in Betreff des Besitzes nicht geschützt wird, und deshalb hängt der Besitz der *pupilli* davon ab, ob sie bereits in dem Alter sind, *ut intellectum capiant* (l. 1 § 3 D. 41. 2). Man hat auf Grund der l. 32 § 2 D. 41. 2 und const. 3 C. 7, 32 die Frage aufgeworfen, ob das Alter, in dem der *intellectus* im Sinne der l. 1 § 3 cit. beim Kinde soweit entwickelt ist, als es für den selbstständigen Besitzwillen erforderlich erscheint, eine feste Begränzung in der *infantia* finde, wie Vangerow[2]) und Sintenis[3]) meinen, oder ob jeder einzelne Fall individuell zu entscheiden sei, wie Savigny[4]) und Meischeider[5]) annehmen, und dabei hat das Rescript des Kaiser Decius die mannichfachsten Auslegungen erfahren. Während Lenz[6]) und Savigny[7]) meinen, dass es sich hier um Spielsachen und dergl. handele, die auch ein kleines Kind schon interessirten, glaubt Meischeider umgekehrt, dass es sich um wichtige Gegenstände handele, und demnach anzunehmen sei, es sei schon ein recht verständiges Kind gewesen, dem sie geschenkt seien. Ich möchte mich, was die Altersgrenze für den Besitzwillen betrifft, entschieden für Savignys Auffassung aussprechen; und was die const. 3 cit. betrifft, so wollte der Kaiser m. E. das concrete Verhältniss lediglich deshalb schützen, weil er es für schutzwürdig hielt, und rescribirte

1) Conf. Pernice, Zeitschr. f. Handelsrecht Bd. 22 S. 421.
2) Conf. Pandecten Bd. II § 204 Anm. 1 Nr. 2.
3) Conf. Civilrecht Bd. I § 44 Nr. 17.
4) Conf. Besitz 7. Aufl. S. 249 Anm. 1.
5) Conf. Besitz und Besitzesschutz S. 203.
6) Conf. loc. cit. S. 150 ff.
7) Conf. Besitz 7. Aufl. S. 257 Anm. 5.

um deswillen, dass er es als Besitz ansehe[1]). *Tutore auctore* wird dagegen auch beim *infans* unter allen Umständen Besitz als vorhanden angesehen. Und das erklärt sich einfach daraus, weil der Vormund die Person des Kindes in vermögensrechtlicher Beziehung vollständig vertritt, oder weil statt vom Besitz des Kindes hier weit correcter vom Officialbesitz des Vormundes, wie v. Liebe[2]) das Verhältniss m. E. sehr richtig charakterisirt hat, zu reden ist. Und das Gleiche ist, soweit der Besitzesschutz in Frage kommt, von dem *curator furiosi* zu sagen, denn, da ja beim Besitz regelmässig nicht auf die Frage, wie er entstanden ist, zurückgegangen werden soll, so bleibt es ohne Bedeutung, ob das Verhältniss erst entstanden ist, als der *furiosus* bereits wahnsinnig war, oder schon früher.

Die Annahme solchen Officialbesitzes auf Seiten des Vormundes lässt auch das rechte Verständniss für die l. 11 D. 41. 1 gewinnen. Nicht der Pupill sondern der Vormund ist es, auf dessen Seite *animus domini* und *corpus*, d. h. der Besitz, vorliegt, und deshalb erscheint dies Verhältniss auch keineswegs aufgehoben, wenn der Pupill es seinerseits aufgeben möchte. Haben wir doch auch gesehen, dass der Verzicht des für den abwesenden Besitzer Detinirenden an sich das thatsächliche Herrschaftsverhältniss nicht alterirt[3]). Dieselbe Anschauung liegt der l. 27 und l. 29 D. 41. 2 zu Grunde. Denn in der ersten Stelle ist offenbar zu ergänzen, dass dem *furiosus* ein Curator bestellt ist. Damit erscheint aber keineswegs, wie Meischeider[4]) annimmt, der Besitz in dem geborgten Kleide eines subjektiven Rechtes, welches zu seiner Existenz nichts weiter verlangt, als dass die dem objektiven Recht entsprechenden Formen seines Erwerbes vorliegen. Vielmehr wird weder auf den Erwerb noch auf den Verlust des Verhältnisses gesehen, sondern lediglich auf das Bestehen; nur dass die Rechtsordnung nicht nach dem Vorhandensein des *animus domini* auf Seiten des Pupillen oder *furiosus* fragt, wenn sie schützend

---

1) Die Erklärung, die Jhering, über den Grund des Besitzesschutzes 2. Aufl. S. 157, in Uebereinstimmung mit seiner Theorie dieser Stelle zu Theil werden lässt, befriedigt mich durchaus nicht, namentlich sehe ich nicht ein, wie man aus seiner Erwägung heraus einen Unterschied zwischen Spielzeug, Confect und Geld, und andrerseits Häusern und Pferden machen kann.

2) Conf. loc. cit. S. 52.

3) Contr. v. Liebe, loc. cit. S. 132, der die l. 11 in der Weise zu erklären sucht, dass die Vermögensvermehrung des Besitzempfängers durch den Besitz mit einer Condiction rückgängig zu machen sei.

4) Conf. Besitz und Besitzesschutz S. 315.

eingreifen soll, um nicht gerade dann einem solchen Verhältniss ihren Schutz versagen zu müssen, wenn die Person am Schutzbedürftigsten erscheint[1]. Es bleibt aber die Regel, dass die Rechtsordnung ein Verhältniss nicht mehr schützt, für welches auf Schutz ausdrücklich verzichtet ist, daneben bestehen[2].

Auch die Sklaven und Hauskinder werden für ungeeignet gehalten, Besitzer zu sein, nicht weil man bei ihnen den *animus domini* nicht voraussetzen kann, sondern weil die Rechtsordnung ein Verhältniss nicht schützen kann, für welches sie die Möglichkeit irgend welcher Begründung geradezu ausgeschlossen hat, insofern sie diesen Personen in vermögensrechtlicher Beziehung die Persönlichkeit abspricht. Das ist der Gedanke, den Papinian in l. 49 § 1 D. 41. 2[3] zum Ausdruck bringt, einer Stelle, die dahin wiederzugeben ist, weil der Besitz zwar ein thatsächliches, aber ein durch die Rechtsordnung geschütztes thatsächliches Verhältniss ist, und die Rechtsordnung faktische Verhältnisse nicht anerkennen kann, wenn sie die Möglichkeit irgend einer Begründung dieser Verhältnisse negirt[4].

Und dasselbe Resultat ergiebt sich aus l. 44 § 4 D. 41. 3, wo der Umstand, dass es Jemandem noch nicht zum Bewusstsein gekommen ist, dass er *pater familias* ist, kein Hinderniss dafür bildet, ihn als *possessor* anzuerkennen. Das ist Consequenz nicht Inconsequenz, wie Meischeider annimmt[5]. Und umgekehrt wird, falls der *animus domini* und das thatsächliche Gewaltverhältniss auf Seiten

---

1) Das ist der Grund dieser Anomalie, die man als Irregularität bezeichnen kann (conf. Randa, loc. cit. S. 436 Anm. 5), ohne deshalb ihre Erklärung mit Randa, loc. cit. S. 261 Anw. 2, darin finden zu müssen, dass hier der Besitz seine juristische Seite herauskehre, oder mit Savigny, Besitz 7. Aufl. S. 355 ff., darin, dass das Moment des Besitzes, welches mit dem Ausdruck *animus* bezeichnet wird, nur durch einen bestimmten entgegengesetzten Entschluss beseitigt werde, der beim *furiosus* und *pupillus* unmöglich erscheine.

2) Conf. l. 3 § 6 und l. 17 § 1 D. 41. 2.

3) *Qui in aliena potestate sunt, rem peculiarem tenere possunt, habere possidere non possunt, quia possessio non tantum corporis sed et juris est.*

4) So dürfte der von Randa, loc. cit. S. 261, in diesem Zusammenhang aufgestellte Satz richtiger formulirt werden.

5) Conf. Besitz und Besitzesschutz S. 23. Auch Randa, loc. cit. 2. Aufl. S. 260 Anm. 1, hält die Entscheidung für eine Anomalie, die er sehr künstlich mit der *fictio legis Corneliae* erklären möchte, während einfach die *unitas personarum* mit dem Tode des *pater familias ipso jure* gelöst ist, und der *animus domini* also auch *ipso jure* als *animus* des bisherigen *filius* anzusehen ist.

des beschenkten Ehegatten vorhanden ist, der Besitz ebenso zweifellos als auf seiner Seite vorhanden angesehen, da sich die Rechtsordnung nicht gegen das Bestehen des Verhältnisses sondern nur gegen den Act der Begründung desselben ausgesprochen hat[1]). Es bedarf also v. Liebes künstlicher Interpretation der l. 46 D. 24. 1[2]) nicht, um den scheinbaren Widerspruch der Quellen zu beseitigen. Denn diese Stelle hat nicht den Besitz sondern das Eigenthum im Auge und bezieht sich offenbar auf den Act der Begründung, der zweifellos nichtig ist.

Und was endlich die Frage betrifft, ob juristische Personen geeignet sind, zu besitzen, so sucht von Liebe[3]) dieselbe im Zusammenhang mit seiner Anschauung in Betreff der Ausübung des Besitzes durch den *procurator* im Anschluss an l. 1 § 22 D. 41. 2 und l. 7 § 3 D. 10. 4 in der Weise zu lösen, dass das Gesetz der juristischen Person die oberste Vollmacht zum Besitzerwerb gebe, und dann die concrete und abgegrenzte Vorstellung von der Sache nur in den Organen vorhanden zu sein brauche, um auch als im Herren vorhanden zu gelten. Er geht dabei von der Ansicht aus, dass es stets der Staat sei, der sich in der sog. juristischen Person, (Gemeinde, Kirche, Stiftung), so zu sagen wiedererkennt, indem er ihre Zwecke als mit den seinigen übereinstimmend anerkennt und deren Realisirung unter seinen Schutz nimmt, sie zu Staatsanstalten macht. So leitet nach ihm diese Art der juristischen Personen ihr Leben und ihre Existenz vom Staate ab, während die Corporationen, denen, wie v. Liebe annimmt, durch eine *lex specialis* oder *generalis* Corporationsrechte verliehen sind, ohne dass ihre Zwecke als mit den Tendenzen des Staates zusammenfallend anzuerkennen sind, nur künstliche Gemeinschaften sind, als deren Subjecte sich lebendige einzelne Menschen aufsuchen lassen. Auch hier ist es wieder die Willenstheorie, die v. Liebe zu so künstlichen Constructionen geführt hat. Hätte er den Besitz einfach als thatsächliches Verhältniss aufgefasst, er würde auf weit einfacherem Wege zu dem Resultat gelangt sein, dass auch die sog. juristische Person in diesem Verhältniss von der Rechtsordnung geschützt werden kann, ohne dass man aus ihr eine mit Willen und Rechtsfähigkeit ausgerüstete Persönlichkeit macht. Jedoch würde mich ein Eingehen auf diese Frage hier zu weit

---

1) Conf. v. Liebe, loc. cit. S. 4, und Randa, loc. cit. S. 349 Anm. 9.

2) *Inter virum et uxorem nec possessionis ulla donatio est.*

3) Conf. loc. cit. S. 44.

führen, und verweise ich in dieser Beziehung auf Bolzes interessante Schrift über die juristische Person.

Wir stehen am Schluss der Untersuchung darüber, unter welchen Voraussetzungen die Rechtsordnung in Rom ein thatsächliches Verhältniss einer Person zu einer Sache unter der Bezeichnung *possessio* als ihres Schutzes würdig anerkannte, falls ein Anderer sich in Wahrheit oder doch anscheinend *animo domini* gleichfalls thatsächlich in ein Herrschaftsverhältniss zu derselben Sache setzte, und zwar so, dass Beide dadurch in Collision kamen, und die Rechtsordnung nun zur Entscheidung der Collision angerufen wurde. Die *possessio* ist also ein Zustand[1]), in dem der *possessor* Seitens der Rechtsordnung geschützt wird, weil sie nicht zugeben kann, dass der *possessor* aus diesem Zustand ohne ihre Vermittlung gegen seinen Willen verdrängt werde. Kann sich der *possessor* unter Berücksichtigung des Satzes *vim vi repellere licet* in der oben von mir präcisirten Bedeutung aus eigener Macht in dem Herrschaftsverhältniss zur Sache dem Angriff gegenüber behaupten, so bedarf es des Schutzes der Rechtsordnung nicht. Ist das aber nicht der Fall, so ist zu unterscheiden, ob sich der *possessor* und sein Angreifer noch thatsächlich im Streit über die Sache befinden, m. a. W. ob der *possessor,* wenngleich er nicht mehr ausschliesslicher Herr über die Sache geblieben ist, doch noch immer ein Herrschaftsverhältniss in Betreff der Sache behauptet, oder ob der Gegner bereits die ausschliessliche Herrschaft über die Sache erlangt hat. Im ersten Fall schützt die Rechtsordnung auf Grund der Besitzklage stets, im andern nur dann, wenn der *possessor* von seinem Gegner mit Gewalt oder durch einen Vertrauensbruch *(precario)* aus dem thatsächlichen Verhältniss zur Sache verdrängt ist.

---

1) Conf. Randa, der Besitz nach östr. R. S. 33 „Der Besitz ist ein Faktum".

Drittes Capitel.

Ist der Besitz ein Recht?

Nachdem ich im vorigen Capitel zu zeigen versuchte, wie sich das, was als Besitz den Schutz der Rechtsordnung erfährt, darstellt, wende ich mich nun zur Beantwortung der Frage, ob dies Verhältniss in Rom von der Rechtsordnung als Thatsache oder als Recht angesehen ist.

Vorher soll mich indess noch die vorstehend bereits mehrfach berührte Frage, ob das Vorhandensein des Besitzes, welcher durch die Besitzklage Schutz bei der Rechtsordnung sucht, (und mit diesem Besitz hat es meine Untersuchung allein zu thun), eine bestimmte *causa* der Begründung voraussetzt, m. a. W. ob der Zustand nur dann als vorhanden angenommen wird, wenn der Nachweis eines bestimmten Begründungsactes geführt ist, und ferner die Frage, was von den sog. Rechtsfolgen des Besitzes zu halten ist, beschäftigen.

In Betreff der ersten Frage steht der Aeusserung von Brinz[1]), dass ohne eine Rubrik *de acquirenda possessione* keine Besitzlehre möglich sei, die Behauptung Randas[2]), dass Erwerb und Verlust beim Besitz nur andere Ausdrücke für Dasein und Nichtdasein des Besitzes sind, die von dem analogen Sprachgebrauch bei Rechten hergenommen sind, gegenüber, und Meischeider[3]) räumt zwar ein, dass im röm. Recht bei der Besitzklage nach dem Recht zum Besitz, der *causa possessionis*, nicht gefragt sei, aber nichtsdestoweniger hält er einen solchen Besitzesschutz für ein juristisch nicht construirbares Ding.

---

1) Conf. Kritische Vierteljahrschr. f. Gesetzgeb. u. R. Wissenschaft N. F. Bd. 4 S. 414.

2) Conf. Der Besitz nach östr. R. S. 35 Anm. 6.

3) Conf. Besitz und Besitzesschutz S. 196.

Am Eingehendsten hat sich neuerdings Bekker[1]) mit dieser Frage beschäftigt, und unter Berücksichtigung seiner Deductionen suche ich die Antwort zu finden.

Er meint[2]), die Besitzerwerbshandlung bringe in die Nähe der Sache, und bezeichnet sie als ein solches Verhalten zur Sache, welches in dem vernünftigen Menschen die Ueberzeugung erwecken müsse, beliebig physisch auf sie einwirken zu können. Als im Wesentlichen mit dieser Formel übereinstimmend, wenn auch weniger gut, sieht er dann die andere Definition an: „Ein solches Verhalten, dass der Erwerber dem Richter als thatsächlicher Beherrscher der Sache erscheinen muss". Schliesslich fügt er noch zur Verbesserung der letzteren hinzu und glaubt sie dadurch mit der von ihm gewählten Formel völlig ausgeglichen zu haben, „vorausgesetzt, dass dem Richter ein getreuer beglaubigter Bericht zugegangen ist".

Und das führt ihn dann zu dem Satz, dass ein bestimmtes äusseres Verhältniss des Erwerbenden zu der zu besitzenden Sache, Wissen um dieses Verhältniss, die Absicht, dasselbe irgend wie für sich auszunutzen, und die Bethätigung dieser Absicht durch entsprechende Handlungen Voraussetzung und Erforderniss des Besitzerwerbes und damit des Besitzes sei. Und während er in diesem Resultat das Beste erblickt, was die Arbeit von vielen hundert Jahren geschaffen haben soll, erklärt er doch das Alles für einen kümmerlichen Nothbehelf, der nicht ausreiche, auch nur die Entscheidungen des römischen Rechts sämmtlich zu verstehen, und sieht sich dann dahin gedrängt, in der Justinianischen Compilation zwei Strömungen zu unterscheiden, die alte, wonach die *possessio* als Zustand mit einem wenn auch nicht stets sinnlich wahrnehmbaren doch dem Juristenauge erkennbaren durchhaltenden Element, mit dessen Wegfall auch die *possessio* wegfällt, anzusehen ist, eine Ansicht, die er als die des Paulus bezeichnet, und die sich namentlich im *retinere possessionem* behauptet haben soll, und sodann die neuere, wonach, wer einmal durch den entscheidenden Vorgang *possessor* geworden ist, es auch ohne Weiteres bleibt, bis ein anderer Vorgang ihn später wieder aus dem Besitz setzt. Diese letztere Ansicht soll nach Bekker[3]) die feinere Ausarbeitung gestatten, und er erhebt dann gegen die römischen Juristen, nicht genug, dass sie nach seiner Ansicht den

1) Conf. Recht des Besitzes S. 182 ff.
2) Conf. loc. cit. S. 190 und Aktionen, Bd. II S. 332.
3) Conf. loc. cit. S. 195.

unversöhnlichen Gegensatz dieser beiden Theorien nicht genügend beachtet haben, den zweiten Vorwurf, dass sie die *possessio* der Interdicte und die *possessio* als Grundlage der *usucapio*, zwei bis dahin getrennte Thatbestände, verschmolzen und damit derjenigen Ansicht, die zum Thatbestand des Besitzes den bleibenden Zustand fordert, eine neue Stütze gegeben hätten. Er glaubt, dass sich so der ganze überlieferte Rechtsstoff einfach erkläre, und entscheidet sich selbst für die neuere Theorie, wonach Besitzer ist, wer Besitzer geworden, d. h. einmal in ein bestimmtes körperliches Verhältniss zur Sache getreten ist, und die *possessio* nicht mehr als ein bleibender Zustand sondern als eine Summe von Berechtigungen aufzufassen ist, die einer Person, die dieselben erworben und noch nicht wieder verloren hat, zustehen (loc. cit. S. 230 ff.). Er meint endlich, da in unzähligen Fällen das *uter possessor sit* nicht greifbar oder überhaupt sinnlich wahrnehmbar sei, müsse auch die Zustandstheorie einräumen, dass der für den *possessor* genommen werden müsse, welcher nachweisen könne, dass er etwas gethan habe, resp. dass ihm etwas geschehen sei, denn der Zustand müsse doch einmal einen Anfang genommen haben, und dieser Anfang sei vermuthlich das Handgreiflichste an dem ganzen Zustand.

Ich habe schon oben hervorgehoben, wie es an sich wenig glaubhaft erscheint, dass die Justinianischen Compilatoren gedankenlos die verschiedensten an sich unvereinbaren Ideen zusammengeworfen hätten, ohne es zu merken, und dass dann beinahe ein Jahrtausend später nach der Geistesarbeit, die durch Glossatoren und Postglossatoren, Commentatoren und Exegeten zur Erkenntniss und zum Verständniss dieser Codification aufgewendet war, die Rechtsordnung in Deutschland dennoch durch Einführung einer derartigen Institution den Rechtszustand daselbst wesentlich zu verbessern gemeint hätte. Aber ich sehe auch trotz Bekkers Deductionen keinen Grund dafür, weshalb die Rechtsordnung, wenn sie ein thatsächliches momentanes Verhältniss, einen Zustand schützen will, nothwendig auf die Begründung desselben zurückgehen müsste, wenngleich ich einräume, dass der Act der Begründung häufig auf das Vorhandensein des Zustandes nicht unwesentliche Schlüsse ziehen lässt und insofern häufig für die Frage, ob jener Zustand vorhanden ist, nicht ohne Interesse ist. Es ist ja unstreitig richtig, dass jeder Zustand einen Anfang genommen haben muss, aber es ist doch eine andere Frage, ob der Act der Begründung so wesentlich für den Beweis des Zustandes ist, dass er auf Seiten des A als vorhanden präsumirt werden muss, falls A lediglich einen solchen

Besitzbegründungsact in Betreff der streitigen Sache nachweist, sein Gegner B dagegen weder einen bestimmten Act der Begründung des Besitzes in Betreff dieser Sache auf seiner Seite, noch auch eine bestimmte Thatsache, aus der sich der Verlust des Besitzes der Sache auf Seiten des A ergiebt, nachzuweisen im Stande ist. Und so würde doch nach der von Bekker aufgestellten Regel im vorliegenden Fall die Entscheidung im Besitzprocess ausfallen müssen.

Ich möchte demnach den Bekker'schen Ausführungen die bestimmte Behauptung entgegenstellen, dass im römischen Recht der Besitz, welcher mit der Besitzklage Schutz Seitens der Rechtsordnung begehrt, keine retrospective Seite hat, dass im Besitzprocess, von bestimmten Ausnahmefällen abgesehen, von der *causa possessionis*, dem Act der Begründung des Besitzes abstrahirt wird, dass es dem Richter gleichgültig sein kann, wie die Partheien früher in die Nähe der Sache gebracht sind, wie sie sich früher einmal in ein Verhältniss zur Sache gesetzt haben, und dass er lediglich zu prüfen hat, wen von Beiden er jetzt als den des Rechtsschutzes würdigen thatsächlichen Beherrscher der Sache ansehen soll[1]).

Was sodann die Frage nach den Wirkungen, den sog. Rechtsfolgen des Besitzes betrifft, so hatte es sich die Theorie vor Savigny zu einer Hauptaufgabe gemacht, bestimmte Besitzfolgen aufzustellen und nachzuweisen. Savigny selbst[2]) suchte den Nachweis zu führen, dass das röm. Recht nur zwei solcher Folgen, die Usucapion und die Interdicte, gekannt habe, und Meischeider hat dann auch die Usucapion, Kierulff[3]) und Sintenis[4]) und neuerdings Brinz[5]) und

1) Conf. v. Liebe, der Besitz ein Recht *in thesi* S. 5 und 15—18, der hervorhebt, dass bei Feststellung des Besitzthatbestandes der Abweg zu vermeiden sei, dass man, wie bei den Rechten in *hypothesi*, Erwerbsthatsachen aufsucht, da es einen Besitzerwerb im eigentlichen Sinne, d. h. so, dass bestimmte in der Vergangenheit liegende Thatsachen für die Zukunft die Basis des Besitzrechts bilden, nicht gäbe, sondern nur einen Besitzbeginn, in dem der Besitzthatbestand zwar besonders praegnant hervortritt, bei alledem aber nur für einen Augenblick wirksam bleibt.

2) Conf. Besitz 7. Aufl. S. 33 ff.

3) Conf. Theorie d. gem. C. Rechts Bd. I S. 351, 370 und 400. „Auch Interdicte und Usucapion dürfen nicht juristische Wirkungen des Besitzes genannt werden".

4) Conf. Beiträge z. Lehre v. jur. Besitz in der Zeitschr. f. C.R. u. Proc. Bd. 7 S. 252. Vergl. auch das gem. C.R. Bd. I § 42 N. 15.

5) Conf. Kritische V.J. Schrift für Gesetzgebung u. R. Wissenschaft N. F. Bd. 4 S. 401, wo er die Ansicht ausspricht, dass die Interdicte und die Usucapion nicht Folge sondern Inhalt der *possessio* seien.

Pernice[1]) auch die Interdicte nicht mehr als Folgen des Besitzes anerkannt.

Demgegenüber kehrt Bekker[2]) zu einem Standpunkt, der bereits überwunden schien, zurück, wenn er hervorhebt, dass die rechtliche Bedeutung von Thatsachen auch im Verpflichten und Binden bestehen könne, und darauf hin wieder eine ganze Reihe von Rechtsfolgen des Besitzes im römischen Recht entdecken will[3]).

Bei der Wichtigkeit, die die Entscheidung der Frage, ob der Besitz Rechtsfolgen hat, auch für die Entscheidung der Frage hat, ob der Besitz ein Recht ist, bedarf es einer Besprechung der Bekker'schen Rechtsfolgen des Besitzes im Einzelnen.

Als erste derartige Rechtsfolge bezeichnet Bekker die Verpflichtung des Besitzers zur Klagübernahme[4]). Ausser bei den *actiones in rem* sieht er diese Folge u. A. bei den Noxalklagen und bei der *actio ad exhibendum* hervortreten und weist die Regel, *nemo in rem actionem suscipere cogitur,* die scheinbar das Gegentheil ausspricht, mit der Bemerkung zurück, dass sie nur für das Individuum nicht für den *possessor* Geltung habe.

Wenn Bekker sodann weiter darauf ausgeht, im Einzelnen nachzuweisen, wie sich diese Verpflichtung dem Vindicanten, dem mit der *hereditatis petitio* oder der *actio ad exhibendum*, ja in gewisser Beziehung auch dem mit der *operis novi nuntiatio* und dem *interdictum quod vi aut clam* Klagenden gegenüber aus dem Besitz ableiten lässt, so dürfte das, was er hier als Verpflichtung des *possessor* hinstellt, lediglich darin seine Erklärung finden, dass der, welcher auf Wiederherstellung eines thatsächlichen Zustandes klagen will, sich naturgemäss gegen den wenden muss, der sich jetzt in diesem Zustand befindet.

Und von einer derartigen Pflicht des Besitzers sprechen auch

---

1) Conf. Zeitschr. f. H. Recht Bd. 22 S. 423, wo er hervorhebt, dass der Besitz nach römischer Anschauung gerade im Interdictenschutz bestehe und aufgehe, und daneben nicht ein irgendwie qualificirbares Etwas vorhanden sei. Das hat Randa, d. Besitz nach östr. R. 2. Aufl. S. 75 Anm. 3, übersehen, wenn er gegen die Ansicht von Kierulff und Sintenis in der Weise polemisirt, dass er den Interdictenschutz noch als juristische Wirkung des Besitzes gelten lassen will.

2) Conf. Recht des Besitzes S. 40.

3) Brinz, loc. cit. S. 391, hebt ihm gegenüber hervor, dass doch in keinem der sog. Rechte ein Thatbestand, der kein Recht ist, und eine Folge, die erst Recht wäre, zu unterscheiden sei.

4) Gegen diese durchaus nicht originelle Anschauung wendet sich bereits Rudorff bei Savigny, Besitz 7. Aufl. Anhang Nr. 9.

die Quellen niemals, sondern erblicken im Gegentheil in dem Besitz stets nur eine Begünstigung in processualischer Beziehung.

Aber was ist denn überhaupt unter jener „Pflicht zur Klagübernahme" zu verstehen? Wem gegenüber soll der Besitzer dadurch verpflichtet sein?

Es würde zu weit führen, wollte ich hier auf die neuerdings vielfach erörterten Fragen in Betreff des Einlassungszwanges [1]) näher eingehen. Nur darauf möchte ich hinweisen, dass bereits Wach [2]) m. E. sehr richtig gegen Degenkolb hervorgehoben hat, dass die Defensionspflicht lediglich eine publicistische Pflicht ist, die sich also keineswegs auf ein bestimmtes privatrechtliches Verhältniss stützt, sondern lediglich auf den processualischen Satz zurückzuführen ist, dass Jeder, der sich im Inlande aufhält, dingpflichtig, d. h. gerichtsunterworfen ist. Wach hat nachgewiesen, dass diese Einlassungspflicht mit einer von Degenkolb aufgestellten Erklärungspflicht, mit der Pflicht zur Beantwortung der Thatsachen nichts zu thun hat, und dass die Versäumniss dieser rein processualischen Pflicht auch rein processualische Nachtheile mit sich bringt, wenngleich diese Nachtheile sogar in der Vollstreckung des klägerischerseits erhobenen Anspruchs bestehen können. Die Einlassungspflicht ist, wie Wach hervorhebt, damit Process sein kann, der Process, damit Rechtsschutz sein kann, und das hat nichts damit zu thun, ob der Beklagte Besitzer ist oder nicht. Jeder ist zur Uebernahme des Processes, zur Einlassung auf die Klage verpflichtet, soweit ihm nicht processhindernde Einreden zur Seite stehen.

Auch Sohm [3]) hat m. E. sehr richtig hervorgehoben, dass die Pflicht *„judicium suscipere"*, die jedem, auch dem materiell unberechtigtsten Klagbegehren gegenüber begründet ist, den Beklagten als Unterthanen der Staatsgewalt kraft öffentlichen Rechtssatzes, nicht als den Schuldner seines Gegners trifft, und dass der geregelte Zwangsmodus ebenso wenig geeignet ist, diese öffentlich rechtliche Pflicht in eine privatrechtliche zu verwandeln, wie z. B. die Steuerpflicht oder die Expropriationspflicht dadurch zu einer privatrechtlichen Pflicht wird. Und ich meine, er ist dann nur auf halben Wege

---

1) Conf. Degenkolb, Einlassungszwang und Urtheilsnorm.

2) Conf. Defensionspflicht und Klagerecht in Grünhuts Zeitschrift für öffentliches und Privatrecht der Gegenwart Bd. 6 S. 515—558.

3) Conf. Der Begriff des Forderungsrechts in Grünhuts Zeitschrift Bd. 4 S. 466.

stehen geblieben, wenn er trotzdem von einem Anspruch des Klägers auf Einlassung als einem öffentlich-rechtlichen Grundrecht des Klägers auf Respectirung seiner Persönlichkeit unabhängig von der materiellen Zuständigkeit eines Privatrechts spricht. Statt überaus künstlich zu deduciren, dass der Kläger hier als Träger des allgemeinen Rechtsbewusstseins und als Vorkämpfer der Idee des Schutzes rechtlicher Interessen in den Process eintrete, und dass diese Einlassung nicht dem Egoismus des Klagenden sondern der Ethik der Rechtsordnung diene, und den Dienst bedeute, den beide Theile der Verwirklichung der Rechtsidee zu leisten hätten, würde er m. E. in consequenter Entwicklung seines Grundgedankens das ganze subjektive publicistische abstracte Klagerecht Degenkolbs haben verneinen müssen, wie Wach das thut, indem er es für wissenschaftlich werthlos hält, überall von einem eigenen Recht zu klagen, dem dann auf Seiten des Gegners eine Pflicht zur Klagübernahme entspricht, zu reden.

Damit fällt aber diejenige Rechtsfolge, die für Bekker den Ausgangspunkt seiner ganzen Hypothese in Betreff des Besitzesschutzes bildet, hinweg. Interessant ist es mir gewesen, wie Bekker in seinem Excurs über die Noxalklagen [1]) offenbar wider seinen Willen selbst ein Bedenken gegen seine Ansicht hervorhebt, und ich darf darauf noch mit wenigen Worten eingehen.

Ich meine das von ihm als interessante Entdeckung gepriesene Ductionsverfahren erklärt sich daraus, dass die Rechtsordnung keinen Grund sah, wo nur Sklaven in Frage kamen, die Selbsthülfe auszuschliessen und das Verhältniss in ihren Kreis zu ziehen.

Tritt indess ein Dritter dazwischen, und das geschieht allemal dann, wenn Jemand die Sklaven in seiner *potestas* hat, dann würde sich die *ductio* auch gegen den Dritten, den *dominus*, richten, und um deswillen musste hier die Selbsthülfe ausgeschlossen werden, und der Verletzte blieb auf den Process gegen den *dominus* angewiesen. Giebt der *dominus* aber etwa während des Processes durch *noxae datio* diese Stellung wieder auf, so fällt offenbar der Klaggrund hinweg, indess niemals die processualische Pflicht, sich auf die Klage einzulassen; es ist also klar, dass nicht etwa die Inanspruchnahme der *potestas* Seitens des *dominus* als Analogon des Besitzes es ist, die den *dominus* zur Klagübernahme verpflichtet.

---

[1]) Conf. Recht des Besitzes S. 48 ff.

Als zweite Rechtsfolge des Besitzes sieht Bekker den Eigenthumserwerb durch Occupation an.

Ich habe im Anfang dieses Theiles meiner Untersuchung den Satz aufgestellt, dass die Rechtsordnung ihren Einfluss gerade soweit ausdehne, als sie die Selbsthülfe als unzulässig beseitigt habe. Sie hat indess kein Interesse an der Beseitigung der Eigenmacht, wenn diese mit den von ihr in ihren Kreis gezogenen Interessen Anderer nicht in Collision kommt, und das ist bei der Occupation der Fall. Dieses Herrschaftsverhältniss zur Sache, wie es nicht unter den Augen der Rechtsordnung begründet wurde, ist auch keineswegs an sich als ein durch die Rechtsordnung geschütztes anzusehen, sondern die Rechtsordnung lässt das Verhältniss nur selbstverständlich ungestört bestehen[1]), so lange der Occupant die Sache thatsächlich in der Gewalt hat. Es versteht sich dann aber von selbst, dass es als momentanes Herrschaftsverhältniss über die Sache, bei dem der *animus domini* auf Seiten des Occupanten die Voraussetzung bildet, denselben Schutz wie der Besitz, dass es als *bona fide* begründetes Verhältniss dieser Art denselben Schutz wie die *bonae fidei possessio* geniesst, und dass dieser Schutz thatsächlich dem Schutz des *dominus* gleichkommt, weil, falls die Sache wirklich *nullius* war, als der Occupant sie in Besitz nahm, d. h. falls Keiner damals ein Gewaltverhältniss in Bezug auf sie in Anspruch nahm, ein *dominus*, dem gegenüber der Occupant im Process würde weichen müssen, überall nicht existirt[2]). So ist also bei der Occupation die Folge des Besitzerwerbes an sich nichts als der Besitz, und nur, falls *bona fides* hinzukommt, darf der Occupant erwarten, dass die Rechtsordnung ihm aus diesem Grunde einen besonderen Schutz wird zu Theil werden lassen.

Was sodann den Eigenthumserwerb durch Usucapion betrifft, den Bekker als dritte Rechtsfolge des Besitzes ansieht, so glaube ich zwar keineswegs, die vielen Streitfragen, die namentlich neuerdings wieder in Betreff der Voraussetzungen der Usucapion hervorgetreten sind, hier so nebenbei lösen zu können, möchte es aber doch nicht unterlassen, wenigstens in Kürze die von mir gewonnene Ansicht über das Verhältniss von Usucapion und Besitz hier zu skizziren, lediglich um die Tragweite der gewonnenen Resultate auch nach dieser Richtung hin dabei andeuten zu können.

---

1) Conf. l. 3 pr. D. 41. 1. *Quod enim nullius est, naturali ratione occupanti conceditur.*

2) Conf. Randa, der Besitz nach östr. R. 2. Aufl. S. 93.

Die Justinianische *usucapio* ist aus einer Verschmelzung der alten *usucapio* und der *longi temporis praescriptio* entstanden[1]). Daraus ergeben sich naturgemäss zwei Momente der Betrachtung. Auf Seiten des Usucapienten stellt sie sich als *usucapio*, auf Seiten des Eigenthümers als Klagverjährung dar.

Was zuerst die *usucapio* auf Seiten des Usucapienten betrifft, so haben die Quellen dabei vor Allem die Zeit vor Ablauf der Usucapionsfrist im Auge, und als Gegner des Usucapienten denken sie sich nicht den Eigenthümer sondern einen Dritten, demgegenüber der Usucapient mit der *Publiciana in rem actio* Schutz begehrt. Der Schutz des Usucapienten ist hier ein weitergehender als der Schutz, den die Rechtsordnung dem gewöhnlichen Besitzer zu Theil werden lässt, und diesem weitergehenden Schutz entspricht als weitergehende Voraussetzung die *bonae fidei possessio*, bei der es nicht blos auf das Vorhandensein des Besitzes sondern auch auf die Art der Begründung, die *causa* desselben ankommt. Ich möchte diese Voraussetzung desjenigen Besitzes, der die Vortheile der *usucapio* zur Folge hat, kurz als *justa causa possessionis* bezeichnen, ohne dass ich hier näher auf die Streitfrage eingehen kann, ob diese *justa causa* in zwei Momente, den *justus titulus* und die *bona fides* zerfällt[2]), oder ob sie in Wahrheit nur ein Moment bildet[3]), welch' letztere Auffassung ich für die richtigere halte. Der Usucapient muss sein Verhältniss zur Sache redlich und gewissenhaft begründet haben[4]), ohne dass er sich deshalb für einen Eigenthümer halten müsste[5]). Es ist auch gleichgültig, ob die *causa* als *verus* oder als *putativus titulus* auftritt, da es eben nur darauf ankommt, dass sich der Besitzer bei der *animo domini* erfolgten Begründung des Herrschaftsverhältnisses zur Sache redlicherweise in dem Glauben befand, es liege ein gerechter Anlass für die Begründung dieses Verhältnisses vor[6]). So erklärt sich die l. 6

1) Conf. l. un. C. 7. 31.

2) Conf. Stintzing, das Wesen von *bona fides* und *titulus* in der röm. Usukapionslehre, O. Mayer, die *justa causa* bei Tradition und Usukapion, und Vangerow, Pandecten Bd. I § 321 Anm. 1 N. 1.

3) Conf. Windscheid, Lehrbuch des Pandektenrechts Bd. I S. 561 ff., 567 ff. und Anm. 8 S. 570, Puchta, Pandecten S. 239 u. 240, Wächter, die *bona fides* insbesondere bei der Ersitzung des Eigenthums, und Burchhard, Zeitschr. für C.R. und Proc. Bd. 21.

4) Conf. Bruns, das Wesen der *bona fides* bei der Ersitzung S. 89 ff.

5) Conf. Stintzing loc. cit. S. 124.

6) Conf. Bruns loc. cit. S. 100.

D. 41. 7 [1]) einfach, denn hier fehlt die *justa causa possessionis*, da es doch wohl kaum redlich und gewissenhaft erscheint, eine Dereliction zu präsumiren, wenn nichts weiter vorliegt, wodurch man sich zu dieser Annahme gedrängt sieht [2]). Und in Berücksichtigung dieser Voraussetzung des Usucapionsbesitzes erscheint es nicht wunderbar, wenn dem Cassius und Sabinus in l. 10 pr. D. 41. 3 die *bona fides* beim Abschluss des Kaufvertrages nicht genügend erscheint, um den Usucapionsbesitz zu begründen. Andrerseits ist es aber auch nicht denkbar, dass Jemand als Käufer redlicher Weise den Besitz begründet, wenn er bei Abschluss des Kaufvertrages nicht redlich verfuhr, und so erklären sich daneben l. 2 pr. D. 41. 4 und l. 48 D. 41. 3 [3]). Und weil die *justa causa possessionis* in Betreff der Sklavin und in Betreff ihres noch neugeborenen Kindes zusammenfällt, da das Herrschaftsverhältniss über das Kind, wie wir oben sahen, bereits vor dessen Geburt in dem Herrschaftsverhältniss über die Mutter mit begründet erscheint, so wird Jemand als Usucapient des Kindes angesehen [4]), auch wenn er vor der Geburt des Kindes erfahren hat, dass die Mutter eine fremde Sklavin ist. Damit harmonirt allerdings die Ansicht des Pomponius in l. 4 D. 41. 10 nicht. Aber Bekker hat darin bereits eine abwegige Speculation erblickt, der gegenüber ich mich für die in derselben Stelle mitgetheilte Ansicht des Trebatius entscheiden möchte.

Auch die vielbestrittene Regel: *nemo sibi causam possessionis mutare potest* [5]), bestätigt richtig verstanden die vorstehende Ansicht in Betreff der *bonae fidei possessio*. Sie negirt nicht etwa, dass sich der Besitzer auf einen allein in seinem Innern vorgegangenen Umschlag zu seinem Vortheil berufen könne, wie v. Liebe [6]) annimmt, hat aber auch, wenigstens soweit sie im Justinianischen Recht auftritt, keineswegs die enge Bedeutung, die ihr Randa [7]) zuschreiben möchte, sondern l. 33 § 1 D. 41. 3 spricht es mit wünschenswerthester Klarheit aus, dass die Regel allemal dann zutrifft, wenn Jemand unredlicher

---

1) *Nemo potest pro derelicto usucapere, qui falso existimaverit rem pro derelicto habitam esse.*

2) Conf. l. 21 § 1 u. 2 D. 41. 2.

3) Conf. Donell, Comm. V 17 § 12.

4) Conf. l. 44 § 2 D. 41. 3.

5) Conf. l. 3 § 19 D. 41. 2, l. 33 § 1 D. 41. 3 und l. 2 § 1 D. 41. 5.

6) Conf. Der Besitz als Recht *in thesi* S. 25 ff.

7) Conf. Der Besitz nach östr. R. 2. Aufl. S. 347.

Weise zu besitzen anfängt. Hat er dagegen zwar bisher unredlicherweise besessen, sich nun aber in redlicher Weise einen neuen Grund für seinen Besitz geschaffen, wenn auch thatsächlich an dem Verhältniss nichts geändert ist, so befindet er sich im Usucapionsbesitz. Und nur, weil in l. 2 § 1 D. 41. 5 ein solcher nachträglich geschaffener redlicher Grund für den Besitz nicht als vorliegend erachtet wird, insofern hier vorausgesetzt wird, dass die *pro herede usucapio* in gewinnsüchtiger Absicht erfolgt, wird auch kein Usucapionsbesitz als vorhanden angenommen. Und falls der *ex justa causa* erworbene Besitz wieder verloren gegangen ist, so ist es erforderlich, dass die Neubegründung des Besitzes wiederum *ex justa causa* erfolgt, damit der Besitzer die Vortheile des Usucapionsbesitzes geniesst[1])

Also nicht um des Besitzes sondern um der *justa causa possessionis* willen hat die Rechtsordnung dem Besitzer den besonderen Schutz zu Theil werden lassen, der uns veranlasst, ihn als Usucapienten zu bezeichnen, und die Usucapion ist danach, insofern sie dem Usucapionsbesitzer Vortheile bringt, als Wirkung dieses Begründungsactes und nicht als Folge desjenigen Besitzes anzusehen, für den man mit der Besitzklage Schutz erstrebt.

Und das zweite Moment der Betrachtung der Justinianischen *usucapio,* nämlich die Nachtheile, die dem bisherigen Eigenthümer durch Verjährung seiner Eigenthumsklage dem redlichen Besitzer gegenüber erwachsen, sind ebensowenig als Folge und Wirkung des Besitzes zu bezeichnen. Nicht der Besitz auf Seiten des Usucapienten lässt ihn, wie man es häufig darstellt, den Eigenthumsschutz erwerben, sondern weil der Eigenthümer, während ein solches Besitzverhältniss auf der andern Seite besteht, es dauernd unterlässt, den Schutz der Rechtsordnung demgegenüber in Anspruch zu nehmen, versagt ihm nun die Rechtsordnung diesem Verhältniss gegenüber überall ihren Schutz. Und wie wenig es dabei auf die ununterbrochene Fortdauer eines Besitzverhältnisses auf Seite des Usucapienten, welches mit der Besitzklage Schutz erstrebt, ankommt, ergiebt sich daraus, dass bei Berechnung der Frist der Besitz des Universalsuccessor und des Singularsuccessor mit dem Besitz ihrer Rechtsvorgänger einfach zusammen gerechnet wird, obwohl dabei von einem einzigen durchdauernden

---

[1]) Conf. l. 7 § 4 D. 41. 4 und l. 15 § 2 D. 41. 3. Wie Bekker, loc. cit. S. 84, auf Grund dieser Stellen nachweisen will, dass Titel und guter Glaube auseinanderzuhalten sind, ist mir unverständlich geblieben.

Besitzverhältniss nicht die Rede sein kann, und dass sich die Usucapion sogar in verschiedenen Fällen vollzieht, ohne dass derjenige, der hier als Usucapient betrachtet wird, als Besitzer im Sinne der Besitzklage zu bezeichnen ist[1]), wie z. B. beim Faustpfand, bei der *custodiae causa* erfolgten Sequestration und bei Nachlassgegenständen, bevor der Nachlass angetreten ist.

Und andrerseits wird trotz des redlichen Besitzes in der sonst erforderlichen Zeit die Verjährung ausgeschlossen, wenn besondere Gründe vorliegen, die es hart erscheinen lassen, den Eigenthümer nach Lage der Umstände mit diesem Nachtheil zu strafen, so, wenn es sich um gestohlene oder auf andere strafbare Weise dem Eigenthümer entzogene Sachen handelt[2]), und so lange der Eigenthümer aus besonderen Gründen gesetzlich verhindert ist, sein Verhältniss zur Sache mit Hülfe der Rechtsordnung wiederherzustellen[3]). Hier ist überall keine Eigenthumsklage, die verjähren könnte, begründet.

Das Resultat geht also dahin: Der Besitz ist allerdings, wenn auch nur in einem gewissen Sinne, Voraussetzung für die Usucapion, aber die Usucapion ist nicht Folge des Besitzes. Und das ist auch seit Savigny, wie ich oben bereits hervorhob, vielfach ausdrücklich anerkannt[4]).

In dem Eigenthumserwerb durch Tradition erblickt Bekker die vierte Rechtsfolge des Besitzes.

Es beruht das auf einer unrichtigen Auffassung dessen, was die Römer unter der Bezeichnung *traditio* verstehen. Die l. 31 pr. D. 41. 1 betont den Gegensatz zwischen der Tradition und der ihr vorhergehenden *justa causa traditionis*. Danach scheint mir in der *traditio* nichts als die in Uebereinstimmung mit dem bisherigen Besitzer, dem Tradenten, erfolgte Begründung des Besitzverhältnisses in Betreff der Sache auf Seiten des Accipienten zu liegen, während die *justa causa traditionis* offenbar das der Tradition zu Grunde liegende Rechtsgeschäft ist, welches stets, auch bei der Schenkung, wenngleich es hier vielleicht nur ein einseitiges Rechtsgeschäft ist, von der den Besitz selber begründenden Thatsache durchaus zu trennen ist. Und

---

1) Conf. Bekker, Recht des Besitzes S. 71 ff.

2) Aus diesem Gesichtspunkt findet die l. 33 pr. D. 41. 3 ihre Erklärung, ohne dass zwischen ihr und der bereits erörterten l. 44 § 2 D. 41. 3 eine Antinomie anzunehmen wäre.

3) Conf. l. 23 § 7 D. 6. 1 und l. 7 § 11 D. 41. 1.

4) Vergl. auch Rosshirt, Arch. f. civil. Prax. Bd. 8 S. 12 ff.

auf diese *justa causa traditionis* ist dann der besondere Schutz, den die Rechtsordnung dem Accipienten zu Theil werden lässt, namentlich der sog. Eigenthumserwerb zurückzuführen. Es ist deshalb unrichtig, wenn Exner[1]) die Behauptung aufstellt, die Tradition sei der vertragsmässige Erwerb eines dinglichen Rechts in der Form der Besitzergreifung, die der Erwerber mit Zustimmung des Auctors vollzieht, und wenn v. Liebe[2]) den Besitzer bei der *traditio* als Schöpfer des eigenen Rechtes ansieht. Und weil die *traditio* kein Ausdruck[3]) des Uebertragungswillens ist, sondern lediglich die thatsächliche Begründung des Herrschaftsverhältnisses bezeichnet, muss jede Tradition[4]) nothwendig eine natürliche sein, und es genügt nicht, dass die Herrschaft über ein Symbol der Sache erworben ist[5]). Ich habe mich bei dieser Frage ebenfalls auf Andeutungen beschränken müssen, die aber wenigstens so viel ergeben, dass eine Rechtsfolge des Besitzes sich auch nach dieser Richtung nicht constatiren lässt.

Sehe ich sodann von den Folgen, die Bekker aus der *missio in possessionem* oder der *bonorum possessio* ableiten will, ganz ab, da es sich hier nicht um den Besitz handelt, der den Gegenstand dieser Untersuchung bildet, so dürfte in all' den Fällen, wo Bekker m. E. unrichtigerweise von Rechtsfolgen des Besitzes spricht, der Besitz entweder überall keine Voraussetzung für den Schutz des begründeten Verhältnisses bilden, oder doch nicht er selbst, sondern lediglich die Art und Weise seiner Begründung für die Rechtsordnung die Veranlassung sein, dem Verhältniss einen besonders ausgedehnten Schutz zu Theil werden zu lassen[6]).

Wenn Bekker endlich den Umstand, dass der Besitz selbst als Leistungsobject im Kauf bezeichnet werde, insofern hier das *habere licere* prästirt werden solle, als Beleg dafür anführt, dass der Besitz Rechtsfolgen habe, um daraus weiter auf die Rechtsnatur des Besitzes zu schliessen, so giebt mir das Veranlassung, hier die

---

1) Conf. Die Lehre vom Rechtserwerb durch Tradition nach östr. und gem. Recht S. 10.

2) Conf. Der Besitz als Recht in *thesi* S. 114.

3) Conf. Brinz, Pandecten Bd. I § 150 S. 588 und Bekker, Recht des Besitzes S. 80. Dagegen Windscheid, Lehrbuch des Pandektenrechts Bd. I S. 538.

4) Conf. Randa, Besitz S. 312 Anm. 40a.

5) Conf. Savigny, Besitz 7. Aufl. § 14—17 und Seuff. Arch. Bd. XVII Nr. 117.

6) Conf. Kierulff, Theorie des gem. C. Rechts Bd. I S. 352, der ausführt, dass der Besitz nicht deswegen ein Recht sei, weil er in mancher Beziehung eine wesentliche Voraussetzung bilde, an die das Gesetz besondere Rechtsbestimmungen knüpfe.

von Brinz[1]) vertheidigte Lehre von der sog. *traditio possessionis*, für die neuerdings Bekker[2]) wieder sehr warm eingetreten ist, einer etwas eingehenderen Prüfung zu unterziehen. Ist doch in Folge dieser Lehre auch die Behauptung Savignys, dass eine Succession in den Besitz schlechterdings undenkbar sei, entschieden bestritten worden, und zwar nicht blos von Bekker[3]) sondern auch nach ihm wenn auch mit unzureichenden Mitteln in Betreff des gemeinen Rechts, von Seligsohn[4]).

Indem ich, was die Brinz'schen Ausführungen über die sog. *traditio possessionis* betrifft, im Allgemeinen auf das verweisen kann, was Windscheid[5]) und die von ihm Citirten dagegen vorgebracht haben, soll mich nachstehend nur die Bekker'sche Begründung der Lehre beschäftigen.

Es ist zunächst ein Irrthum Bekkers, dass mit dem *habere licere*, wofür der Verkäufer dem Käufer garantirt, der Besitz garantirt wird. Denn l. 11 § 13 D. 19. 1 und l. 26 pr. D. 24. 1, Stellen, die Bekker auf diese Verpflichtung des Verkäufers beziehen will, erörtern lediglich, ob die momentane Herrschaft, die durch die Tradition begründet werden sollte, wirklich begründet ist, und der Käufer insofern *in lite de possessione potior* ist, während sich der Verkäufer, wenn er dem Käufer das *habere licere* garantiren muss, lediglich dazu verpflichtet, den Schaden zu ersetzen, der dem Käufer etwa dadurch erwächst, dass ein Dritter auf Grund eines bei Abschluss des Vertrages bereits bestehenden Verhältnisses zur Sache, welches der Verkäufer dem Käufer verschwiegen hat, nachträglich den Schutz der Rechtsordnung in Betreff des thatsächlichen Verhältnisses zur Sache mit Erfolg für sich in Anspruch nimmt. So erklärt sich l. 38 § 3 D. 45, 1, und so erklärt sich auch, wie der Vermiether, der dem Miether zu etwas Aehnlichem wie das *habere licere* auf Zeit verpflichtet ist, unter Umständen haftet, wenn das momentane Haben des Miethers wegfällt,

---

1) Conf. Jahrb. d. gem. R. Bd. 3 Nr. 2 und Pandecten § 138.

2) Conf. loc. cit. S. 300 ff.

3) Conf. loc. cit. S. 302. Savigny hat insofern selbst den Weg für diese Anschauung gebahnt, als er, um seine m. E. unrichtige Theorie vom abgeleiteten Besitz zu stützen, hervorhebt, dass hier der frühere Besitzer sein *jus possessionis* ohne Eigenthum übertrage, (conf. Besitz 7. Aufl. S. 282), eine Auffassung, gegen die sich bereits v. Schröter, Zeitschr. f. C.R. und Proc. Bd. 2 S. 235, ausgesprochen hat.

4) Conf. Die Sukzession in den Besitz nach preuss. R. unter Berücksichtigung des gem. R. in den Beiträgen zur Erläuterung des deutschen R. Jahrg. 26 S. 416 ff.

5) Conf. Lehrbuch des Pandektenrechts Bd. I S. 465 und 466.

obwohl die Quellen dem Miether ausdrücklich jeden Besitz absprechen. Wie sollte denn auch der Verkäufer bewirken können, dass der Käufer den *animus domini* hat, und dass er die thatsächliche Herrschaft in Betreff der Sache, zu der der Verkäufer ihm doch immer nur den Wege eröffnen kann, auch nur einen Moment wirklich behauptet?

Ich betrachte sodann die einzelnen Fälle der *traditio possessionis*, als deren Zweck Bekker es bezeichnet, blossen Interdictenbesitz auf den Empfänger zu bringen, passend unter den drei von Bekker aufgestellten Gruppen.

In den Fällen „unzweifelhafter“ *possessionis traditio* der ersten Gruppe handelt es sich entweder um eine *restitutio rei*, wie das auch, falls die Rückgabe auf Befehl des Richters erfolgt, in l. 13 § 9 D. 41. 2 [1]) ausdrücklich hervorgehoben ist, oder um eine *traditio rei* [2]). Und eine solche *traditio rei* durch *constitutum possessorium* liegt auch vor, wenn der, welcher die Sache bisher *precario* hatte, sie nun vom Eigenthümer miethet und damit aus einem Sachbesitzer ein blosser Detentor des Eigenthümers wird. So ist der Ausdruck *possessio ad dominum revertitur* [3]) in l. 21 § 3 D. 41. 2 zu verstehen.

Wenn Bekker sodann eine zweite Gruppe von Fällen einer *traditio possessionis* annimmt, falls der Besitzer, bisweilen auch der Nichtbesitzer, den Besitz an den Pfandgläubiger oder Precaristen überträgt, oder der, welcher dergestalt Besitz erhalten hat, ihn weitergiebt, so dürfte sich diese Anschauung zunächst nicht mit seiner Ansicht reimen, dass mit dem Precarium und dem Pfandbesitz nur ein Rechtsbesitz kein Sachbesitz eingeräumt sei. Aber wenn sich auch diese Verhältnisse zur Sache, wie ich oben zeigte, beim Precaristen regelmässig, beim Pfandgläubiger immer als Sachbesitz darstellen, so kann man doch bei der Constituirung dieser Verhältnisse nicht von einer *traditio possessionis* sprechen. Bleibt doch der *precario dans* dem *precario accipiens* gegenüber Besitzer und ist als solcher zu schützen. Wie kann man also sagen, er habe diesem seinen Besitz übertragen? Und der Pfandgläubiger wird allerdings auch dem Pfandschuldner gegenüber Besitzer. Aber dieser Besitz ist nicht etwa identisch mit dem, den

---

1) *Praedone possidente si jussu judicis res mihi restituta sit, accessionem esse mihi dandam placuit.*

2) Vergl. auch Brinz, Pandecten Bd. I S. 564.

3) *Qui alienam rem precario rogavit, si eandem a domino conduxit, possessio ad dominum revertitur.*

der Pfandschuldner hatte. Das ergiebt sich schon daraus, dass der Pfandschuldner die Sache *ad usucapionem* besitzt. Wollte man also in dem Besitz wirklich ein übertragbares Recht erblicken, so würde man immerhin zugeben müssen, dass nur ein Theil dieses Rechtes übertragen sei, man würde also nicht von einer *traditio possessionis*, worunter man dann ja das ganze Recht begreifen würde, sondern nur von der *traditio* des besonderen Theiles dieses Rechts, dem wieder ein besonderer Name zukäme, sprechen können. Und diese *traditio* würde dann analog der Constituirung einer Servitut Seitens des Eigenthümers aufzufassen sein, wo man ja auch von der Uebertragung eines Theiles, einer Function des Eigenthums, nie von der Uebertragung des Eigenthums selber spricht. Werden doch diese Verhältnisse so sehr auseinandergehalten, dass sie neben einander fortbestehen, wenngleich sich der Pfandgläubiger des Pfandschuldners zur thatsächlichen Ausübung seines Herrschaftsverhältnisses zur Sache bedient[1]). Dass in l. 21 pr. D. 41. 2[2]), wo uns allerdings der Ausdruck *possessionem tradere* begegnet, von einer eigentlichen Besitzübertragung nicht die Rede sein kann, hat Bekker[3]) selbst gefühlt. Er bezeichnet diese Operation deshalb als Verleihung des Besitzes Seitens dessen, der zwar nicht den Besitz wohl aber das *jus possidendi* hatte. M. E. ist die Stelle des Javolen vielmehr dahin zu verstehen, dass wir Sachen, die wir nicht im Besitz haben, tradiren können, indem wir als die Erben des früheren Besitzers sie dem, der sie bereits *pro herede* besass, als *precarium* geben. Dabei kann von einer *traditio possessionis* im Bekker'schen Sinne nicht die Rede sein, da der Prekarist ja bereits *pro herede* besass. Dass endlich in l. 33 § 4 D. 41. 3 von keiner *traditio possessionis* im Sinne Bekkers die Rede ist, geht schon daraus hervor, dass in dieser Stelle die Usucapion des *debitor* durch die Operation des *creditor* unterbrochen wird. Wäre hier mit dem Besitz nur ein Recht des *creditor* übertragen, weshalb sollte damit der *debitor* etwas verlieren, da es ihm doch einerlei sein kann, ob er A oder B als Berechtigten sich gegenübersieht? Aber die Sache ist es, die der *creditor* fortgegeben hat. Damit ist das directe Gewaltverhältniss zur Sache, welches der *debitor*,

---

1) Conf. l. 37 D. 41. 2.

2) *Interdum ejus possessionem, cujus ipsi non habemus, alii tradere possumus, veluti cum is, qui pro herede rem possidebat, antequam dominus fieret, precario ab herede eam rogavit.*

3) Conf. Recht des Besitzes S. 305.

so lange sich die Sache im Besitz des *creditor* befand, immer noch hatte, gelöst, und zugleich der Usucapionsbesitz unterbrochen.

Ich bespreche schliesslich noch in Kürze die einzelnen Quellenstellen, die Bekker unter einer dritten Gruppe zusammenfasst, bei denen er indess selber Zweifel hegt, ob dadurch der Nachweis noch anderer Arten reiner Besitztradition geführt wird.

In der l. 38 § 1 D. 41. 2 erblickt auch Brinz ein Hauptgewicht für seine Ansicht, indem er hier einerseits die *possessionis traditio* in den schärfsten Gegensatz zur *rei traditio* gebracht sieht und andrerseits in dem Umstand, dass eine bedingte Tradition des Besitzes für möglich gehalten wird, und man den Erwerb des Besitzes bei bedingter Tradition nicht ohne den Willen des Tradenten denken kann, einen Beweis dafür findet, dass der Erwerb des Besitzes auch bei unbedingter Tradition nicht einseitig auf dem Willen des Erwerbers beruhen könne. Es kann nicht meine Aufgabe sein, hier so nebenbei zu zeigen, wie die Beifügung einer Bedingung den neuen Besitzer keineswegs von dem Willen des alten Besitzers in irgend einer Weise abhängig macht, da mich das zu weit in eine Betrachtung der nach dieser Richtung wohl der Behandlung bedürftigen Lehre von den Bedingungen hineinführen würde. Ich hebe nur hervor, dass es nicht auf den Willen des Tradenten sondern auf den Willen des Accipienten zurückzuführen ist, wenn er im vorliegenden Falle nicht als Besitzer geschützt wird. Hat er doch selbst seinen *animus domini* bei Begründung des thatsächlichen Verhältnisses zur Sache dahin begränzt, dass er nur für den Fall, dass der Tradent als Eigenthümer anzusehen sei, sich von nun als Herr fühlen wolle. Und wie sollte die Rechtsordnung dazu kommen, ihn nun doch in diesem Verhältniss zu schützen, obwohl die Voraussetzung, unter der er nur geschützt werden wollte, nicht vorliegt, und obwohl er seinen *animus* noch nicht verändert hat? Es erscheint demnach diese Stelle für die Annahme einer besonderen *traditio possessionis* neben der *traditio rei* ebensowenig bedeutsam als die l. 34 pr. D. 41. 2, die bereits an anderer Stelle ihre Besprechung gefunden hat[1]). Und in ähnlicher Weise erklärt sich l. 18 D. 43. 16 ohne Annahme einer *traditio possessionis*. Wenn der Verkäufer nur zu Gunsten des Käufers sein Gewaltverhältniss über die vermiethete Sache aufgeben wollte, so wollte er es

---

[1]) Vergl. auch Bekker, Recht des Besitzes S. 316, und v. Liebe, der Besitz als Recht in *thesi* S. 133.

eben nicht aufgeben, insofern der Käufer dasselbe nicht erlangte. Die l. 4 § 2 D. 4. 7 [1]) gehört überall nicht hierher, da das angezogene Edict lediglich eine *actio in factum* auf Ersatz des Schadens einführt, den der mit der Besitzklage Belangte dem Gegner dadurch zufügt, dass er sich während des Processes in die Unmöglichkeit versetzt hat, die Sache zurückzugeben.

Lediglich auf eine *traditio rei* beziehen sich l. 3 § 9 und l. 17 § 1 *in fine* D. 41. 2, die deshalb auch garnicht von Brinz berücksichtigt sind. Auch in l. 28 D. 41. 2 handelt es sich nicht um einen Fall der *traditio possessionis*, sondern hier erkauft der Eigenthümer die *restitutio rei* vom Gegner, um dem Besitz- oder Eigenthumsprocess mit seinen Gefahren zu entgehen. Und ganz ähnlich liegt der Fall in l. 34 § 4 D. 18. 1, wo der Eigenthümer, der mit A im Besitzprocess steht, für Geld in das thatsächliche Verhältniss des B zur Sache eintritt, um dadurch im Process zu siegen. In Stellen, wie l. 11 § 13 D. 19. 1, l. 22 D. 41. 2 und l. 6 pr. D. 44. 3, in denen Bekker, wenngleich er zugiebt, dass hier mehr als die blosse *possessio* tradirt ist, doch viel Gewicht gerade auf die *traditio possessionis* legt, sehe ich den Gedanken zum Ausdruck gebracht, dass bei der *traditio rei* nur, wer die momentane Herrschaft wirklich erlangt hat, als Besitzer geschützt wird [2]). Wie endlich l. 11 D. 41. 1 [3]), die, wie ich oben hervorhob, lediglich ausspricht, dass es der Rechtsordnung auch für die Entscheidung in Betreff des Besitzes gleichgültig ist, ob das Mündel den *animus domini* bereits aufgegeben hat, für die Theorie von der *traditio possessionis* sprechen soll, ist mir unerfindlich geblieben.

Die Brinz-Bekker'sche Anschauung in Betreff der *traditio possessionis* entbehrt sonach jedes Anhaltspunktes in den Quellen [4]) und findet offenbar nur darin eine Erklärung, dass man den von Randa [5]) sehr mit Recht hervorgehobenen Gedanken, dass der Besitz, insofern er zweifellos einen Vermögenswerth hat, allerdings Gegenstand des rechtlichen Verkehrs, Gegenstand von Rechtsgeschäften werden kann,

---

1) Conf. Bekker, loc. cit. S. 306.

2) Conf. l. 12 und 18 D. 43. 16.

3) Savigny, Besitz 7. Aufl. S. 355 N. 4 meint, das *alienare possessionem* bedeute hier, den Besitz so verlieren, dass darin eine juristische Succession liege; und auch Windscheid, Lehrbuch des Pandektenrechts Bd. I S. 467 Anm. 10, sieht in dieser Stelle Einiges für die Brinz'sche Ansicht vorgebracht.

4) Conf. Randa, der Besitz nach östr. R. 2. Aufl. S. 350 ff.

5) Conf. loc. cit. S. 45.

unrichtig angewendet hat. Denn der Besitz wird nicht etwa durch das Rechtsgeschäft übertragen, sondern es wird dem Käufer nur Gelegenheit gegeben, den Besitz zu erlangen [1]).

In diesem Zusammenhang findet endlich der sog. Besitzerwerb durch *constitutum possessorium*, bei dessen Behandlung die Lehre von der *traditio possessionis* stellenweise auch in die Praxis Eingang gefunden hat, angemessen eine kurze Besprechung.

Die herrschende Ansicht stellt in Betreff des *constitutum* trotz der l. 18 pr. D. 41. 2 den Satz auf, dass die in einem Veräusserungsvertrage abgegebene Erklärung der Contrahenten, dass die Tradition geschehen sei oder als geschehen angenommen werde; oder dass sie hiermit geschehe, an sich die Wirkung des Besitzübergangs nicht habe [2]), dass der Besitzübergang beim *constitutum* vielmehr durch Constituirung des beabsichtigten Rechtsverhältnisses, z. B. der Miethe, bewirkt werde [3]), während der Umstand, dass der Veräusserer die reale Macht über die Sache behält, ohne alle Bedeutung für den Besitz sei [4]). Auch v. Liebe [5]) erhebt gegen die freiere Behandlung des *constitutum* Widerspruch und glaubt eine Mittelmeinung zu vertreten, wenn er zu dem Resultat kommt, dass allein bei der Ermiethung und der *retentio ususfructus* aus dem blossen Vertragsverhältniss mit einiger Sicherheit auf die Willensconstellation in Betreff der Herrschaft über die Sache geschlossen werde könne, dass indess der Dritte, dessen Recht durch die behauptete Besitzübertragung geschmälert werde, stets noch die Beweiswürdigungsfrage zur Discussion bringen und den Beweis versuchen könne, dass die Contrahenten etwa nur die Rechtsfolgen, als wenn tradirt wäre, gewollt hätten.

---

1) Den Versuch, den Esmarch in seiner Schrift über die *Vacuae possessionis traditio* im Anschluss an Brinz Lehre von der *possessionis traditio* macht, in der *vacuae possessionis traditio* ein besonderes Rechtsgeschäft zu construiren, welches er als Ueberlassung des Besitzes der Sache mit dem Recht, den Nutzen und Ertrag derselben seinem Vermögen einzurechnen, einseitig den Besitz derselben zu ergreifen und alle sonstigen an den Besitz geknüpften Vortheile zu erlangen, bezeichnet, kann ich nicht näher berücksichtigen, verweise indess auf die Zurückweisung, die Esmarchs Theorie neuerdings durch O. Wendt, das Faustrecht etc., Jahrb. f. Dogm. Bd. 21 S. 288 ff., erfahren hat.

2) Contr. Goldschmidt, Handelsrecht Bd. I Abth. 2 S. 610, Hauser, Stellvertretung im Besitz S. 49 ff., und Seuff., Arch. Bd. XIX Nr. 15 und Bd. XXX Nr. 119, wo die Erklärung, dass tradirt sein solle, als für den Besitzübergang genügend angesehen ist.

3) Conf. Seuff., Arch. Bd. X Nr. 229 und Bd. XII Nr. 122.

4) Conf. Meischeider, Besitz und Besitzesschutz S. 290 ff.

5) Conf. Der Besitz als Recht in *thesi* S. 136.

Exner[1]) scheint im Wesentlichen v. Liebes Anschauung zu theilen, wenn er den Beweis einer bestimmten *causa*, auf Grund deren die Detention der tradirten Sache vorerst noch beim Geber zurückbleibt, zum Beweis des Eigenthumserwerbs durch *constitutum possessorium* verlangt, dagegen, falls nur jene *causa* aus den Umständen zu erweisen ist, den Nachweis der Erklärung des Gebers, dass er Besitz und Eigenthum sofort auf den Nehmer übertragen wissen wolle, garnicht für erforderlich hält. Und auch Randa[2]) verlangt für den Besitzübergang durch *constitutum* zwar keine *causa* im objektiven Sinne aber doch eine *causa* im subjektiven Sinne, eine Meinung der Partheien, die er als abstracte nicht für denkbar hält, bei der er vielmehr immer einen bestimmten *animus tenendi* voraussetzt, mag derselbe nun *ex deposito* oder *ex commodato* oder aus einem ähnlichen Verhältniss entstanden sein.

Demgegenüber möchte ich die Behauptung aufstellen, dass ein ernstlicher Wille der Partheien in Betreff des Vorhandenseins jenes Herrschaftsverhältnisses in dieser neuen Form auch abgesehen von jeder Begründung eines bestimmten Rechtsverhältnisses gedacht werden kann. Und nur auf den ernstlichen jeder Simulation fernstehenden Willen der Partheien kommt es m. E. an, wenn das Vorhandensein eines durch die Rechtsordnung zu schützenden Besitzes in Frage steht. Ob aber ein derartiger ernstlicher Wille, bei dem es für die Besitzfrage völlig gleichgültig ist, ob derselbe auf eine *justa causa* zurückzuführen ist, im concreten Falle vorliegt, bleibt Thatfrage, und allgemeine Regeln lassen sich darüber nicht aufstellen. Es kann das der Fall sein, obgleich A und B lediglich dahin übereingekommen sind, wer von nun an den Andern als Besitzer ansehen will, und es ist möglicherweise nicht der Fall, obwohl ein schriftlicher Miethvertrag zwischen A und B vorliegt. Erscheint es doch auch für die Rechtsordnung ebenso unwürdig, sich durch das blosse Vorhandensein eines solchen Schriftstücks zur Gewährung des Schutzes zwingen zu lassen, wie es andrerseits thöricht wäre, wollte sie, wie ihr vielfach zugemuthet wird, den Besitzübergang beim *constitutum possessorium* nur dann als erfolgt ansehen, wenn die einzelnen Gegenstände mit dem Finger berührt sind. Wir sehen täglich, was die Praxis von diesen Auffassungen hält, und wie für sie die Frage immer mehr

---

1) Conf. Die Lehre vom Rechtserwerb durch Tradition S. 145.

2) Conf. Der Besitz nach östr. R. 2. Aufl. S. 421.

Bedeutung gewinnt, ob der angebliche Besitzer nach Lage der Umstände wirklich Herr der Sache ist und es sein will.

Ich kann auch die Frage, ob der durch einen Andern als *detentor* ausgeübte Besitz durch *constitutum* des eigentlichen Besitzers auf einen Dritten übertragen wird, weder unbedingt bejahen, wie Goldschmidt [1]) und Randa [2]), noch unbedingt verneinen, wie v. Liebe [3]), wenngleich der Letztere viel dafür vorgebracht hat, inwiefern ein Verhältniss zur Sache durch die blosse Erklärung des Tradenten noch nicht hervorgebracht scheint. Es bleibt das eben auch hier Thatfrage, und es kann z. B. keinem Zweifel unterliegen, dass, wenn die Verhandlung zwischen dem Tradenten und Accipienten etwa in Gegenwart aber ohne Mitwirkung des *detentor*, dessen *bona fides* nicht in Zweifel zu ziehen ist, vor sich gegangen ist, der Accipient direct in das Machtverhältniss getreten und demnach als Besitzer zu schützen ist. Dass dasselbe auch eintritt, ohne dass der *detentor* von dieser Aenderung des Besitzwillens verständigt wird, wie Randa [4]) annimmt, halte ich indess für unmöglich.

Die Beantwortung der Frage, wie das Connossement und dessen Uebergabe in diesem Zusammenhang aufzufassen ist, würde mich zu weit von meiner Aufgabe, der Besprechung des Besitzes bei den Römern, abführen, wie es denn auch verwirren muss, wenn man Institute des Handelsrechts, die sich aus erst später hervorgetretenen Bedürfnissen erklären, zur Erklärung des römischen Rechts, dem sie zugestandenermassen völlig fremd sind, heranzieht [5]). Ich muss deshalb auf eine Besprechung der Hypothese v. Liebes [6]) in Betreff dieser Frage verzichten.

Und nun bleibt nur die Frage noch zu beantworten, ob jene *possessio*, bei der man regelmässig nicht fragt, wie sie begründet ist, die aller Rechtsfolgen entbehrt und die nicht übertragbar erscheint, sondern sich bei jedem neuen Besitzer der Sache als etwas Originäres darstellt, trotzdem als ein Recht, ein subjektives Recht, bezeichnet werden kann.

---

1) Conf. Handelsrecht Bd. I S. 612.

2) Conf. Der Besitz nach östr. R 2. Aufl. S. 417 ff..

3) Conf. Der Besitz als Recht in *thesi* S. 140 ff.

4) Conf. loc. cit. S. 417.

5) Vergl. Jhering, Jahrb. f. Dogm. Bd. 1 S. 179, und Exner, loc. cit. S. 187.

6) Conf. Der Besitz als Recht *in thesi* S. 142 ff.

In der Bejahung dieser Frage liegt m. E. zugleich die weitere Behauptung, es bestehe ein Rechtsverhältniss zwischen Besitzer und Sache, welches von Jedem als solches anerkannt werden müsse, ja welches auch die Rechtsordnung anerkennen müsse, weil es aus eigener Lebenskraft Bestand habe, und ferner die Behauptung, dass dies Rechtsverhältniss nicht als beseitigt anzusehen ist, auch wenn das thatsächliche Verhältniss mit Gewalt, heimlich oder bittweise durch einen Andern aufgehoben ist, da der Besitzer stets kraft seines Rechtes, welches er sich, sobald es sein Interesse erheischt, vom Richter bestätigen lassen kann, die Wiederherstellung des thatsächlichen Verhältnisses erzwingen kann. Hat der bisherige Gang der Untersuchung nichts für das Vorhandensein eines solchen Rechtes auf Seite des Besitzers, wie es in der That neuerdings wieder vielfach angenommen wird, ergeben, so wende ich mich nun schliesslich zur Prüfung dessen, was die neuesten Vertheidiger der Rechtsnatur des Besitzes für sie vorgebracht haben.

Wenn Meischeider[1]) im Besitz ein subjektives Recht erblickt, welches man hat, weil man es erworben hat, und dessen Vorhandensein er für bewiesen hält, wenn dessen Erwerb bewiesen ist, und wenn er annimmt, dass dem Besitz solche Stellung im Recht bereits angewiesen sei, als man Rechtssätze über den Erwerb des Besitzes aufgestellt habe, so habe ich demgegenüber oben bereits hervorgehoben, dass die Rechtsordnung beim Schutz des Besitzes überall nicht danach fragt, wie er erworben ist. Meischeider sieht es dann lediglich als Eigenthümlichkeit dieses Rechtes an, dass die Justinianische Codification, während sie in Betreff der andern sog. subjektiven Rechte nur Vorschriften über den Erwerb und den Untergang des Rechtes enthalten soll, in dem Codextitel *„de adquirenda et retinenda possessione"* (7. 32) auch über die Fortdauer des Besitzes positive Bestimmungen aufgenommen hat, und das ist recht bezeichnend für die herrschende Anschauung. Hat man sich doch so daran gewöhnt, jedes einzelne sog. subjektive Recht gleichsam als eine Persönlichkeit aufzufassen, deren Leben, falls nur constatirt ist, dass sie geboren, und nicht nachgewiesen ist, dass sie bereits wieder verstorben ist, ohne Weiteres präsumirt wird, dass es in Erstaunen setzt, wenn beim Besitz auch nach dem Bestehen gefragt wird.

Wieviel Unheil die Präsumtionen in der Rechtswissenschaft und speciell in der Lehre vom Besitz angerichtet haben, ist bereits in

---

1) Conf. Besitz und Besitzesschutz S. 198.

directem Anschluss an unsere Frage von Bruns[1]) nachgewiesen. Lässt sich nun auch nicht leugnen, dass wir ganz ohne Präsumtionen garnicht zu einer Feststellung darüber, wer von Zweien sich zur Zeit in einem derartigen Herrschaftsverhältniss zur Sache befindet, wie es die Rechtsordnung mit dem Ausdruck „Besitz" bezeichnet, gelangen können[2]), und entbehrt auch der Satz, dass der Richter vor Gericht keine Wahrscheinlichkeit für Wahrheit gelten lassen dürfe, wenn sich der Wille des Gesetzgebers nicht speciell dafür erklärt hat[3]), überall da der Bestätigung, wo es sich um die Feststellung des Vorhandenseins eines Zustandes handelt, schon weil sich die einzelnen Momente und Beobachtungen, aus denen sich der Beweis des Zustandes zusammensetzt, während der Beweisaufnahme als etwas in der Vergangenheit Liegendes darstellen, so wird man doch dem Satz, dass der Besitz in der Mitte zwischen zwei erwiesenen Besitzhandlungen präsumirt werden müsse, in dieser Allgemeinheit keineswegs zustimmen können, und damit erscheint das wesentlichste Moment, in dem Meischeider die Rechtsnatur des Besitzes erblickt, beseitigt.

Die Beantwortung, die Bekker der Frage hat zu Theil werden lassen, muss mich sodann näher beschäftigen.

Wenngleich er[4]) richtig hervorhebt, dass der Ausdruck *possidere* in den Quellen häufig nichts Anderes bedeutet, als in einem durch Interdicte geschützten Verhältniss stehen[5]), sieht er in der *possessio* doch keineswegs nur ein thatsächliches Verhältniss. Aus dem thatsächlichen Verhalten und Thun des Besitzers zur Sache, der *possessio*, resultiren nach seiner Ansicht, wie ich schon hervorhob, Rechtsfolgen, die er dann als Recht des Besitzes bezeichnet. Das ganze Dürfen und Sollen des Besitzers, sein ganzes rechtlich anerkanntes Können, die Verfügung über die besessene Sache und ihr Genuss ist ihm das subjektive Recht des Besitzers[6]). Und wenn ihm auch durch die vorstehenden Ausführungen der Nachweis geliefert wäre, dass diejenigen Momente, die er als Rechtsfolgen des Besitzes

---

1) Conf. Jahrb. f. d. gem. Recht Bd. 4 S. 54 ff.

2) Conf. Seuff., Arch. Bd. XVIII Nr. 114.

3) Conf. Seuff., Arch. Bd. VIII Nr. 232.

4) Conf. Recht des Besitzes S. 33 ff.

5) Vergl. A. Pernice, Zeitschr. f. Handelsr. Bd. 22 S. 423, und Randa, der Besitz nach östr. R. 2. Aufl. S. 6, „der Besitz ist, was er ist, eben nur durch seinen Schutz".

6) Conf. loc. cit. S. 243 ff. und S. 272 ff.

bezeichnen möchte, nicht in dem Besitz ihre Begründung finden, so erscheint ihm doch die blosse Möglichkeit, die Sache zu gebrauchen, über sie zu verfügen, auch jede Störung der ihm mit der Innehabung gegebenen Nutzungsmöglichkeit zurückzuweisen, und endlich die Befugniss zum Gebrauch der Interdicte als ein *jus possessionis*, ein Recht im subjektiven Sinne. Er meint, dass jedem Besitz ein solches Recht zur Verfügung entspricht, und dies soll beim juristischen Besitzer auch dann stets vorhanden sein, wenn er die faktische Verfügung und den faktischen Genuss momentan nicht hat[1]).

Wenn wir gesehen haben, wie in den römischen Rechtsquellen ein solches Recht, welches sich ohne Weiteres als Folge eines als *possessio* bezeichneten Zustandes ergeben soll, nirgends Erwähnung findet, so werden wir uns nach allgemeinen Gründen für die Bekker'sche Ansicht umsehen müssen. Sie erklärt sich m. E. vor Allem aus der eigenthümlichen Anwendung, die Bekker dem Begriff „Thatsache“ giebt. Nicht nur die Gewalt, die der Einzelne als Berechtigter über Sache und Personen hat, sieht er als eine Thatsache an, Thatsache ist ihm auch die Geltung und bindende Kraft einer auf der erforderlichen Anerkennung beruhenden Regel, dass gewisse Vorgänge gewisse Folgen haben sollen, also der sich auf den fraglichen Zustand beziehende Satz des sog. objektiven Rechts. Und als Thatsache im weiteren Sinne erscheint ihm auch der Anspruch des Berechtigten auf Gewährung der Rechtshülfe gegen die Gerichte, also das, was er dann als das subjektive Recht bezeichnet. Und wenn es richtig wäre, dass jeder thatsächlichen Ausübung einer Gewalt über die Sache im Fall des Vorhandenseins eines den Schutz der Rechtsordnung für einen derartigen Zustand verheissenden allgemeinen Rechtssatzes auch stets dieser Schutz als eine unausbleibliche Thatsache folgt, dann würde Bekker allerdings von einem der *possessio* stets entsprechenden *jus possessionis* auf Seiten des Besitzers sprechen können.

Es ist nur consequent, wenn Bekker auch jedes Naturgesetz, jeden physikalischen Satz, z. B. dass Wasser bei 0 Grad gefriert und bei 80 Grad ins Kochen kommt, oder dass Zucker im Wasser schmilzt, gleichfalls als Thatsache bezeichnet. Aber hier tritt das Irrige seiner

---

1) Vergl. Kindel in Gruchots Beiträgen Bd. 21 S. 450 ff. und dessen Recension von Bekkers Recht des Besitzes in Rassow und Küntzels Beiträgen Bd. 25 S. 503, wo sich die Behauptung findet, dass der Besitz wie jedes Recht von einem Thatbestand abhängt, ohne dieser Thatbestand selbst zu sein.

Anschauungsweise sofort klar hervor. Verkennt er doch durchaus, dass in einem derartigen Naturgesetz lediglich die Ueberzeugung, die aus den über eine bestehende Relation bestimmter Thatsachen gemachten Erfahrungen gewonnen ist, Ausdruck findet[1]). Und der Satz, dass bei jeder Wiederholung derselben Bedingungen sich diese Erfahrung überall bestätigen werde, ist soweit entfernt, schon eine Thatsache zu sein, dass jeder auch der geringfügigste jener Relation hinzutretende Umstand, der bei Aufstellung des Satzes übersehen, jeder Fehler, der bei Beobachtung der dem Erfahrungssatz zu Grunde liegenden Umstände gemacht ist, die Unrichtigkeit des gewonnenen Urtheils zur Folge hat.

Und mit noch viel geringerer Sicherheit können wir behaupten, dass dem Urtheil, welches wir über einen thatsächlichen Zustand, in dem wir uns dem Gegner gegenüber befinden, fällen, indem wir ihn als Besitz und uns als Besitzer bezeichnen, wirklich der von der Rechtsordnung im Allgemeinen für einen solchen Zustand verheissene Schutz als unausbleibliche Folge entspricht. Das hängt vielmehr abgesehen von der Richtigkeit unserer Beurtheilung des Zustandes auch noch von der dauernden Geltung des objektiven Rechtsatzes, welcher jederzeit Veränderungen unterliegen kann, und sodann vor Allem davon ab, ob die von der Rechtsordnung zur Ausführung des objektiven Rechtssatzes bestimmten Organe den Zustand richtig auffassen und den Rechtsatz richtig anwenden. Der Umstand, dass die Rechtsordnung bisher in anscheinend gleichartigen Fällen ihren Schutz gewährt hat, berechtigt zwar zu der Hoffnung, sie werde auch diesmal wieder schützen. Indess diese Hoffnung kann fehlschlagen, sei es nun, weil die Rechtsordnung faktisch nicht in der Lage ist, den Schutz gewähren zu können, da sich die Staatsgewalt in ihrer Action nicht frei fühlt, oder sei es, dass die Handhabung des Rechts nicht in die richtigen Hände gelegt, das Verhältniss nicht richtig erfasst ist, oder sei es endlich, dass die Rechtsordnung in dem Moment, wo ihr Schutz erbeten wird, das Verhältniss nicht mehr als ein schutzwürdiges ansieht.

Das Ergebniss der vorstehenden Betrachtung ist sonach dies: das thatsächliche Verhältniss des Besitzers zur Sache giebt ihm vor der Einführung des Verhältnisses in den Process noch überall keine Sicherheit, dass er in diesem Zustand von der Rechtsordnung wirklich

---

1) Vergl. Schlossmanns Recension der Zitelmann'schen Untersuchung über Irrthum und Rechtsgeschäft in Grünhuts Zeitschrift Bd. 7 S. 550.

geschützt wird, der Besitz ist vorher noch keine durch die Rechtsordnung anerkannte Befugniss und insofern noch kein subjektives Recht.

Es entsteht nun aber die Frage, ob etwa A, falls ihn der *judex* in der *pronuntiatio*, dem einzigen Resultat des Besitzprocesses, als *possessor* bezeichnet, damit als Inhaber eines Rechtes anerkannt wird, welches bereits vor dieser Anerkennung vorhanden ist und nur irrthümlicherweise vom Richter hätte verkannt werden können, ob also dieses Urtheil nur declaratorischer Natur ist

Diese Ansicht, auf die ich oben[1]) bereits hinwies, wird von Bekker und vielen Neueren vertreten. Dass sie unrichtig ist, ergiebt sich m. E. schon daraus, dass der *judex* den A ja nur für den Moment, in dem das Verhältniss seiner Beurtheilung unterstellt ist, und lediglich dem concreten Gegner B gegenüber als *possessor* bezeichnet, und dass derselbe *judex* möglicherweise demselben A gleichzeitig, und ohne dass sich dessen Verhältniss zur Sache irgend wie geändert hätte, im Verhältniss zu einem Dritten den Besitz abspricht, und beide Entscheidungen doch miteinander harmoniren. Sucht doch die *pronuntiatio* lediglich eine zwischen den concreten Processpartheien bestehende Collision zu lösen, und will sie doch in den meisten Fällen nur die Rollen für den Eigenthumsprocess zwischen A und B bestimmen.

Aber ich möchte noch weiter gehen. Ich meine, die *pronuntiatio* erkennt nicht nur kein bereits früher vorhandenes Recht des Besitzers an, sie schafft auch kein Recht und ist sonach auch nicht constitutiver Natur im Sinne Brunners[2]). Denn in der *pronuntiatio* liegt nicht etwa schon die Anwendung von Rechtssätzen auf ein thatsächliches Verhältniss, sondern sie ist nichts als die unter Anwendung eines technischen Begriffs von Seiten des Richters vorgenommene Bezeichnung des vorliegenden concreten Zustandes, soweit das Verhältniss des A und des B zur Sache in Frage steht, es wird dadurch lediglich ein momentanes wirthschaftliches Verhältniss in einer für die Anwendung von Rechtssätzen massgebenden Weise festgestellt.

Dieser Satz dürfte nachstehend näher zu begründen sein.

Nach dem bedeutsamen Vorgange Bindings[3]) hat man sich neuerdings vielfach bemüht, das Wesen des Rechtssatzes besser zu erkennen, und Binding hat es wie der Goethe'sche Zauberlehrling

---

1) Conf. S. 74.

2) Conf. Zeugen und Inquisitionsbeweis etc. in den Berichten der kaiserl. Akademie zu Wien Bd. 51 S. 346 ff.

3) Conf. die Normen und ihre Uebertretung Bd. I und II.

erleben müssen, dass ihm die Norm, der er Bedeutung verschaffte, nun gleichsam über den Kopf wuchs, und dass er sie nicht los werden kann, auch wo er ihre Bedeutung nicht anerkennen möchte [1]). Ich kann es hier dahingestellt sein lassen, ob wirklich in jedem Rechtssatz, wie Thon annimmt, eine Norm, ein Imperativ zu finden ist, jedenfalls lässt sich jeder Rechtssatz, wie Bekker [2]) richtig hervorhebt, auf das Schema: „Wenn a ist, soll α sein", zurückführen. Bei Anwendung eines Rechtssatzes auf ein concretes Verhältniss sind also stets zwei Momente bestimmt zu unterscheiden, nämlich einmal die Feststellung des Umstandes, dass a, die Voraussetzung für die Durchführung von α, wirklich vorliegt, und sodann die Durchführung von α. Dabei erscheint es gleichgültig, ob das a des Schema eine einfache Thatsache oder eine Complication verschiedener Thatsachen ist, die die Rechtsordnung dann wieder durch einen einzigen Ausdruck benennt und bestimmt bezeichnet, immer bleibt die Frage, ob das, was ein solcher Ausdruck benennt oder bezeichnet, im einzelnen Falle wirklich vorhanden ist, lediglich *quaestio facti* nicht *quaestio juris* [3]), und in der Subsumtion der thatsächlichen Vorgänge des wirthschaftlichen Lebens unter die Begriffe, in denen die Voraussetzungen für die Anwendung der Normen Ausdruck gefunden haben [4]), liegt nicht schon die Anwendung von Rechtssätzen, da es m. E. keine „begriffsentwickelnden" Rechtssätze giebt [5]).

So wird auch durch die *pronuntiatio* des *judex* nur das momentane thatsächliche Verhältniss des A und des B zur Sache unter eine technische Bezeichnung subsumirt, und damit das a im Bekker'schen Schema, das Vorhandensein der Voraussetzung für das Einschreiten der Rechtsordnung zu Gunsten des vom *judex* als *possessor* Bezeichneten constatirt, und keineswegs bereits ein Rechtssatz zur Anwendung gebracht.

1) Vergl. Thon, Rechtsnorm und subjectives Recht, und dagegen Bindings Recension in der Kritisch. Vierteljahrsschrift N. F. Bd. 2 S. 544 ff.

2) Conf. loc. cit. S. 36.

3) Vergl. Cosack, die Vererblichkeit des Besitzes S. 13, und Seuff., Arch. Bd. VIII Nr. 184 gegen Bd. XII Nr. 211.

4) Conf. Leonhard, ein Beitrag zu der allgemeinen Civilrechtslehre etc. in Grünhuts Zeitschrift Bd. 10 S. 6.

5) Wenn Windscheid, Lehrb. des Pandektenrechts Bd. I S. 64 (2. Aufl.), den Satz, dass das Testament vor 7 Zeugen errichtet werden müsse, als Musterbeispiel solcher begriffsentwickelnden Rechtssätze anführt, so liegt darin m. E. eine Bestätigung der Richtigkeit meiner Behauptung. Denn auch das bereits vorhandene regelmässig errichtete Testament bildet lediglich eine thatsächliche Voraussetzung für die Anwendung von Rechtssätzen.

Ich habe oben[1]) bereits auf die Aehnlichkeit der *pronuntiatio* und der sog. thatsächlichen Feststellung im Strafurtheil hingewiesen. Auch die Subsumtion der als erwiesen erachteten Thatsachen unter die vom Gesetzgeber als Merkmale der strafbaren Handlung aufgestellten Begriffe ist m. E. lediglich eine Beurtheilung von Thatfragen, nicht schon die Anwendung von Rechtssätzen. Es ist lediglich *quaestio facti*, ob im concreten Falle ein Diebstahl oder eine Unterschlagung, eine vollendete Handlung oder ein Versuch, eine Körperverletzung und ein Hausfriedensbruch in idealer oder realer Concurrenz vorliegen. Das dürfte sich schon aus den Bestimmungen der Strafprocessordnung in Betreff der Revisionsinstanz ergeben[2]). Während die Rechtsordnung jeden Satz, den sie ihren Organen als Norm ihres Handelns, sei es nun in Betreff der processualischen Behandlung des Straffalles, oder sei es in Bezug auf das Aburtheilen selber vorgeschrieben hat, mit allen Mitteln zur Durchführung zu bringen und etwaige Fehler ihrer Organe in dieser Richtung in einer zweiten Instanz zu beseitigen sucht, unterlässt sie es, den Denkprocess, den Weg, auf dem der Richter zu jener Subsumtion gekommen ist, noch einmal nachzuprüfen[3]). Das geschieht offenbar, weil es nicht Rechtsfragen sondern Thatfragen sind, die in dieser Feststellung ihre Beantwortung gefunden haben. Und weil

---

[1]) Conf. S. 60 Anm. 1.

[2]) Vergl. § 376 und § 394 der St.P.Ordnung und die Motive zu dem Abschnitt über die Revision, in denen hervorgehoben ist, dass das von dem Richter der Vorinstanz festgestellte thatsächliche Ergebniss für die höhere Instanz massgebend ist, insofern dasselbe nicht etwa im Wege eines gesetzwidrigen Verfahrens gewonnen ist (Entwurf der St.P.O. nebst Motiven und Anlagen. Berlin 1872 S. 211).

[3]) Vergl. Löwe, die Strafprocessordnung für das deutsche Reich 2. Aufl. S. 643, der eine rechtliche Seite dieser Subsumtion unterscheiden will, die der Revision unterliegen soll, dabei aber einräumen muss, dass eine solche Unterscheidung in Betreff der Beantwortung der den Geschworenen vorgelegten Fragen, die diese Subsumtion schon enthält, wegen der hier fehlenden Begründung der Entscheidung unausführbar ist. Ich meine aber, dass solche Prüfung überall nicht möglich ist, ohne den ganzen Weg von der Ermittelung der einzelnen Thatsachen an wie in der Berufungsinstanz noch einmal durchzumachen, und verweise bei dieser Gelegenheit, was die Anschauung der Römer in Betreff dieser Frage betrifft, auch auf l. 32 D. 42. 1., in der, wie v. Bethmann-Hollweg, der Civilprocess des gem. R. Bd. II S. 607 Anm. 3, sehr richtig hervorhebt, der allgemeine Gedanke ausgesprochen liegt, dass die Entscheidung des *judex* wegen falscher Subsumtion der Thatsachen nicht etwa nichtig ist, sondern nur durch Appellation angefochten werden kann, offenbar weil hier das Urtheil nicht einem Rechtssatz widerspricht.

die Subsumtion des Thatbestandes unter die technischen Begriffe, mit denen die Rechtsordnung im Strafrecht operirt, nichts als die Feststellung des concreten Thatbestandes ist und insofern lediglich die Grundlage und Voraussetzung für die das Recht ausübende Thätigkeit des Staates bildet, so konnte die Rechtsordnung diese thatsächliche Feststellung dem Urtheil der zwar nicht juristisch gebildeten aber mit den thatsächlichen Verhältnissen des Lebens in engster Berührung stehenden Geschworenen überlassen.

Und aus demselben Grunde erfolgte in Rom die *pronuntiatio* Seitens des *judex*, des Laienrichters. Vor ihm haben dann allerdings die römischen Juristen die ganze Fülle ihrer Beredsamkeit entwickelt, um nachzuweisen, aus welchen Gründen er anerkennen müsse, dass Jemand Besitzer, oder dass Jemand nicht Besitzer sei. Aber diese Erwägungen der römischen Juristen darüber, ob die Begriffsmerkmale der *possessio, animus* und *corpus*, auf der einen oder auf der andern Seite vorliegen, und ob von der einen Parthei etwa Gewalt gegen die andere Parthei geübt oder deren Vertrauen in bestimmter Weise gebrochen ist, sind, auch wenn sie in der Justinianischen Codification Aufnahme gefunden haben, doch keine rechtlichen Erwägungen sondern lediglich allgemeine Beweisgrundsätze im Gegensatz zu den speciell bewiesenen Thatsachen, *praesumtiones* im Gegensatz zu den *probationes* im Sinne der l. 23 pr. D. 4. 2, aber *praesumtiones hominis* nicht *juris*, d. h. allgemeine Erwägungen thatsächlicher Natur, die lediglich benutzt werden, um, von den speciell als vorhanden bewiesenen Umständen ausgehend, an der Hand derselben rascher zu einer Entscheidung darüber zu gelangen, ob *in concreto* ein Verhältniss des Einen oder des Andern zur Sache vorliegt, wie es die Rechtsordnung mit dem Ausdruck *possessio* bezeichnet. Und diese Erwägungen stehen den stabilen Rechtssätzen, die nur einer Veränderung unterliegen, insofern dieselbe durch die Rechtsordnung selbst vorgenommen wird, direct gegenüber, da sie mit den Menschen, mit den Anschauungen, mit den Zeiten und mit den Verhältnissen wechseln.

Es dürfte sonach unrichtig sein, wenn unsere dogmatisirende Jurisprudenz, indem sie die vielen concreten Thatbestände, bei denen die römischen Juristen zu der Entscheidung kommen, dass ein Verhältniss vorliege, in dem A dem B gegenüber als *possessor* zu schützen sei, zu einem einzigen Thatbestand zu vereinigen sucht, obwohl sie nicht ernstlich bestreiten kann, dass es sich bei Feststellung der einzelnen concreten Thatbestände um die Beurtheilung von Thatfragen, nicht um die Anwendung von Rechtssätzen handelt, nun doch behaupten will, die gleichartigen Erwägungen des *judex* bei Ermittelung der verschiedenen Thatbestände beruhten nicht nur auf ein und demselben Gedankengang, sondern ihnen liege auch ein einheitlicher Rechtssatz unausgesprochen zu Grunde.

Beruht aber der Ausspruch, dass A dem B gegenüber als Besitzer anzusehen sei, nicht auf der Anwendung eines Rechtssatzes, spricht der *judex* in der *pronuntiatio* lediglich die Ansicht aus, dass sich A momentan dem B gegenüber in einem derartigen Verhältniss zur Sache befinde, wie es der Praetor als Voraussetzung für die Anwendung eines Rechtssatzes hingestellt hat, so lässt sich schon aus diesem Grunde die Behauptung, dass Jemand durch die *pronuntiatio* als Inhaber eines Rechts anerkannt werde, nicht aufrecht erhalten.

Auch die Bekker'schen Deductionen geben mir also keine Veranlassung, ein Recht des Besitzes bei den Römern anzuerkennen.

Auf Degenkolbs[1]) potentielles Recht, auf das er das aktuelle Recht des concreten Besitzers aus dem Besitz zurückführen will, weise ich in diesem Zusammenhang nur hin, ohne auf seine Erörterungen über die Natur der modernen Feststellungsklagen und der römischen Präjudizien weiter eingehen zu können. Degenkolb hat richtig hervorgehoben, dass die *pronuntiatio* keine *actio* erzeugt, und dass es Feststellungsklagen „zur Sicherung eines thatsächlichen Zustandes an sich" giebt, und es verwirrt m. E. nur, wenn er, um die Rechtskraft jeder *pronuntiatio* und die Beziehung jeder Feststellung von Thatsachen zu einem Rechtsbestand, der in seinem Dasein oder in seiner Beweisbarkeit von ihnen abhängt, trotzdem aufrecht erhalten zu können, neben dem objektiven Rechte von „*officio judicis* zu beachtenden in der Bildung begriffenen Sätzen des materiellen Verkehrsrechts" und neben den aktuellen subjektiven Rechten von „publicistisch-subjektiven Rechten" spricht[2]).

Das, was neuerdings Cosack[3]) und Seitz[4]) in Betreff der

---

1) Conf. Einlassungszwang und Urtheilsnorm S. 183 N. 1.

2) Conf. loc. cit. S. 154 ff. und 183.

3) Conf. Die Vererblichkeit des Besitzes S. 21. Er nimmt an, dass zur Entstehung des *jus possessionis*, des Rechts einer Person auf Schutz ihres Besitzes gegen Eigenmacht, auch nach positivem römischen Recht noch ein bestimmter Act wirklicher Herrschaftsbegründung erforderlich sei, während er in dem Besitz selbst nur 'ein thatsächliches Verhältniss der Person zu einer bestimmten Sache, kraft dessen sie diese ihrer Herrschaft unterwerfen kann, erblickt.

4) Conf. Der heutige positive nationale Besitz etc. S. 51. Er bezeichnet die *possessio* wie das römische *factum*, welches er als technisch-juristischen Ausdruck

Rechtsnatur des Besitzes vorgebracht haben, darf ich als unwesentlich gleichfalls übergehen und habe mich schliesslich noch mit v. Liebes Ansicht über das Wesen des Besitzes zu beschäftigen [1]).

Er deducirt, dass, soweit das Recht die Verwirklichung unserer Vorstellungen garantirt, dieselben zu Befugnissen, Rechten im subjektiven Sinne werden, und dass das Recht gewissen Vorstellungen bereits *in thesi* seine Garantie verheisse, d. h. dass sie nur wirklich vorhanden zu sein brauchen, um zu Rechten im subjektiven Sinne zu werden. Und als derartiges Recht sieht er auch den Besitz an.

Seine Scheidung zwischen *jus in thesi* und *jus in hypothesi* beruht m. E. auf einem richtigen Gedanken, den ich indess lieber dahin präcisiren möchte, dass die Rechtsordnung häufig lediglich um des augenblicklichen Thatbestandes willen, häufig dagegen um dieses Thatbestandes und zugleich um der Verhältnisse willen, unter denen jener Thatbestand begründet ist, endlich häufig wieder lediglich um solcher Verhältnisse willen, unter denen er begründet ist, einerlei ob er zur Zeit bereits wieder beseitigt ist, eine Person im Verhältniss zu einer Sache schützt. Und auch darin hat v. Liebe [2]) Recht, wenn er, wie ich schon mehrfach hervorhob, bei der Frage nach dem Schutz des Besitzes nicht auf Erwerbsthatsachen zurückgeht, sondern nur auf das gegenwärtige Verhältniss der Person zur Sache sieht, für welches die vorübergehenden Handlungen nur als Anzeichen Bedeutung haben können [3]).

Dagegen dürfte es nach den vorstehenden Erörterungen unrichtig sein, wenn v. Liebe annimmt, dass bereits unsere Vorstellung von dem Vorhandensein jenes Verhältnisses eine Garantie für den Schutz der Rechtsordnung bietet, da es ja, wie wir sahen, lediglich darauf ankommt, wie die Rechtsordnung durch ihre Organe das Verhältniss ansieht.

---

ansieht, der besagt, dass ein Rechtsverhältniss nicht dem *jus civile* sondern etwa dem *jus gentium, honorarium etc.* angehört, nicht als Thatsache im heutigen Sinne, sondern als ein wirkliches Recht.

1) Conf. Der Besitz ein Recht *in thesi*. Ich referire die Ansicht genauer, da sie noch zu wenig Berücksichtigung gefunden hat.

2) Conf. loc. cit. S. 5.

3) Das *jus in thesi* v. Liebes erinnert hier durchaus an die Annahme Ziebarths, (Realexecution etc. S. 229), dass sich das absolute Element des dinglichen Rechts in dem Besitz verkörpert oder Besitz und zwar fortdauernder Besitz ist. Doch würde mich eine Betrachtung dieser Ansicht zu weit abführen, da sie nicht auf dem Boden des römischen sondern auf dem des deutschen Rechts gewonnen ist.

Er schliesst sich sodann durchaus denjenigen Besitztheorien, die den Grund des Besitzesschutzes in dem Willen erblicken, und darunter namentlich der Ansicht von Bruns an, wenn er das eine Moment jenes gegenwärtigen Verhältnisses, das *corpus*, in der Sicherheit erblickt, dass alle Dritten in der zeitigen Ortsbestimmung in Betreff der Sache unsere ohne Scheu vor einem Conflict vollzogene That zu erkennen haben, und Besitz annimmt, falls daraus unser dauernder *in thesi* berechtigter Wille, die Sache fürderhin zu besitzen, hervorleuchtet, und dies Wollen Recht, dies Recht Macht nennt und die Herrschaftsvorstellung darin bestehen lässt, dass man die Verfügung über die Sache als lediglich von dem eigenen nicht dem Willen eines Dritten unterworfenen Willen abhängig denkt. Dabei sucht er Bruns Satz, dass das Factum des Besitzes wegen des allgemeinen Rechtes des Willens gegen Gewalt geschützt werde, weil es faktisches Dasein des Willens sei[1]), nur insofern zu beschränken, als er hervorhebt, dass der Wille unter Abstraction von allen speciellen Voraussetzungen nur dann als berechtigt anzuerkennen sei, wenn sein Inhalt allein ihn ohne Weiteres unter gesetzlichen Schutz stellt. Aber geschützter Wille erscheint auch ihm als Recht, und in dem Besitz als *jus in thesi* sieht er einen Fall des voraussetzungslosen Schutzes.

Und weil v. Liebe annimmt, dass im rechtlichen Dürfen mit Nothwendigkeit auch die Befugniss liegt, alle Mittel anzuwenden, die erforderlich sind, um unsere erlaubte und garantirte Vorstellung zu verwirklichen, indess einsieht, dass, wollte man die gewaltsame Durchführung aller Rechte den Einzelnen gestatten, die subjektive Rechtsanschauung an die Stelle des richterlich als objektiv richtig erkannten Rechtes gesetzt würde, so räumt er zwar ein, dass die römische Rechtsentwicklung ihren Abschluss in dem Gebote gefunden habe, dass die Voraussetzungen eines jeden Rechtes *in hypothesi* vom Richter festzustellen sind, und dass hier ausschliesslich gerichtliche Hülfe als Mittel zur Realisirung des Rechtes anerkannt ist, will aber beim Besitz die richterliche Feststellung nicht zwischen das Dürfen und die Vollziehung einschalten. Er meint, dass, wenn der Berechtigte, falls er bei einer Besitzhandlung auf Widerstand stösst, mit der Ausübung seiner Herrschaft einhalten wollte, er damit, da dieses Recht ein Machtverhältniss sei, den Thatbestand seines Rechtes, die Macht, alteriren und sein Recht *in thesi* zu einem Recht *in hypothesi*

---

1) Conf. Das Recht des Besitzes im Mittelalter S. 491.

abschwächen würde. Deshalb soll es dem Besitzer gestattet sein, den aktuellen Thatbestand seines Rechtes selbst festzustellen, *(jus sibi dicere)*, und denselben mit Gewalt aufrecht zu erhalten. Da mit aber diese unvermeidliche Privatfehde, bei der der Besitzer übrigens nur in dem durch die Realisirung seines Rechtes erforderten Masse *sine dolo et culpa* Gewalt anwenden soll, nicht die öffentliche Ruhe und Ordnung in Mitleidenschaft zieht, glaubt v. Liebe, dass für den Kampf, so zu sagen, ein Comment eingeführt sei, durch den für die erlaubte Anwendung der Gewalt die Grenzen bestimmt wurden.

Ich habe die Punkte, in denen ich mit den vorstehenden Deductionen übereinstimme, oben bereits genügend hervorgehoben. Aber darin scheint mir v. Liebe zu irren, wenn auch er von einem mit der Nothwehr im Strafrecht identischen Recht der Selbsthülfe, einem Recht, sein Wollendürfen zu realisiren, ausgeht, welches er dann zwar im Allgemeinen, dagegen nicht in Betreff des Rechtes, den Besitz zu behaupten, beschränken will[1]).

Meines Erachtens hat vielmehr die Rechtsentwicklung den umgekehrten Gang genommen, insofern die Machtverhältnisse ursprünglich der Macht überlassen waren, bis die Rechtsordnung eins nach dem andern in ihren Kreis gezogen und damit die Selbsthülfe nicht als ein Recht sondern als Ausfluss der Macht mehr und mehr beschränkt hat. Die freie Verfügung über die Sachen, die thatsächlich unter meiner Herrschaft stehen, ist ein solches Machtverhältniss, welches noch nicht in den Kreis der Rechtsordnung hineingezogen ist, und es steht damit ebenso wie mit der Benutzung der einzelnen Theile und Organe des Körpers. Denn in dem Ausspruch Goethes:

Jahrelang schon bediene ich mich meiner Nase zum Riechen,
Hab' ich denn wirklich auf sie auch ein erweisliches Recht.

scheint mir keineswegs, wie v. Liebe annimmt, juristische Weisheit zu liegen, sondern er beruht, gleichwie v. Liebes Recht zu athmen und zu leben, auf einer Begriffsverwirrung, die auf die herrschende Theorie in Betreff des sog. subjektiven Rechts zurückzuführen ist[2]). Wäre es wahr, dass der Besitzer sich selber Recht sprechen kann, dann würde das nur ein Beweis dafür sein, dass die Rechtsordnung dies Verhältniss noch nicht in ihren Kreis gezogen hat, und überall, wo, wie beim gewaltsamen Angriff *(vis)*, die Selbsthülfe noch nicht

[1]) Conf. loc. cit. S. 20—23.
[2]) Conf. Thon, Rechtsnorm und subjectives Recht Abschn. VI.

verboten ist, sehen wir, dass die Rechtsordnung noch Raum lässt für Collisionen zwischen Mensch und Menschen, in die sie sich nicht mischen will.

Der Fehler, den v. Liebe, wie alle die, welche den Besitzesschutz auf den Willen zurückführen, begeht, beruht also offenbar auf der unrichtigen Annahme, der Standpunkt, den die Rechtsordnung diesem Verhältniss gegenüber einnehme, sei auf Seiten des momentanen Machthabers, die Rechtsordnung gehe darauf aus, diesen in seinem Verhältniss zu schützen, während sie sich in Wahrheit über den collidirenden Interessen befindet und darauf ausgeht, in einem höheren polizeilichen Interesse die vorhandene Collision angemessen und nach humanen Grundsätzen zu schlichten, sodass die Entscheidung in Wahrheit nur dahin geht, *uter possessor sit*, und sich das Weitere dann nur als Consequenz daraus ergiebt, weil die Rechtsordnung ihre Autorität einbüssen würde, wenn sie nicht Mittel anwenden würde, ihrer Entscheidung auch auf Seiten der Partheien Anerkennung zu verschaffen[1]).

Ich müsste mich wiederholen, wollte ich hier nochmals darauf hinweisen, wie sich diese Anschauung sowohl aus der Darstellung des Gajus als aus der Justinianischen Codification ergiebt, und wie der Richter in der *pronuntiatio* nicht etwa anerkennt, dass Jemand besessen habe und deshalb ein Recht habe, weiter zu besitzen, sondern nur entscheidet, welcher von den beiden streitenden Partheien die Rechtsordnung in diesem Augenblick, *rebus sic stantibus*, seinen Schutz *qua* Besitzer angedeihen lassen werde, wenn sie diesen Schutz etwa herausfordern würde[2]).

Dass aber v. Liebe, wenngleich er werthvolle Einzelnheiten bei Besprechung des Quellenmaterials in Betreff der Hauptstreitfragen in der sog. materiellen Besitzlehre bringt, und trotz seiner fruchtbaren Antithese des *jus in thesi* und des *jus in hypothesi*[3]) doch nicht zu einer

1) Vergl. v. Randa, der Besitz nach östr. R. 2. Aufl. S. 34, der sehr richtig betont, dass man aus der Verpflichtung Dritter, sich eines Eingriffs in gewisse Zustände zu enthalten, nicht auf das Dasein eines selbstständigen Rechtes, insbesondere eines Privatrechts schliessen dürfe, und dass, wenn man sage, der Besitz sei ein Recht, weil er gegen Eigenmacht schütze, in dem angeblichen Recht nur ein anderer Ausdruck der Klage, d. i. des Schutzes, liege.

2) Conf. Seuff., Arch. Bd. VIII Nr. 232, Bd. XIII Nr. 83 und Bd. XVIII Nr. 114.

3) Der geringschätzenden Kritik, die v. Randa in der Grünhut'schen Zeitschrift Bd. 4 S. 368 ff. der Schrift v. Liebes hat zu Theil werden lassen, kann ich durchaus nicht zustimmen.

befriedigenden Erklärung der römischen Besitzlehre gekommen ist, findet m. E. darin seine Erklärung, dass er sich von der durchaus fehlsamen Begriffsbestimmung des Rechts als Wollendürfen, von der irrigen Anschauung, dass der Besitzer sich den Schutz des Besitzes durch seinen Willen erzwingen soll, nicht freimacht und den Besitz noch immer als Recht, als subjektives Recht ansieht. Diese Anschauung ist entschieden unrömisch, und der Ausdruck *jus possessionis* in Quellenstellen, wie l. 44 pr. D. 41. 2, l. 2 § 38 D. 43. 8 und l. 5 § 1 D. 48. 6, bezeichnet weder sog. Rechtsfolgen des Besitzes, wie Savigny annimmt[1]), noch die Besitzklage, in der Meischeider[2]) die einzige Wirkung des Besitzes erblickt, sondern lediglich den Besitz selber, insofern er Schutz bei der Rechtsordnung findet[3]).

Wenn ich nun schliesslich noch einmal die Frage aufwerfe: Was ist der Besitz? so muss meines Erachtens die Antwort lauten: Er ist keine Eigenthumsposition, keine zur Selbstständigkeit des Schutzes und Rechtes erhobene Situation des Eigenthums[4]), und er ist kein selbstständiges Recht neben dem Eigenthum oder gar neben Besitz und Eigenthum, wie Hasses[5]) namenloses Recht, welches mit dem Besitz durch die Interdicte erworben wird, sondern er ist ein unter gewissen Umständen durch die Rechtsordnung geschütztes thatsächliches Verhältniss, wie das sog. Eigenthum auch nichts Anderes als ein relativ geschütztes thatsächliches Verhältniss zur Sache ist, nur dass bei dem letzteren Verhältniss der Schutz ein weit intensiverer ist.

Dominium und *possessio* stehen sich offenbar nahe, aber nicht in dem Sinne, in dem Seitz[6]) diese Behauptung aufstellt, der in der römischen *possessio* nicht Besitz sondern Eigenthum erblickt. Man

---

1) Conf. Besitz S. 25. Vergl. auch Windscheid, Lehrb. d. Pandektenrechts Bd. I S. 444.

2) Conf. Besitz und Besitzesschutz S. 26.

3) Bekker, Recht des Besitzes S. 335, hat selbst zugegeben, dass das *quam alius non invasit* in l. 44 cit. darauf hinweist. So wird denn auch in l. 5 § 1 cit. das *jus possessionis*, d. h. der Besitz, der *vis*, d. h. der gewaltsam erlangten Detention, gegenübergestellt, und ich halte die von Bekker, loc. cit. S. 336, nach Mommsen vorgeschlagene Lesart *ut priusquam de vi quaeratur de jure possessionis*, die durch nichts begründet ist, unter Berücksichtigung der von mir vertretenen Anschauung in Betreff des *interdictum de vi* für unrichtig.

4) Conf. Jhering, Geist des röm. Rechts Bd. III Abth. I S. 340 und 341 (1. Aufl.).

5) Conf. Rheinisches Museum Bd. 6 S. 189 ff.

6) Conf. Antike und gegenwärtige Bedeutung der römischen *possessio* in der Grünhut'schen Zeitschrift Bd. 6 S. 359 ff.

kann vielmehr umgekehrt sagen, dass das römische *dominium* nichts als eine unter gewissen Umständen begründete *possessio* mit langathmigeren Schutz ist[1]).

Das Resultat meiner Untersuchung über das Wesen des Besitzesschutzes steht also in directem Gegensatz zu derjenigen Anschauung, die Bruns in seinen Besitzklagen vertritt[2]). Bruns erblickt, gestützt auf Paulus[3]), den Grund des Besitzesschutzes darin, dass der Mensch durch seine Freiheit (Persönlichkeit) von selbst berechtigt ist, die Sachen zu beherrschen, und dass demnach sein Herrschaftswille *(animus domini)*, wenn er durch die Besitzergreifung zur thatsächlichen Herrschaft *(corpus)* gelangt ist, ihm bei erwiesener Herrenlosigkeit der Sache von selbst absolutes Recht (Eigenthum) giebt, und sonst wenigstens ein relatives Recht, insofern er nur dem erwiesenen Eigenthum oder einem sonstigen Recht zu weichen braucht, auch dass ihm bis dahin seine Herrschaft wider seinen Willen weder gestört noch entzogen werden darf, er demnach insoweit durch seinen Besitz relativ mehr Recht hat als der Nichtbesitzer.

In diesem Punkte deckt sich Bruns Ansicht, wie bei den Ausgängen, die er für seine allgemeine wissenschaftliche Denkweise genommen hat, nicht Wunder nehmen darf, im Wesentlichen mit der Ansicht von Gans[4]). Und die Consequenzen dieser Anschauung hat der gleichfalls aus Hegels Schule hervorgegangene viel benutzte aber wenig citirte Lenz bereits gezogen, wenn er den Besitz allein ein Recht auf die Sache nennt, und das Eigenthum nur als die rechtliche Möglichkeit, zur Beherrschung der Sache zu gelangen oder wieder zu gelangen, ansieht[5]).

Ich glaube dagegen mit der Annahme der umgekehrten Entwicklung des Besitzesschutzes das Richtigere zu treffen. Nicht durch seine Freiheit von selbst ist der Mensch berechtigt, die Sachen zu beherrschen, und nicht der Herrschaftswille und die thatsächliche

1) Conf. l. 1 § 1 D. 41. 2 *Dominiumque rerum ex naturali possessione coepisse Nerva filius ait, ejusque rei vestigium remanere in his, quae terra mari caeloque capiuntur.* Gegen dieses nahe Verhältniss Beider spricht auch die l. 12 § 1 D. 41. 2. nicht, wenn sie richtig verstanden wird.

2) Conf. loc. cit. S. 292.

3) Conf. l. 2 D. 43. 17 . . . *possessor hoc ipso, quod possessor est, plus juris habet, quam ille, qui non possidet.*

4) Conf. System des Civilrechts S. 202 ff., und „Ueber die Grundlage des Besitzes". Eine Duplik.

5) Conf. Das Recht des Besitzes etc.

Herrschaft in Folge der Besitzergreifung sind der Grund, weshalb die Rechtsordnung Schutz gewährt. Sie sind nur die Voraussetzung, der Thatbestand für den Schutz des Eigenthums wie für den des Besitzes. Aber ein rechtlicher Thatbestand, d. h. ein Thatbestand, den die Rechtsordnung berücksichtigt, den sie schützen zu wollen erklärt, wird Beides, Wille und Herrschaft, erst durch die Rechtsordnung selbst und zwar entweder um der Art und Weise ihrer Begründung willen, bei der sich Jemand ausdrücklich unter ihren Schutz gestellt, sie gleichsam als Gewährsmann aufgerufen hat, in der Form des Eigenthums, oder ohne Rücksicht auf die Begründung, nur insofern die Rechtsordnung ausdrücklich erklärt, dass sie dies concrete Verhältniss zu Gunsten einer bestimmten Persönlichkeit gegen eine bestimmte andere Person in Schutz nehmen werde, in der Form des Besitzes.

Will man diese Hoffnung des Eigenthümers und des Besitzers auf den durch die Rechtsordnung nicht ihm speciell sondern einem derartigen Verhältniss in Aussicht gestellten Schutz als ein subjektives Recht des Eigenthümers und des Besitzers bezeichnen, obwohl die Rechtsordnung täglich ihre Ansicht in Betreff der Angemessenheit dieses Schutzes ändern kann, und Besitzer und Eigenthümer, wenn sie auch vielleicht gestern noch mit guten Gründen auf diesen Schutz rechnen durften, sich heute in dieser Hoffnung getäuscht fühlen, dann ist das Eigenthum ein Recht, und dann ist der Besitz gleichfalls ein Recht.

Aber, wenn man im Uebrigen meinen Ausführungen beipflichten würde, so scheint es mir angemessen, für das fragliche Verhältniss auch diese Bezeichnung aufzugeben, und den Thatbestand des Eigenthums wie den Thatbestand des Besitzes nicht Rechte zu nennen, sondern thatsächliche Verhältnisse zur Sache, denen die Rechtsordnung unter bestimmten Umständen ihren Schutz in Aussicht gestellt hat. Denn es erscheint in hohem Grade bedenklich, Begriffe, denen der Sprachgebrauch eine bestimmte Bedeutung beigelegt hat, in gänzlich anderer Bedeutung anzuwenden[1]).

---

1) Der Begriff des subjektiven Rechts hat es sich allerdings schon häufig gefallen lassen müssen, in den verschiedensten Bedeutungen angewendet zu werden. Ganz orginell dürfte indess die Anwendung dieses Begriffs in Leonhards jüngstem Aufsatz über das subjektive Recht in der Grünhut'schen Zeitschrift Bd. 10 S. 29 sein, wenn er hervorhebt, dass vom logischen Standpunkt dem nichts entgegenstehe, dass auch Thiere subjektive Rechte haben könnten, und dass nur unser

In den letzten Sätzen habe ich Ausblicke auf neue Untersuchungsfelder eröffnet, um, wenn ich hier innehalte, gleich das Ziel anzudeuten, dem ich zusteuere. Und ich meine, das wird man mir am Ende schon jetzt zugeben müssen: Ist es richtig, dass das sog. Recht im subjektiven Sinne auch nur auf einem einzigen Gebiet, in der Lehre vom Besitz, im römischen Recht keinen Boden findet, so wird das Bedenken erregen müssen, ob es denn überall im römischen Recht einen Boden hatte, oder ob es sich nicht vielmehr nur als eine bequeme Fiction der neueren Theorie darstellt, um die reiche Casuistik der römischen Jurisprudenz bequem darlegen zu können.

Ich will hier am Schluss der Untersuchung auch mit der letzten Consequenz meiner Ansicht, die schon Thon, darin gebe ich Binding Recht[1]), hätte ziehen müssen, nicht zurückhalten. Sie lässt sich kurz in den Satz zusammenfassen: Es giebt nur Pflichten und keine Rechte, denn Thons subjektive Rechte sind keine Rechte.

Aber deshalb wird die Rechtsordnung nicht, wie Binding[2]) meint, zur unerträglichsten Zwangsanstalt, und ihre Aufgabe besteht keineswegs in einer stets fortschreitenden Verringerung freiheitlicher Bewegung.

Lassen doch Gesetz und Obrigkeit, indem sie im Staat der Freiheit des Einzelnen, seiner Möglichkeit sich zu Etwas zu bestimmen, unter Umständen entgegentreten, solche Freiheit erst zur Wahrheit werden. Und steht doch der Staat den Beziehungen seiner Bürger, die er vor sein Forum zieht, durchaus nicht ohne jede Beschränkung gegenüber. Aber diese Beschränkung liegt nicht darin, dass „wohlerworbene Rechte" des Einzelnen den besten Bestrebungen des Staates im Interesse der Gesammtheit seiner Glieder als unübersteigliche Hindernisse entgegentreten, sondern lediglich in dem Sittengesetz, dem auch die Träger des Staatsgedankens unterworfen sind. Denn die Obrigkeit ist Gottes Dienerin. Und wenn wir aus den allgemeinen Aufgaben des staatlichen Zusammenlebens erwachsene sittliche Pflichten auch für die Rechtsordnung als massgebend anerkennen, so erhöht sich mit der Erweiterung ihrer Macht auch ihre Verantwortlichkeit.

---

positives Recht sie ihnen nicht gewährt habe. Gegen ein derartiges subjektives Recht zu kämpfen, sehe ich nicht mehr als meine Aufgabe an.

1) Conf. Recension von Thons Rechtsnorm etc. in der Kritischen Vierteljahrsschrift N. F. Bd. 2 S. 557.

2) Conf. loc. cit. S. 554.

Ich aber würde, das bekenne ich gern, darin zumeist den Werth meiner Untersuchung erblicken, wenn deren Resultate etwa mit dazu beitragen könnten, der staatlichen Autorität in diesem Sinne, nämlich als einer göttlichen Ordnung, gegenüber der einseitigen Betonung des aus der Bedeutung des Subjekts und der Souveränität des Volkes entwickelten sog. Rechtsstaates wieder mehr Ansehen und Geltung zu verschaffen.

Berichtigungen und Nachträge.

S. 4 Z. 1 von unten ist hinter „Sacramentsverfahren" zu lesen „bei *vindicationes*".

S. 9 Z. 6 von oben ist „*facta sit*" statt „*facta est*" zu lesen.

S. 17 Z. 11 von unten ist „an" statt „in" zu lesen.

Zu S. 25 Z. 6 von unten. Ich bedauere lebhaft, die Ausführungen O. Wendts über das Faustrecht oder Besitzvertheidigung und Besitzverfolgung in den Jahrb. f. Dogm. Bd. 21 S. 88 ff. und 222 ff. zu spät kennen gelernt zu haben, als dass ich sie hier im Text noch hätte berücksichtigen können. Wenn Wendt wieder aufs Entschiedenste für die Bruns'sche Anschauung eingetreten ist, so kann ich seine Ansicht zwar schon um deswillen nicht für die richtige ansehen, weil er von m. E. nicht quellenmässigen Anschauungen über die Form des Interdictenprocesses zur Zeit des Gajus und über das Verfahren auf Grund der *actio ex causa interdicti* zur Zeit des Justinian ausgeht, freue mich indess aus dem Umstande, dass solche Anschauungen über den Besitzprocess und unser Interdict wiederum hervortreten, einen klaren Beweis dafür entnehmen zu können, dass es nicht überflüssig war, diese Fragen einer erneuten Betrachtung zu unterziehen.

S. 27 Z. 4 von oben ist „stützen" statt „stüzen" zu lesen.

S. 43 Anm. Z. 3 von unten ist „*per*" statt „*par*" zu lesen.

S. 74 Z. 4 von oben ist „Brunner" statt „Siegel" zu lesen, und sollte unter den Anmerkungen auf Brunners Aufsatz über Zeugen und Inquisitionsbeweis im deutschen Gerichtsverfahren der karolingischen Zeit in den Berichten der kaiserl. Akademie zu Wien 1865 Bd. 51 S. 346 ff. verwiesen werden.

S. 89 Z. 11 von oben ist „berechtigterweise" statt „berechtigerweise" zu lesen.

S. 93 Z. 18 von unten ist „würdiges" statt „bedürftiges" zu lesen.

Zu S. 102 am Schluss. Auf die Ausführungen O. Wendts in Betreff der Duplicität und der recuperatorischen Natur des Interdicts (vergl. loc. cit. S. 205 ff.) kann ich hier leider nicht mehr eingehen, hebe nur hervor, dass auch Wendt in der Indifferenz der Partheirollen das Wesen der Duplicität erblickt, trotzdem aber die von mir im vierten Capitel behandelten Fragen abweichend beantwortet, weil er annimmt, dass die Duplicität des Verfahrens im Besitzprocess zu Justinians

Zeiten weggefallen, und dass aus dem *interdictum uti possidetis* eine Negatorienklage auf Grund des Besitzes mit dem Ziele der Condemnation und Absolution geworden sei, und weil er sich dann und zwar consequenterweise überall nicht dazu verstehen kann, eine recuperatorische Wirkung unserer Klage anzuerkennen.

S. 114 Anm. 2 ist „sein" nach „dahingestellt" zu lesen.

S. 123 Z. 10 von unten ist „es dahingestellt sein" statt „dahingestellt" zu lesen.

S. 126 zu Nr. 4b sind die Worte „im Fall der *vacua possessio absentis*" zu streichen.

S. 158 Anm. Z. 1 ist „habe" statt „haben" zu lesen.

S. 160 Z. 12 von unten ist „im Rechtsleben" statt „in der Rechtsordnung" zu lesen.

S. 169 Z. 1 von oben ist „fester" statt „festes" zu lesen.

S. 176 Z. 4 von unten ist „*quaestio*" statt „*questio*" zu lesen.

S. 177 Z. 4 von oben ist „als" vor „vorhanden" zu streichen.

S. 189 Z. 11 von oben ist hinter „lösen" hinzuzufügen „wird".

Pierer'sche Hofbuchdruckerei. Stephan Geibel & Co. in Altenburg.

Kolibri 360 GmbH
Ferdinand-Jühlke-Straße 7
99095 Erfurt, Deutschland
produktsicherheit@kolibri360.de